Bewegungserziehung
und Sportunterricht
mit geistig behinderten
Kindern
und
Jugendlichen

Handbücher zur Pädagogik und Didaktik des Sports

herausgegeben von
Professor Dr. Stefan Größing, München/Salzburg

Band 1: Einführung in die Sportdidaktik
Band 2: Spektrum der Sportdidaktik
Band 3: Senioren und Sport
Band 4: Bewegungserziehung und Sportunterricht mit geistig behinderten Kindern und Jugendlichen
Band 5: Grundlagen einer Didaktik des Berufsschulsports
Band 6: Sportpädagogik und Sportwirklichkeit
Band 7: Bewegungserziehung und Sportunterricht mit lernbehinderten und verhaltensauffälligen Kindern und Jugendlichen
Band 8: Sport und Sportunterricht mit körperbehinderten, sehbehinderten und blinden sowie hörgeschädigten Kindern und Jugendlichen

Stefan Größing (Hrsg.)

Bewegungserziehung und Sportunterricht mit geistigbehinderten Kindern und Jugendlichen

mit Beiträgen von
Heidi Bauer-Carlile · Thomas Buttendorf · Robert Decker · Dieter Fischer
Tilo Irmischer · Wolfgang Jantzen · Peter Kapustin · Ernst J. Kiphard
Jutta Schulke-Vandre · Manfred Thalhammer

Limpert

1. Auflage 1981
Copyright by Limpert Verlag GmbH, Bad Homburg
Alle Rechte vorbehalten
Gesamtherstellung: Hans Meister KG, Kassel
Printed in Germany

ISBN 3 7853 1376 4

Inhaltsübersicht

Stefan Größing
Einführung 7

Anthropologische und pädagogische Grundlagen

Manfred Thalhammer
Zur Anthropologie der Bewegung in der Geistigbehindertenpädagogik 13
Wolfgang Jantzen
Persönlichkeitstheoretische und neuropsychologische Aspekte von Sport
und Bewegungserziehung bei geistigbehinderten Kindern und Jugendlichen 45
Jutta Schulke-Vandre
Sensumotorisches Lernen als Konzept für die Frühförderung geistigbehinderter
Kinder 79
Dieter Fischer
Aspekte der Erziehung und Bildung geistigbehinderter Kinder und Jugendlicher 113

Sportpädagogische und -didaktische Aspekte

Ernst J. Kiphard
Elementare Motopädagogik Geistigbehinderter — Persönlichkeitserziehung
durch Bewegung 141
Tilo Irmischer
Spezifische Aspekte einer Methodik der Bewegungserziehung mit
Geistigbehinderten 165
Peter Kapustin
Lebenssituation als Zielorientierung für Lehrplangestaltung und Unterricht
im Fachbereich „Bewegungserziehung und Sport" an der Sonderschule für
Geistigbehinderte 181
Heidi Bauer-Carlile
Rhythmik bei Geistigbehinderten 217

*Bewegungserziehung und Sportunterricht für Geistigbehinderte
in verschiedenen Ländern*

Thomas Buttendorf
Sportunterricht mit geistigbehinderten Kindern und Jugendlichen in den USA 253
Robert Decker
Ursprung, Entwicklung und aktueller Stand des Sports und des Sportunter-
richts für geistigbehinderte Kinder und Jugendliche im internationalen Raum 289
Ausgewählte fremdsprachige Literatur (Zusammengestellt von Robert Decker) 321
Autoren 331

Einführung

Dieses Handbuch soll keine Rezeptsammlung sein, in ihm werden keine einfachen Wege und Lösungen für unterrichtliches Handeln angeboten, und die Autoren vertreten keinen einheitlichen wissenschaftstheoretischen und inhaltlichen Standpunkt. Auch der Herausgeber hat nicht alle Widersprüche im Text beseitigt. Die Autoren und ihre Standpunkte passen nicht lückenlos zueinander, über die Methoden der Förderung geistigbehinderter Menschen gibt es unterschiedliche Vorstellungen, und Ziele der Bewegungserziehung und des Sportunterrichts werden oftmals abweichend und unterschiedlich gesehen und angesprochen. Darin sehe ich einen Vorteil, weil sich dadurch die Theorie der Geistigbehindertenpädagogik mehr mit der Praxis deckt, denn die Praxis kennt auch keine einfachen Lösungen. Das Bemühen um Förderung und Verbesserung geht viele Wege und versucht sich in unterschiedlichen Erziehungskonzepten, deshalb wird sich in der sportpädagogischen Theorie die Widersprüchlichkeit ebenso finden wie die Vielfalt der erzieherischen und unterrichtlichen Absichten.

Dieses Handbauch kann auch nicht vollständig sein, und es fehlt manch ein Sachverhalt, der für Sportunterricht und Bewegungserziehung bei geistigbehinderten Kindern bedeutsam ist. Der Leser wird aber auch erkennen, daß dieser Band viele und wichtige Aspekte des sportpädagogischen Praxisfeldes aufgreift und darstellt. Mag der Akzent der Ausführungen einmal stärker im Theoretischen und ein anderes Mal im Praktischen liegen, so wird doch in allen Beiträgen der Versuch gemacht, Theorie und Praxis zu verknüpfen.

Der anthropologischen Bedeutung der Bewegung in der Geistigbehinderten-Pädagogik geht Manfred THALHAMMER im ersten Beitrag nach und benennt die grundlegende Funktion als die „Bedingung der Möglichkeit, Unabhängigkeit zu erleben". Da auch das behinderte Kind eine Bewegungsbereitschaft aufbringt und zu erkennen gibt, geht es in seiner Erziehung darum, Bewegung anzuregen, zu stabilisieren, Bewegungsgelegenheiten zu schaffen und Bewegungserfahrungen ins Bewußtsein zu rücken. Das behinderte Kind soll Bewegung als „Faszinosum" erleben und sich zugleich in der Bewegung erfahren und erleben. Der enge Zusammenhang zwischen Wahrnehmung und Bewegung wird in den Ausführungen über Wahrnehmungsraum und Bewegungsraum ebenso deutlich gemacht, wie die Abhängigkeit der Bewegung vom soziokulturellen Umfeld, das sich für das geistigbehinderte Kind in besonderer Weise aufbaut. Die Überlegungen des Autors richten sich auf das besondere Bewegungsvermögen des geistigbehinderten Kindes, sie messen und bewerten jenes aber nicht am motorischen Normverhalten, sondern integrieren es in das generelle Anderssein, um die Identität des Kindes zu bewahren. Mit THALHAMMERs Worten „Wie deviant das motorische Verhalten dieser Kinder sich auch darstellen mag, es ist für das Erleben subjektiv die wohl einzige Bedingung der Möglichkeit, Abhängigkeit zu reduzieren, abzubauen, souverän sich entlastet zu erfahren, partiell zu welchen Dimensionen auch immer, sich entlastet fühlen." Darin hauptsächlich liegt die anthropologische Bedeutung der Bewegung und diese Chance dem geistigbehinderten Kind zu ermöglichen, systematisch und planmäßig, ist die wichtigste Verpflichtung von Bewegungserziehung und Sportunterricht. Vieles weitere kommt hinzu, die gesundheitliche Wirkung, die freudvollen Situationen, die kommunikativen Erfahrungen, aber ein Stück mehr Unabhängigkeit, ein Stück mehr Selbstverfügung in Lebenssituationen sind ein bedeutsamer Gewinn der sportlichen und spielerischen Bewegung.

JANTZENs therapeutischer Ansatz lehnt die Beseitigung isolierter Defekte ab und sieht die Förderungsmaßnahmen für geistigbehinderte Kinder im Rahmen des Lebenszusammenhanges und der Gesamtpersönlichkeit. Die motorische Schulung wird nicht aus dem Gesamtgefüge der Person und ihrer kognitiven und affektiven Äußerungen isoliert. Es ist selbstverständlich, daß sich aus diesem Konzept zwingend die Forderung nach Integration von Behinderten in die Schulen der Nichtbehinderten ableitet.

Möglichkeiten und Versäumnisse der Frühförderung geistigbehinderter Kinder zeigt Jutta SCHULKE-VANDRE in ihrem Beitrag auf, wobei sie zuerst auf Mängel und Versäumnisse in der gegenwärtigen Situation eingeht. Die fehlende gesetzliche Meldepflicht und die ungenügende Aufklärungs- und Öffentlichkeitsarbeit verbunden mit einer spärlich vorhandenen pädagogisch-psychologischen Beratung der Eltern geistigbehinderter Kinder sind für eine lückenhafte Früherfassung verantwortlich. Für die Früherkennung geistiger Behinderung gibt es wenige und nur einseitig medizinisch orientierte Einrichtungen und zu wenig umfassende Diagnoseverfahren. Damit wird Frühförderung zu einem zufälligen Geschehen, weil ein ausgearbeitetes Konzept, das medizinische, psychologische und pädagogische Maßnahmen integriert, nicht vorhanden ist.

Drei neuere Ansätze pädagogisch-therapeutischer Frühförderung, in denen sensumotorische Aspekte einen bedeutenden Raum einnehmen, werden vorgestellt und bewertet: „die Verbesserung der Wahrnehmungsleistung" (AFFOLTER 1977), die „funktionelle Entwicklungsförderung" (KIPHARD 1972, 1977, 1979) und die „Basale Stimulation" (FRÖHLICH 1978). Neben die Anerkennung der Vorzüge dieser drei Förderungskonzepte tritt die Kritik der Verfasserin, in der das Fehlen wissenschaftstheoretischer Grundlagen und die ungenügende gesellschaftliche Eingebundenheit angesprochen wird. Es wird ein Konzept der Frühförderung gefordert, das in den „theoretischen Überlegungen und praktischen Maßnahmen von der Tätigkeit des behinderten Kindes, von seiner realen Lebenssituation und von seinen subjektiven und objektiven Bedürfnissen" ausgeht. Diesem Anspruch sind die weiteren Ausführungen in diesem Beitrag verpflichtet.

Der tätigkeitstheoretische Ansatz, der die Prozesse des Wahrnehmens, Orientierens und Bewegens integriert, als Bestandteile aktiven Handelns ausweist und als Grundbedingung menschlicher Entwicklung nachweist, wird zur Grundlage eines Konzepts der Frühförderung geistigbehinderter Kinder, in dem das sensumotorische Lernen im Zentrum der Überlegungen und Ausführungen steht. SCHULKE-VANDRE beschreibt die dominierenden Tätigkeiten in den frühkindlichen und vorschulischen Entwicklungsphasen und hebt dabei im besonderen die Bedeutung des Spiels heraus. Sie definiert sensumotorisches Lernen als Handeln-Lernen und erblickt darin ein konstitutives Element für die Entwicklung von Individualität und Persönlichkeit. Eine gewichtige Ursache für geistige Behinderung sieht die Verfasserin in der gesellschaftlichen Isolation, die einem Kinde auferlegt wird. Sie schließt sich hierin der Meinung von JANTZEN an, der in seinem Beitrag ausführlich darauf eingeht. Tätigkeitstheorie, sensumotorisches Lernkonzept und die Auslegung der geistigen Behinderung als gesellschaftliche Isolation sind die theoretischen Grundannahmen für das Konzept einer sensumotorischen Frühförderung, das im 3. Kapitel dieses Beitrages angeboten wird. Stichworte in diesem Konzept sind der Bezug zur realen gesellschaftlichen Tätigkeit des behinderten Kindes, der Aufbau von Tätigkeitsstrukturen zur Erweiterung der Realitätsbewältigung und des Handeln-Lernens im Rahmen individueller Tätigkeitsstrukturen.

Lebenserfüllung und Lebenstüchtigkeit innerhalb nicht überschreitbarer Grenzen sind Zielsetzungen der Bewegungserziehung und des Sportunterrichts, die Dieter FISCHER seinen Ausführungen voranstellt und auf die er seine sonderpädagogischen Überlegungen bezieht und ausrichtet. Er sieht im Tatbestand der geistigen Behinderung einen dringlichen und besonderen Anspruch an die Pädagogik, dem sie entsprechen kann, wenn sie dazu beiträgt, dem geistigbehinderten Menschen ein erfülltes Leben zu bereiten und eine Wirklichkeit zu gestalten, die ihn trägt. Freilich ist es eine begrenzte Realität, deren Einschränkungen nicht überspielt werden können. Wenn aber der Erziehung die Zuwendung bedeutsamer ist als die Behandlung, dann kann es für den Geistigbehinderten eine tragfähige und für seine nahe Umwelt eine erträgliche Realität sein.

Das Lernkonzept FISCHERs begnügt sich weder mit Konditionierungsmaßnahmen noch verleugnet es den Tatbestand des Besetztseins des Geistigbehinderten, aber es überantwortet dem Lernenden die Rolle des aktiven Partners, der mit dem Lehrenden Erziehung und Lernen gemeinsam gestaltet. FISCHER benennt Regeln für den Unterricht mit geistigbehinderten Schülern, für einen Unterricht, welcher der „subjektiven Spur" folgt und nicht einseitig auf normkonformes Verhalten abzielt. An Beispielen werden konkrete Anliegen und Probleme für Erziehung und Unterricht von Geistigbehinderten erörtert, es wird in diesem Beitrag aber auch nach den Angeboten und Beiträgen des Sportunterrichts gefragt und stichwortartig werden Antworten gegeben und didaktische Lösungen angeboten.

Persönlichkeitsbildung durch Bewegung ist das Leitmotiv der Ausführungen von Ernst J. KIPHARD, wobei praktische Erfahrungen und theoretische Erkenntnisse gleichermaßen und in wechselwirkender Bezogenheit eingebracht werden. Ausgehend vom andersartigen Bewegungsverhalten Geistigbehinderter, das im Detail und gestützt auf mehrere Untersuchungsergebnisse beschrieben und außerdem noch mit Lernbeschränkungen in Verbindung gesetzt wird, entwickelt KIPHARD ein motopädagogisches Förderungsprogramm, das über verschiedene Formen der Differenzierung einen Bestand an grob- und feinmotorischen Grunderfahrungen erreichen und sichern soll, der dem geistigbehinderten Menschen ein erweitertes Handeln in wichtigen Lebensfeldern ermöglichen kann. Wahrnehmungsmotorische Grunderfahrungen werden an Übungen vermittelt, bei denen es auf die Variation der Farben, Formen, Größen und Mengen ankommt und durch die das geistigbehinderte Kind zu unterscheiden lernt. Für jede Art der Differenzierung werden viele praktische Beispiele angeführt. Nicht im Erlernen genormter motorischer Fertigkeiten liegt die Absicht dieses motorischen Förderungskonzeptes, sondern im handelnden und erkundenden Umgang mit anregenden und interessanten Materialien und Spielgeräten. Die Motopädagogik im Sinne KIPHARDs ist die Vorstufe zum sportlichen Verhalten, indem sie dem geistigbehinderten Kind die materiale und soziale Umwelt aufschließt, motorische Grunderfahrungen sammeln läßt, ein Grundkönnen an Bewegungsfertigkeiten vermittelt und das dafür unerläßliche Wahrnehmungsvermögen differenziert und verbessert.

Die Methoden des Sportunterrichts erfahren unter den Lernbedingungen und -voraussetzungen, denen Geistigbehinderte unterworfen sind, Veränderungen und Einschränkungen, die im Beitrag von Tilo IRMISCHER aufgezeigt und zur Diskussion gestellt, aber auch als Handlungsangebote dem Praktiker unterbreitet werden. Den Ausgangspunkt der methodischen Überlegungen bilden die Erkenntnisse und Ansichten über das motorische Verhalten und Vermögen geistigbehinderter Kinder und Jugendlicher. Im Sinne einer interdependenten Sportdidaktik wird sodann der Zusammenhang zwischen den Zielen und den Verfahren einer Bewegungserziehung für Geistigbehinderte hergestellt, d.h. die Methoden werden aus den

Zielsetzungen des Unterrichts begründet. Als besondere Notwendigkeit beim motorischen Lernen der Geistigbehinderten wird die exakte Strukturierung des Lernfeldes und der Lernumstände herausgestellt und aus den Lernbedingungen abgeleitet.

Die zweifache Aufgabe der Bewegungserziehung und des Sportunterrichts an der Sonderschule für Geistigbehinderte wird in der Erziehung zur Handlungsfähigkeit und in der Vermittlung des Sports als gesellschaftliches Handlungsfeld gesehen. Daraus leitet der Verfasser seine Überlegungen zur Unterrichtsmethode ab, die er ausdrücklich auf das motorische Lernen bezieht und in die er die Strukturierung der Lerninhalte und der Unterrichtssituationen ebenso mit einbezieht wie Aspekte des Lehrerverhaltens und Fragen des Medieneinsatzes im Unterricht. Auch zur methodischen Gestaltung des Sportunterrichts und der Bewegungserziehung gibt der Autor eine Vielzahl von Anregungen und Hinweisen über die zeitliche Verteilung, die Varianzbreite und die Intensität materialer und sozialer Lernreize unter Beachtung der Bedürfnisstruktur und der Vorerfahrungen des geistigbehinderten Menschen. Zuletzt wird die besonders wichtige Funktion der Rückmeldung im Lernprozeß herausgestellt.

Das Fach „Bewegungserziehung/Sport" an Sonderschulen für Geistigbehinderte wird von Peter KAPUSTIN curricular aufbereitet, nachdem es zuvor als wichtiges Lern- und Erziehungsfeld ausgewiesen und begründet wurde.

Dabei steht nicht die therapeutische Absicht im Vordergrund, nicht die Behebung von Verhaltensstörungen und Handlungsdefekten durch sportliche Bewegung, sondern die Förderung und Entwicklung von Fähigkeiten und motorischen Fertigkeiten, die dem Behinderten mehr Umwelt aufschließen und weitere Möglichkeiten des Handelns eröffnen. Dieser Ansatz schließt therapeutische Effekte nicht aus, geht aber über Therapie hinaus, indem er auf Erziehung und Unterricht ausgerichtet und auf komplexe Lebenssiutationen bezogen ist: auf Spielplatz, Hallenbad, Winterlandschaft, Berge usw. Der von KAPUSTIN vorgestellte Lehrplan beinhaltet entwicklungs- und handlungsorientierte Lernfelder und der darauf aufbauende Unterricht soll dem behinderten Kind ermöglichen, gelernte Fertigkeiten in ein Handlungsgeschehen zu integrieren, das wiederum Teil einer umfassenderen Lebenssituation ist. Das vorliegende Lehrplankonzept verbindet fachorientierte Sport- und Bewegungserziehung mit interaktionsbezogenem Lernen und Handeln, ist aus der Praxis erwachsen und in der Praxis erprobt. Eine Leitidee durchzieht alle Richtziele, Themen, Methoden und Arbeitsformen des Unterrichts: sportbezogene Handlungsfähigkeit in Lebenssituationen zu entwickeln und zu vermitteln, die für das behinderte Kind ein Mehr an Dasein bedeuten.

Die Möglichkeiten einer rhythmisch-musikalischen Erziehung bei Geistigbehinderten werden im Beitrag von Heidi BAUER-CARLILE aufgezeigt, und besondere Beachtung sollten darin die drei kommentierten Stundenbeispiele finden, die dem Praktiker zunächst Anregungen für die Unterrichtsführung bieten und im ausführlichen Kommentarteil auch die Begründungen für den Gesamtaufbau der Stunde wie für die einzelnen Unterrichtselemente zur Diskussion stellen. Vorangestellt ist eine Standortbestimmung, in der die Rhythmik von Musik- und Sporterziehung abgehoben und in ihrem speziellen Erziehungsauftrag dargestellt wird. Ohne trennen zu können oder zu wollen, werden Akzente der rhythmischen Erziehung im sozialen, kognitiven und motorischen Bereich aufgeführt und im Schlußteil dieses Beitrages wird der Anteil der Rhythmik an der Persönlichkeitsbildung erörtert.

Einen differenzierten Einblick in die Situation des Sportunterrichts mit geistigbehinderten Kindern und Jugendlichen in den USA gewährt der Beitrag von Thomas BUTTENDORF.

Ausgehend von Begriffserläuterungen und der Beschreibung der verschiedenen Arten von geistiger Behinderung nach amerikanischer Klassifikation, wird in weiterer Folge auf die Merkmale eines Sportunterrichts eingegangen, der dem Konzept einer „Individualisierten Erziehung" verpflichtet ist. In systematischer Weise werden alle didaktisch relevanten Sachverhalte angesprochen, Ziele genannt, Inhalte zugeordnet, über Organisationsstrukturen und Gruppenformen berichtet. Verdienstvoll ist die Aufzählung zahlreicher Testverfahren zur Überprüfung motorischer Fähigkeiten und der Fitness, die in den USA entwickelt und angewandt werden. Obwohl die Erziehung Geistigbehinderter auch bei uns in Kleingruppen erfolgt, ist man in den USA doch einen Schritt weiter, weil das Unterrichtsprogramm für jeden Schüler speziell erstellt wird und überdies noch im Zusammenwirken mehrerer Personen, des Klassenlehrers, der Fachlehrer, der Eltern und des Schulpsychologen. Das von BUTTENDORF im Detail vermittelte Curriculum kann mit dem von KAPUSTIN vorgelegten Lehrplankonzept verglichen werden. In den USA gibt es bereits den sonderschulspezifisch ausgebildeten Sportlehrer. Das Ausbildungskonzept wird im Schlußkapitel in Umrissen vorgestellt und könnte hilfreich sein, die Ausbildung des sonderpädagogischen Sportlehrers auch bei uns voranzubringen und zu strukturieren.

Die westeuropäische Entwicklung im Behindertensport zeigt Robert DECKER auf, wobei er sowohl dem außerschulischen Sport als auch dem Sportunterricht in der Schule Beachtung schenkt und Perspektiven abgewinnt. Im ersten Kapitel wird die schulische Situation analysiert und Bewegung, Spiel und Sport mit den Aufgaben einer zeitgemäßen Leibeserziehung in Verbindung gebracht. Nach einem anschließenden Überblick über Bildungsaspekte und Schulprogramme für Geistigbehinderte werden die Möglichkeiten des Sports am Beispiel der „Special Olympics" und die didaktischen Theorien zum Sportunterricht mit geistigbehinderten Kindern und Jugendlichen vorgestellt und kritisch erörtert. Die Aufzählung und Beschreibung der Qualifikationen der damit befaßten Lehrer und Erzieher schließt die Überlegungen dieses Kapitels ab. Im letzten Teil des Beitrages von DECKER wird der Leser ausführlich über das europäische Seminar über Sport für Geistigbehinderte, das im Mai 1980 in Brüssel stattgefunden hat, informiert, wobei Förderungsmaßnahmen, Zielfragen, Klassifikationsgesichtspunkte und Ausbildungsprobleme angesprochen werden. Die am Schluß dieses Buches gebotene internationale Bibliographie stammt ebenfalls von Robert DECKER.

Die Beiträge dieses Handbuches entfalten ein breites Spektrum an Theorien, didaktischen Überlegungen und praktischen Lösungen zur Bewegungserziehung und zum Sportunterricht bei geistigbehinderten Kindern und Jugendlichen. Der Herausgeber verbindet damit die Absicht, in einem Handbuch, d.h. in zusammengefaßter Form, den gegenwärtigen Standort sonderpädagogischer Theorien zum Sportunterricht bei Geistigbehinderten vorzulegen, um die Auseinandersetzung mit diesem pädagogischen Themenkreis anzuregen und voranzubringen. Pädagogische Theorie ist stets auf Praxis bezogen und der Erziehungspraxis verpflichtet. Letztlich geht es auch in diesem Buch um eine Praxis, um Erziehung und Unterricht von geistigbehinderten Kindern über das Medium der Bewegung. Es scheint erwiesen zu sein, daß Sport und Bewegung auf die Entwicklung geistigbehinderter Menschen einen besonders günstigen Einfluß ausüben und viel dazu beitragen können, das Verhalten und Handeln der Geistigbehinderten in den ihnen zugänglichen Lebenssituationen zu erweitern und zu bereichern.

Stefan Größing

Manfred Thalhammer

Zur Anthropologie der Bewegung in der Geistigbehindertenpädagogik

„... in Ketten tanzen"
    Friedrich NIETZSCHE

Inhaltsübersicht

0	Vorbemerkungen	15
1.	„Phänomenologismus"	17
2.	Einteilungsversuch	20
3.	Wahrnehmungsraum und Bewegungsraum	21
4.	Beschreibungsversuch und pädagogische Intentionen	23
5.	*Exkurs:* „Psychismus"	28
6.	Intentionalität und „kognitives Anderssein"	30
7.	Psychische Belastetheit	32
8.	Konstrukte und Hypothesen	35
9.	Dringlichkeiten	38
10.	Konsequenzen	40
	Literatur	42

Vorbemerkungen

Es wird ein Beschreibungsversuch zur Diskussion gestellt, der nur sehr bedingt einzubringen vermag, daß die Kriterien, die diesen Gegenstandsbereich strukturieren, sich verifizieren lassen, denn es ist schlichtweg keine Korrekturintervention des Kindes mit geistiger Behinderung zu erwarten. Das Risiko dieser Analyse verschärft sich lediglich an jener Stelle, an der der Leser, der sich in diese Thematik einzudenken sucht oder aber auch, auf seine Erfahrung rückblickend, sagt und sagen muß, phänomenologische Daten und Gegebenheiten würden über- und fehlinterpretiert, storniert und, Wirklichkeit reduzierend, zu theoretischen Konstrukten dezimiert, die in der Tat eben diese erziehliche Wirklichkeit verkennen (müssen). Es ist ein leichtes, Wahrnehmungsstörungen und kognitive Defizite des "außen stehenden" Beobachters gegenüber der spezifischen Situation des Kindes mit geistiger Behinderung dingfest zu machen, bevor sie in ambivalenten Handlungsintentionen eskalieren. Die Position eines versuchten role-taking, mit Maßgabe und Maßnahme (fast) ausschließlich aus der Sicht und Interpretation des Kindes mit geistiger Behinderung zu artikulieren suchen, ist problematisch, dennoch soll sie diese besondere menschliche Situation unter der Klassifikation "Bewegung" reflektieren, wie sehr auch immer das Verfahren der Perspektivwende an Aporien belastet sein mag.
In diesem Beschreibungsversuch wird wiederum in aller Deutlichkeit transparent, wie sehr mit *Sprache* über den Menschen mit geistiger Behinderung verfügt wird. Er kann sich aus dieser Umklammerung nicht befreien, denn es werden wiederum Dinge festgelegt, Dimensionen verzerrt, Prozesse reduziert, Verfahren einer Identitätsfindung fehlinterpretiert oder nicht wahrgenommen und keine Replik ist zu erwarten. Dies muß befangen und betroffen machen, es verunsichert Reflexion und Diktion. Die Aussagen sind vorbelastet durch diese Tatsache, es gelingt nur selten, daß man Formulierungen akzeptierte, als wäre die Inhaltlichkeit vom Menschen mit geistiger Behinderung autorisiert und freigegeben, damit intersubjektive Voraussetzungen geschaffen wären, sich fair mit ihm auseinandersetzen zu können.
In dieser Ratlosigkeit wird im folgenden zumindest an drei Formulierungen festgehalten: Erstens wird durchgängig vom *Kind mit geistiger Behinderung* gesprochen, um darzustellen, daß es sich um einen menschlichen Entwicklungsprozeß, um eine menschliche Ontogenese handelt bei *Kindern*, die durch einen *Präpositionalausdruck* in je spezifischen menschlichen Dimensionen ihrer Wirklichkeit beschrieben werden. Damit soll erreicht werden, daß durch die adjektivische Verwendung "das geistigbehinderte Kind" eine Pauschalstigmatisierung, die Ausschließlichkeit dieses Kindseins unter dem Kriterium "geistigbehindert" zumindest der Sprache nach relativiert erscheint.
Zweitens wird mit dem Begriff "Wirklichkeit" jene menschliche Situation einigermaßen *wertfrei* zu beschreiben versucht, in der sich das Kind mit geistiger Behinderung orientieren und stabilisieren kann: Es ist die ihm mögliche und zugleich notwendige Lebenswirklichkeit, die *subjektiv* bedeutsam und sinnvoll ist. Die Frage nach *intersubjektiven Dimensionen* dieser je individuell-subjektiven Wirklichkeit des Kindes mit geistiger Behinderung entzieht sich auf weiten Bereichen und Inhalten der Beantwortung.

Endlich wird durchgängig von „Bedingung(en) der Möglichkeit" ausgegangen, um strikte zu verdeutlichen, daß es sich in der Analyse um konstruierte, denkbare und teilweise planbare Voraussetzungen und Intentionen handelt und handeln muß, die für die erziehliche Wirklichkeit bedeutsam sein können. Wahrnehmungsstörungen, Interpretationsprobleme und kognitive Integrationsschwächen machen die Gesamtthematik der Geistigbehindertenpädagogik aus, *Konflikte des Erziehers* des Menschen mit geistiger Behinderung, der allem Anschein nach nicht selten ‚direkt', handfest und ohne große Skrupel erziehlich ‚handelt', in die Wirklichkeit des Kindes mit geistiger Behinderung interveniert und diese Situation nach *seinem Vorverständnis* strukturiert und/oder umstrukturiert. Schließlich ist eine persönliche Bemerkung vonnöten: Unterzeichneter hat noch immer Teilstörungen zu allem, was zu seiner Zeit „in Schulen" alles an Bewegungs-, Turn- und Sportunterricht gemacht und nicht gemacht wurde, als er in diesen Bereichen hätte ‚gefördert' werden sollen. Vielleicht ließe sich vage eine kriegs- und nachkriegsbedingte konstitutionelle Asthenie mit dystrophen Begleiterscheinungen vermuten oder konstatieren, die bei Turn- und Sportpädagogen fast durchwegs zur Disqualifikation „hoffnungslos" führen mußte. Parallel zu diesen Mißerfolgserfahrungen hat sich eine Art „Ballettomanie" ergeben, vielleicht aus den eigenen hohen motorischen Defiziten resultierend, die zur Beschreibung der Bewegungsthematik des Kindes mit geistiger Behinderung analoge Schlüsse zuläßt: Wie endlos weit sich die konstitutionelle motorische Insuffizienz von der ästhetisch-kraftvollen Souveränität eines H. HALLHUBER, M. LUITPART, H. BOSL, M. BEJART entfernt ahnen mußte, so weltenweit distanziert muß sich aller Wahrscheinlichkeit nach das Kind mit geistiger Behinderung, mit zerebraler Bewegungsstörung und -behinderung von der „Bewegungskompetenz und -performanz" des „normalen, bewegungsfähigen Menschen" fühlen.

Abschließend ließe sich sagen: Es geht keineswegs darum, diese je erfahrene Distanziertheit gegenüber anderen „Welten" und Wirklichkeiten auflösen, relativieren zu wollen, sondern ausschließlich Kriterien der *relativierten Bewertung* von „Bewegung" beim Kind mit geistiger Behinderung, und/oder mit Zerebralparese *intersubjektiv* darzustellen und zu vermitteln suchen. Es kann nie und nimmer darum gehen, die Distanz zu überschreiten, die diese beiden Welten trennt, sondern lediglich Fixierungen aufzulösen, Vorentscheidungen infragezustellen, die absolut erscheinende „Werte" bedingen (müssen), um Distanzierungen gegenüber dem *Kind* mit geistiger Behinderung abzubauen und sich an Interaktions- und Kommunikationsprozessen zu beteiligen, selbst wenn vieles, fast alles und insonderheit bezüglich der *motorischen Belastetheit* dagegen spricht, kinästhetisch und ästhetisch sich verschärft.

1. „Phänomenologismus"

„... unter die Objekte geraten"
        Christa WOLF

Die grundlegende Voraussetzung der Bewegung als *Ausdruck,* als elitär eingesetzte und einsetzbare intersubjektive Komponente unter spezifischen Wahrnehmungsprozessen und -inhalten, ist unter nichtbehinderten Interaktions- und Kommunikationspartnern ‚selbstverständlich', bedarf kaum des erklärenden Wortes, ist Bedingung der Möglichkeit schlechthin, sozial-kommunikative Beteiligung zu besitzen. Auf diese Entwicklung von „Selbstverständlichkeiten" achtet die Mutter in früher Erziehung ihres Kindes in besonderer Weise. Sich differenzierender Bewegungsablauf und sich konstituierende Bewegungsfähigkeit aufgrund ständiger Intervention „von außen", abgestützt durch vielfältige *Bestätigung* der einzelnen Erfolge machen motorisches Verhalten als sichtbares und offensichtliches Verhalten zum grundlegenden Moment in der Ontogenese des gesunden Kindes, zugleich bedeutsames feedback für die Mutter. Demgegenüber bleiben Fortschritte und Erfolge des Kindes mit geistiger Behinderung gering, des Aufhebens kaum wert, mehr noch: Die Sichtbarkeit motorischer Insuffizienz und Defizienz, die „Visibilität" (GOFFMAN) dieses Stigmas reduziert und disqualifiziert jede weitere Dimension des behinderten Kindes. Sollten hingegen motorische Leistungen wahrnehmbar werden, dominiert das Unbehagen der geistigen Behinderung pauschal gegenüber und sie können nur bedingt in die Gesamtsituation hineininterpretiert werden. Das einzige positive Moment in dieser möglichen motorischen Fähigkeit und Fertigkeit des behinderten Kindes ist die Tatsache, daß die Mutter vor zusätzlicher *physischer Belastung* bewahrt bleibt, die eine erste Distanzierung zum Syndrom geistige Behinderung bedingen und die in dieser Realitätskontrolle dem behinderten Kind zugute kommen kann.

Ein Hinweis scheint notwendig: Unter „Phänomenologie" wird die meist disqualifizierende Beschreibung jenes Verhaltens kritisiert, die bei Kindern mit geistiger Behinderung geradezu ausschließlich das deviante, defizitäre und normabweichende Verhalten herausstellt, die kaum Momente einer ad hominem denkbaren Entlastung impliziert, endlich: das Kind in die totale Objektsituation drängt und es, auch für die Eltern, in einem kaum lösbaren Disqualifizierungskontext beläßt. Zwei Stimmen sollen paradigmatisch dieses Verfahren verdeutlichen: HOMBURGER (1926, S. 78 ff.) beginnt seine 6. Vorlesung über Psychopathologie des Kindesalters mit dem Thema: „Bewegungsbegabung und geistige Schwäche" in folgender Weise:

„Die körpermotorische Ungeschicklichkeit schwachsinniger Kinder ist ein ebenso auffälliger und gesicherter Durchschnittsbefund, wie die Stumpfheit, Leere und Armut ihres Gesichtsausdrucks und ihrer Gebärden. Daran ändert auch die spätere Entwicklung oft nichts oder nur sehr wenig; vielmehr sind beim Erwachsenen diese Züge oft noch auffälliger und wirken noch drastischer, als es in seinen Kinderjahren der Fall war. ..."

„... Während bei diesem Imbezillen wie auch, wenngleich in viel geringerem Grade, bei dem im Haushalt sehr brauchbaren 14jährigen Mädchen trotz der Sicherheit in den einzelnen Verrichtungen, eine gewisse Plumpheit und Schwerfälligkeit und vor allem eine Schlaffheit der gesamten Körperhaltung auffällt, springt in anderen Fällen neben Plumpheit und Schwerfälligkeit eine eigenartige Steifheit und in Verbindung mit dieser eine Verlangsamung der Bewegungen ins Auge. Wie ich sogleich bemerken möchte, meine ich hier nur solche Fälle, in denen sich eine Schädigung der Pyramidenbahn mit nachfolgender spastischer Lähmung und pathologischen Residuen in Form von Reflexanomalien mit Sicherheit ausschließen lassen. Jedem, der Gelegenheit gehabt hat, Schwachsinnige in größerer Zahl zu sehen und ihre Entwicklung über Jahre zu verfolgen, ist aber sicher nicht nur jene Erschwerung und Unbeholfenheit der Bewegung aufgefallen, sondern eine ganze Reihe *genauer* zu kennzeichnender Störungen der Statik, der Rhythmik, des Tempos der Dynamik und der Metrik, also Störungen der regelmäßig wiederkehrenden Bewegungsfolgen beim Gehen und bei Hantierungen, der Bewegungsleistung in der Zeiteinheit, der Kraftverteilung und des räumlichen Ausmaßes der einzelnen Bewegungsteile und der ganzen Bewegung. Ein imbezilles Kind krallt sich, auf einem Stuhl sitzend, sozusagen mit beiden Händen in sein Bilderbuch fest und spannt die ganze Arm- und Schultermuskulatur an, obgleich es das Büchlein mit je drei Fingern und in lockerer Haltung des Körpers zu halten vermöchte; es streckt seinen Kopf viel zu weit vor, um die Bilder zu betrachten und seine Beine, die den Boden nicht erreichen, stoßen gespreizt in den Raum hinein vor, statt schlaff herunter zu hängen. Ein Junge, dessen Größe und Muskelkraft reichlich genügt, um mit einem Papiermesser ein gefaltetes Papier in der Falte aufzuschneiden, bringt das nicht zustande, weil die bei dieser Bewegung unbeteiligte Muskulatur der Arme und des Rumpfes nicht in Tätigkeit tritt, um automatisch den übrigen Körper zu fixieren..."

„... Auf der anderen Seite gibt es gerade eine Form der Einheitlichkeit, die für den Schwachsinn besonders charakteristisch ist, der mimisch und pantomimisch einheitliche Ausdruck der Leere und Stumpfheit, des Mangels an geistigen Vorgängen. Gesichtsausdruck, Haltung und Gebärde sind gleichermaßen nichtssagend. Ein solches Kind steht da, den Blick ins Weite gerichtet oder ihn leer bald hierhin, bald dorthin schweifen lassend, ohne etwas ins Auge zu fassen; Arme und Hände hängen herunter, Beine und Füße haben irgendeine zufällige Stellung eingenommen oder von der letzten Bewegung her beibehalten; dieser Zug des irgendwie Zufälligen oder unverändert Beharrenden setzt sich von den Beinen in die Haltung des Rumpfes, Halses und Kopfes fort. Die ganze Körperlinie von rückwärts und seitwärts gesehen ist gerade so leer wie der Ausdruck des unbewegten Gesichts. Dieses rein Negative läßt sich nicht weiter analysieren. Es läßt sich lediglich außer dem mangelnden Ausdruck gegenwärtigen geistigen Geschehens der Mangel jeglicher Art von *Bereitschaft* dem Ausdrucksganzen entnehmen. Nicht, daß das Kind seine Ruhe haben will, sondern daß es sie tatsächlich in einem abnormen, dem vollsinnigen Kinde in gleicher Lage unmöglichen Umfange *hat*, ist das Charakteristische..."

WYSS (1972, S. 289—290) reduziert seine Beschreibung der motorischen Komponente bei Kindern mit geistiger Behinderung in folgender Stigmatisierung:
„Zu dieser Kategorie zählen die Imbezillen, die meistens keine konstante Beziehung zu Sauberkeit zu entwickeln vermögen, häufig damit verbunden, daß dem Gehen und Laufen das Rutschen auf der Bodenfläche vorgezogen wird, die Aufrichtung des Körpers nicht, oder nur mit erheblicher Retardierung vollzogen wird. Dementsprechend mißglückt die Ausbildung differenzierter, der Selbstausdruck ist auf einige ‚Signale' reduziert. Der angeborene Schwachsinn in diesen extremen Formen zeigt die Verschränkung von Sich-Aufrichten, Gehen, Sprache und Sozialisierung an, die mangelnde Beziehung zu den Exkrementen weist auf den Unterschied zu den (höheren) Tierarten wie auch zum Menschen. Bei den ersteren findet ein Verscharren, Vergraben oder weitgehende Ignorierung der Exkremente statt, je-

doch kein ‚Herumschmieren, Spielen, Sich-Besudeln' mit denselben, wie das beim eingesperrten Tier zu beobachten ist".

„... Ob die leibhaftige Gestalt aufgrund ‚fehlerhafter' Koordination des Erbganges entsprechend mißgestaltete Verhältnisse — angeborenen Schwachsinn — stiftet, oder ob ein deformiertes, verarmtes, gestaltunfähiges Subjekt durch eine entsprechend verwahrloste Umgebung mangelhafte Beziehungen und Bedeutungen entwickelte, damit ebenfalls schwachsinnig wird, ist für die Gestalt des ‚Schwachsinns' irrelevant..."

Mit diesen beiden Ausschnitten zur motorischen Darstellung, zum Ausdrucksverhalten, doch auch zur Gesamtsituation des Kindes und Jugendlichen mit geistiger Behinderung sollte verdeutlicht werden, daß und in welcher Weise Stigmatisierung fortgeschrieben wird. Über den Zeitraum eines halben Jahrhunderts hat sich bei (einigen) Vertretern der medizinischen Disziplin, die für psychopathologische und psychiatrische Aussagen verantwortlich sein sollten, keine Änderung von Perspektiven ergeben.[1])

2. Einteilungsversuch

Die Problematik in der Beschreibung motorischen Verhaltens geistigbehinderter Kinder verschärft sich in der Frage, inwieweit *Wahrnehmungskonstitutiva* die Bewegung bedingen, bedingen können und in Sonderheit, inwieweit mentale Beeinträchtigung eben die reduzierten Bedingungen der Möglichkeiten sein müssen, „postural tone und locomotion"[2]) *situativ* zu garantieren. Die Frage spaltet sich in drei Dimensionen, die sich aus den je spezifischen Situationen dieser behinderten Kinder ergibt.
1. Kinder mit geistiger Behinderung, die zusätzlich zu ihrer Eingeschränktheit kognitiver Struktur die hinlänglich beschriebenen motorischen Beeinträchtigungen haben, wobei die Motorik meist unter hypotonen Kriterien betrachtet wird.
2. Kinder mit zerebraler Bewegungsstörung, die zu ihrer beeinträchtigten mentalen Ausstattung erhebliche motorische und funktionelle Defizienz haben, so daß es phänomenologisch schwer differenzierbar ist, in welchem Bedingungszusammenhang kognitive Beeinträchtigung und Bewegungsinsuffizienz stehen.
3. Kinder mit zerebraler Bewegungsstörung, die bei erheblicher beeinträchtigter motorischer funktioneller Defizienz so sehr in ihrer Ausdrucksfähigkeit (verbal/nonverbal) behindert sind, daß sie als „geistigbehindert" gelten und dies auch Zeit ihres Lebens bleiben müssen, obwohl sie es in der Tat nicht sind. Bezogen auf die Bewegungsunfähigkeit muß dies konsequent heißen, daß Sprachkonzept und Bewegungskonzepte mental bestehen, doch die Ausführungsmöglichkeiten nicht oder nur bedingt erreichbar sind. Hierzu kommt in besonders gravierender Weise, daß diese Kinder im Laufe ihrer *Lernbiographie* nach und nach irre zu werden beginnen müssen. Es scheint schlüssig, daß die zunächst kaum belastete kognitive Struktur sich sklerotisch fixieren muß, da die motorische Performanz bestehender Konzepte nicht möglich war.
Dieses Ergebnis eines psychosozialen Verkümmerungsprozesses kann sich als „geistigbehindert" darstellen und in der Tat auch phänomenologisch fortgeschrieben werden. Dieser Einteilungsversuch mag, da er bekannt ist, formal erscheinen, dennoch ist es fürs erste notwendig, aus der pädagogischen Wirklichkeit Grundlegendes unter anthropologischen Kriterien zur weiteren Reflexion aufzubereiten. Geht man von der mittleren Gruppe aus, jener Gruppe behinderter Kinder mit mental wesentlich bestehenden Beeinträchtigungen aufgrund welcher biophysischen Schädigung auch immer, die jedoch in iher Bewegungsfähigkeit zerebral belastet sind, muß die Beschreibung ihrer spezifischen Situation unter dem Kriterium *Bewegungsfähigkeit* mit anderen Konstitutiva erfolgen, gegenüber der erstgenannten Gruppe geistigbehinderter Kinder, die keine zerebrale Bewegungsauffälligkeit und -störung haben.

3. Wahrnehmungsraum und Bewegungsraum

„Das Wahrgenommene ist keine Wirkung der
Hirntätigkeit, es ist ihre Bedeutung."
            M.MERLEAU-PONTY

Da es sich um vorläufige Konstrukte handelt, wenn vom Wahrnehmungsraum und Bewegungsraum des Kindes mit geistiger Behinderung gesprochen wird, soll zumindest auf wesentlich scheinende Momente hingewiesen werden:
Es bleibt für die beschriebenen drei Gruppen offen, *wie* sich Wahrnehmungsleistungen in Decodierungsprozesse umsetzen und integrieren lassen, wie Perzeptionen und gestörte Rezeptivität dennoch in Verhalten und psychomotorische Ausführungen überführt werden können, nachdem zudem ungeklärt ist, in welchen Ergänzungsverfahren Defizite ausgeglichen werden können. Gefragt kann somit nur nach Hilfssystemen und kompensierenden feedback-Prozessen werden, um sich ein vages Konzept zur psychosozialen Wirklichkeit des in seinen mentalen Strukturen behinderten Kindes machen zu können.
— Wahrnehmungsleistungen sind in jeder je spezifischen Situation ausreichend, Bewegungsentwürfe zu konstituieren und auch zu differenzieren. Diese Kompetenz scheitert vielfach an der Performanz, jenes Prozesses und Ergebnisses der Umsetzung, der situativ notwendigen Differenzierung in je dringlichen psychomotorischen Handlungssequenzen, die neurophysiologisch freilich oft zur Gänze belastet sind und sich restitent auswirken.
Allein wenn diese Dissoziation auch nur in wenigen Ansätzen verstanden würde, wäre eine „von außen" bestimmende und belastende Erziehungsintentionalität nicht in oft bedenklicher Weise rigide.
— Wahrnehmungsleistungen differenzieren den „Spielraum des Leibes" (PLÜGGE) und bedingen Autarkie, Souveränität und Selbstdarstellung. Dies mögen erste Erfahrungen und Erlebnisse des psychomotorisch unbehinderten Kindes in früher Ontogenese sein; auch wenn statumotorische und lokomotorische Unsicherheiten, passagere Instabilitäten und Distanzierungsversuche gegenüber Schwerkraftproblemen bestehen müssen, garantieren Überwindung, das „Spielen mit den je verschiedenartigen Möglichkeiten", erste Stabilisierung den intendierten Erfolg. Fehlleistungen, Mißerfolge, ataktische Variationen sind Bedingungen und Ergebnisse redundanter Möglichkeiten, postural tone und locomotion in „Kreisreaktionen", in „Funktionslust", in planbaren, antizipierenden und erzielbaren Erfolgen zu erreichen, die abgeschlossen werden können zu einer Zeit, die in sensumotorischer präverbaler Genese unabdingbare Voraussetzung sind, Identität gegenüber anatomisch-neurophysiologischer Präfixierung zu finden.
Darin ist die Psychogenese des behinderten Kindes signifikant belastet. Bezogen auf die prinzipiellen Konstitutiva sich differenzierender postural tone und locomotion in der Intelligenzphase einer „Substruktur der Intelligenz" nach PIAGET, in der Zeit bis zum zweiten Lebensjahr, müssen sich Wahrnehmungs*prozesse* auf sensumotorische und psychomotorische Störanfälligkeit einstellen, absorbieren enorme psychische Energie ausschließlich auf die vielen intervenierenden Variablen des sich konstituierenden postural tone und der sich differenzierenden locomotion und fixieren sich auf defizitäre Wahrnehmungs*inhalte*, Wirklichkeit reduzierend, die zur Orientierung und Exploration, zu Stabilisierung und jeweiliger Erweiterung unabdingbar scheint. Nicht ist entschieden, welcher unabdingbar notwendiger Wahr-

nehmungsraum bestehen muß, damit Aufbau und Absicherung grundlegender Möglichkeiten einer Identitätsfindung, bezogen auf „postural tone und locomotion", garantiert sind; was subjektiv unabdingbar noch ausreichend sein könnte, kann auf intersubjektive Räume und Inhalte nicht ausgesagt werden. Eine gewisse Analogie besteht hierin zur Wirklichkeit des Kindes mit autistischen Verhaltensweisen und Inhalten. Inwieweit weitere Kriterien zusätzlich erschwerender Organinsuffizienz, vegetativ-dystone Formen den elan vital des Kindes mit geistiger Behinderung tangieren, läßt sich nur vermuten, sei doch nur der Hinweis gestattet auf die kaum durchschaubaren Erziehungsintentionen bei Über- und Unterforderung in diesen sensiblen Phasen der primären Sozialisation.

— Bezogen sich bislang Interpretationsversuche jener Wahrnehmungsleistungen, die postural tone und locomotion bedingen, auf intrapsychische Konfliktmöglichkeiten, müssen desweiteren zumindest Wahrnehmungsprobleme angedeutet werden, die für das behinderte Kind den psychosozialen Anteil ausmachen müssen, nämlich den kaum analysierbaren ‚Erfahrungsbestand', der aus Qualifizierung und Disqualifizierung fehlerhafter Haltung und vorbelasteter sensumotorischer und psychomotorischer Insuffizienz resultiert und für das Kind die erste Konfrontation und Auseinandersetzung soziokultureller Erwartungsmuster und Verhaltensnormierung definieren. Psychogene Momente, die sich aufgrund neurophysiologischer und konstitutioneller Beeinträchtigungen und Einschränkungen ableiten ließen, bedingen ein intersubjektives Verhalten des behinderten Kindes, das als Ausdruck dieser permanenten Auseinandersetzung biophysischer Vorbelastetheit zu interpretieren ist. Man mag einschränkend vermuten, daß gerade beim Kind mit geistiger Behinderung diese Prozesse der Stellungnahme und Distanzierung nicht liefen, weil es die mentalen Voraussetzungen nicht hätte. Dem ist in aller Entschiedenheit entgegenzutreten. Es ist nicht nachvollziehbar, daß nicht ein lebenslanges Unbehagen gegenüber dem Ausgeliefertsein neurophysiologischer Präfixierung sich schon sehr bald manifestierte, sich permanent „in Materialität festgelegt" zu fühlen, wogegen Protest und Widerstand vergeblich sein müssen und psychogene Alterationen, mehr noch psychosoziale Nachfolgelasten und psychosomatische Auswirkungen konsistent scheinen, sicherlich weniger reflektiert, doch um so intensiver erfahren und erlebt.

4. Beschreibungsversuch und pädagogische Intentionen

„Die Theorie bestimmt, was wir
beobachten können."
       A. EINSTEIN

Versucht man ohne jeglichen Anspruch auf grundlegende Abgrenzung zusammenzufassen, in welcher Weise Bewegung des geistigbehinderten Kindes Bedingung und Ergebnis pädagogischen Handelns sein könnte, müßte fürs erste festgehalten werden:
Bewegung, gleich in welcher Differenziertheit und Undifferenziertheit, ist *grundlegende Bedingung* der Möglichkeit, Unabhängigkeit zu erleben. Jeder Schritt ohne Hilfestellung, jede Bewegungsabfolge ohne Intervention „von außen", jede Positionsänderung ohne Beistand und Subsidiarität, sind Bedingungen der Möglichkeit und Ergebnis der Notwendigkeit, sich souveräner zu verstehen, sich autark zu erleben, Abbau von Wehrlosigkeit zu erfahren. Die Tatsache der sich differenzierenden Abhängigkeit, die Faktizität der sich relativierenden Hilfsbedürftigkeit sind es, die *anthropologisch* bedeutsam werden, jenseits aller (dis-)qualifizierenden Beurteilung „von außen". Nach objektiven Kriterien eines Bewegungsablaufes, eines Handlungsvollzugs, einer Verhaltensmodifikation subjektiv sinnvoller Relevanz und Erreichung unmittelbarer Zielsetzung, Entlastung physischer Fixierung, ist Bewegungsfähigkeit des behinderten Kindes, gleich in welcher Differenziertheit und Undifferenziertheit, Ausdruck individueller Wahrnehmung und subjektiv relevanter, psychisch sinnvoller Disposition.
Bewegungs*bereitschaft* des behinderten Kindes, prinzipielles anthropologisches Datum, in welcher funktionellen und/oder konstitutionellen motorischen Defizienz auch immer, besteht ungebrochen vom ersten Tag an, bedarf jedoch der sicheren und kompetenten Motivierung, Stabilisierung und Erfolgssicherung „von außen". Dies geschieht ausschließlich unter individuellen Kriterien und Kategorien mit dem behinderten Kind. Postulat ist es, *Bewegung zu initiieren,* durch Erfahrung zu stabilisieren und ausschließlich den Erfolg des Kindes, der für es unabdingbar bleibt, zu *garantieren,* nämlich, daß Bewegung auch weiterhin für notwendig erachtet wird, daß Bewegung sein muß und als *unersetzbar* sonderpädagogisch abgesichert wird.
Wie sehr belastet sich auch immer der Erzieher versteht, wenn er von *seiner* „Phänomenologie", *seiner* Kinästhetik und *seiner* Ästhetik ausgeht und an das Kind herangehen will: Dieses sein Interesse liegt ausschließlich an den Bedingungen der Möglichkeit der kindlichen Bewegung. Sie ist die conditio sine qua non seiner sonderpädagogischen Intentionalität.
Geht man an die Analyse und Interpretation der Bewegung des geistigbehinderten Kindes und bezieht hierzu möglichst wertfreie Kriterien ein, die von keinem Ideal souveräner Bewegungsfähigkeit bestimmt und abgeleitet werden und reflektiert man in einem auf dem Prinzip der Gleichheit und Fairneß begründeten sonderpädagogischen Postulat die spezifische Situation dieses behinderten Kindes, könnten einige wenige vorläufige Ergebnisse festgehalten werden:

— Die Bewegung des geistigbehinderten Kindes ist Ausdruck menschlicher Gebrochenheit hinsichtlich anatomisch-physiologischer Vorbelastetheit und existentiell unabdingbar notwendiger individueller Auseinandersetzung mit jeder dieser Gegebenheiten.

— Die Bewegung des geistigbehinderten Kindes steht in einem soziokulturellen Kontext erwarteter, antizipierter und normbezogener Leitlinien, die aufgrund organischer und neurophysiologischer Determiniertheit schlichtweg nicht eingehalten und eingelöst werden können. Unter diesem *Diktat* permanent stehen zu müssen, in dieser Dimension ständig Mißerfolg tagtäglich erleben zu müssen, macht einen wesentlichen Teil der psychosozialen Wirklichkeit dieser behinderten Kinder aus.

— Die Bewegung des geistigbehinderten Kindes gehorcht kaum den ästhetischen Kategorien möglicher und faszinierend menschlicher Bewegung, Welten trennen beide Bewegungsdimensionen. Spezifische Wahrnehmungsprozesse und Wahrnehmungsleistungen des behinderten Kindes vermögen korrigierend, kontrollierend, modifizierend eingebracht werden, dennoch bleiben Problem und Konflikt insofern bestehen, als eine akzeptable Aussteuerung vorbelasteter Bewegungskonzepte und Bewegungsvollzüge *nicht* eingelöst werden kann, sondern es bleibt die grundlegende Thematik, daß Bewegung schlechthin kaum oder nur sehr *eingeschränkt* gelingt, und all dies heißt, in einer ständigen Mißerfolgsthematik, „von außen" bestimmt zu sein.

— Die Bewegung des geistigbehinderten Kindes gehorcht in phänomenologischer Beschreibung kaum normgerechter Bewegungskonzepte und Bewegungsvollzüge. Eine sonderpädagogische Reflexion dieser spezifischen psychomotorischen Gegebenheit und Intention impliziert den empathischen Nachvollzug hochbelasteter biophysischer Bedingungen. Diese Pädagogik sieht jedoch in diesen gestörten, sehr störanfälligen Bewegungsabläufen ausschließlich und unter *besonderer* Berücksichtigung ein principium individuationis eben des behinderten Kindes. Sonderpädagogischer Ansatz und Richtpunkt sind es und können es nur insofern sein, als jene *Bedingungen der Möglichkeit* strukturiert und durchgehalten werden. Geplant werden soll für das behinderte Kind, Bewegung als faszinosum erleben zu lassen, und dies in dreifacher Weise,

1. „Das Ich ist zuerst ein körperliches" (S. FREUD).
2. „Das Ich ist die fragilste Instanz der menschlichen Psyche" (S. FREUD).
3. Unter einem sozialkommunikativen Aspekt: „Die Fähigkeit, den anderen als solchen und nicht als Funktion des eigenen Willens wahrzunehmen" (ADORNO).

Daraus ergeben sich entscheidende *Erziehungsbedingungen* für die Situation zusammen mit dem geistigbehinderten Kind. Wohl kaum eine Kategorie in der menschlichen Entwicklung scheint so sehr harten Normen und Fixierungen unterworfen zu sein, wie die Thematik der *Bewegungsdifferenzierung* in früher kindlicher Entwicklung. Das Kind mit geistiger Behinderung kann nur sehr selten mithalten, der Bonus in dieser frühen Phase fixiert sich sehr schnell in überhöhten Erwartungen, die nicht erfüllt werden können, weil sie eben aufgrund neurophysiologischer Eingeschränktheit nur bedingt erreichbar sind. Frühförderung kann Unersetzbares intendieren und auch zum Erfolg führen. Dennoch bleiben harte Kriterien der Eingeschränktheit bestehen und das wirkt sich unabdingbar auf die Entwicklung früher Konzeptbildung und Bewegungsplanung aus. Bedenklich scheint es freilich nicht selten zu sein, wenn die Interpretation der Bewegung psychopathologischen Begründungen gehorcht und zwischen neurophysiologischer Bedingtheit und subjektiv psychischer Auseinandersetzungsnotwendigkeit und -möglichkeit nicht unterschieden zu werden vermag. An dieser Nahtstelle versucht die anthropologische Reflexion einzusetzen, denn sie verweigert, sich unter das Joch globaler Begriffe zu stellen, die in der Beschreibung des behinderten Kindes meist negativ und deterministisch sein müssen, weil sie sich aus der ‚Norm' ableiten, weil sie sich an der Norm orientieren und sich diese Desorientiertheit ausschließlich zu Lasten des behinderten

Kindes auswirkt. Es müßte somit eine Position bezogen werden, die sich geradezu *ausschließlich* an der Ontogenese des Kindes mit geistiger Behinderung zu orientieren sucht.

Bewegung ist Veränderung, gebunden an Ort und Zeit, doch souverän über beide verfügend, wenn Wahrnehmung als Bedingung der Möglichkeit Bewegung garantiert. Anatomisch-physiologische Substrate und psychische Dispositionen werden in identifikatorischen und imitatorischen Lernprozessen zuzuordnen versucht. Wie bewußt und reflektiert dieser Ablauf durch *Sprache* auch immer begleitet werden kann, ist kein entscheidendes Kriterium dieses anthropologischen Phänomens. Die Abgrenzungsversuche gegenüber tierischer Bewegung sind nicht Thema dieser Ausführung. Vielmehr geht es um eine vorläufige Beschreibung und Interpretation jener Bewegungsabläufe bei Kindern mit geistiger Behinderung, die für sie bedeutsam und sinnvoll sind. Phänomenologisch, d.h. in der Beschreibung des Bewegungsablaufes besteht keine Not zu Abgrenzungsversuchen gegenüber dem Tier, da gerade in dieser Dimension als instinktiv-erbkoordinative Komponente beim Tier kaum nennenswerte Alterationen beschrieben werden können. Hingegen ist diese Funktion beim Kind mit geistiger Behinderung die mitbelastendste für den nichtbehinderten Kommunikationspartner. Die zusätzliche ästhetische Komponente angesichts gestörter defizienter Bewegungsabläufe bei dieser Gruppe behinderter Kinder kann in *Abwehr* und *Distanzierung* eskalieren. Vielfach wiederum gilt ein kontrollierter und damit differenzierter Bewegungsablauf als Ausdruck defizienter kognitiver Funktionen, als Teil aller psychischen Dispositionen des Menschen, die hier über die Maßen eingeschränkt scheinen. Doch auch in dieser komplexen Thematik werden die Bedingungszusammenhänge nicht selten zu wenig getrennt. Unter dieser Indifferenz leidet das zerebralbewegungsgestörte Kind am meisten. Bei dieser Gruppe behinderter Kinder determiniert die kinästhetische Komponente die Fehlinterpretation in konkreter Auseinandersetzung. Anatomisch-physiologische Schädigung ist Realität für gestörte Bewegungsvollzüge, obwohl *Bewegungskonzepte* als kognitve Leistung *differenziert* bestehen (können). Vielfach können sie jedoch bei fehlender Artikulationsmöglichkeit nicht verbalisiert werden.

Endlich sind Bewegungsabfolgen bei Kindern mit geistiger Behinderung in den verschiedenen Altersphasen je unterschiedlicher Bewertung unterworfen. Festzuhalten jedoch ist folgendes: Die Bewegung des behinderten Kindes resultiert aus verschiedenartigen Konstitutiva und es ist derzeit noch kaum absehbar, diesen komplexen Bedingungszusammenhang einigermaßen schlüssig zu analysieren, da zu wenig über jene spezifischen Wahrnehmungsprozesse bei Kindern mit geistiger Behinderung bekannt ist. Bedeutsam jedoch scheint es fürs erste zu sein, zumindest auf diese Komplexität je verschiedener Bedingungen hinzuweisen, in der Hoffnung, nicht jedoch gleich für eine erste Prognose, daß motorisches Verhalten des geistigbehinderten Kindes *fairer* interpretiert wird, allein schon aus der Aporie je schon möglicher Wahrnehmungsprozesse, die hier Bedingung sind. Es geht nicht um die Stilisierung defizitärer anatomisch-physiologischer, neurologischer Defizite, wie generell deterministisch sie auch immer beschrieben wird. Es geht auch keineswegs darum, Detailinformation in theoretische Konstrukte hinsichtlich der Bewegung behinderter Kinder zu etablieren, die dem Anspruch wissenschaftlicher Abgrenzung nicht mehr genügen können. Endlich soll lediglich vorliegende Bewegungsinterpretation „schwachsinniger Kinder" dargestellt werden, die *anthropologisch* diese spezifische Dimension eine erste Abgrenzung ermöglicht, die zu überschreiten zumindest riskant ist. Ungeklärt muß schließlich bleiben, worauf sich ein „Psychismus" bauen läßt, der motorisches Verhalten transferiert in *intrapsychische* Wirklichkeit, die sich gerade davon zu distanzieren versucht. Es soll lediglich derzeit paradigmatisch hinzuweisen versucht werden, wie komplex und polyfaktoriell Bewegung für die spezifische Situation des geistigbehinderten Kindes zu reflektieren ist, selbst auf die Gefahr hin, daß fürs erste diese Konstrukte suspekt erscheinen mögen. Dennoch scheint es dringlich, daß eine differenziertere Analyse dieser spezifischen Situation angebahnt wird.

Das Faszinosum menschlicher Bewegung, souverän und gelassen, ohne Stolpern und Straucheln, gleichsam ohne psycho-physischen Kraftaufwand Räumlichkeit zu überschreiten, sich psychisch entlastet zu fühlen, die Schwerkraft zu überwinden, den „instrumentellen Wert" (LANGEVELD) souverän einzusetzen, davon kann das Kind mit geistiger Behinderung nicht berichten. Nur selten sind *Körperhaltung und Bewegung* (postural tone und locomotion), aus der Mitte heraus möglich. Durchgängig intervenieren Störfaktoren, gleich welcher Provenienz. Ja es scheint, daß jede phänomenologische Beschreibung daran scheitern muß, daß es „objektiv", und sei es noch so differenziert, nicht gelingt, wovon lediglich aus subjektivem Erleben heraus, auf all das hingewiesen werden kann, wie psychophysisch entlastet man sich fühlt, seine Körperlichkeit nicht spürt, seine Materialität nicht ins Kalkül zieht, sie jedoch jederzeit fühlen kann, wenn sich Intentionalität ergeben soll, ein Ziel zu erreichen.

Die Souveränität ist psychophysische Entlastetheit: Davon vermag das Kind mit geistiger Behinderung allem Anschein nach nicht zu sprechen. Das punktuelle Aufgehobensein gegenüber Schwerkraft und neurophysiologischer Determiniertheit, sich distanzierend in aller Körperlichkeit, dies ist die Situation des Kindes mit geistiger Behinderung nicht. Werden postural tone und locomotion phänomenologisch beschrieben, bleiben kaum Positiva und Qualifikationen positiv zu beschreiben übrig, oder wie es eine Physiotherapeutin prägnant formuliert, „Man sieht an allem, was falsch gemacht werden kann".

Es geht diese kurze Analyse und Reflexion zur Bewegungsproblematik bei Kindern mit geistiger Behinderung von der Position aus, daß das Kriterium jeglicher Handlungskompetenz des Erziehers und Therapeuten die subjektiv sinngemäße und individuell dringliche Wahrnehmung und Bewegung des behinderten Kindes ist und bleiben muß, die sich von seiten des Pädagogen einer Intervention auch dann zu entziehen hätte, wenn der Pädagoge meint, *daß* er intervenieren müßte, um diesen Zusammenhang zu sprengen.

Begründungen zu dieser Hypothese vermögen lediglich fürs erste pauschal erfolgen, da sich diese beiden Konstitutiva des behinderten Kindes lediglich aus der Einzelsituation ableiten lassen. Ist das Kind geistigbehindert und d.h., daß psychomotorische Belastungen als neurophysiologische Bedingungen Bewegungen beeinträchtigen, kann es nie und nimmer gelingen, eine restitutio ad integrum zu erreichen. Beim Versuch, eine psychomotorische Differenzierung soweit zu stabilisieren, daß sich ein einigermaßen adäquater Bewegungsablauf ereignen kann, müßte eine Pädagogik des geistigbehinderten Kindes davon ausgehen, daß sie sich nur bedingt an der unbehinderten motorischen Kompetenz des gesunden Kindes orientiert. Ist das Kind geistigbehindert, d.h. daß kognitiv spezifische Wahrnehmungsprozesse die Bedingung der Möglichkeit sind, daß sich Ontogenese ereignet, kann eine Pädagogik des geistigbehinderten Kindes fürs erste lediglich erreichen, daß *Wahrnehmungsergebnisse* des Kindes *nicht* storniert werden, mit der Begründung, sie seien inadäquat. Zum anderen vermag diese Pädagogik, wenn sie fair, sensibel und tolerant bleiben möchte, sicherlich die Ergebnisse der Wahrnehmung des Kindes, die in Bewegung transformiert werden und immer auch schon wurden, soweit zu stabilisieren, daß eine grundlegende Absicherung erfolgt, mit äußerster verbaler und nonverbaler Kontrolle des Pädagogen, damit sich nicht wiederum „auf dem Rücken" einer vorgegebenen Stabilisierungstendenz *Intervention* einschleift, da diese unersetzbar erscheint. Dies auszuschließen oder zumindest mitzubedenken, wäre ein entscheidendes Kriterium dieser Arbeit.

Desweiteren müßte es einer subjektiv zumutbaren und kritisch distanzierten Sonderpädagogik gelingen können, gerade absolut gesetzte Bewegungskonstitutiva, die permanent im Stilisierungsprozeß gehalten werden und aus Leistungssportsituationen die Alltagswirklichkeit bedrängen zu suchen, zumindest *zeitweise zu relativieren,* daß nicht der einzelne über die Maßen dieser Stilisierungstendenz ausgeliefert wird bzw. werden kann, denn dieses sicher mehr unbewußt ablaufende Verfahren ist in der Tat für das behinderte Kind eine katastrophale und ausweglose Gegebenheit.

5. *Exkurs:* „Psychismus"

„Jeder Körper ist anders traurig"
        K. KROLOW

Die These des „Psychismus" hat allem Anschein nach viel Unheil angerichtet. Die Eindimensionalität dieses Konzeptes nennt in keiner Weise die menschlich vielfach möglichen Störbereiche jeglicher *Transformation*, die endlos komplexen feedback-Verfahren, die störanfällig sind und sein können, die kaum nachvollziehbaren neurophysiologischen intervenierenden Variablen, die sich der Kontrolle entziehen und entziehen müssen, die resistent einer psychischen Kontrollfunktion in hohen Teilen ausgeschlossen bleiben. Liest man folgende Schlußfolgerungen und würde sie ausschließlich auf das Kind mit geistiger Behinderung anwenden, wäre es in der Tat von kaum mehr rückholbarer Fixierung und Stigmatisierung, da kaum Positives und Akzeptables für diese Gruppe behinderter Kinder übrig bliebe.
R. DECKER (in: EGGERT/KIPHARD 1973, S. 86) faßt zusammen: „Die Motorik ist eine psychische Äußerung. Sie ist eines der konstitutiven Elemente des Psychismus und von daher in direkter Verknüpfung mit den anderen Elementen.
Hieraus ergeben sich eine Reihe von Schlußfolgerungen:
— Die Analyse des motorischen Verhaltens ist ebenso aufschlußreich für den Psychismus einer Person wie die Analyse der klassischen psychologischen Daten;
— die Störungen der Psychomotorik haben einen direkten Einfluß auf den Psychismus;
— gezielte Veränderungen des motorischen Verhaltens können einen ebenso großen Einfluß auf den Psychismus haben wie Veränderungen der psychologischen Faktoren."
Die Thematik einer geringen Begründbarkeit des Psychismus bei Kindern mit geistiger Behinderung erweist sich an zwei entscheidenden Momenten.
Wäre Motorik *identisch* mit psychischer Äußerung, müßte gewährleistet sein, daß psychische Inhalte adäquat in Bewegung übersetzbar sind. Doch hierin ergeben sich bei Kindern mit geistiger Behinderung kaum nachvollziehbare Transformationsschwierigkeiten und Probleme. Die unabdingbaren Voraussetzungen einer Situationsanalyse, die eine Anthropologie des geistigbehinderten Menschen zu umschreiben hätte, ergibt sich wie folgt: Psychische Inhalte des Kindes mit geistiger Behinderung sind für es auf Grund seines spezifischen Wahrnehmungsverfahrens *adäquat* im Ausdruck, *schlüssig* umsetzbar, können sich je individuell darstellen und bedürfen gewissermaßen keiner weiteren Differenzierung. Die Ausdrucksmodalitäten entziehen sich jedoch der Dekodierung „von außen", bleiben intersubjektiv vielfach unverständlich und/oder disponieren zur Zurückweisung, da sie nicht in ihrem Informationsgehalt dechiffriert werden können. Andererseits: Psychische Inhalte des Kindes mit geistiger Behinderung sind noch nicht angemessen auszudrücken, in motorisches Verhalten umzusetzen, *weil* spezifische Wahrnehmungsprozesse nicht ausgereicht haben und/oder sich des Ausdrucks in der Tat verschließen, *weil* Differenziertheit noch fehlt. Endlich ist jenes Problem zumindest zu nennen, das in der Pädagogik des Menschen mit geistiger Behinderung unlösbar scheint und insbesondere im sprachlichen Verhalten relevant wird und über die Maßen zugleich belastend erscheint: Imitatives und identifikatorisches Lernen des Kindes *übernimmt* Modalitäten nonverbaler und verbaler Funktionen und Dimensionen und füllt sie mit individuell subjektiven Inhalten, die freilich der permanenten wie spezifischen Modifizierung

bedürfen, die Ergänzung, Relativierung und Differenzierung notwendig haben, um wiederum *subjektiv* die Bedingung für Interaktions- und Kommunikationsprozesse vorbereiten zu können.

Dennoch stellt es sich heraus, daß diesen subjektiven Transformationen intersubjektiv *nicht* die Mitteilung entnommen werden kann, daß derartige Inhalte sich intersubjektiv *nicht* auflösen lassen. In der Entwicklung des nicht behinderten Menschen ist dieser Prozeß eine oft jahrzehntelange Adaption und eine intensive Auseinandersetzung mit den soziokulturellen Sprach- und Ausdrucksmustern, die epochal jeweils gängig sind. Dies gelingt allem Anschein nach mit vielen intervenierenden Variablen, Dissoziationen und Störungen dennoch, da verbale und nonverbale Verfahren und Modalitäten gemeinsam reflektiert und diskutiert werden können. Bei Kindern mit geistiger Behinderung bleiben *hohe Reste der Unaufgelöstheit,* der Ratlosigkeit in der Auseinandersetzung bestehen. Fürs erste ließe sich vermuten, *semantische Probleme,* bezogen auf verbale und nonverbale Funktionen und Dimensionen sind letztendlich nur soweit zu relativieren, daß eine intersubjektive Wirklichkeit immer noch besteht und aufrechterhalten werden kann, daß Interaktions- und Kommunikationsprozesse immer noch und immer wieder möglich werden.

In dieser Thematik freilich verschärft sich die Situationsanalyse für das Kind mit geistiger Behinderung. Phoneme und „Moteme" dissoziieren für das behinderte Kind jene Inhaltlichkeit, die momentan intersubjektiv verbindlich zu sein scheint oder auch in der Tat ist. Für den nichtbehinderten Interaktions- und Kommunikationspartner resultiert daraus die häufig zu beobachtende Fehlinterpretation verbalen und nonverbalen Ausdrucks des Kindes mit geistiger Behinderung. Es muß wiederholt werden, daß *er* es ist, der inadäquat zu dechiffrieren beginnt, denn bei allem Risiko dieser spezifischen Situationsanalyse besteht in der Tat bei diesen Kindern aufgrund der ihnen möglichen Wahrnehmungsverfahren und Bewegungsverhalten eine *adäquate integrative* Leistung. Daß sie nicht akzeptiert wird, daß sie unreflektiert zurückgewiesen wird, ist ein Teil dessen, was seine Identität zu einer beschädigten Identität macht, eine „von außen" bedingte und teilweise auch geplante geschädigte Identität. Es mag deutlich werden, unter welchen differenzierten Bedingungen Pädagogik des geistigbehinderten Menschen zu sehen wäre, um diesen Anspruch nicht von vornherein zu pervertieren, da sich der nichtbehinderte Erzieher im Glauben der alleingültigen „Welt" wiegt. In diesem Punkt ist auch die Problematik jeglicher kompensatorischen Erziehung angedeutet, allein schon aus der Vorentscheidung heraus, hier würde in der Tat gewußt werden, *was der Kompensation bedarf.* Was auf der einen Seite sich als kompensatorische Intention sozialkommunikativer Prozesse darstellt, kann auf der anderen Seite in Sonderheit bei Kindern mit geistiger Behinderung eine *Identitätsverunsicherung* und *Identitätsspaltung* bedeuten. Apperzeptionsverweigerung scheint erst möglich, *wenn* Identität sich auch gegenüber Eingriffsmöglichkeiten stabilisiert hat, *wenn* sie gegenüber Interventionen stabil bleibt. Doch Identität bei Kindern mit geistiger Behinderung scheint von so empfindlicher Zerbrechlichkeit zu sein, daß man sich Sozialisationsbiographien bei dieser Gruppe behinderter Menschen nicht zu Ende zu denken und nachzuvollziehen wagt. Bedenklich sind nicht selten die *Ergebnisse* dieser Enkulturations- und Sozialisationsprozesse. Das Kind mit geistiger Behinderung kann nicht berichten, wie es zu diesen vorzeigbaren Effekten gekommen ist und dies muß auch die Gesamtheit der Bewegungserziehung miteinschließen.

Ergebnisse freilich dieser Bewegungsdifferenzierung sind zunächst über die Maßen überzeugend. Bedeutsam werden Aspekte und Kriterien, die die Bewegung als spezifisches *subjektives* Konstitutivum beschreiben, ohne normbezogen, ausschließlich subjektiv als spezifisches Wahrnehmungsmuster motorischer Kompetenz zu gelten.

6. Intentionalität und „kognitives Anderssein"

Es geht desweiteren in diesem Versuch einer anthropologischen Reflexion, die sich der besonderen Bewegungsfähigkeit und Bewegungsbereitschaft geistigbehinderter Kinder zuwendet, um das Kriterium der *Intentionalität,* die geradezu ausschließlich subjektiv analysiert zu werden vermag. Bewegung ist Ergebnis einer Intentionalität, die die Schwerkraft zu überwinden sucht. Postural tone und locomotion sind die Bedingungen der Möglichkeit, sich gegen diese Fixierung zu stellen, sich gegen die Schwerkraft abzusetzen, sich zu erleben und mit diesem permanenten Widerstand sich zeitlebens auseinandersetzen zu müssen. Die „tonische Innervation" der menschlichen Skelettmuskulatur als postural tone kann jene physiologische Bedingtheit beschrieben werden, die *intentional* in die Kontrolle zu nehmen versucht wird, um Bewegung im Raum ausführen zu können. „Astasie" und „Abasie" als psychogenes Versagen, vielleicht auch als psychisch bedingte Verweigerung, läßt diese bereits bestandene Intentionalität zunichte werden. Statische Innervation und dynamische Intentionalität der Bewegung lassen bereits in dieser formelhaften Nennung den kaum lösbaren Kontext neurophysiologischer und psychosozialer Bedingungen beschreiben, die eine Anthropologie der Bewegung des Kindes mit geistiger Behinderung unabdingbar zu reflektieren sucht. Dies muß in Sonderheit als bedeutsames Kriterium beschrieben werden, um sich allmählich aus vorentschiedenen Klischees loslösen zu können, die immer wieder für diese Gruppe motorisch behinderter Kinder fortgeschrieben werden.

Es wurde versucht, mit Begriff und Inhalt „kognitives Anderssein"[3] jene wahrnehmbare Wirklichkeit als Bedingung und Ergebnis zu umschreiben, die für das Kind mit geistiger Behinderung das ihm adäquate „Relevanzsystem" (A. SCHÜTZ) ausmacht. Wahrnehmungsinhalte aufgrund je spezifischer perzeptiv-kognitiver Prozesse des Kindes mit dieser Behinderung können mit jenen des nichtbehinderten Interaktions- und Kommunikationspartners zumindest analog gesehen werden. Man muß jedoch davon ausgehen, daß sie nicht identisch sein können aufgrund je individueller Lernprozesse und je spezifischer Lerngeschichte des einzelnen. Bedeutsam und damit anthropologisch grundgelegt in gleicher Weise wie für jeden Menschen ist für die Motorik des Kindes mit geistiger Behinderung die Tatsache, daß eine unersetzbare Bedingung der Möglichkeit, Wahrnehmung in Bewegung umzusetzen, jenes je subjektiv-einmalige, individuell sinnvolle kognitive Anderssein aufgrund biophysischer Schädigung ist, und sicherlich auch zeitlebens bleiben muß. Kognitives Anderssein und motorische Kompetenz stehen somit in einer Wechselbeziehung zwischen mentalen Konstrukten und Konzepten je spezifischer Wahrnehmungsprozesse *und* neurophysiologisch-psychomotorischer Transformationsprozesse, mit all den Störanfälligkeiten, die diesen komplexen Zusammenhang ausmachen (können). Es lassen sich sicherlich zwei Momente festhalten:
— Da es sich bei diesen zerebral-konstitutionellen Schädigungen um irreversible Gegebenheiten handelt, da bei den psychischen Dispositionen des Kindes mit geistiger Behinderung eine restitution ad integrum nicht denkbar ist, muß davon ausgegangen werden, daß ‚Bewegung' nur in (engen) Grenzen differenzierbar bleibt. Sicherlich vermag early stimulation sensumotorischer Intelligenzstrukturen vor renitenten Fixierungen schützen, sicherlich können moto-

pädagogische Angebote die Wirklichkeit des behinderten Kindes in seinem kognitiven Anderssein vor ‚Kontrakturen' und Verkrustungen, vor Verknotungen und Atrophien absichern: Das Bedingungsgefüge Wahrnehmung-Bewegung beim Kind mit geistiger Behinderung sprengen zu wollen und daraus je begründbare und vorentschiedene motorische Funktionsleistungen und -ergebnisse erreichen zu wollen und mit entsprechenden Interventionsmitteln und -verfahren auch kurzschlüssig erreichen zu können, hieße die sich aus der je spezifischen Wirklichkeit strukturierende und stabilisierende Identität des Kindes mit geistiger Behinderung zu zerstören. Die Identität des Kindes mit geistiger Behinderung hängt mit den oben umschriebenen Konstitutiva Wahrnehmung und Bewegung mittelbar zusammen, sie machen allem Anschein nach Strukturelemente aus. Verfahren und Ergebnisse einer Distanzierung gegenüber vorgegebenen Belastungen, Modalitäten einer „Ordnungsform menschlichen Erlebens" vonseiten des Kindes mit geistiger Behinderung gehören in die Thematik der Identitätsprobleme und -konflikte. Eines jedoch bleibt konsistent, daß permanente Interventionen des Nichtbehinderten mit je differenzierten Machtmitteln das System „Mensch" (LUHMANN), insonderheit das Kind mit geistiger Behinderung auflösen können, bedingen Identitätskrise, -verunsicherung und -spaltung, selbst, wenn man zurückweisen wollte, derartige Begriffe und Inhalte sind für Menschen mit geistiger Behinderung unzutreffend und überzogen, da deren Wirklichkeit von derartigen anthropologischen Kategorien nicht bestimmt sei. Diese nicht selten vertretene Meinung muß in aller Entschiedenheit zurückgewiesen werden.

7. Psychische Belastetheit

Die erste Gruppe dieser behinderten Kinder läßt sich unter kognitiv-strukturellen Kategorien ohne große Schwierigkeit beschreiben als jene Kinder in einer spezifschen Situation, die einen Wirklichkeitsausschnitt strukturieren, der für ihre intellektuelle Kompetenz risikolos adäquat und stabilisierend erreichbar ist. Soweit *Bewegungsbelastungen* subjektiv erlebt werden, sind sie *relativ* zu nennen, haben keine determinierenden Auswirkungen für die Gesamtsituation. Mehr noch: Sind Haltungs- und Bewegungsauffälligkeiten zu konstatieren, sind biophysische Belastungen zu beobachten, die das Kind tangieren, muß fürs erste davon ausgegangen werden, daß in einer differenzierten körperlich-organischen Versorgung und Absicherung Bedingungen zu wenig bedacht wurden, die eindeutig unter dem Begriff ‚Fehlerziehungsformen' beschrieben werden können. Die Beachtung grundlegender Erziehungsintentionen scheint hierin bedeutsam. Adäquate Ernährung, diätetische Maßnahmen, Bewegungsförderung bei schlaffen Muskeltonus, Bewegungsaktivierung bei asthenischer Grundkonstitution, gezielte pädagogische Absicherung bei organischer Vorbelastetheit (Kreislaufbelastung bei Kindern mit dem DOWN-Syndrom) u.a.m., sind allem Anschein und aller Erfahrung nach jene Bedingungen, daß sich das Kind mit geistiger Behinderung unter den *biophysischen* Voraussetzungen psychisch *zusätzlich* belastet fühlen kann, so daß Bewegungs*bereitschaft* mit zu hohem Aufwand beurteilt werden muß. Andererseits: Sobald auch nur erziehliche Mindestbedingungen bestehen, störanfällige biophysische Dispositionen und Gegebenheiten, die diätetisch, physiotherapeutisch, motopädagogisch und heilgymnastisch absichern und vor Fixierung zu bewahren suchen, kann davon ausgegangen werden, daß das Kind mit geistiger Behinderung sich dennoch *kognitiv anders* in einer komplexen Wirklichkeit verstehen muß. Seine kognitiven Strukturen erreichen die sog. ‚normale' *Lebenswelt* nicht. Seine psychomotorische Kompetenz reicht jedoch aus, in jeder für es *bedeutsamen* Situation souverän und ohne hohe *psychische Belastetheit* darüber zu verfügen, endlich: den „instrumentellen Wert" des Körpers (LANGEVELD) *handhaben* zu lernen. Drei unabdingbar notwendige Momente müssen sich für das behinderte Kind einstellen.

1. Wie auch immer dennoch sich das motorische Verhalten dieser behinderten Kinder objektiv als „gestört", „spastisch", „athetotisch", „ataktisch" darstellen mag, hat kaum subjektive, über die Maßen belastende Bedeutung, denn das motorische Verhalten ist subjektiv immer noch sinnvolle Strategie der reduzierbaren Abhängigkeit, ist Management des subjektiv Bedeutsamen und sinnadäquate psychomotorische Orientierung, Exploration und Stabilisierung in konkreter Alltagswirklichkeit.
2. Bedingung der Möglichkeit ist es, den „raumausfüllenden Charakter materiellen Seins" (SEIFERT) in subjektiv bedeutsamen unabdingbar notwendigen Prozessen zu differenzieren, um sich hinsichtlich kognitiver und motivationaler Vorbedingungen adäquat selbst verwirklichen zu können.
3. Wie deviant das motorische Verhalten dieser Kinder sich auch darstellen mag, es ist für das Erleben *subjektiv* die wohl einzige Bedingung der Möglichkeit, Abhängigkeit zu reduzieren, abzubauen, souverän sich entlastet zu erfahren, partiell, in welchen Dimensionen auch im-

mer, sich entlastet zu fühlen. Endlich soll dieses subjektiv bedeutsame Erleben des behinderten Kindes von objektiv bewertbaren psychomotorischen Bewegungsvollzügen geschützt bleiben, wenn sie sich gegen seine Identität auszuwirken beginnen.

Ein letztes sollte zumindest angesprochen werden, im Zusammenhang mit jeglicher pädagogischen Intention bei Kindern mit geistiger Behinderung. Theodor LITT warnt in eindrucksvoller Diktion vor einem „furor paedagogicus" und meint zu Recht, daß eine in jeder Hinsicht übertriebene und überzogene Einsatzbereitschaft ausschließlich zu Lasten des Kindes gehen muß. Dies kann für diese Gruppe behinderter Kinder in gleicher Weise heißen: Jene Grenze der Interventionen zumindest permanent zu reflektieren, die zu überschreiten aus der *Übermächtigkeit* des Erziehers heraus jederzeit möglich und mit hohen Nachfolgelasten verbunden ist, so daß das zu erreichende Minimalziel, sprich: Nahziel sich nicht mehr legitimieren läßt. Dies scheint im Zusammenhang mit psychomotorischer Zielsetzung für das Kind in besonderer Weise gravierende Belastungen zu beinhalten, sind doch gerade in dieser Dimension *Erfolg* und *Mißerfolg* offensichtlich, gleichsam vor den Augen liegend und entziehen sich jeglicher Weginterpretierbarkeit. Bedeutsam werden diese Hinweise, die unter anthropologisch-pädagogischen Kriterien geradezu ausschließlich „*ad hominem*" zu formulieren sind, für die beiden weiteren Gruppen behinderter Kinder. In jeder der beiden Gruppen dominieren die zerebral bedingten Bewegungsstörungen entweder in hypertoner Form (Spastizität) oder schwankendem Muskeltonus (Athetose). Da Körperhaltung und Bewegung durch diese tonusregulierende Funktionskreise bedingt sind, bei diesen Gruppen jedoch (meist) erheblich gestört und zugleich irreversibel sind, ergeben sich für eine anthropologische Besinnung des zerebralparetischen Kindes schlüssige Zielsetzungen:

Bewegung und Körperhaltung entziehen sich aufgrund neurophysiologischer Belastetheit weitgehend der psychophysischen Kontrolle des Kindes, die feedback-Systeme und Mechanismen konstituieren und fixieren sich autonom und belasten partiell oder generell normabweichende Körperhaltung und Bewegungsvollzüge. Kognitive Strukturen und motivationale Systeme dieser behinderten Kindern sehen sich einer je spezifischen Auseinandersetzung ausgesetzt, die gleichsam auf verlorenem Posten von seiten der Identität des Kindes geführt wird. Es bleibt bei diesen neurophysiologischen Tatsachen bestehen, es lassen sich letztendlich keine psychosozialen Entlastungen, Relativierung, Modifizierungen aus dieser neurophysiologischen Rigitität ableiten. Distanzierung scheint letztlich nur intrapsychisch denkbar, doch dies ist hinsichtlich dieser lebenslangen Festlegung (allzu) gering. Der Protest gegenüber einer Irreversibilität bedarf allem Anschein nach enormer psychischer Energie und es bleibt die Frage offen, aus welchen Reserven das zerebralbewegungsgestörte Kind diesen Konflikt abzustützen vermag. War von den motivationalen Systemen die Rede, so ließe sich vermuten, daß es kaum lösbar erscheint, wie weit diese Konstitutiva die Bedingung der Möglichkeit sind, den Prozeß der Auseinandersetzung mit der je individuellen biophysiologischen Determiniertheit auszusteuern. An dieser Stelle sollen lediglich einige Gedanken zur Diskussion gestellt werden, die die kontrollierenden und ausgleichenden Funktionen und distanzierenden Möglichkeiten der kognitiven Anteile bei jenen Kindern zu umschreiben versuchen, die als geistig behindert gelten, die es in der Tat jedoch nicht sind oder diejenigen, die durch die hohe psychomotorische Belastung allmählich an ihrer Konzeptbildung zu scheitern beginnen. Die Schwierigkeiten ergeben sich bei diesen beiden Gruppen in mindestens zweifacher Weise. Sind Kinder mit funktioneller motorischer Defizienz in der Tat geistigbehindert, bleiben Fragen ungeklärt, inwieweit das therapeutische Angebot dem behinderten Kind *bewußt* zu werden vermag, welche Einsicht möglich erscheint, welches Umsetzungsvermögen, die den

Bewegungsablauf differenzierenden Maßnahmen ausmachen können, notwendig ist, wie weit „insight" möglich ist. Es kann letztlich nicht schlüssig abgesichert werden, in welcher Differenziertheit Handlungskonzepte intrapsychisch bestehen. Das input-/output-Phänomen gestörte Bewegungsmuster kann bei diesen Kindern nicht weiter analysiert werden, da keine Artikulationsmöglichkeit besteht. Phänomenologisch stellt sich dieses motorische Verhalten als beeinträchtigt dar und damit sind jegliche weiteren Versuche, den Bedingungen nachzugehen, fast schon zu Ende. In gleicher Ausschließlichkeit bleibt unentschieden, unter welchen Kriterien bei diesen Kindern der Leidensdruck zu beschreiben wäre, jenes subjektive Fühlen der Insuffizienz, der motorischen Defizienz, der psychomotorischen Eingeschränktheit, die jedoch auch wiederum nicht weiter analysierbar ist. Ist es intrapsychisches Spüren der Wehrlosigkeit gegenüber neurophysiologischer Festgelegtheit, die auch nicht durch *psychische* Dispositionen und auch nicht durch *psychosoziale* Möglichkeiten zu relativieren wäre?

„Traduit du silence" („Aus dem Schweigen übersetzt"): Eine Thematik der Anthropologie des geistigbehinderten Menschen, die *nicht* zu leisten ist. Da nur Hinweise, Mutmaßungen, Konstrukte bestehen, die der *ständigen* Reflexion und Revision bedürfen, bleiben für sonderpädagogische Konsequenzen und Intentionen dennoch relevante Gesichtspunkte bestehen. *Für* das Kind sensibel und fair zu handeln suchen, aus der Wirklichkeit der Kindes *für* seine Wirklichkeit Leitlinien grundzulegen und Konfliktsituationen durchzustehen, lassen manche therapeutische Bedingungsanalyse überbrücken. Das Kind mit geistiger Behinderung ist primär und in besonderer Weise des Schutzes würdig. Diese Erziehungswirklichkeit als intersubjektive Wirklichkeit abzustützen und auch unter erheblichen Belastungen durchzuhalten, entzieht sich vielfach der Artikulation.

8. Konstrukte und Hypothesen

„Jede Hypothese überschreitet die Erfahrung."
L. KOLAKOWSKI

Geht man von der Hypothese aus, Bewegungsintention und Bewegungsverlauf resultierten aus der Differenzierung von Wahrnehmungsprozessen, müßte konsequent mentale Einschränktheit mit motorischer Defizienz und/oder Insuffizienz in einem schlüssigen Bedingungszusammenhang stehen. Doch dieses Konstrukt gerät nahe an Determinismus biophysischer Bedingtheit und Verfügtheit des Kindes mit geistiger Behinderung; inwieweit zerebralbedingte Bewegungsstörungen diese Thematik verschärfen können, soll zunächst unberücksichtigt bleiben. Entgegen der Meinung sollte zumindest bedacht werden, daß auch bei eindeutig bestehender Irreversibilität des organischen Schadens eine Fortschreibung des Determinismus jeder sonderpädagogischen Intention entgegensteht. Konstrukte, die den wechselseitigen Zusammenhang *kognitive Konzepte – Bewegung* bei Kindern mit geistiger Behinderung zu beschreiben suchen, müssen von Grundbedingungen ausgehen, die auch dann bestehen und differenziert werden können, wenn Ergebnisse *nicht* ableitbar und erreichbar scheinen. Bei aller Brüchigkeit der wissenschaftlichen Absicherung kann unter anthropologischen Kriterien festgehalten werden, gleichsam unabdingbar notwendige Voraussetzungen und doch bei aller Not einer schlüssigen Verifizierung:

– Wahrnehmungsprozesse als conditio sine qua non bestehen auch dann, wenn sie durch Versuchanleitungen und kontrollierte Beobachtung *nicht signifikant* darstellbar erscheinen.

– Wahrnehmungsleistungen sind für die Situation des mental belasteten Kindes *psychosensorische* Prozesse, die jenseits qualitativer Momente und qualitativer Relationen insofern aufgehoben sind, als menschliches Erleben vorausgesetzt wird, solange man vom *Menschen* mit geistiger Behinderung spricht.

– Wahrnehmungsinhalte resultieren aus einer je spezifischen *Wirklichkeit,* die für das Kind mit geistiger Behinderung konstitutiv ist; sie entzieht sich freilich der letztendlichen Analyse.
– Wahrnehmung und Bewegung stehen in einem Bedingungsgefüge, wie es KLIX (1971, S: 415) prinzipiell formuliert:

„Ungezählt sind die Beispiele, vielfältig wie die Lebensbedingungen selber sind die motorisch gezielten Abläufe. Das Gemeinsame aller dieser Prozesse besteht darin, daß ein visuell oder akustisch gegebenes Vorbild, ein Verlauf oder ein festes Ziel *existieren,* das jeweils mit Hilfe der Motorik *nachgebildet* werden muß. Die Organisation der beschriebenen Verhaltensweisen besteht darin, bestimmte motorische Bewegungsmöglichkeiten unter der Kontrolle einer perzeptiv gegebenen Führungsgröße zu *zielgebundenen Verhaltenseinheiten auszuformen* und als gedächtnismäßig fixierte Verhaltenseinheiten *abrufbar* zu halten. Bestimmte verfügbare elementare Verhaltenseinheiten zu einem zeitlich gefügten Geschehen zu *verknüpfen,* so scheint es, bildet den Ausgangspunkt für *Lernprozesse.* Sucht man nach einer bestimmten Grundmenge solcher elementaren Verhaltenskomponenten, so darf man nicht primär von der Verhaltenseinheit selbst ausgehen, sondern muß bestimmte Typen *sensorisch vermittelter* Richtungsänderungen herausgreifen, denen dann bestimmte Verhaltenseinheiten zugeordnet werden können" (Kursiv: M.T.).

Festzuhalten notwendig erscheint für das Kind mit geistiger Behinderung:
Wahrnehmungsprozesse bedingen Bewegungskonzept und -ablauf. Zudem müssen sie jenen Differenzierungsgrad erreicht haben, um, wenn auch zum Teil sehr bedingt, in mentale und psychomotorische Kontrolle und Aussteuerung zu gelangen. Diese „zielgebundenen Verhaltenseinheiten" (KLIX) sind in der Tat Transformationen in „Bewegung", die aufgrund von Wahrnehmungsleistungen und Integrationsmodalitäten konstituierbar geworden sind.

Endlich scheinen diese Wahrnehmungsprozesse Mindestkriterien *qualitativ* abgesicherter Informationsaufnahme zu genügen, um zur Bedingung der Möglichkeit zu werden, postural tone und locomotion zu erreichen, wie korrekturbedürftig und verunsichert auch immer. In dieser anthropologischen Reflexion fehlt noch das entscheidende Kriterium der *Intentionalität*, das für die conditio humana des Kindes mit geistiger Behinderung nicht selten zur Präzendenzproblematik stilisiert erscheint.

Es stört über die Maßen in einschlägiger Literatur, daß psychomotorische Alterationen bei mentalbehinderten und zerebralbewegungsgestörten Kindern unter stigmatisierenden Begriffen und Inhalten beschrieben werden, die sich ausschließlich negativ für diese Kinder auswirken: „Automatismen", „Perseverationen", „Stereotypien" nennt sie die Psychopathologie des Kindes- und Jugendalters. Sicherlich, derartige sinnentleerte und chaotisch erscheinende Verhaltensweisen lassen sich „phänomenologisch" kaum auflösen. Dennoch: Bedeutsam wäre es für eine anthropologisch abgesicherte Interpretation zu behaupten, *daß sich Bewegung* als Sich-ständig-verändern-Können, in welchen engen Grenzen auch immer, *ereignet*, unersetzliche Bedingung der Möglichkeit, *intentional ausgerichtet zu werden*.

Zusätzlich ist unter sonderpädagogischer Argumentationsweise, die sich endgültig vom simplifizierenden Reiz-Reaktions-System gelöst hat, zu bedenken: Daß „*Bewegung aus sich selbst heraus*" besteht, freilich noch mit fehlenden *Wahrnehmungsinhalten*, ist grundlegende Bedingung der Möglichkeit, kategorial „Wirklichkeit zu strukturieren", und dies muß für die Wirklichkeit des Kindes mit geistiger Behinderung heißen: subjektiv modifiziert und sinnbezogen differenziert zu werden. Die *Intentionalität* konstituiert sich „auf dem Rücken" dieser motorischen Verhaltensweisen: Sie entbehren unter *pädagogischer Interpretation* jeglicher psychopathologischer Devianz. Eine kaum lösbare Schwierigkeit ergibt sich nicht selten aus der Tatsache, daß sich genannte Verhaltensalterationen *fixieren*, weil eine sonderpädagogische Absicherung nicht bestanden hat. Doch es darf nicht zulasten des Kindes gehen, wenn eine differenzierte Erziehungswirklichkeit sensible Phasen des Lernens hat verstreichen lassen.

Ein vorläufiges sonderpädagogisches Postulat ließe sich ableiten: Bewegung ist unabdingbares principium individuationis für das Kind mit geistiger Behinderung auch dann, wenn Kriterien der Analyse (noch) fehlen, wenn Orientierungshilfe für Wahrnehmungsinhalte dringlich bleibt und endlich: wenn Absicherung jener spezifischen Wirklichkeit vor inadäquaten Interventionen existentiell unersetzbar. Diese „von außen" vorgeplanten Voraussetzungen und subjektiv nachvollzogenen Modalitäten konstituieren einen Sinnbezug, der vom sozio-kulturellen Kontext abhängt, wiederum Bedingung der Möglichkeit, daß eine *intersubjektive Wirklichkeit* differenziert werden kann. Letztgenanntes Konstitutivum einer Sozialisation meint Interaktions- und Kommunikationsprozesse, die *intersubjektive* Wahrnehmung intendieren, in welcher Differenziertheit auch immer für behinderte und nichtbehinderte Partner. Offen bleibt die Antwort, welche unabdingbaren Voraussetzungen bestehen müssen, bis sich Sinnbezug und subjektiv bedeutsame Sinnfindung stabilisieren, um *intersubjektive Wahrnehmung* zu erreichen. Gängig ist in der Literatur die Meinung, daß alteriertes psychomotorisches Verhalten als ausschließlich „hirnorganisch bedingt" beschrieben und in besonderer Weise als deterministisch für das Gesamtverhalten des behinderten Kindes festgemacht wird. Dies wiederum scheint für die Individuallage des meist zerebralbewegungsgestörten mental beeinträchtigten Kindes nicht adäquat. Es ist keineswegs definitiv, in welcher Weise „hirnorganisch geschädigte Kinder" dispositionell in ihrem Bewegungspotential festgelegt sind, in welcher Weise peristatische Bedingungen und intervenierende Variablen diese psychischen Dispositionen zu verschärfen und/oder partiell zu relativieren vermögen und schließlich: inwieweit sich die je individuelle *Lerngeschichte*, allein schon bezogen auf imitierendes und identifikatorisches Lernen, in *Verhaltensdevianz* festlegen mußte, die eindimensional auf die „hirnorganische Schädigung" kurzgeschlossen erscheint. Der Hinweis auf „erethisches Verhalten" macht verständlich, daß ätiologische Begründungen den Vorteil einer Praktikabilität haben, die je spezifische biophysische Vorbelastetheit und je individuell bedeutsame Lerngeschichte bleiben unberücksichtigt. So ließe sich sagen: Bei der punktuell-phänomenologischen Stereotypisierung wird nur allzu selten der Bedingungszusammenhang reflektiert, Faktum bleibt das auffällige, störende Verhalten, das gerade durch den Bewegungsüberschuß zu Interventionen disponiert, die sich für das behinderte Kind fatal auswirken können. Ein Beispiel der medizinischen Beschreibung zu dieser Thematik kann verdeutlichen, in welcher Weise „Wirklichkeit" reduziert wird:

„Eine allfällig vorhandene Aktivität beschränkt sich auf motorische Stereotypien, z.B. auf Kopfwackeln oder andere rhythmische Körperbewegungen, die oft stundenlang ausgeführt werden. Kommt ein affektiver Kontakt überhaupt nicht zustande, so entwickeln sie auch keine Realitätsbeziehung. Sie spielen nicht oder nur stereotyp, bleiben stumpf und werden zu unansprechbaren Idioten oder verblödeten Autisten" (ZÜBLIN 1969, S. 65—66).

9. Dringlichkeiten

„Anthropologie ist jene Deutung des Menschen,
die im Grunde schon weiß, was der Mensch ist
und daher nie fragen kann, wer er sei."
  M. HEIDEGGER

Die anthropologische Besinnung zur Problematik der Haltungs- und Bewegungsäußerungen versucht, aus der Situation des Kindes mit geistiger Behinderung jene Momente darzustellen, die für diese spezifische Situation konstitutiv erscheinen. Sie geht, um zumindest wesentliche Belange für die Erziehungswirklichkeit zu nennen, von einigen wenigen Axiomen aus, die jedoch unabdingbar festgehalten werden sollen:
— principium individuationis für das Kind mit geistiger Behinderung ist die durchgängige Intention, *daß Bewegung sei.*
— principium individuationis für das Kind mit geistiger Behinderung ist das ständige Bemühen, daß Bewegungsfähigkeit und -bereitschaft nicht durch Eingriffe vonseiten der Bezugspersonen, der Erzieher und Therapeuten psychische Belastungen über die Maßen bedingen, wogegen sich das behinderte Kind nicht zu wehren weiß. *Psychogene Bewegungsbelastungen* müssen für die Wirklichkeit des Kindes mit geistiger Behinderung hochriskant sich auswirken.
— principium individuationis für das Kind mit geistiger Behinderung sind *Wahrnehmungsleistungen,* die sich (zunächst) aus *seiner* Wirklichkeit ergeben. Da sich vielfältige belastete Bewegungsäußerungen und -muster, bezogen auf den *normkonformen* Kontext, einstellen müssen, ist es mit äußerster Behutsamkeit und Sensibilität zu planen und durchzuhalten, daß dem Kind inadäquate psychomotorische Modalitäten nicht zugeordnet werden, denn es muß sich in dieser Dissoziation existentiell in seiner ihm subjektiv sinnhaften Wirklichkeit gespalten fühlen.
— principium individuationis des Kindes mit geistiger Behinderung sind ein sich stabilisierender „Orientierungsraum" (A. SCHÜTZ 1974, S. 215) und „gelebter Raum" (MERLEAU-PONTY 1974, S. 119), die sich aus seinem „kognitiven Anderssein" (THALHAMMER 1977, S. 39) ergeben. Um den Zusammenhang in besonderer Weise für das Kind mit geistiger Behinderung zu vertiefen, soll A. SCHÜTZ in der Darstellung dieser Thematik zu Wort kommen: „Der durch die Vermittlung des Leibes erfahrene Raum ist zuallererst ein Orientierungsraum. Mein Leib ist sozusagen der *Nullpunkt* des Koordinatensystems, mit Hilfe dessen ich die mich umgebenden Gegenstände in rechts und links, oben und unten, vorn und hinten einteile. Wo ich bin — das heißt der Platz meines Leibes im äußeren Raum — ist ‚hier'; alles andere ist ‚dort'. Von ‚hier' aus gesehen erscheinen alle Gegenstände in gewissen Entfernungen und Perspektiven; sie sind in einer gewissen Ordnung arrangiert, einige zeigen mir nur ihre Vorderseite, während die anderen Seiten mir verborgen sind. Einige Gegenstände sind vor anderen oder auf ihnen plaziert und bedecken sie ganz oder teilweise. *Dieser Orientierungsraum hat seine Dimensionen:* Die Dinge zeigen Länge, Breite, Tiefe. Alle diese *Raumerfahrungen* führen ihre offenen Horizonte der *Veränderbarkeit* und der *Konstanz* mit sich: der Veränderbarkeit, weil ich durch die kinästhetischen Bewegungen meiner Augen, oder wenn ich mich umdrehe, alle *Perspektiven* und sogar das *Orientierungsschema* ändern kann (was früher links war, ist jetzt rechts usw.); der Konstanz, weil ich zumindest im Prinzip meine frühere Position wieder herstellen und meine kinästhetischen Bewegungen rückgängig machen kann, um dieselben Gegenstände in denselben Aspekten und Zusammenstellungen

wie früher zu finden. Zweitens ist der durch die Vermittlung meines Leibes erfahrene Raum ein ‚gelebter' Raum (espace vecu). Das heißt aber, er ist das offene Feld meiner möglichen Ortsbewegungen. Ich kann mich innerhalb dieses Raumes bewegen, mein früheres Dort in ein Hier verwandeln, von dem aus gesehen mein früheres Hier sich jetzt als ein Dort erweist. *Durch meine Bewegungen wird das Zentrum meines Koordinatensystems,* mit dem ich die Gegenstände im Orientierungsraum ordne, *verlagert.* ... Meine Ortsbewegung ändert die mit dem wahrgenommenen Gegenstand verbundenen thematischen Relevanzen nicht. Sie sind dieselben Gegenstände, werden aber jetzt anders ausgelegt. Genaugenommen können wir nicht sagen, daß das System der Auslegungsrelevanzen durch meine Ortsbewegungen *verlagert* wurde. Ich habe nur noch *zusätzliche Auslegungsrelevanzen* beigefügt, die im ursprünglichen System impliziert gewesen waren und jetzt expliziert worden sind. Das gleiche gilt für die betreffenden *thematischen Relevanzen:* Beim Aspektwechsel bleiben dieselben Gegenstände erhalten — im Verlauf meiner Bewegung erhält sich das Hauptthema — und die nur implizieren, thematischen Relevanzen gelangen jetzt zur Explikation" (Kursiv: M.T.; SCHÜTZ 1974, S. 215—216).

Drei Kriterien bedürfen der besonderen Akzentuierung:
1. Es kann davon ausgegangen werden, daß sich für das Kind mit geistiger Behinderung in anologer Weise „Orientierungsraum" und „ ‚gelebter' Raum" strukturieren. Das *stabilisierende Moment* kommt in expliziter Weise zur Darstellung.
2. Bewegung differenziert in eklatanter Weise diese Wirklichkeit, die durch Wahrnehmung *Dimensionen und Grenzen* festlegt.
3. *Wahrnehmungsinhalte* als „thematische Relevanzen" diffenzieren sich in je verändertem „Orientierungsraum" und „ ‚gelebtem' Raum", bezogen auf das je spezifische kognitive Anderssein. Bedingung der Möglichkeit und Ergebnis der Notwendigkeit dieser Stabilisierung ist die *alternative Bereitstellung* von Wahrnehmungsprozessen und -inhalten, bei aller Verunsicherung in der Beurteilung, ob es die *adäquaten,* die *angemessenen,* die *zumutbaren* sind bzw. sein können, und um nicht „am Kinde vorbei" Bildungsinhalte erreichen zu wollen, die eben die „Wirklichkeit des Kindes" zerstören (können).
— principium individuationis des Kindes mit geistiger Behinderung ist die unabdingbare Notwendigkeit, Wirklichkeiten je einzelner Kinder mit geistiger Behinderung *analog* zu beachten und zu schützen (suchen). Jeder Versuch, diese Kinder unter *gleichen* und *identischen* Kategorien zu sehen und in Interaktions- und Kommunikationsprozesse einzubinden (suchen), zumal sie ja kaum Widerstand zu leisten imstande sind, wäre Antipädagogik und gegen die je einmalige und unwiederbringliche Identität jedes Kindes mit geistiger Behinderung.
— principium individuationis des Kindes mit geistiger Behinderung ist die Sensibilität des Sonderpädagogen, der die je spezifische Wirklichkeiten dieser behinderten Kinder vor *Interventionen absichert,* insbesondere vor seinen eigenen, die unreflektiert und eigenen Interessenlagen gemäß durch differenzierte Machtmittel eingebracht werden. Die Wehrlosigkeit des behinderten Kindes ist und bleibt Bezugspunkt dieser Intentionen. Die Achtung und der Schutz je subjektiv bedeutsamer Wirklichkeiten sollen die Kriterien seines, des Pädagogen, Handelns sein.
— principium individuationis ist jegliche Art der Förderung *motorischen* Verhaltens, wie vorbelastet Bedingungen und invariant erscheinenden Störungen auch sein mögen. Es sollte jedoch durchgängiges Postulat bleiben, *daß* Bewegung möglich werde; erst sekundär müßte intendiert werden, *wie* Bewegung sich ereigne.

10. Konsequenzen

„Die Reflexion befreit, indem sie durchschaubar macht,
von dem, was einen undurchschaut beherrscht."
H.-G. GADAMER

Es mag deutlich geworden sein, in welchen vielfältigen Aporien sich die Anthropologie des Menschen mit geistiger Behinderung befindet und vorfinden muß, da es ihr an der face-to-face-Auseinandersetzung mit ihrer Klientel fehlt, und damit ist der Verbalisierungs- und Artikulationsprozeß insonderheit gemeint, der zur Gänze fehlt. Diese permanente Ratlosigkeit löst für die Theoriebildung(en) hohe Verunsicherung aus. Die konkrete Erziehungswirklichkeit vermag situativ manches auszugleichen und auszufüllen; doch damit beginnt von neuem die gesamte Problematik aufzubrechen. Fürs erste ließe sich zusammenfassend darlegen:

— Bei R. MUSIL (1958, S. 293) finden wir den Ausdruck des „Sich-im-Körper-nicht-zu-Hause-Fühlens", allem Anschein nach ein Kriterium, das für die Situation des Kindes mit geistiger Behinderung *grundlegend* scheint. Es sollte angedeutet werden, in welcher biophysisch-neurophysiologischen Eingeschränktheit sich dennoch *Wirklichkeit zu strukturieren* vermag, die jedoch schutzlos der (fast) permanenten Intervention „von außen" ausgesetzt und ausgeliefert ist, da ein normbezogener, dieser Wirklichkeit des Kindes mit geistiger Behinderung inadäquater Bewegungs- und Verhaltenskontext sie in ihren Grundstrukturen auflösen und zerstören muß. Die subjektiv bedeutsame Erfahrung der Bewegungsfreiheit und -kompetenz als diejenige der erlebten Unabhängigkeit, in welchen Spuren auch immer, kann durch diese Eingriffe zur *neuen* Abhängigkeit und Wehrlosigkeit werden; die pädagogisch und therapeutisch deklarierten Zielsetzungen und flankierenden, immer übermächtigen Maßnahmen können zur Repression und zum Terror werden, insonderheit bei motorischen Intentionen, die sich der sichtbaren Kontrolle nicht entziehen können und auf manifeste Ergebnisse festlegen lassen. Für das Kind mit geistiger Behinderung muß sich geradezu eine *geteilte Wirklichkeit* ergeben, die es kaum auszusteuern oder auszugleichen vermag. Daraus resultieren diese Befürchtungen, zumal auch verbale Entlastungen unmöglich sind, die diese gespaltene Wirklichkeit zumindest artikulieren könnte.

— Die Thematik „Wahrnehmungsverfahren und -inhalte" des Kindes mit geistiger Behinderung entzieht sich letztlich einer differenzierten Analyse; Analogievermutungen und -schlüsse sind nur insofern gerechtfertigt, als Hinweise zu intrapsychischer und psychosozialer Entlastung des Kindes mit geistiger Behinderung transparent werden können, bei aller Störanfälligkeit jener Wahrnehmungsprozesse und -verfahren, die auf seiten des Pädagogen bestehen (können), die jedoch durchwegs zulasten des behinderten Kindes gehen müssen. Der Bedingungszusammenhang Wahrnehmung-Bewegung scheint konsistent, die Bedingungen der Möglichkeit der Wahrnehmung bei Kindern mit geistiger Behinderung können (fürs erste) nur vorläufig umschrieben werden, dennoch ist evident, daß kognitives Anderssein und sensumotorisch-psychomotorische Kompetenz sich wechselseitig bedingen. Es sollte deutlich werden und insbesondere für den Pädagogen bedeutsam bleiben: Solange auch in Ansätzen nicht bewußt ist und auch durch langjährige Erfahrung nur bedingt abgeleitet werden kann, nach welchen Kriterien und Kategorien Wahrnehmung möglich und stabilisiert wird und werden kann, solange nur Mutmaßungen bestehen, welche Wahrnehmungsinhalte Ergebnis dieser

Modalitäten sind, muß mit äußerster Sensibilität und Behutsamkeit, mit differenzierter Sorgfalt und souveräner Distanz zu denkbaren und dringlich erscheinenden bewegungsfördernden Intentionen das Kind mit geistiger Behinderung in dieser besonderen Erziehungswirklichkeit zu halten versucht werden.

— Pädagogik des Kindes mit geistiger Behinderung hat es nicht selten mit hochbelasteten *ästhetischen* Kriterien zu tun, die sich aus der face-to-face-Situation mit diesen Kindern ergeben und die intersubjektive Wirklichkeit zum Brechen bringen können. Kinästhetische Störmomente und Beeinträchtigungen verschärfen die Belastung auf seiten des Pädagogen, da er sich zu zusätzlichem physischem Einsatz motiviert sehen muß. Manchmal gelingt es, da der Pädagoge nicht handelt bzw. nicht handeln *kann,* daß eine faszinierende Erfahrung gemacht wird: Das (schwer-)behinderte Kind ist in seinen Intentionen so sehr motiviert, es schaltet gleichsam (fast) sämtliche Bedingungen und Faktoren der Bewegungsbeeinträchtigung aus und erreicht *punktuell* jene Souveränität und Distanzierung gegenüber der biophysischen Belastetheit, die für Außenstehende unvorstellbar scheinen, doch für das Kind zum überwältigenden Erlebnis werden kann, *daß* Bewegung möglich wurde, obwohl sie undenkbar schien. P. NERUDA (1974, S. 198) spricht in seiner Nobelpreisrede an, was Kinder mit geistiger Behinderung, mit zerebraler Bewegungsstörung lehren können:

„Alle Wege führen zum selben Ziel: zur Mitteilung dessen, was wir sind. Und wir müssen die Einsamkeit und die Wildnis, die Isolation und das Schweigen durchqueren, um in den magischen Bezirk zu gelangen, wo wir unbeholfen tanzen oder singen voller Schwermut: aber in diesem Tanz oder in diesem Lied vollziehen sich die ältesten Riten des Bewußtseins, daß wir Menschen sind und an ein gemeinsames Schicksal glauben."

Diese Erfahrung aus der Erziehungswirklichkeit wird sich in der Tat *nicht* aus kinästhetischen und ästhetischen Kriterien ableiten lassen, die das Kind mit geistiger Behinderung in seinen Bewegungsalterationen und -abweichungen zum Ausdruck bringen muß, *weil* die biophysischen und neurophysiologischen Störungen irreversibel sind. Diese Erfahrungen stellen sich für den Pädagogen jedoch dann ein, wenn er diese spezifische conditio humana des Kindes mit geistiger Behinderung ernst nimmt, wenn seine ausschließliche Intentionalität darin besteht, daß das Kind Bewegung *als* Bewegung erfährt und faszinierend erlebt, *daß* Bewegung ist und möglich bleibt, entgegen allen zerebralen und konstitutionellen Schädigungen.

„ ... und jeder Schritt ist Unermeßlichkeit" (GOETHE) kann ohne den geringsten Anspruch auf elitäre Positionen, schlichtweg aus der spezifischen menschlichen Situation, in der sich ein Kind mit geistiger Behinderung vorfindet, Bedingung der Möglichkeit und intendiertes und intendierbares Ergebnis einer Notwendigkeit sein und bleiben, an der *intersubjektiven Wirklichkeit* beteiligt zu werden, wenn es nichtbehinderte Interaktions- und Kommunikationspartner nicht ausschließen, weil es in der Tat kein Problem ist, auf deviantes und defizientes, auf indifferentes und insuffizientes psychomotorisches Verhalten hinweisen zu können, sich phänomenologistisch seinen Reim zu machen, ohne daß eine anthropologische Reflexion die conditio humana des Kindes mit geistiger Behinderung zu analysieren sucht, um Kriterien und Kategorien abzuleiten, *sonderpädagogisch* handeln zu können, wenn die Bereitschaft dazu besteht.

Anmerkungen

1) Zur Auseinandersetzung mit dem anthropologischen Ansatz bei WYSS in: THALHAMMER, M.: Informationsprobleme ... 1976

2) In der Beschreibung nach STRUPPLER in: BIRKMAYER 1971, S. 9—20

3) Dieser Beschreibungsansatz wird ausgeführt in: SPECK/THALHAMMER 1977, S. 38 ff. unter der Thematik: „Geistige Behinderung".

Literatur

ASELMEIER, U.: Biologische Anthropologie und Pädagogik. Weinheim 1973
ASPERGER, H.: Heilpädagogik. Einführung in die Psychopathologie des Kindes. Wien/New York ^{5}1968
BACH, H. (Hrsg.): Früherziehungsprogramme für geistigbehinderte und entwicklungsverzögerte Säuglinge und Kleinkinder. Berlin 1974
− Geistigbehinderte unter pädagogischem Aspekt. In: BACH/KANTER/KAUTER/MUNZ: Sonderpädagogik 3. Stuttgart 1974
− (Hrsg.): Pädagogik der Geistigbehinderten, Bd. 5, Hdb. d. Sonderpädagogik. Berlin 1979
BARKER, P.: Grundlagen der Kinderpsychiatrie. Ravensburg 1973
BERELSON/STEINER: Menschliches Verhalten. Band I und II. Weinheim ^{3}1974
BIRBAUMER, N.: Physiologische Psychologie. Berlin 1975
BIRKMAYER, W.: Aspekte der Muskelspastik. Bern 1971
BLEIDICK, U.: Pädagogik der Behinderten. Berlin ^{3}1978
BOBATH, B.: Abnorme Haltungsreflexe bei Gehirnschäden. Stuttgart ^{2}1971
BOBATH, B. und K.: Die motorische Entwicklung bei Zerebralparesen. Stuttgart 1977
BUYTENDIJK, F.J.J.: Allgemeine Theorie der menschlichen Haltung und Bewegung. Berlin 1956
− Prolegomena einer anthropologischen Physiologie. Salzburg 1967
CANETTI, E.: Masse und Macht. Hamburg ^{3}1973
CLARKE, A.M. und CLARKE, A.D.B. (Eds.): Mental Deficiency. Londen ^{3}1974
EGGERT, D.: Tests für Geistigbehinderte. Weinheim 1970
− Psychodiagnostik. In: Pädagogik der Geistigbehinderten, hrsg. v. H. BACH. 1979, 392−417
EGGERT, D. und KIPHARD, E.J. (Hrsg.): Die Bedeutung der Motorik für die Entwicklung normaler und behinderter Kinder. Schorndorf ^{2}1973
FELDNER, J.: Entwicklungspsychiatrie des Kindes. Wien 1955
FETZ, F.: Bewegungslehre der Leibesübungen. Wien 1972
FISCHER, D.: Neues Lernen mit Geistigbehinderten. Würzburg 1978
FROSTIG, M.: Bewegungserziehung. München ^{2}1975
GADAMER/VOGLER (Hrsg.): Neue Anthropologie. München 1972
GASTAGER, S.: Schwachsinn und Gesellschaft. Wien 1973
GAUER/KRAMER/JUNG: Physiologie des Menschen: Band 10: Allgemeine Neurophysiologie. München 1971
GEBSATTEL, V.E. v.: Prolegomena einer Medizinischen Anthropologie. Berlin 1954
GESELL, A.: Säugling und Kleinkind in der Kultur der Gegenwart. Bad Neuheim 1967
GIBSON, J.J.: Die Sinne und der Prozeß der Wahrnehmung. Bern 1973
GÖLLNITZ, G.: Neuropsychiatrie des Kindes- und Jugendalters. Stuttgart ^{2}1975
GOFFMAN, E.: Stigma. Frankfurt ^{8}1972
− Rahmenanalyse. Frankfurt 1977
GOSZTONYI, A.: Grundlagen der Erkenntnis. München 1972
HAHN/PREISING (Red.): Die menschliche Bewegung − Human Movement. Kongreßbericht 1975. Schorndorf 1976
HARBAUER/LEMPP/NISSEN/STRUNK (Hrsg.): Lehrbuch der speziellen Kinder- und Jugendpsychiatrie. Berlin 1971
HASSENSTEIN, B.: Verhaltensbiologie des Kindes. München ^{2}1978
HELLBRÜGGE/v. WIMPFEN (Hrsg.): Die ersten 365 Tage im Leben eines Kindes. München 1978
HEESE, G. (Hrsg.): Rehabilitation Behinderter durch Förderung der Motorik. Berlin 1975
HÖLTERSHINKEN, D. (Hrsg.): Das Problem der pädagogischen Anthropologie im deutschsprachigen Raum. Darmstadt 1976
MATTHIAS, H.H.: Reifung, Wachstum und Wachstumsstörungen des Haltungs- und Bewegungsapparates im Jugendalter. Basel 1966

HOFMANN, Th. (Hrsg.): Beiträge zur Geistigbehindertenpädagogik. Rheinstetten 1979
HOMBURGER, A.: Vorlesungen über Psychopathologie des Kindesalters. Berlin 1926, ^{2}1967
JACOBS, D.: Die menschliche Bewegung. Ratingen 1972
JETTER, K.H.: Kindliches Handeln und kognitive Entwicklung. Bern 1975
KIPHARD, E.J.: Motopädagogik. Dortmund 1980
KLIX, F.: Information und Verhalten. Bern 1971
KOBI, E.E.: Grundfragen der Heilpädagogik und der Heilerziehung. Bern 1972
KOBI/NÜESCH/SCHREYVOGEL (Hrsg.): Kinder zwischen Medizin und Pädagogik. Luzern 1979
KOHLMANN, T.: Die Psychologie der motorischen Begabung. Wien 1958
KROLOW, K.: Der Einfachheit halber. Frankfurt 1977
LANGEVELD, M.J.: Studien zur Anthropologie des Kindes. Tübing 1964
LEMPP, R.: Frühkindliche Hirnschädigung und Neurose. Bern 1964
MERLEAU-PONTY, M.: Phänomenologie der Wahrnehmung. Berlin 1974
MUMENTHALER, M.: Neurologie. Stuttgart ^{3}1970
MUSIL, R.: Der Mann ohne Eigenschaften. Hamburg 1958
NERUDA, P.: Nobelpreisrede 1971. In: Letzte Gedichte. Darmstadt 1974
NITSCHKE, A.: Das verwaiste Kind der Natur. Tübing 1962
PAWLIK, K.: Dimensionen des Verhaltens. Bern ^{2}1971
PIAGET, J.: Psychologie der Intelligenz. Zürich ^{2}1946
— Biologie und Erkenntnis. Frankfurt 1967
PLESSNER, H.: Philosophische Anthropologie. Frankfurt 1970
PLÜGGE, H.: Wohlbefinden und Mißbefinden. Tübingen 1962
— Vom Spielraum des Leibes. Salzburg 1970
ROOB, I.: Motorische Adaptionsleistungen bei geistig behinderten Kindern. Weinheim 1980
ROTH, H.: Pädagogische Anthropologie. Band I und II. Hannover ^{2}1968 und 1971
SARTRE, J.P.: Das Sein und das Nichts. Hamburg 1976
SCHILLING, F.: Motodiagnostik des Kindesalters. Berlin 1973
— Bereich der Motorik. In: BACH (Hrsg.): Pädagogik der Geistigbehinderten. 1979, 310—327
SCHMID, F.: Das Mongolismus-Syndrom. Münsterdorf 1976
SCHÜTZ, A.: Der sinnhafte Aufbau der sozialen Welt. Frankfurt 1974
— Das Problem der Relevanz. Frankfurt 1971
SCHWIDDER, D.: Bewußtsein und Natürlichkeit in der menschlichen Bewegung. Schorndorf 1972
SEIFERT, J.: Das Leib-Seele-Problem in der gegenwärtigen philosophischen Diskussion. Darmstadt 1979
SPECK, O.: Bildung, Bildbarkeit und Lernen des geistigbehinderten Menschen. Heilpädagogik (VHN) 1973, 42, 137—144
— Verhaltensstörungen, Psychopathologie und Erziehung. Berlin 1979
— Geistige Behinderung und Erziehung. München 1980
SPECK/THALHAMMER: Die Rehabilitation der Geistigbehinderten. München ^{2}1977
STRAUS, E.: Psychologie der menschlichen Welt. Berlin 1960
STRUPPLER, A.: Zur Physiologie und Pathophysiologie des Skelettmuskeltonus. In: BIRKMAYER (Hrsg.): Aspekte der Muskelspastik. Bern 1971
ten BRUGGENCATE, G.: Experimentelle Neurophysiologie. München 1972
THALHAMMER, M.: Geistige Behinderung. In: SPECK/THALHAMMER: Die Rehabilitation der Geistigbehinderten. München ^{2}1977
— Informationsprobleme als belastende Bedingung für Interaktionsprozesse mit intelligenzbehinderten Menschen. Zur Anthropologie der Distanz. In: BAIER (Hrsg.): Beiträge zur Behindertenpädagogik in Forsche und Lehre. Rheinstetten 1976
— Fragmente zur Erziehungswirklichkeit schwer körperlich und geistigbehinderter Kinder. In: Zeitschrift für Heilpädagogik 31 (1980) 547—556
TRAMER, M.: Lehrbuch der allgemeinen Kinderpsychiatrie. Basel 1964
VETTER, T.: Das geistigbehinderte Kind und seine Bildung und Erziehung. Villingen 1972
WEITBRECHT, H.J.: Psychiatrie im Grundriß. Berlin 1963
WEIZSÄCKER, V.v.: Pathosophie. Göttingen 1956
WYSS, D.: Beziehung und Gestalt. Göttingen 1973
ZÜBLIN, W.: Das schwierige Kind. Einführung in die Kinderpsychiatrie. Stuttgart ^{3}1972

Wolfgang Jantzen

Persönlichkeitstheoretische und neuropsychologische Aspekte von Sport und Bewegungserziehung bei geistig behinderten Kindern und Jugendlichen

Inhaltsübersicht

1. Grundbegriffe	47
1.1. Tätigkeit und Persönlichkeit	47
1.2. Gesetze der neuropsychischen Regulation	48
1.3. Grundkategorien einer tätigkeitsbezogenen Psychopathologie	51
1.4. Geistige Behinderung	55
2. Sensomotorisches und psychomotorisches Lernen	56
2.1. Bewegung und Wahrnehmung als zeitlich organisierte Prozesse	56
2.2. Niveaus der Tätigkeit und Stufen des Lernens in Phylo- und Ontogenese	58
2.3. Das Verhältnis von Motorik, Sprache und Denken	62
2.4. Die soziale Determination der motorischen Prozesse	64
2.5. Sensomotorik und Psychomotorik	65
3. Die Bedeutung motorischer Lernprozesse für geistig behinderte Kinder und Jugendliche	67
3.1. Geistige Behinderung, Entwicklung und Wachstum	67
3.2. Aufbau von Zeit- und Raumwahrnehmung durch Bewegung und Rhythmik	68
3.3. Aufbau funktioneller Systeme durch Bewegung	69
3.4. Bewegung und Deblockierung gestörter Funktionen	71
3.5. Geistige Behinderung und motorische Förderung: Zusammenfassung	71
4. Abschließende Bemerkungen	74
Literatur	76

1. Grundbegriffe

Bevor auf die speziellen Zusammenhänge der Thematik eingegangen wird, bedarf es der Erörterung einiger Grundbegriffe, um Mißverständnisse zu vermeiden und die Interpretation der späteren Aussagen nicht lediglich dem Alltagsverständnis von Begriffen zu überlassen. Dabei greife ich häufig auf Erörterungen zurück, die ich an anderer Stelle bereits ausführlich vorgenommen habe und die die Herangehensweise zusätzlich verdeutlichen können (insbesondere JANTZEN 1979, 1980 a, b, c).

1.1. Tätigkeit und Persönlichkeit

Ich gehe aus von einem tätigkeitsbezogenen Verständnis von Psychologie, das Psychisches weder bloß aus den Individuen heraus erklärt noch völlig den Umständen zuschreibt: Also von einem komplizierten Wechselwirkungsverhältnis von Biologischem, Sozialem und Persönlichkeit, das sich nur durch die und in der Tätigkeit realisiert. Die stammesgeschichtlich gewordenen Möglichkeiten der Tätigkeit sind in diesem Verständnis das Resultat von Evolutionsprozessen unter immer komplizierteren Umgebungen und immer besserer Anpassung an diese Umgebungen. Vom Zeitpunkt der Entstehung des Lebens und der genetischen Reproduktion der Art an zeigt sich somit ein Prozeß der Entwicklung immer komplizierter gesteuerter Tätigkeitsformen, deren höchstes Niveau beim Menschen vorliegt. Kennzeichen dieser Entwicklung der Tätigkeit und der Psyche wie der resultierenden Anpassungsfähigkeit an die Umgebung ist ein immer höheres Niveau, auf dem die Individuen der Gattung frei zu individuellen Tätigkeitsformen, zu Handlungen sind, bis auf menschlichem Niveau für jedes Individuum der Gattung die *Fähigkeit zur Arbeit* besteht. Dies bedeutet die Fähigkeit, unter Einsatz von (sozial erworbenen und herausgebildeten) Mitteln (z.B. Werkzeuge und Sprache) zielgerichtet, d.h. unter bewußter Vorwegnahme der zu erstellenden Produkte in der Orientierungstätigkeit, soziale und natürliche Realität um sich zum Zwecke der eigenen Bedürfnisbefriedigung zu verändern. Dabei sind alle wesentlichen Denkformen (und damit Muster der höheren Nerventätigkeit und ihres psychischen Ausdrucks) sozialer Natur und müssen von jedem Individuum der Gattung in einem komplizierten Prozeß (Erziehung, Bildung, Sozialisation, Qualifikation) neu erworben werden. Menschliche Tätigkeit ist also generell werkzeuggebrauchend und nimmt in der Orientierungstätigkeit die Gestalt der Produkte als Effekt des am Gegenstand einsetzenden Werkzeuges vorweg. Dies gilt in gleicher Weise für Sprache, in der durch die Auswahl der Inhalte des Sprechens (Werkzeug) beim Gesprächspartner bestimmte Effekte erzielt werden sollen, die aufgrund des bisherigen Sprachgebrauchs gegenüber anderen Menschen allgemein wie diesem Partner speziell als erreichbar angesehen und in der Orientierungstätigkeit antizipiert werden. Sozial vorgefundene Werkzeuge und Sprache werden also zum Zwecke der Realitätsaneignung und -kontrolle übernommen. Sie standardisieren einerseits die Basismuster der sensomotorischen Intelligenz der frühen Kindheit. Andererseits werden durch diese Standardisierung sozial erprobte Handlungsprogramme (jeweils geringfügig durch eigene Erfahrungen modifiziert) den Individuen verfügbar gemacht (d.h. sensomotorisch abgesichert; s.u.). Die Individuen werden damit an die Beherrschung des gesellschaftlichen Erbes in Kultur und Produktion herangeführt; unter diesen Bedingungen werden ihnen als Resultat ihrer Sozialisation durch die Beherrschung gesellschaftlicher Werkzeuge Einwirkungsmöglichkeiten und Freiheit der Gestaltung ihrer Lebenszusammenhänge ermöglicht.

Im Sinne dieses Tätigkeitsbegriffs (der orientiert an PIAGET 1975, RIEGEL 1975, LEONTJEW 1973, 1979, GALPERIN 1980, LURIA 1973 entwickelt wurde) können Individualität und Persönlichkeit wie folgt bestimmt werden: *Individualität* ist jeweils Ausdruck der Gesamtheit der sensomotorischen Muster, automatisierten Fertigkeiten und Fähigkeiten zu einem gegebenen Zeitpunkt. Diese resultieren aus der Wechselwirkung (1) der naturhistorischen Möglichkeiten, (2) der sozialhistorisch gegebenen Höhe der Entwicklung wie Zugänglichkeit des gesellschaftlichen Erbes, wie (3) aus der Gesamtheit der in diesem Prozeß erworbenen eigenen Tätigkeitsmuster, Bedürfnisse, Ausrichtung der Orientierungstätigkeit als ‚innere aktive Brechung' der äußeren Bedingungen und biologischen Voraussetzungen. *Persönlichkeit* wird in diesem Sinne in dialektischer Einheit mit Individualität als das System der Ausrichtung der individuellen Tätigkeit unter den in Gesellschaft und Natur vorgefundenen Mitteln betrachtet, das System der Ausrichtung der Orientierungstätigkeit, der Psyche und der Antizipation wünschenswerter Produkte und Lebensumstände durch die Perspektive der bisher sozial zur Verfügung gestellten und angeeigneten Mittel hindurch. Sie ist also das System der Anwendung und Weiterentwicklung bisheriger Fertigkeiten und Fähigkeiten auf künftige Lebensumstände mit dem Ziel, diese zu gestalten, seine Bedürfnisse realisieren zu können, nicht bloß unterworfen und ausgeliefert zu sein. Dabei können Verdrängung, Reaktionsbildung usw. Perspektiven der Lebensplanung (und damit Persönlichkeit) hervorbringen, die obwohl auf Befriedigung dieser Bedürfnisse gerichtet, genau ihre Realisierung hindern (vgl. 1.3). In diesem Sinne ist als weiterer Grundbegriff der der *Identität* einzuführen: Es bedeutet dies, als Kernpunkt der weiteren Entfaltung der Persönlichkeit, die Herstellung eines bewußten Verhältnisses zur eigenen Geschichte, um in der Gestaltung der Lebensprozesse, der Realisierung des antizipierten eigenen Ichs nicht Opfer von Verdrängungen, Zwängen, psychopathologischen Symptomen zu sein. (Es ist dies jener Aspekt, den Freud, freilich von erheblich anderen Voraussetzungen in der Betrachtung der Tätigkeit ausgehend, die er auf die Wirkung innerer Triebe zurückführt, mit seiner Forderung „Wo Es war, soll Ich werden" betont hat.) Individualität und Persönlichkeit stehen als Resultat eines Prozesses wie Antizipation der aktiven weiteren Gestaltung dieses Prozesses (Lebensplanung) in dem Verhältnis von Sensomotorik und Psychomotorik, wie dies unter 2.5 erörtert wird. Identität bedeutet hierbei eigene Individualität im Prozeß der Lebensplanung realistisch mit einbeziehen zu können, ihr nicht bloß als Trieb- und Wirkungsgröße ausgeliefert zu sein.

1.2. Gesetze der neuropsychischen Regulation

Die Möglichkeiten der individuellen (und interindividuell unterschiedlichen) Aneignung der sozial vorhandenen Werkzeuge und Mittel der Lebensgestaltung und -entfaltung, der gesellschaftlichen Produktion bedürfen einer hochentwickelten materiellen Grundlage in Form der höheren kortikalen Prozesse und Strukturen, die die verlangte individuelle Plastizität des Mittelerwerbs unter allen Formen gesellschaftlichen Lebens absichern (vgl. die außerordentlich großen kulturellen Unterschiede sowie die Unterschiede in den Arten der Produktion, die seitens der Ethnologie festgestellt wurden). Dies geschieht durch die seit Beginn der

Säugetierevolution stattfindende Herausbildung des Kortex, der Großhirnrinde, der als zweite Verrechnungsinstanz der subkortikalen Vorverarbeitung aller Sinneseindrücke (vgl. COUNT 1973, NAUTA und FEIRTAG 1979) aufgrund stammesgeschichtlich erworbener Muster (unbedingte Reflexe, Arten der Sensibilität entsprechend den Wahrnehmungsorganen, artspezifische Biorhythmik usw.) fungiert. Die subkortikalen Eindrücke werden zu neuer Qualität gruppiert, analysiert und auf neuem Niveau in die Steuerung der Tätigkeit einbezogen (vgl. zu dem folgenden JANTZEN 1979, 1980 b, LURIA 1970, 1973). Der Kortex ist somit Organ der individuellen Neuverarbeitung, Analyse und Synthese der stammesgeschichtlich abgesicherten Reaktionsmuster im Verhältnis zu den individuellen Erfahrungen. Die kortikale Organisation erlaubt eine von stammesgeschichtlich festgelegten Mustern unmittelbar getrennte individuelle Verrechnung der Erfahrung und Organisation der Tätigkeit, freilich immer gebunden an und unter Einbezug der subkortikalen Grundlagen der Wahrnehmungs- und Erfahrungsverarbeitung. Wie weiter unten ausgeführt, ist erst hiermit die Herausbildung konstanter Reaktionsmuster auf neue Gegebenheiten hin möglich, also Herausbildung von bedingten Reflexen, geistigen Operationen. Diese Fähigkeit erreicht beim Menschen generell das Niveau von Arbeit, d.h. die Möglichkeit der generellen Invariantsetzung von Wirkungsverhältnissen natürlich vorgefundener Dinge untereinander als Voraussetzung des Werkzeuggebrauchs.

Das Großhirn und insbesondere die Großhirnrinde spielen somit für die Absicherung der individuellen Erfahrungen der Menschen die gleiche Rolle wie das Stammhirn und Zwischenhirn und andere subkortikale Teile des Nervensystems für die Absicherung von in der Gattungserfahrung festgelegten Tätigkeitsformen. Entsprechend sind die Funktionen der Großhirnrinde plastisch und formbar im Rahmen der optimalen Ausnutzung von sehr verschiedenen spezialisierten Zellgruppen. Dies soll mit den folgenden durch die Neuropsychologie (Wissenschaft vom Zusammenhang psychischer Funktionen mit Strukturen und Prozessen der (höheren) Nerventätigkeit) herausgearbeiteten Gesetzmäßigkeiten verständlich gemacht werden. Zunächst ist dabei von folgendem Verständnis der *Großhirnentwicklung* auszugehen. Die vier (paarig angelegten) Lappen der Großhirnrinde (Stirn-, Scheitel-, Schläfen- und Hinterhauptslappen) bilden aus Sicht der Evolution Analysatoren für subkortikal vorweg analysierte und gruppierte Sinneseindrücke (Stirnbereich: Bewegungsanalyse, Scheitelbereich: kinästhetische Analyse, Schläfenbereich: akustische Analyse, Hinterhauptsbereich: optische Analyse) wobei ein bei niederen Säugetieren vorfindlicher 5. Lappen für Geruchsanalyse beim Menschen in den unteren Teil des Großhirns, das limbische System integriert ist. Diese Großhirnlappen sind jedoch nicht nur zusätzliche Apparate für Analyse und Synthese einer Sinnesqualität (Projektionsfelder, primäre und sekundäre Felder), sondern stehen zugleich miteinander über Nervenbahnen in Verbindung bzw. haben sich in Überschneidungsbereiche im Hinterhauptsbereich wie unspezifische Weiterentwicklung des Frontalbereichs im Sinne zunehmender Herausbildung sinnesunspezifischer Felder (Assoziationsfelder, tertiäre Felder) entwickelt. Diese *tertiären Felder* ermöglichen eine kortikale Integration der analysierten und synthetisierten Sinneseindrücke der einzelnen Wahrnehmungsbereiche und bilden die physiologische Grundlage der höheren Formen der psychischen Tätigkeit. Der Aufbau der psychischen Tätigkeit in der Individualentwicklung realisiert sich nunmehr nach folgenden Prinzipien:

1. Funktionelle Organbildung:
Durch individuelle Erfahrung und Tätigkeit bilden sich hochkomplizierte Reflexsysteme des Großhirns und insbesondere der Großhirnrinde, die quasi Organcharakter haben, ein Leben lang im wesentlichen stabil sind. Solche Systeme sind z.B. Sprache, Tonhöhengehör, Begriffs-

systeme usw. Dabei gehen im Lernprozeß immer die materiellen Tätigkeiten den sprachlichen und begrifflichen voraus, wie dies z.B. im Aufbau der Sprache und der Begriffe in der frühen Kindheit in der Epoche der sensomotorischen Intelligenz und der folgenden voroperationalen Intelligenz (vgl. PIAGET) besonders deutlich zu beobachten ist. LEONTJEW (1973) liefert ein Beispiel für die Entwicklung des Tonhöhengehörs, das sich unter gleichzeitiger Innervation der Stimmmuskeln herausbildet. Selbst im hochentwickelten Tonhöhengehör sind jeweils motorische Restinnervationen der Stimmuskulatur integriert und können ggf. entfaltet werden.

2. Dynamische Lokalisation:
Die sich entwickelnden funktionellen Organe sind gebunden an Spezialisierungsprozesse bestimmter Zellgruppen im Großhirn, z.B. Sprachverständnis an akustische Analyse und Synthese im Schläfenlappen. Trotzdem ist dies keine starre Bindung im Sinne einer fest ausmachbaren Lokalisierung einer psychischen Funktion in einem bestimmten Bereich der Großhirnrinde. Die Lokalisierung entwickelt sich dynamisch von subkortikal nach kortikal, ist in unterschiedlichen Etappen der Entwicklung anders, wie dies durch die Folgen von Hirnverletzungen für sprachliche Fähigkeiten dokumentiert wird. Kinder mit Verletzungen des Überschneidungsbereiches von Scheitel-, Schläfen- und Hinterhauptlappen der linken Hirnhälfte (die in der Regel dominierend ist) können durch funktionelle Ausnutzung der nicht dominanten Hirnhälfte noch Sprache komplett aufbauen, während bei Erwachsenen bei vergleichbaren Verletzungen der Aufbau des Sprachverständnisses durchgängig beeinträchtigt bleibt (Aphasie). Die funktionellen Organsysteme für Sprache sind also zu unterschiedlichen Zeiten der Entwicklung anders lokalisiert. Je länger die Entwicklung stattgefunden hat, desto weniger veränderbar ist die einmal erfolgte Lokalisierung (vgl. HECAEN 1977).

3. Funktionelle Polyvalenz:
Gemäß dem Aufbau der höheren psychischen Funktionen und der ihnen zugrunde liegenden funktionellen Organe der Großhirnrinde (besser: der Großhirnrinde in Verbindung zum subkortikalen Bereich) und den Möglichkeiten der dynamischen Lokalisation bestehen Möglichkeiten der Kompensation des Ausfalls spezifischer Zellgruppen durch Integration anderer Zellgruppen. So kann etwa bei einer weitgehenden Beeinträchtigung der optischen Analyse durch Abtasten des nur noch undeutlich wahrgenommenen Gegenstands (Schrift) mittels motorischer Analyse eine Funktion neu aufgebaut werden (MARUSZEWSKI 1976) oder konnten taubblinde Menschen über kinästhetische und motorische Analyse nicht nur Verständigungsmöglichkeiten entwickeln, sondern Sprache nicht-verbal so erwerben, als Voraussetzung (und Mittel) ihres Denkens so verinnerlichen, daß ihnen ein Universitätsstudium mit Erfolg möglich war (ILJENKOW 1977). Unter Nutzung der funktionellen Polyvalenz können Funktionen, die verloren wurden durch andere Formen der Tätigkeit zu Teilen oder vollständig wieder aufgebaut werden, trotz der Irreparabilität eines bestimmten Bereiches der Analyse und Synthese im Gehirn (vgl. 3.4).

4. Verminderte Spezifizität der tertiären Felder:
Die tertiären Felder im Frontalbereich (Stirnbereich) bzw. im Überschneidungsbereich der Scheitel-, Hinterhaupts- und Schläfenlappen sichern, weil sie *nicht* auf eine Sinnesqualität spezialisiert sind, die höchsten psychischen Funktionen. So steht der unspezifische Teil des Frontalbereichs im engen Zusammenhang mit der zeitlichen Integration der Tätigkeit, mit Planung und Verifikation von Handlungen. Bei schweren Verletzungen bricht die *bewußte Orientierungstätigkeit* weitgehend zusammen. LURIA (1975, S. 41) beschreibt dies wie

folgt: „Sie ist komplett unfähig (die betreffende Person, W.J.), irgendwelche dauerhaften Intentionen zu formen, für die Zukunft zu planen oder die Richtung ihres eigenen Verhaltens zu bestimmen. ... Sie ist daher, obwohl ihre Vergangenheit intakt bleibt, jeder Möglichkeit der Zukunft beraubt, verliert präzise das, was menschliche Persönlichkeit ausmacht."
Hingegen kommt es bei Verletzungen des Überschneidungsbereichs im hinteren Kortex zu massiven Störungen der *Informationsaufnahme, -verarbeitung und -speicherung* (Wahrnehmungs- und Gedächtnisstörungen in verschiedenen Bereichen). D.h. bestimmte Bereiche der Individualität, bestimmte sensomotorische Programme entziehen sich dem Zugriff. Im ersten Falle wird also Identität gestört durch den Zusammenbruch der Persönlichkeit: Die Inhalte, sensomotorischen Programme usw. bleiben vorhanden, sind aber nicht bewußt und planend für das Individuum selbst abrufbar, sondern nur assoziativ durch äußere Situationen. Im zweiten Falle bleiben Persönlichkeit und Bewußtsein erhalten, Identität wird durch die fehlende Verfügbarkeit der eigenen Erfahrungen beeinträchtigt. Die Unspezifität dieser Felder sichert gerade das Spezifische menschlicher Tätigkeit, als unter den Bedingungen der jeweiligen gesellschaftlichen Produktion und Kultur sich vollziehende Orientierungstätigkeit und Arbeit (vgl. LURIA 1973, 1978).

5. Zunehmender Zugriff von der Zentrale in die Peripherie:
Eine Reihe von motorischen und sensorischen Programmen für basale Lebensprozesse und Tätigkeitsformen werden im Rückenmark, Stammhirn (und Zwischenhirn) integriert reguliert in Form einfacher und komplizierter unbedingter Reflexe, Erbkoordinationen, autonomen körperlichen Programmen, die zugleich mit der Weiterentwicklung des Kortex mehr und mehr in dessen Programme integriert werden können und müssen. Dies geschieht im Bewegungsbereich speziell vorrangig unter zwei Aspekten:
a) An der Peripherie (erstmals bei den Säugetieren) durch die efferente Kontrolle (Kontrolle durch von der Zentrale ausgehende Impulse) der Muskulatur durch die Gamma-Innervation der Muskelspindeln, d.h. ein willkürlicher Eingriff in die Reflexmotorik wird möglich (HENATSCH 1976 a);
b) durch die Herausbildung einer direkten Eingriffsbahn in die Peripherie bei den höheren Säugetieren, jedoch insbesondere beim Menschen, durch die ‚Pyramidenbahn' (HENATSCH 1976 b).
Entsprechend können basale Reflexmuster jeweils in funktionelle Organsysteme integriert und zu neuen Bewegungsformen koordiniert werden im Rahmen der produktspezifischen wie kulturellen Bewegungsanforderungen (als Beispiel seien z.B. Sprechmotorik oder Schreibmotorik im Rahmen von kulturellen und Arbeitsprozessen genannt). Entsprechend ist in der Individualentwicklung der Aufbau neuer Bewegungsmuster zugleich immer als erhöhter Zugriff der Zentrale in die Peripherie im Sinne der Herausbildung funktioneller Organe zu begreifen.

1.3. Grundkategorien einer tätigkeitsbezogenen Psychopathologie

Grundlage jeder psychischen Tätigkeit ist die Aneignung des gesellschaftlichen Erbes, des individuellen Aufbaus sozial möglicher Fähigkeiten, indem die historisch vorgefundenen Werkzeuge, Sprache usw. in der eigenen Tätigkeit den Individuen durch ihren Gebrauch mehr und mehr die in ihnen steckenden Erfahrungen abgeben. Gelingt dieser Prozeß der Integration der Individuen in die Gesellschaft und deren Widersprüchlichkeit im Sinne der Herausbildung individueller Fähigkeiten und Perspektiven nicht in der historisch üblichen bzw. bereits möglichen Weise (die abhängig ist von dem Maß an Tätigkeitsmöglichkeiten, Bildung und Gesundheit für die Individuen, die eine Gesellschaft vermittelt) so wird Anormalität, Behinderung, psychische Störung usw. konstatiert. Dies geschieht durch die *Anforderungsstrukturen des Gesellschaftssystems* hindurch auf mindestens den folgenden Dimensionen: *Arbeitsfähigkeit, Geschäftsfähigkeit, Gewährleistung der „öffentlichen Sicherheit und Ordnung",* übernommenen *historischen Traditionen,* wie Sexismus, Rassismus, Chauvinismus, soweit sie *funktional* für ihre Anwender und die Gesellschaft bleiben, und schließlich aufgrund herrschender *ästhetischer Normen,* die sich an den üblichen Tauschstandards des Warenkonsums wie Jugend und Schönheit usw. herausbilden (vgl. JANTZEN 1974, 1979, 1980 d). Nach Seiten der betroffenen Individuen bedeutet dies jeweils Stigmatisierung, sozialen Ausschluß und *Isolation von dem sozialen Erbe,* wobei diese Isolation ausschließlich von den durch den Defekt veränderten Tätigkeitsstrukturen und der damit veränderten bzw. sich verändernden Persönlichkeit und Identität abhängt, jedoch nicht von dem unmittelbaren Ort des Defektes. Dies sei an beiden folgenden Abbildungen erläutert:

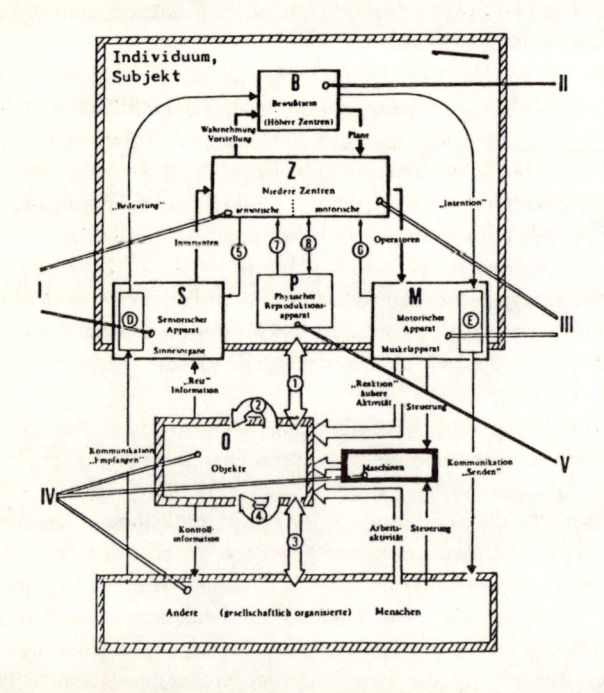

Abb. 1 Psychologisch-kybernetisches Schema der Einwirkungen isolierender Bedingungen in Erkenntnisprozeß (ergänzt nach Autorenkollektiv Wissenschaftspsychologie 1975)

Quellen der Isolation:
I) Zentrale und dezentrale Wahrnehmungsstörungen
II) Zentrale Störungen in Koordination, Informationsaufnahme, -verarbeitung und -speicherung, Planung, Intention, Verifikation
III) zentrale und dezentrale motorische Störungen
IV) Inadäquate Objekte, Maschinen, Beziehungen zu anderen Menschen (bloße Wirkungs- statt Bedeutungszusammenhänge)
V) Toxische, infektiöse und traumatische Störungen des Organismus mit Ausnahme von den unter I—III genannten Störungen des ZNS und unter Einbeziehung der allgemeinen Aktivation (aus JANTZEN 1980b, S. 66)

Abbildung 1 demonstriert die Eingriffspunkte isolierender Bedingungen in den Tätigkeitsprozeß (Arbeitsprozeß). Isolierende Bedingungen treten auf durch Schädigungen des Wahrnehmungsapparates (I), der zentralen Verarbeitung (II), des motorischen Apparates (III), durch Vorenthaltung von gegenständlichen und personellen Beziehungen der gesellschaftlichen Umwelt (IV) und durch infektiöse, traumatische und toxische Beeinflussung des Organismus (V). Unter diesen isolierenden Bedingungen resultiert jedoch nicht in jedem Falle eine so einschneidende Beengung der Tätigkeitsmöglichkeiten, daß künftige Tätigkeiten (aufgrund von Affekten, Streß, psychoreaktiver und psychosomatischer Symptombildung) als Störung oder Anormalität zwangsläufig diagnostiziert werden. Dies ist vielmehr wesentlich von der bisherigen Persönlichkeitsentwicklung wie den zur Verfügung stehenden Tätigkeits- und Kooperationsmöglichkeiten abhängig, wie Abbildung 2 verdeutlicht. Isolierende Bedingungen greifen in den Prozeß der *Wahrnehmungs- und Orientierungstätigkeit* ein, indem die antizipierten Situationen der Bedürfnisbefriedigung nicht herbeigeführt werden können, da die Bedingungen sich (1) als zu komplex (Überstimulation), (2) zu widersprüchlich oder (3) zu wenig durchschaubar und strukturierbar (sensorische Deprivation) erweisen. Isolierende Bedingungen sind insofern Bestandteile jedes Tätigkeits- und Erkenntnisprozesses; sie sind, indem sie bisher nicht beachtete Eigenschaften der Gegenstände akzentuieren, Voraussetzung und Bestandteil jedes Lernprozesses. Mit PIAGET gesprochen: Der Gleichgewichtszustand zwischen Organismus und Umwelt und damit die Adaptation wird gestört und zwingt das Individuum zur Wiederherstellung entweder durch Anpassung der wahrgenommenen Eigenschaften der Gegenstände durch Assimilation, d.h. Anpassung an die vorhandenen kognitiven Schemata, oder durch Akkommodation, d.h. Veränderung der kognitiven Schemata entsprechend den in der Tätigkeit wahrgenommenen Eigenschaften der Gegenstände. Ob isolierende Bedingungen somit Lernen fördern oder das Individuum in die Isolation führen, hängt vom Verhältnis der Situationsanforderungen zu den Tätigkeitsmöglichkeiten des Individuums ab, ist also Ausdruck seiner bisher erworbenen Fähigkeiten und Fertigkeiten entsprechend dem individuell entwickelten Fähigkeitsstand, dem Niveau der dominierenden Tätigkeit (s. 2.2). Die rechte Seite von Abbildung 2 ist nunmehr so zu lesen, daß je größer die Einwirkung isolierender Bedingungen bzw. die Isolation desto umfangreicher eine Erweiterung der Tätigkeit erfolgt entsprechend den von links nach rechts dargestellten Blöcken.

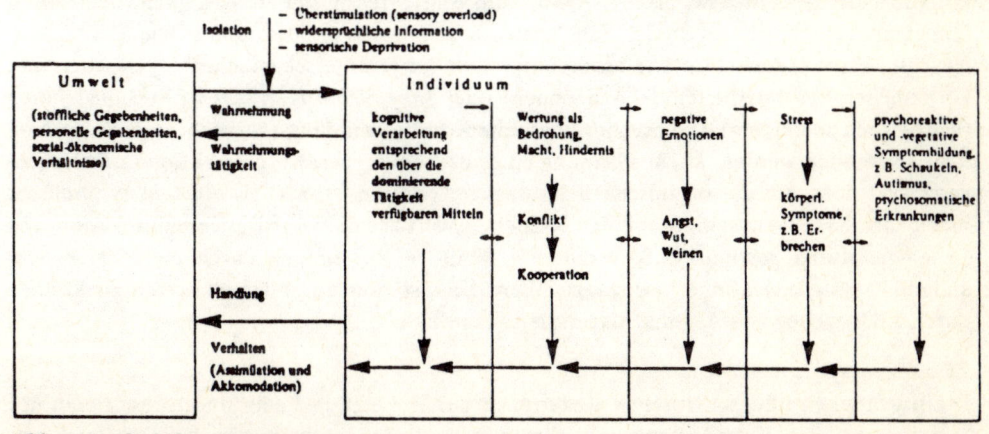

Abb. 2 Struktur der Störungsgenese

(aus JANTZEN 1980b, S. 42)

Dies erfolgt immer verbunden mit dem permanenten Versuch, die höchsten Niveaus der Tätigkeit wieder zu erreichen. Spalte 1 zeigt an, daß die Lösung mit den gegenwärtig dem Individuum verfügbaren Mitteln im Rahmen von gegenstandsbezogenen Lernprozessen erfolgt. Gelingt dies nicht, resultiert auf seiten des Individuums ein *Konflikt* zwischen antizipierten Produkten als Ausdruck seiner Bedürfnisse und den realen Tätigkeitsmöglichkeiten. Dieser Konflikt beinhaltet die Wertung situativer Momente als Bedrohung, Macht oder Hindernis. Durch die Hinzuziehung von Kooperation (entsprechend den sozial vorhandenen und individuell verfügbaren Möglichkeiten im Rahmen gesellschaftlicher Arbeitsteilung wie dem Verhältnis von Herrschaft und Unterdrückung) kann u.U. die produktive Lösung erfolgen. Es werden in dem resultierenden Lernprozeß, der Realitätskontrolle entsprechend dem antizipierten Produkt herstellt, gegenstands- wie kooperationsbezogene Fähigkeiten erworben mit entsprechenden positiven Rückwirkungen auf Persönlichkeit und Identität. Gelingt die Auflösung isolierender Bedingungen auch weiterhin nicht oder nur partiell, so resultiert nunmehr *Isolation*. Die Nichteinlösbarkeit der Bedürfnisse, das hohe Maß an Handlungsungewißheit in Richtung des antizipierten Produktes lassen immer häufiger *negative Emotionen* auftreten, die das Denken auf niedrigere Niveaus herabdrücken (OBUCHOWSKI), statt zu planendem Handeln nunmehr zu assoziativem Verhalten und entsprechenden affektiven Reaktionen führen. Die Flucht, der jähzornige Angriff vermögen u.U. die Situation zu lösen, lassen aber den Widerspruch oder das Hindernis unbegriffen. Gelernt werden Vermeidung oder Aggression; lösungsbezogene Eigenschaften der Gegenstände, der Kooperierenden werden nicht erfaßt; es kommt somit zu einer ‚inneren Reproduktion der Isolation'. Der physische Ausdruck dieser Prozesse ist ein erhöhter Energieumsatz des Organismus, der als allgemeiner und weitgehend unspezifischer Adaptationsprozeß an Isolation verstanden werden muß und als *Streß* (Distress, vgl. SELYE 1975) beschrieben werden kann. (Die Rolle der positiven Emotionen ist hierbei die, daß sie Denkprozesse wieder auf höheres Niveau schieben können, allerdings zugleich auch zur Überschätzung folgender Schwierigkeiten führen können.) Treten situationsbezogene negative Emotionen häufig auf, wird immer wieder durch Einschränkung der Tätigkeitsmöglichkeiten Individuen der Zugriff auf ihre Lebensplanung eingeschränkt, so kommt es zu *Veränderungsprozessen,* ideologischen Umformungen der Erkenntnismöglichkeiten, so daß das, was historisch veränderbar ist z.B. als Schicksal, von Gott gewollt usw. gesehen wird, zum Einrichten in der Abhängigkeit, oder durch immer erneute Erfahrungen des Scheiterns zu *psychischen Symptomen* wie Depression, Neurose, Psychose usw. (immer unter Aufgreifen der je unterschiedlichen psychischen und körperlichen Besonderheiten der Individuen) oder zur *psychosomatischen Reaktionsbildung* (häufig auch zu beidem). Die psychosomatische Reaktionsbildung kann dabei z.T. als *respondent* verstanden werden, als Ausformung einer pathologischen Körperreaktion (z.B. Magengeschwür) dort, wo die organische Belastung am größten ist, z.T. als *operant*, symbolisch, indem das Krankheitssymptom einen Krankheitswert für die künftige Kommunikation und Lebensgestaltung gewinnt (z.B. veränderte familiäre Zuwendung durch die Mutter oder andere Familienangehörige bzw. Möglichkeit diese stärker unter Druck setzen zu können durch z.B. psychogenes Asthma, Magersucht u.a.m.).

Zusammengefaßt:
Die psychischen und somatischen Reaktionen auf isolierende Bedingungen resultieren nur mittelbar aus den Eingriffspunkten isolierender Bedingungen (also der Art des Defektes), unmittelbar jedoch aus der Gesamtheit der historisch gewordenen Tätigkeitsmöglichkeiten in einer Lebenssituation, also der Einheit von Individualität, Persönlichkeit und Identität.

1.4. Geistige Behinderung

Entsprechend den bisherigen Erörterungen darf geistige Behinderung nicht als unmittelbarer Ausdruck eines Defektes, z.B. einer Läsion, Stoffwechselstörung usw., die auf die Entwicklung des ZNS Einfluß nimmt, verstanden werden, wenngleich sehr häufig entsprechende Schäden Ausgangspunkt von Entwicklungsprozessen sind, die im Nachhinein als geistige Behinderung betrachtet werden. Bereits auf der Ebene der Erscheinungen ist eine defektbezogene Betrachtungsweise nicht haltbar, da unter Bedingungen des frühkindlichen Hospitalismus, bei sog. ‚Wildkindern' oder ‚Wolfskindern' oder bei langfristig hospitalisierten Patienten im Psychiatriebereich vergleichbare Erscheinungsformen im Niveau der Tätigkeitsregulation auftreten. Geistige Behinderung ist also aus Sicht der Entwicklung der Individuen Resultat der Tätigkeit unter extrem isolierenden Bedingungen, kann entsprechend den möglichen Eingriffspunkten durch sehr unterschiedliche Defekte eingeleitet sein. In der Mehrzahl der Fälle handelt es sich um sehr früh wirkende isolierende Bedingungen (z.B. pränatale, perinatale oder postnatale Schäden des Zentralnervensystems). In unstrukturierten pädagogischen Situationen und fehlender Abstimmung in den Tätigkeitsanforderungen und -möglichkeiten kommt es zu Entwicklungsrückständen, bezogen auf die historisch durchschnittliche Entwicklung, die dann aufgrund der zu erwartenden reduzierten Arbeitsfähigkeit, eingeschränkten Geschäftsfähigkeit, ästhetischen Abweichung und historisch überkommenden Gewohnheiten im Umgang mit Minderheiten als geistig behindert klassifiziert und auch heute noch in bezug auf extreme Grade der Abweichung häufig als ‚pflegebedürftig'(was zugleich bedeutet: ‚nicht therapiefähig'!) oder deutlicher ‚nicht bildungsfähig' klassifiziert werden. Aus Gesichtspunkten der Analyse menschlicher Tätigkeit und menschlicher Entwicklung ist eine solche Einschätzung völlig falsch; aus Sicht der Menschenrechtscharta der UNO, wie der speziellen Dokumente zu den Rechten des Kindes und den Rechten geistig Behinderter verstoßen solche Auffassungen gegen internationale Menschenrechtsprinzipien. *Geistige Behinderung bedeutet Aufbau der Individualität, Aufbau der Persönlichkeit und Aufbau der Identität unter extrem isolierenden Bedingungen.* Dieser Aufbau folgt den vorweg geschilderten allgemeinen Bedingungen der menschlichen Tätigkeit, den Gesetzen der neuropsychischen Regulation und den entsprechend dargestellten psychopathologischen Prozessen. Entsprechend diesen allgemeinen Überlegungen ist jeder lebendige Organismus lernfähig, verarbeitet Information und ist tätig. Bildungsunfähigkeit gibt es unter diesem Gesichtspunkt nicht, daß es Schulunfähigkeit wie im Niedersächsischen Schulpflichtgesetz z.B. abgesichert geben soll, spricht nicht gegen die Lernfähigkeit der Schwerstbehinderten, sondern gegen die Verfasser und Verfechter eines solchen Gesetzes, das in Anbetracht unserer heute vorhandenen Kenntnisse über geistig behinderte Kinder politisch ein Skandal ist. Auf den speziellen Aufbau von Wahrnehmungs-, Bewegungs- und Lernprozessen gehe ich nunmehr in den folgenden Ausführungen ein.

2. Sensomotorisches und psychomotorisches Lernen

2.1. Bewegung und Wahrnehmung als zeitlich organisierte Prozesse

Mit dem Übergang zu diesem Kapitel ergibt sich die Notwendigkeit in der Zeit verlaufende Prozesse, also *Lernen* und *Entwicklung* zu erörtern, deren resultativer Ausdruck in den bisherigen Ausführungen dargestellt wurde (Persönlichkeit, Individualität usw.). Lernen und Entwicklung vollziehen sich als Prozeß der kompetenteren Anpassung eines Individuums an Lebensbedingungen, wobei jeder Individualanpassung die Artanpassung zugrunde liegt. Nun darf man sich in diesem Sinne Lernen und Reifen nicht als getrennte Prozesse vorstellen, denn die Artanpassung beinhaltet die Notwendigkeit der Ausbildung von Lernprozessen und die Möglichkeit (s.o.) diese in sehr verschiedenen Umständen realisieren zu können. Umgekehrt ist die Realisierung artspezifisch möglichen Lernens zugleich die Voraussetzung für die Weiterentwicklung und Inganghaltung von Entwicklungsprozessen. SINZ (1979, S. 18) definiert Lernen wie folgt: „Lernen ist eine der Individual- und Arterhaltung dienende antriebsgesteuerte und situationsabhängige Verhaltensänderung als Folge individueller Informationsaufnahme, -verarbeitung und -speicherung auf der Grundlage stammesgeschichtlich vorgebildeter neuronaler Strukturen." *Lernen ist also ein in der Zeit organisierter Prozeß, der mit einem individuell veränderten Stand an gespeicherten Informationen endet.* Insofern unterscheidet er sich von dem Prozeß der Artanpassung, der nicht individuell, sondern gattungsspezifisch zur Veränderung der gespeicherten Information führt. Diese Information selbst bezieht sich grundsätzlich auf zeitlich-räumlich organisierte Prozesse und bedarf insofern ihrer Abbildung in entsprechende Maßstäbe des Organismus. Dabei ist grundsätzlich davon auszugehen, daß alle Formen des Lebens durch *aktiv gesteuerte Wechselwirkungsprozesse* mit der Umwelt (Tätigkeit) gekennzeichnet sind, wie folgende Überlegung verdeutlicht: Bereits die einfache Reizbarkeit eines einzelligen Lebewesens durch lebenserhaltende Wirkstoffe setzt einen inneren Klassifizierungsmechanismus in Gang, der den Effekt, lebenserhaltend zu sein, vorweg nimmt, bevor der Wirkstoff assimiliert wird. Bereits im Anfang des Lebens ist also *vorgreifende Widerspiegelung* zu konstatieren, die gemäß den artspezifischen Bedürfnissen und Möglichkeiten entsprechende gegenstandsbezogene Tätigkeit, in diesem Beispiel Assimilation des lebenserhaltenden Wirkstoffes hervorruft. Zeitlich organisierte Prozesse von Wahrnehmung, Orientierung und Bewegung liegen also auf allen Niveaus des Lebens jeder Form von Anpassung (artspezifisch wie individualspezifisch) zugrunde. Sie werden vom Organismus in Form stammesgeschichtlich erworbener *biorhythmischer Prozesse,* ‚innerer Uhren' widergespiegelt, die sich auf unterschiedliche Zeiteinheiten beziehen: Bruchteile von Sekunden (so z.B. der Alpha-Rhythmus des Gehirns mit einer Frequenz von 10 Hz), über Sekunden- (Herzrhythmus), Minuten-, Stunden-, Tagesrhythmen, Monatsrhythmen (z.B. der Menstruationszyklus) bis zu Jahresrhythmen. Diese Biorhythmen sind auf verschiedenen Niveaus organisiert, die von der molekularen Ebene bis zur Ebene der bioelektrischen Aktivität des Großhirns reichen (vgl. die verschiedenen Rhythmen im EEG). Dabei ist davon auszugehen, daß jegliche Form von Verhaltenssteuerung (sei es über angeborene Programme wie z.B. unbedingte Reflexe oder erlernte Fähigkeitsmuster aufgrund von in ihrer zeitlichen Reihenfolge kodierten Gedächtnisstrukturen) in Koppelung an die Biorhythmik, an die ‚inneren Uhren' des Organismus erfolgt. Diese selbst dürften allerdings nicht als unbeeinflußbar betrachtet werden, sondern unterliegen in unterschiedlichem Maße Umwelteinflüssen, wie man z.B. an der Mitnahme des Herzschlagrhythmus durch einen äußeren Rhythmus, z.B. Ticken eines Metronoms u.ä., wie an der dauerhaften Beeinflußbarkeit verschiedener Rhythmen im gewissen Umfang verdeutlichen kann. Neuere neuropsychologische Modellvorstellungen versuchen Gedächtnisprozesse wie Lernleistungen des Organismus aus dem Gesamt der oszillierenden Prozesse des Organismus zu erklären (Oszillator-Resonanz-Modell von SINZ). Es kann hier im einzelnen nicht auf diese Überlegungen eingegangen werden, für uns sind sie deshalb von besonderer Wichtigkeit, weil das systematische Miteinbeziehen des Denkansatzes der zeitlichen (biorhythmischen) Organisation aller biologischen, insbesondere neurobiologischen wie -psychischen Prozesse im Organismus eine Reihe von Aspekten des Themas dieser Ausführungen weitaus besser abzubilden und erklären vermag als bisherige Ansätze. Ich skizziere im folgenden in Kürze die Folgen dieser Denkweise für die Behandlung von Bewegung und Wahrnehmung.

Jeder Bewegungsakt bedarf der Vorwegnahme der möglichen Bewegungsverhältnisse zwischen Subjekt und Objekt und ihrer Reduzierung auf optimale Bewegungsverhältnisse, d.h. die „Überwindung überflüssiger Freiheitsgrade des sich bewegenden Organs" (BERNSTEIN 1975, S. 150). Dies erfolgt zunächst basal durch die Reflexmotorik (auf der Basis stammesgeschichtlich erworbener unbedingter Reflexe wie Greif-, Saug- und Kaureflex, wie der reflektorischen Koordination in der Stato- und Haltemotorik; vgl. HAASE 1976, HENATSCH 1976a), die im Rahmen ihrer Integration in funktionelle Systeme mehr und mehr kortikal integriert, übersteuert werden. Die durch zerebrale Schädigung hervorgebrachte spastische oder athetotische Lähmung bzw. Bewegungsverformung ist in diesem Sinne Ausdruck der Unfähigkeit in den Entwicklungsbedingungen, die in unserer Gesellschaft ‚normal' sind, Mittel zur Überwindung dieser Situation zu erwerben, eine Unfähigkeit, die durch entsprechend qualifizierte bewegungstherapeutische Interventionen in vielen Teilen überwindbar ist. Entsprechend der Ausdifferenzierung des Psychischen und des Bewußtseins in der Stammesgeschichte wie in der Individualgeschichte (vgl. den folgenden Absatz) trennen sich *Wahrnehmungs-* und *Bewegungs*funktion, schiebt sich zwischen sie die Phase der *Orientierung*, die individuelle vorgreifende Widerspiegelung (aufgrund der gespeicherten Gedächtnisinhalte) als wesentlichstes Moment der psychischen Tätigkeit. Dabei ist die *Bewegung* (worunter auch die sensomotorische Steuerung von Teilen der Wahrnehmungstätigkeit fällt; vgl. JUNG 1972) als zeitlich integrierter Akt der Tätigkeit, mit der das Individuum auf seine Umwelt einwirkt, wesentliche Voraussetzung zur Herausbildung einer vorgreifenden Widerspiegelung (neben der senso-sensorischen Steuerung von Teilen der Wahrnehmung, vgl. JUNG 1972). Dies gilt stammesgeschichtlich wie individualgeschichtlich: So sind die einfachsten Massenbewegungen, Erbkoordinationen wie Tropismen und Taxien, unbedingte Reflexe jeweils nur sinnvoll aus dem Aspekt der stammesgeschichtlich fixierten vorgreifenden Widerspiegelung von Tätigkeit heraus zu begreifen; ebenso ist jeder durch individuelles Lernen gesteuerte Bewegungsakt zugleich unmittelbarer Ausdruck der Orientierung des Individuums. Entsprechend dem Aufbau von individuellem Lernen, der Gedächtnis- und Fähigkeitsbildung, können Diskrepanzen zwischen Orientierung und Bewegung auftreten im Sinne der inadäquaten Vorwegnahme der Bewegungsmöglichkeit durch die Orientierung oder im Sinne der nicht adäquaten Auswahl der im Gedächtnis gespeicherten Bewegungsprogramme. Die Wahrnehmung der Bewegungsnotwendigkeit und -möglichkeit erfolgt also jeweils durch die bisher vollzogenen Lernprozesse und Gedächtnisinhalte hindurch und bildet die Grundlage für den Aufbau der Orientierung und der Bewegung. *Wahrnehmungstätigkeit* ist in diesem Verständnis dann Voraussetzung der Orientierungstätigkeit wie Ergebnis der Orientierungstätigkeit, ist jeweils aktiver Prozeß der (zeitlich und räumlich) zentral gesteuert und beeinflußt wird (durch sensomotorische Steuerung, z.B. der Abtastbewegung der Augen als Voraussetzung der optischen Wahrnehmung eines Gegenstandes bzw. sensosensorische Steuerung; vgl. JUNG 1972). So ist es zu verstehen, daß es auf kortikalem Niveau zur Spezifizierung beider Funktionen kommt: Der Bewegungsanalysator (hinterer Stirnlappenbereich) wird als Ergebnis der Evolution in Richtung unspezifischer tertiärer Felder umfassend zu einem Organ der räumlich-zeitlichen Integration weiter entwickelt, das den integralen Zusammenhang der Individualität als Persönlichkeit ermöglicht. LURIA (1973) spricht bezüglich der Stirnlappen von einer funktionellen Haupteinheit des Gehirns für Programmierung, Planung und Verifikation der Tätigkeit); der hintere Großhirnbereich (Scheitel-. Schläfen- und Hinterhauptlappen) wird zum Ort der Informationsaufnahme, -verarbeitung und -speicherung (2. funktionelle Haupteinheit des Gehirns nach Luria, 1973) für externe und interne Information. So bildet z.B. der vordere Bereich des Scheitellappens den Ort der kinästhetischen Analyse, also den Bereich der inneren Rückmeldung über die Bewegungsabläufe, ohne die die Bewegungssteuerung in der Zeit (funktionell an den hinteren Stirnlappenbereich gebunden) nicht erfolgen kann (vgl. auch JANTZEN 1979, S. 206 ff., 1980b, S. 50 ff.).

2.2. Niveaus der Tätigkeit und Stufen des Lernens in Phylo- und Ontogenese

Lernen und individuelle Entwicklung bauen auf stammesgeschichtlichen Voraussetzungen auf, durch die sie erst ermöglicht werden. Dabei rekapituliert die individuelle Entwicklung die stammesgeschichtliche Entwicklung der verschiedenen Tätigkeitsniveaus, die der menschlichen Tätigkeit als bewußter, aneignender, werkzeug- und sprachgebrauchender Tätigkeit vorausgehen. Das Auffinden einer *Hierarchie von Tätigkeitsniveaus* im Sinne von qualitativen Stufen der Kompetenz für Umweltbewältigung kann somit für die Entwicklungsetappen in der kindlichen Entwicklung als Folie für die Entwicklung diagnostischer Kriterien für die jeweilige Lernstufe dienen. Ich gebe im folgenden eine solche Klassifizierung (angelehnt an LEONTJEW 1973, KEILER und SCHURIG 1978, SINZ 1976 und 1979) wieder.
Vor dem Säugetierniveau, also vor der Entwicklung des Kortex, sind Muster der Anpassung in Form von *Erbkoordinationen* (unbedingten Reflexen, Taxien usw.) festzustellen wie *Sensibilität* für eine Reihe von Sinnesqualitäten, über die mittels zentraler Verarbeitung Bewegungs- und Tätigkeitsmuster situativ abgestimmt werden können. Diese situative Abstimmung geschieht auf dem Wege der *Habituation* (des Gewöhnungslernens) und der *Dehabituation*, wobei eine Reihe von Informationen im Langzeitgedächtnis kodiert wird, ohne daß es jedoch schon zur Herausbildung bedingter Reflexe kommt. D.h. die Situationen werden durch das Muster der in den Erbkoordinationen, angeborenen Tätigkeitsstrukturen fixierten Bedürfnisbereiche nach Nahrung, Flüssigkeit innerartlichen Beziehungen (z.B. Paarungsverhalten) hindurch gesteuert. Die gespeicherten sonstigen Aspekte der Situation sind sozusagen Anhängsel, Markierungsbestandteile des Futters, des Sexualpartners oder festgelegter Orientierungsmuster wie beim Vogelflug usw., werden nicht selbständig und losgelöst von diesen Bedürfnisstrukturen und Muster widergespiegelt. Erst das Säugetiergehirn ist

hierzu durch kortikalen Zugriff in der Lage. Die kortikale Informationsverarbeitung und Erregung erfolgt nach dem Schema des *bedingten Reflexes*, wie erstmals von PAWLOW beschrieben. Durch Konditionierung übernimmt eine ursprünglich nicht verhaltensrelevante kortikale Region die Steuerung der Tätigkeit, so im klassischen Hundeexperiment PAWLOWs. Unbedingter Reiz war für einen Hund der Geruch der Nahrung, unbedingte Reaktion war Speichelfluß. Durch vorherige Betätigung einer Glocke ergab sich eine neue Verbindung. Der bedingte Reiz ‚Glockenton' löste die bedingte Reaktion ‚Speichelfluß' aus. Tierexperimente mit Umschneidung von Hirnfeldern ergaben, daß noch keine intrakortikalen (sondern lediglich subkortikale) Verbindungen auf diesem Niveau gebildet waren, auch bei völliger kortikaler Isolierung des Analysators der bedingte Reflex erhalten blieb. Wir haben hier stammesgeschichtlich das Niveau der *Herausbildung einfacher Handlungen* erreicht, das individualgeschichtlich in der kindlichen Entwicklung bereits sehr früh durchlaufen wird. Bereits vorgeburtlich existiert die Möglichkeit zur bedingt reflektorischen Verknüpfung (vgl. JANTZEN 1980b, S. 18ff.). Im frühen nachgeburtlichen Bereich erfolgt durch die Anwendung der Rezeptorenapparate in der Wahrnehmungstätigkeit die Herausbildung der ‚Hardware' des individuellen Lernprozesses, der Neuronen und ihrer Verschaltung (die in Form der Myelensierung und des Dendritenwachstums vorwiegend in der frühesten Kindheit erfolgt) und zugleich die ‚Software'-Programmierung mit je spezifischen Inhalten des Wahrnehmungsprozesses (Herausbildung funktioneller Systeme). Erst auf dieser Basis, d.h. der modalitätsspezifischen (d.h. auf einen Sinneskanal bezogenen), der intermodalen und der seriellen Synthese der Wahrnehmungseindrücke zu räumlich-zeitlichen Abbildern auf bedingt-reflektorischem Niveau wird dann die Steuerung der Tätigkeit über diese Abbilder möglich: Der Phase des *perzeptiven Lernens,* des Wahrnehmungslernens folgt die Phase der *manipulierenden Tätigkeit mit Objekten* (ca. ab dem 6. Lebensmonat). Die Verknüpfung der steuernden Operationen (bedingt-reflektorische Abbilder) zu hierarchisch organisierten Operationssystemen (vorher erfolgt lediglich eine kettenartige Verknüpfung) erfolgt stammesgeschichtlich erstmals im Übergang zum ‚*Lernen durch Einsicht*' bei Primaten, das entsprechend seinem erstmaligen Nachweis in einem Versuch mit Schimpansen (der durch Wolfgang KÖHLER um 1900 erfolgte) wie folgt beschrieben werden kann:

Der Schimpanse Sultan wurde, nachdem er gelernt hatte, vermittels eines Stockes Bananen in den Käfig zu holen und außerdem gelernt hatte, zwei Stöcke an ihren Enden zusammenzusetzen, mit der folgenden Aufgabe konfrontiert: Eine Banane lag vor dem Käfig, aber zu weit, um mit dem zugänglichen Stock herangeholt zu werden. Ein zweiter Stock lag in Reichweite vor dem Käfig. Der Affe Sultan ‚überlegte' einen Moment, holte dann den zweiten Stock mit dem ersten, setzte die Stücke zusammen und holte die Banane. Dieses Experiment gelingt nicht, wenn nicht alle zu verknüpfenden Teile im Gesichtsfeld sind. Lernen durch Einsicht beruht auf der Verknüpfung zweier herausgearbeiteter Operationen zu einer neuen dritten, d.h. es kommt zu einer *Hierarchisierung bedingt-reflektorischer Operationen.* In der Individualentwicklung beschreibt PIAGET (1975) eine solche Hierarchisierung, die wir mit LEONTJEW (1973) als funktionelle Organbildung kennzeichnen könnten, als letztes Stadium des sensomotorischen Lernens bzw. *gegenständliche Tätigkeit.* Assoziativer Werkzeuggebrauch ist hier bereits möglich. Im Übergang zum *präoperationalen* und *anschaulichen Denken* (zwischen 2 und 3 Jahren) hat dann das Kind die stammesgeschichtlich vorweglaufenden Niveaus der Tätigkeit rekapituliert, sein Gehirn ist nunmehr in der Lage, die Realität generell durch historisch geschaffene Abbilder (Werkzeuge, Sprache, kooperative Beziehung usw.) hindurch anzubilden; seine Persönlichkeit entfaltet sich. Entsprechend der Höhe der gesellschaftlichen Entwicklung und der Kompliziertheit des Sozialerbes haben sich vor die gesellschaftliche Arbeit zwei gesellschaftlich organisierte und abgegrenzte Etappen geschoben: *Spiel* und *Lernen,* die aber von ihrer Struktur her nur gemäß der Struktur von *Arbeit* (also generell werkzeuggebrauchend und produktantizipierend) begriffen werden dürfen (vgl. RUBINSTEIN 1971). Diese Entwicklungsphasen (wie die vorweggehenden, also perzeptives Lernen, Manipulation von Objekten, gegenständliche Tätigkeit) klassifizierten LEONTJEW (1973), SAPOROSHEZ/ELKONIN (1971, 1974) bzw. PETROWSKI (1977) mit dem Konzept der *dominierenden Tätigkeit.* Hierunter wird jene Tätigkeitsform verstanden, die vorrangig in einer Entwicklungsphase zur Umgestaltung der psychischen Vorgänge führt, zu grundlegenden Veränderungen der kindlichen Persönlichkeit. Dabei deuten sich in jeder Etappe (z.B. Spiel) bereits neue Tätigkeitsformen (z.B. Lernen, Arbeit) an.

Eine andere tätigkeitsbezogene Klassifizierung der Entwicklung legt PIAGET (1949) vor. In verschiedenen qualitativ unterschiedenen Niveaus der Subjekt-Objekt-Relation wird wie folgt der Aufbau der Intelligenz nach Durchlaufen der motorischen Etappe beschrieben: Auf der präoperationalen und anschaulichen Ebene erreicht das Kind die „Vorstellung von der Erhaltung eines individuellen Gegenstands, aber nicht der Erhaltung einer Sammlung von Gegenständen" (PIAGET 1949, S. 147), d.h. „die Schnecke" (als ein Beispiel, das PIAGET gibt), die (präoperational) während eines Ausflugs an verschiedenen Stellen auftauchte, ist jetzt von räumlichen und zeitlichen Bedingungen abhängig jeweils eine andere, jedoch noch nicht Individuum der Klasse Gastropoda. Entsprechende Oberbegriffe, invariante Beziehungen, werden erst auf dem Niveau *konkret-operativen Denkens* erworben, insbesondere werden auf diesem Niveau die Invarianz von Raum und Zeit individuell abgebildet, als operatives Werkzeug für die weitere Aneignung der Realität. Schließlich tritt im Alter von 11–12 Jahren, so PIAGET, das *formal-logische Denken* auf, das auf einer „operativen Gliederung zweiten Grades" beruht, d.h. Operationen ersten Grades wie Maß, Gewicht, Volumen usw. werden z.B. durch allgemeine mathematische und logische Funktionen dargestellt. RIEGEL (1975) unterscheidet darüber hinaus eine weitere Stufe des Denkens, das *dialektische Denken,* das nicht nur die Anerkennung verlange, „das unsere Welt als Funktion unserer kognitiven Strukturen gegeben ist, sondern auch darauf besteht, daß wir zur Kenntnis nehmen, daß unsere kognitiven Strukturen von unseren sozialen, kulturellen, materiellen und historischen Erfahrungen abhängen" (SAMEROFF 1978, S. 106). Dabei ist es wichtig, daß das Erreichen der Stufen des konkret-operativen, des formal-logischen wie des dialektischen Denkens vom jeweiligen Zugang zum Sozialerbe abhängig ist, das wir überall da, wo wir wenig wissen und emotional verunsichert sind, zu sensomotorischen oder präoperational/anschaulichen Denkakten neigen (vgl. zu den kulturellen Voraussetzungen des Aufbaus der Denkprozesse JANTZEN 1980e; zum letzteren Aspekt SAMEROFF 1978).

Die Kenntnis der erörterten Zusammenhänge, die in Abbildung 3 nochmals zusammengestellt sind, bietet ein diagnostisch/therapeutisches Instrumentarium, indem über die Bestimmung des Niveaus des Denkens unter Berücksichtigung der Struktur der dominierenden Tätigkeit auf dem adäquaten Lern- und Entwicklungsniveau eingestiegen werden kann, um nunmehr bedürfnisrelevant, d.h. an dem Bedürfnis nach Bewältigung von Widersprüchen in der Zone der nächsten Entwicklung orientiert Lernen zu organisieren. Bedürfnisrelevant bedeutet: In Richtung der vom Individuum antizipierten Handlungen, seinen Explorations- und Neugierbedürfnissen bzw. produktiven Bedürfnissen als höchstorganisiertesten Bedürfnissen (vgl. JANTZEN 1980 e) unter optimalem, kooperativem Aufgreifen der bisher vorhandenen Fähigkeiten zur Lösung. Lernen in der Zone der nächsten Entwicklung bedeutet hier-

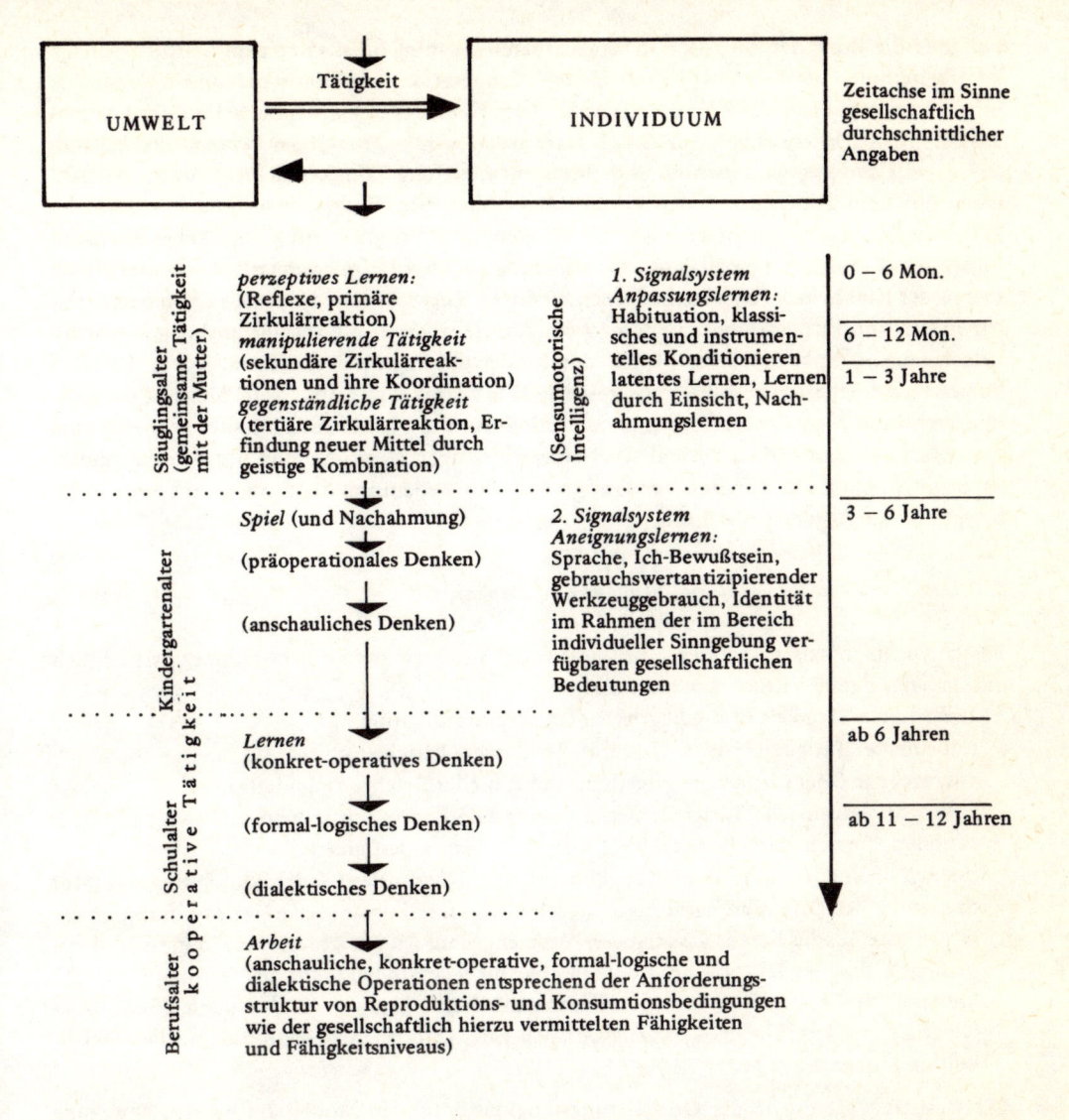

```
┌─────────────┐      Tätigkeit      ┌─────────────┐         Zeitachse im Sinne
│             │  ───────────────▶   │             │         gesellschaftlich
│  UMWELT     │                     │ INDIVIDUUM  │         durchschnittlicher
│             │  ◀───────────────   │             │         Angaben
└─────────────┘                     └─────────────┘
```

Säuglingsalter (gemeinsame Tätigkeit mit der Mutter)	*perzeptives Lernen:* (Reflexe, primäre Zirkulärreaktion) *manipulierende Tätigkeit* (sekundäre Zirkulärreaktionen und ihre Koordination) *gegenständliche Tätigkeit* (tertiäre Zirkulärreaktion, Erfindung neuer Mittel durch geistige Kombination)	(Sensomotorische Intelligenz)	1. Signalsystem *Anpassungslernen:* Habituation, klassisches und instrumentelles Konditionieren latentes Lernen, Lernen durch Einsicht, Nachahmungslernen

0 – 6 Mon.
6 – 12 Mon.
1 – 3 Jahre

Spiel (und Nachahmung)
(präoperationales Denken)
(anschauliches Denken)

2. Signalsystem *Aneignungslernen:* Sprache, Ich-Bewußtsein, gebrauchswertantizipierender Werkzeuggebrauch, Identität im Rahmen der im Bereich individueller Sinngebung verfügbaren gesellschaftlichen Bedeutungen

Kindergartenalter

3 – 6 Jahre

Lernen
(konkret-operatives Denken)
(formal-logisches Denken)
(dialektisches Denken)

Schulalter kooperative Tätigkeit

ab 6 Jahren

ab 11 – 12 Jahren

Arbeit
(anschauliche, konkret-operative, formal-logische und dialektische Operationen entsprechend der Anforderungsstruktur von Reproduktions- und Konsumtionsbedingungen wie der gesellschaftlich hierzu vermittelten Fähigkeiten und Fähigkeitsniveaus)

Berufsalter

(aus JANTZEN 1980c)

Abb. 3: Die Struktur der Entwicklung der dominierenden Tätigkeiten im Kindes- und Jugendalter

bei, über die Zone der aktuellen selbstabrufbaren Leistung hinaus in einem Leistungsbereich zu arbeiten, der alleine nicht, jedoch mittels Kooperation bewältigt werden kann, und zwar um so besser, je mehr diese bereits zu Anfang des Prozesses das antizipierte Produkt klar heraustreten läßt. Entsprechend muß sich *jeder pädagogische Prozeß bei behinderten Kindern an deren Handlungsantizipation* und ihren entwickelten Fähigkeiten orientieren. Er muß dabei auf dem Hintergrund der Vermeidung isolierender Bedingungen und im Sinne der Stützung der objektiven Bedürfnisse der Kinder nach Tätigkeit auf einem höheren Niveau organisiert werden. Eine pädagogische Fixierung auf den Defekt geht nicht von den Fähigkeiten des Kindes aus, fixiert es auf einen niedrigen Entwicklungsstand, da sie von dem sichtbar niedrigsten Entwicklungsniveau ausgeht. Am Beispiel: Es ist absolut unsinnig, ein nichtsprechendes geistigbehindertes Kind durch Verstärkungsprogramme in jedem Fall auf Sprache zu dressieren, anstelle seine gesamte Kommunikations- und Spielfähigkeit (und damit auch Lern- und Arbeitsfähigkeit) zu fördern (und es damit auch letztlich schneller zum sprachlichen Ausdruck zu führen). Daß einer einseitigen Hervorhebung der aktiven Sprechakte zudem auch ein falsches Verständnis von der Bedeutung der Sprache zugrunde liegt, belegt u.a. der folgende Abschnitt.

2.3. Das Verhältnis von Motorik, Sprache und Denken

Fassen wir nochmals zusammen: Die Niveaus der Tätigkeit stellen sich stammesgeschichtlich und individualgeschichtlich wie folgt dar:
— Unbedingte Tätigkeit (unbedingter Reflex, Erbkoordination);
— unbedingte Tätigkeit sowie Gewöhnungslernen (Tätigkeit durch stammesgeschichtlich vorgegebene Operationen gesteuert, mit individueller Erfahrungsbildung);
— bedingt-reflektorische Tätigkeit (Orientierungstätigkeit durch individuell erworbene Operationen, die sich zu Reflexketten verknüpfen können, gesteuert);
— bedingt-bedingt-reflektorische Tätigkeit auf dem Niveau des Lernens durch Einsicht (also Steuerung der Orientierungstätigkeit durch hierarchisch organisierte Reflexe, funktionelle Organsysteme, die bereits assoziativen Werkzeuggebrauch wie Traditionsbildung erlauben);
— bedingt-bedingt-reflektorische Tätigkeit, die für jedes Individuum der Gattung (Mensch) hierarchisch organisierte funktionelle Organe hervorbringt, die das oben geschilderte Niveau von allgemeinem Werkzeuggebrauch (menschliche Arbeit) und damit Persönlichkeit und Identität sichern.

Die Realität wird also in der Orientierungstätigkeit durch am Modell der eigenen Bewegung übernommene gesellschaftsgeschichtlich fixierte Operationen (Sprache, Werkzeuge) hindurch wahrgenommen, antizipiert und bearbeitet. Die Ersetzung des bloß individuellen Signalcharakters der Gegenstände, Situationen und Beziehungen (1. Signalsystem) durch gesellschaftlich standardisierte Symbole (Werkzeuge, Sprache) führte PAWLOW zur Unterscheidung eines *Zweiten Signalsystems*, nämlich der Sprache, das auf bedingt-bedingt-reflektorischem Niveau die Tätigkeit der Individuen sozial standardisiere und steuerbar mache (vgl. WAZURO 1974, WOHL 1977). Die Fortsetzung unserer Überlegungen ergibt allerdings, daß dies eine zu kurz gefaßte Auffassung von Sprache und Zweitem Signalsystem ist, ersichtlich auch nichtsprachliche Werkzeuge einen solchen Standardisierungseffekt der Orientierung und Wahrnehmung haben, zudem Sprache auch bei Ausfall des akustischen Analysators (Gehörlosigkeit) oder Schriftsprache bei Ausfall des optischen Analysators (Blindheit) oder beide sogar bei Ausfall beider Analysatoren (Taubblindheit) aufgebaut werden können.

In welcher Weise sind also die spezifischen Inhalte des zweiten Signalsystems zu erklären; wie erfolgt der Aufbau von Sprache und Denken? Meine These ist es, daß diese generell als motorische Akte erworben und verkürzt werden, bis ihre motorischen Glieder nicht mehr oder nur noch teilweise sichtbar sind, und durch diesen motorischen Akt hindurch die Informationsabbildung als zeitliche Koppelung (mehr und mehr verkürzter, aber auch zwischendurch immer wieder entfaltbarer und entfalteter) Bewegungsmuster an die biorhythmischen Grundlagen der Gedächtnisfunktion erfolgt (vgl. SINZ 1979). Hierfür einige Belege: Wie bereits herausgearbeitet entwickeln sich auf kortikalem Niveau der Informationsverarbeitung, also auf dem Niveau, wo durch die Herausbildung der bedingten Reflexe der Großhirnrinde die Orientierungstätigkeit vorwiegend von der Individualerfahrung abhängig und gesteuert wird, der Stirnlappenbereich als Bewegungsanalysator, wie der Schläfen-, Scheitel-, Hinterhauptslappenbereich als Analysator für Akustik, Kinästhetik und Optik so weiter, daß letztere Bereiche zur funktionellen Einheit für Informationsaufnahme, -verarbeitung und -speicherung werden (LURIA 1973). Aus den integrierten Funktionen dieser drei Hirnlappen lassen sich die kortikale Steuerung des Sprachverständnisses und des Sprachgedächtnisses erklären, d.h. bei Störungen in dem Überlappungsbereich dieser drei Analysatoren in den entsprechenden tertiären Feldern brechen beide Funktionen zusammen (LURIA 1970). An den Stirnlappenbereich sind neben der Bewegungssteuerung im präfrontalen und prämotorischen Bereich, also den primären und sekundären Feldern unmittelbar vor der Zentralfurche, die Funktionen der motorischen Sprachsteuerung (Broccasches „Zentrum") wie der inneren Sprache in weiter vorne liegenden Abschnitten (tertiären Feldern) des Stirnlappens gebunden, die insgesamt neben den unmittelbar sich in Bewegung ausdrückenden Prozessen der Programmierung, Regulation und Verifikation eine Interpretation der Frontallappen als funktionelle Einheit für diese Prozesse überhaupt zu erlauben scheinen. Die Evolution der unspezifischen tertiären Felder des Frontalbereichs sichert also, so meine These, in der Ausrichtung der Orientierungstätigkeit auf neue Gegenstände (Antizipation der Produkte) und Ausführung der produktbezogenen Tätigkeit die weitere Hierarchisierung der bedingten Reflexe, also den weiteren Ausbau des Zweiten Signalsystems durch inneres Sprechen als (verkürzten) motorischen Akt und seine Verkürzung ins Denken. Dabei werden die jeweils erworbenen Resultate, individuell brauchbaren sozialen Mitteln im Bereich der funktionalen Zusammenhänge der Schläfen-, Scheitel- und Hinterhauptslappen mit dem subkortikalen Bereich gespeichert, sind als Handlungsprogramme vorrätig (vgl. insbes. auch GALPERIN 1980). Diese Auffassung vermag zu erklären, inwiefern auch geistig behinderte Menschen ohne Sprachgebrauch zur gesellschaftlichen Arbeit fähig sind. Sie eröffnet ferner Perspektiven für den Aufbau des Denkens unter Einbezug aller Tätigkeitsformen, wobei generell im Vordergrund stehen muß, wie das Subjekt sich unterstützt durch pädagogische Tätigkeit in ein neues Verhältnis zum Objekt zu setzen vermag, wie der geistig behinderte Mensch neue Formen des Werkzeuggebrauchs, der Kooperationsfähigkeit, der Ausdifferenzierung seines Ichs gewinnt, ohne wie bisher auf an gesellschaftlichen Minimalvorstellungen über Sprachfähigkeit oder einzelne Bewegungsprogramme fixiert eine umfassende tätigkeitsbezogene Förderung hintanzustellen. Die sogenannte Rehabilitation in Werkstätten für Behinderte muß in ihrer gegenwärtigen Form: Atomisierung von Arbeitsprozessen, insofern als die Fixierung dessen begriffen werden, von dem sie zu rehabilitieren vorgibt: Als die Fixierung der ‚geistigen Behinderung' durch umfassende Einschränkung der Tätigkeit (vgl. 1.3).

Denken und Sprechen werden in diesem Verständnis als verkürzte motorische Akte betrachtet, die in ihrer Ausrichtung auf Orientierung den Charakter der Psychomotorik beinhalten, unter dem Aspekt des bisherigen Fähigkeitserwerbs den Charakter der Sensomotorik, der bereits vorhandenen Fertigkeiten und Fähigkeiten (vgl. 2.5). Bei bereits in früher Kindheit aufgrund der Einwirkung von Defekten beeinträchtigten und gehemmten motorischen Prozessen sind daher entsprechend Grad und Struktur der motorischen Hemmung (vgl. 3.1 – 3.5) auch je unterschiedliche hemmende Folgen für den Aufbau von Denken und Sprechen zu erwarten, sofern nicht durch qualifizierte pädagogische und therapeutische Intervention hier systematisch das Umschlagen isolierender Bedingungen in Isolation verhindert werden vermag.

2.4. Die soziale Determination der motorischen Prozesse

Motorische Prozesse, die Anbahnung von Bewegungsmustern sind nicht beliebig in eine Situation einbringbar, sondern selbst historisch geworden und historisch mit zugemessenen Bedeutungen für Selbstverwirklichung, Persönlichkeitsentwicklung für Kind und Familie ebenso behaftet, wie mit objektiven Zugangsmöglichkeiten zum kulturellen Erbe in Natur und Gesellschaft (das sich, um ein banales Beispiel zu nehmen, für den Kanusportler anders erschließt als für den Volkstänzer; vgl. hierzu den Zusammenhang mit Problemen des Umweltschutzes einerseits, wie der Einführung in fremde Kulturen andererseits). Einige Aspekte sollen hier andiskutiert werden, um eine optimale Einbeziehung sozial-historisch vorgefundener Aspekte der Bewegungserziehung in den Persönlichkeitsbildungsprozeß geistig behinderter Menschen zu fördern. Dies geschieht unter dem Aspekt, geistig behinderten Menschen den gesellschaftlichen Reichtum umfassend zugänglich zu machen durch sorgfältige Beachtung ihrer subjektiven und objektiven Bedürfnisse wie der Gesetzmäßigkeit ihrer Tätigkeit. Gesellschaftlicher Reichtum bedeutet dabei Reichtum an gesellschaftlichen Beziehungen, also die Gesamtheit der historisch bereits möglichen Beziehungen den Individuen umfassend zugängig zu machen; nicht als vorgegebenen Maßstab, sondern als Möglichkeit des „absolute(n) Herausarbeiten(s) seiner schöpferischen Anlagen" (MARX o.J., S. 387). Unter diesem Aspekt ist die Geschichte der Bewegungserziehung, obwohl jeweils herrschenden Normen und Machtverhältnissen unterworfen (Militärsport, kommerzieller Spitzensport usw.) zugleich betrachtbar als *Ausweitung der Verwirklichungsmöglichkeiten menschlichen Lebens.* Dies gilt zum einen unter dem *Bewegungsaspekt,* insofern als bestimmte Sportarten sich in je unterschiedlichen Etappen herausbilden, um notwendige Bewegungsformen im Prozeß gesellschaftlicher Produktion und Reproduktion zu verfeinern (z.B. Fechtsport, Reitsport usw. aus den Lebensbedürfnissen des Adels) oder um überhaupt das unbedingt notwendige Maß an individueller körperlicher Reproduktion und Gesundheit zu sichern (Entwicklung des Arbeitersports; vgl. zu beidem WOHL 1973). Mit der zunehmenden wissenschaftlichtechnischen Entwicklung und auch der Verwissenschaftlichung des Sports treten hierneben als weitere Ausformungen dieses Trends folgende Aspekte: Der Einbezug neuer Materialien in den Sport wie die Findung neuer Formen des Sports gestattet ein anderes Verhältnis zur Natur und Gesellschaft (z.B. durch Erfindung der Polyesterboote Erschließung anderer Naturbereiche, damit anderer Perspektiven der Entfaltung der Persönlichkeit, wie in der Tendenz zu den großen Spielen die Aneignung komplizierterer Aspekte der sozialen Außenwelt). Letzteres geschieht nicht ungebrochen und nicht jenseits der gesellschaftlichen Widersprüche: Ein autoritär von oben nach unten durch Funktionäre nach dem Modell kapitalistischer Führungsfunktionen verwalteter Vereinsfußball reduziert die Individuen im Wettkampf auf individuelle „Leistungsträger" und denaturiert die zwangsläufig notwendige höhere soziale

Kompetenz im heutigen Fußballspiel zum bloßen Anhängsel konkurrenzorientierten Leistungsegoismus. Trotzdem beinhaltet diese Entwicklung in ihrer Tendenz eine Höherentwicklung von Möglichkeiten (vgl. SCHULKE 1977). Entsprechend ihrer historisch engen Verknüpfung mit den Notwendigkeiten und Möglichkeiten der Produktion in der Organisation gesellschaftlicher Arbeit beinhaltet die Weiterentwicklung des Spitzensports heute zugleich auch zahlreiche Momente der Vervollkommnung sensomotorischer Fähigkeiten und Fertigkeiten, die positiv in den Arbeitsprozeß zurückgewendet werden können, der selbst durch Richtung und Dauer des menschlichen Einsatzes so verändert wurde, daß ,,die Beanspruchung des Menschen in seinen sensomotorischen Funktionen weitgehend eingeschränkt" ist (MEINEL 1977, S. 39). Dabei scheint es, als hätte der Sport die Schulung der künftig wichtigen sensomotorischen Fähigkeiten bereits vorweggenommen, ,,denn die Schulung exakter, rechtzeitiger und präziser sensomotorischer Reaktionen ist gerade im Sport allgemein zu einer erstrangigen Voraussetzung für gute Leistung geworden" (MEINEL 1977, S. 55). Ein weiterer Aspekt der kulturellen und sozial-historischen Determination von Bewegungsmöglichkeiten ist zu benennen in Form des durch Bewegungserziehung vermittelten *Zugangs zu kulturellen Verkehrsformen*. Jede Sportart beinhaltet von ihrer Tradition her Zugriffe bestimmter sozialer Gruppen auf objektive Realität und sie bindet zugleich in kommunikative Zusammenhänge dieser Gruppen ein. Wenn dies auch heute durch den Niedergang der Arbeitersportbewegung verwischt ist, so sollte der Aspekt der Erschließung sozialer Kompetenz in Feldern, zu denen der Sport Zugang vermittelt (Vereinsleben, historische Traditionen, Zugang zu bestimmten kulturellen Aspekten durch Jazz-Gymnastik, Volkstanz usw. und Sport als Medium sozialen Zusammenhangs) keineswegs gering geachtet werden. Nutzbar zur Entfaltung einer Totalität von Fähigkeiten wird auch dieser Zugang nur durch Zurückdrängung und Aufhebung seiner Denaturierung durch autoritäre Herrschaftsformen, Verbürokratisierung in Vereins- und Schulhierarchien usw., d.h. die emanzipatorische Wirkung einer Sportart ist zwar immer Möglichkeit ihrer spezifischen sensomotorischen Anforderungen, erschließt sich aber umfassend nur durch allgemeine Realisationsmöglichkeiten von Persönlichkeit, also aktive Gestaltung und Kooperation statt Unterwerfung in undurchschaubare Zwänge. Im Sinne einer optimalen Bewegungserziehung bei geistig behinderten Menschen ist eine Klassifikation von Sportarten und Bewegungsprogrammen nach ihren Fähigkeits- und Fertigkeitsstrukturen im Sinne der optimalen Entfaltung von individueller Tätigkeit ebenso zu leisten wie nach ihrer sozialen Zugänglichkeit und Perspektive hin, um ausgehend von realer Lebenssituation behinderter Kinder und ihrer Eltern optimale Zugänge zu den in diesem Bereich enthaltenen persönlichkeitsbildenden Potenzen zu finden. Nutzbringende Ansätze in dieser Richtung liegen in Aufgabenstruktur- und Handlungsstrukturanalyse vor, ohne daß ich im folgenden auf diese Aspekte noch weiter eingehen kann (vgl. HACKER 1973, VOLPERT 1974; zur Kritik des bloß handlungstheoretischen Ansatzes Jutta SCHULKE 1981).

2.5. Sensomotorik und Psychomotorik

Die bisherigen Ausführungen haben im wesentlichen bereits den Funktionszusammenhang von Psychomotorik und Sensomotorik verdeutlicht. *Psychomotorik* akzentuiert die Seite der Orientierung im Tätigkeitsprozeß, jenes Gegenstandsgebietes also, das GALPERIN (1980) als engsten Gegenstandsbereich der Psychologie sieht. Es geht also um die Aspekte der *Orientierung in der Tätigkeit* aufgrund bereits in der Vergangenheit gewonnener Fähigkeiten, Fertigkeiten, sensomotorischer Programme, wie dies oben im Begriff der Persönlichkeit bereits umfassend zum Ausdruck gebracht wurde. Dabei ist Psychomotorik Grundlage jeder Persönlichkeitsentwicklung; ich schlage jedoch mit J. SCHULKE vor, nur bis zu dem Niveau der dominierenden Tätigkeit des Spiels (bzw. der präoperationalen und konkret-anschaulichen Intelligenz) von *psychomotorischer Erziehung* zu sprechen, da danach, also mindestens auf dem Niveau der konkret-operativen Intelligenz oder der dominierenden Tätigkeit des Lernens (und später der Arbeit) verlaufende intentionale Erziehungs- und Bildungsprozesse in der Regel bereits auf motorisch erheblich verkürzte Prozesse durch die Hierarchisierung der kognitiven Operationen zurückgreifen können. Von psychomotorischer Erziehung soll ferner immer dann gesprochen werden, wo auf späterem Entwicklungsniveau der Rückgriff auf entfaltete motorische Akte notwendig ist, um Tätigkeits- (also insbesondere Kooperations- und Kommunikationsformen) wieder zugänglich zu machen (z.B. Kinderspieltherapie, Körperausdrucksprogramme in der Erwachsenentherapie u.ä.). Psychomotorische Erziehung engt sich dann in diesem Sinne im wesentlichen auf therapeutische Aspekte ein, muß aber gleichzeitig Strukturierungs- und Gliederungsprinzip auch für andere Erziehungsprozesse bleiben (vgl. hierzu z.B. B. ROHRs Entwurf einer Konzeption des Handelnden Unterrichts 1980). Insbesondere bedürfen die Aspekte der Ausrichtung der Orientierung und damit der Entfaltung der Persönlichkeit im gesellschaftlich organisierten Sport- und Bewegungserziehungsbereich der Berücksichtigung.

Sensomotorik akzentuiert in diesem Zusammenhang die Seite der automatisierten Fähigkeiten, Fertigkeiten, Bewegungen, auf die zurückgegriffen werden kann, oder im Zusammenhang meiner obigen Ausführungen: Sensomotorik bezieht sich auf Individualität wie Psychomotorik auf Persönlichkeit. Damit wird deutlich, daß bereits erworbene sensomotorische Programme und Fähigkeiten im Rahmen fehlender Identitätsbildung nicht zugänglich sein können, durch psychische Reaktionsbildungen blockiert sein können. Entsprechend der Einheit der Tätigkeit der Individuen, insbesondere der führenden Rolle von Psychomotorik, der Orientierungstätigkeit, der Logik der Persönlichkeitsentfaltung im Sinne umfassender Realitätskontrolle (s.o.) sind motorische Übungsprogramme für sich, die also nicht in der Logik dieser Entwicklung an den subjektiven und objektiven Bedürfnissen von Kindern und Jugendlichen ansetzen, als ineffektiv, unbrauchbar und manipulierend einzuschätzen. Durch den fehlenden Rückbezug auf die Persönlichkeitsentwicklung wird das bestgemeinte Übungsprogramm faktisch zugleich zum Lernhindernis, indem das Kind beim bloß aufgezwungenen oder unverstandenen Einüben nicht nur u.U. tatsächlich, aber auch nicht immer, ein bestimmtes sensomotorisches Programm erlernt, sondern zugleich, daß dieses Programm nicht seinen Bedürfnissen entspricht: Im besten Falle bleibt es demotiviert, in vielen Fällen kommt es zum Aufbau bedingter Vermeidungsreaktionen (Angst, Schreien usw.), also zu aktiven Lernhemmnissen gegen die gesamte ‚therapeutische' Situation oder gegen einzelne Teilaspekte. Insofern habe ich auch außerordentlich große Bedenken gegen sensomotorische Entwicklungsschemata, verbunden mit abrufbaren Programmen, wie KIPHARD (1976/77, 1980) sie anbietet, da diese nicht in einen persönlichkeitstheoretischen Zusammenhang, wie ich ihn vorweg entwickelt habe, eingebunden sind. Unter dieser Bedingung muß sich ein solches Programm in der Hand des Anwenders zwangsläufig in ein Instrumentarium zur Beseitigung des Defekts anstelle Förderung der Persönlichkeit wandeln. Ich spreche damit nicht gegen die Analyse sensomotorischer Fähigkeiten in der Entwicklung, sondern gegen die Weitergabe von sensomotorischen Fähigkeitsinventaren als diagnostische und therapeutische Programme, ohne den hier angesprochenen Aspekten der zeitlichen und orientierenden Organisation der Tätigkeit Rechnung zu tragen.

3. Die Bedeutung motorischer Lernprozesse für geistig behinderte Kinder und Jugendliche

3.1. Geistige Behinderung, Entwicklung und Wachstum

Aus den bisherigen Ausführungen ging hervor, daß geistige Behinderung den Aufbau von Individualität und Persönlichkeit unter extrem isolierenden Bedingungen bedeutet, dieser Aufbau den allgemeinen Gesetzmäßigkeiten der neuropsychischen Regulation und den oben dargestellten psychopathologischen Prozessen folgt. Bewegung und Bewegungsmöglichkeiten sind wesentliche Voraussetzungen zum adäquaten Aufbau von Realitätskontrolle, insofern auf der Basis der Bewegungsmuster in ihren Verkürzungsvorgang die Fähigkeiten, Fertigkeiten und sensomotorischen Muster als individuell übernommene soziale Werkzeuge entstehen, mit denen das Individuum sich orientiert. Gelingt diese Orientierung aufgrund isolierender Bedingungen nicht spontan-aktiv, vermag das Individuum die Defekte nicht alleine, d.h. unter den gesellschaftlich üblichen Bedingungen, auszugleichen, bedarf es umfangreicher pädagogischer und therapeutischer Organisation adäquater Tätigkeitsmöglichkeiten, die sich vom Standpunkt der subjektiven und objektiven Bedürfnisse des Individuums bestimmen. Entsprechend den bisher getroffenen Überlegungen sind die Effekte der durch Isolation resultierenden geistigen Behinderung in allen körperlichen und psychischen Bereichen festzustellen, wie dies vielfach unter dem nichtssagenden und irreführenden Begriff Mehrfachbehinderung andiskutiert wird. Nichtssagend insofern, als er den Blick auf Defekte lenkt und die Lebenssituation des Kindes unberücksichtigt läßt. In dieser Lebenssituation ist das geistig behinderte Kind in allen Bereichen der Entfaltung seiner Tätigkeit zurückgedrängt, sowohl an sozialen Standards wie an biologischen Parametern gemessen. Entsprechend tiefgreifend sind auch die biologischen Rückwirkungen wie erheblich reduziertes Körpergewicht und Körperwachstum gegenüber gleichaltrigen Kindern, ein resultativer Ausdruck von häufig durch die oben erörterten Quellen der Isolation hervorgerufenen schlechteren Lebensbedingungen, der in gleicher Weise auch bei anderen Kindern zu finden ist, die schlechten Lebensbedingungen ausgesetzt sind. Humanbiologische wie psychologische Untersuchungen haben Wachstums-, Gewichts- und Bewegungsrückstände bei Kindern gefunden, die von Mangelernährung betroffen sind (vgl. die Untersuchungen zu Hirnfunktion und Mangelernährung, z.B. PRESCOTT u.a. 1974). Ebenso wurden solche Rückstände in Abhängigkeit von zahlreichen sozialökonomischen Faktoren gefunden, die nur in Ländern mit hochentwickeltem ökonomischen Standard wie in den europäischen Ländern weniger stark und nicht immer durchgängig wirken (WALTER 1977). Umgekehrt zeigen sich Akzeleration und auch bessere Bewegungsverhältnisse unter positiven Lebensbedingungen im direkten Zusammenhang mit besseren Gesundheits- und Sozialdiensten für Kinder und Anhebung des Lebensstandards, wobei Akzeleration als Prozeß innerhalb der Grenzen der Physiologie verstanden werden muß, als „sozial verursachte Modifikation der menschlichen Biologie" (SÄLZLER 1977, S. 82). Entsprechend finden sich enge Zusammenhänge zwischen somatischer und motorischer Entwicklung und Erziehungsprozessen: So fanden PARIZKOVA und BERDYCHOVA bezüglich dieser Dimensionen erheblich höhere Werte für Kinder mit regelmäßiger Übung und Kindergartenbesuch. MESZAROS und SZMODIS (1977) fanden positive Rückwirkungen von Sportunterricht auf Gewicht und Körpergröße. Einwirkungen der Umweltbedingungen auf die motorische Entwicklung stellt PRECHTL (1971) bereits für den vorgeburtlichen Bereich fest. So spielt die intrauterine Position der Beine eine signifikante Rolle für die Bildung „scheinbar angeborener und einfacherer Reflexe" (S. 139).

Wir müssen also, wie diese generellen Effekte zeigen, Entwicklung und damit auch geistige Behinderung als Gesamtentwicklungsprozeß von Tätigkeitsmöglichkeiten sehen, der von hier aus positive oder negative Rückwirkungen in die körperlichen Bereiche hat (vgl. auch JANTZEN 1980 b). Dies belegt sehr deutlich auch eine Arbeit von ONDARZA-LANDWEHR (1979), die in einer Studie zur Entwicklung von Risikokindern u.a. zu dem Ergebnis kommt, daß eine Vorhersage der Auswirkungen von Geburtsbelastungen nach 6 Jahren vor allem über soziale Schicht bzw. über Förderung in Kindergärten möglich ist, viel schlechter jedoch über neurologische Werte. Der positive Zusammenhang von Schicht und Kindergarten mit der Überwindung des Geburtsrisikos betraf vor allem den passiven Wortschatz, jedoch auch in hohem Maße grobmotorische und Koordinationsleistungen wie auch den neurologischen Befund (S. 204). Wenn ich im folgenden auf eine Reihe erprobter Einwirkungen motorischer Förderung auf geistige Behinderung eingehe, so geschieht dies dementsprechend immer unter dem Aspekt ihrer Nutzbarmachung für die gesamte Tätigkeit, niemals nur für eine bloß defektbezogene Behandlung.

3.2. Aufbau von Zeit- und Raumwahrnehmung durch Bewegung und Rhythmik

Rhythmische Erziehungsmethoden sind in der Behindertenpädagogik vielfältig erprobt und zeigen positive Effekte. Zumeist gehen die Konzepte auf den Genfer Musikpädagogen E. JAQUES-DALCROZE und an ihm orientierte Pädagogen wie z.B. Mimi SCHEIBLAUER zurück, die rhythmische Methodik in Zusammenarbeit mit H. HANSELMANN (1. Lehrstuhlinhaber für Heilpädagogik) in Zürich entwickelte. Durch das Zusammenwirken von Zeit, Raum, Kraft und Form als Grundelemente der Rhythmik (vgl. KRIMM–von FISCHER 1979, S. 20) komme es zum Zurückdrängen von Reizüberflutung, zur Selbständigkeit und Anpassungsfähigkeit in Raum und Zeit, im Reagieren auf Sinneseindrücke, in Phantasie, Geschicklichkeit und Gestaltung in der Gemeinschaft (ebd.). Trotz ihrer sehr idealistisch-mystischen Begründung und einer Reihe von Inhalten, die der heutigen Lebenssituation von Kindern nicht entsprechen, vielmehr Projektionen eines kleinbürgerlich-harmonisierenden Weltbildes in den Erziehungsprozeß sind (man vergleiche den Film „Ursula oder das unwerte Leben", der die Anwendung der SCHEIBLAUER–Rhythmik zeigt), zeigen diese Methoden sehr gute Effekte, die der Erklärung bedürfen. Ansätze liefern hierzu die Forschungen von SINZ, der auf die biorhythmische Koppelung von Musik und inneren Körperrhythmen verweist, die sich in Veränderung einer Reihe physiologischer Meßwerte niederschlägt und zu emotionsbetonter Rückmeldung führt (entsprechend den bisher gelernten rhythmisch-musikalischen Begriffen, der Schulung des musikalischen Geschmacks usw.; vgl. SINZ 1978a, Kap. 20, S. 520–536). Wir dürften also annehmen, daß gerade bei Prozessen innerer Desynchronisation (vgl. die nahezu durchgängig gegebenen EEG-Instabilitäten bei geistig behinderten Kindern) rhythmische Vorgaben Koppelung und Koordinierung ‚innerer Uhren' mit beeinflussen und damit Lernbedingungen für in der Rhythmik erfahrene Gegenstände und Bewegungsverhältnisse optimieren (vgl. dazu auch den Beitrag von BAUER-CARLILE in diesem Buch).

3.3. Aufbau funktioneller Systeme durch Bewegung

Aus der Behandlung zerebral geschädigter Kinder durch Krankengymnastik (vgl. BOBATH 1966, 1968, VOJTA 1974, FELDKAMP/DANIELCIK 1973) wie Pädagogik (vgl. EGGERT und KIPHARD 1973) haben sich eine Reihe von Methoden entwickelt, die einen positiven Einfluß auf die Koordination von Reflexen und den Aufbau von Bewegungen bei kortikalen Schädigungen haben. Dieser Mechanismus wird erklärt durch die Bildung adäquater Bewegungsbilder durch passive Bewegung, eine Vorstellung, die sich insbesondere im Rückgriff auf die physiologischen Forschungen ANOCHINs (1969, 1974, 1978) zur Wirkung der Reafferenzen klären läßt. Erörtern wir kurz den Zusammenhang anhand einer von G. FEUSER (1979) übernommenen Abbildung (Abb. 4).

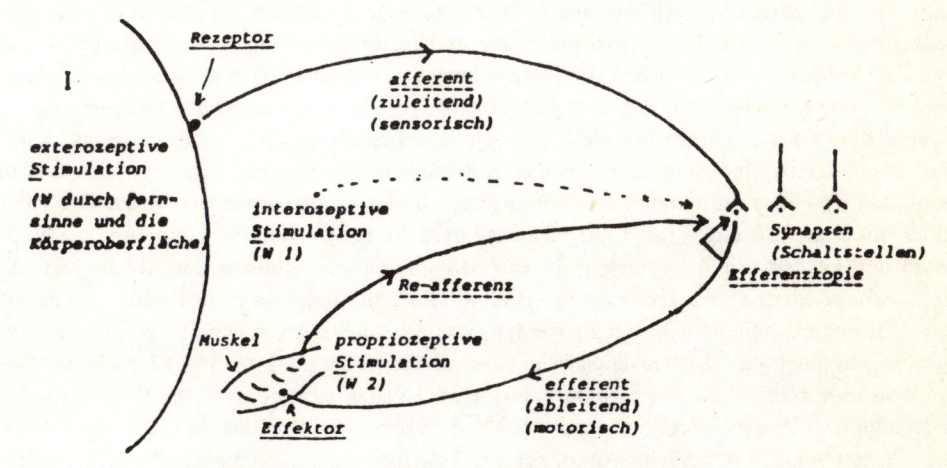

Abb. 4: Grundprinzipien der Bewegungs- und Wahrnehmungssteuerung: Rezeptor-Effektor-System und Afferenz-Efferenz-Reafferenzprinzip

(aus FEUSER 1979)

Jede Wahrnehmung beruht auf einer Stimulation durch Bedingungen der äußeren Welt, die auf Rezeptoren wirken. Vom Rezeptor zur zentralen Verarbeitung verläuft ein afferenter (sensorischer) Impuls, der dort verarbeitet wird und auf den aufgrund bisheriger Erfahrungen und hieraus gewonnener Fähigkeiten, Fertigkeiten, sensomotorischer Muster, also Abbilder reagiert wird. D.h. es werden efferente Impulse von der Zentrale zur Peripherie abgegeben, die zeitlich, räumlich und in der Stärke des Impulses organisiert und synchronisiert den Bewegungsentwurf umsetzen und von denen ‚Efferenzkopien' auf verschiedenen Ebenen der Impulsinnervation verbleiben. Durch die Rezeptoren der Muskeln, die Muskelspindeln, erfolgt eine Reafferenz, d.h. eine Rückmeldung über den Ausführungszustand, die neben einer Verarbeitung im Zwischenhirn insbesondere auf kortikalem Niveau im Bereich der durch den Scheitellappen gewährleisteten kinästhetischen Analyse verarbeitet werden. Diese Rückmeldung muß allerdings nicht erst abgewartet werden, sondern aus dem Verlauf vorheriger Rückmeldungen wird bereits Adäquanz des Bewegungsentwurfs geschlossen, die sich dann erst später erweist (vgl. SINZ 1978 b). Neben exterozeptorischer und propriozeptorischer Stimulation erfolgt zudem eine interiozeptive Stimulation durch den Zustand der inneren Organe usw. auf dem Wege über das vegetative Nervensystem wie über endokrinologische (hormonelle) Steuerungsvorgänge, die jeweils im Zwischenhirn integriert werden. Grundgedanke von Krankengymnastik, psychomotorischer Übungsbehandlung usw. ist es, durch den in der Behandlung durchgeführten Bewegungsvollzug eine adäquate Reafferentierung zur Großhirnrinde zustande zu bringen und damit die Bewegungssteuerung dort zunächst passiv (kinästhetisch) abzubilden, um ihre chaotische Realisierung im Bewegungsentwurf des spastisch oder athetotisch gelähmten Kindes auf diese Weise zu reduzieren, durch Bewegungsführung also das zentrale Abbild zu verbessern, und damit den Zugriff der Zentrale in die Peripherie zu ermöglichen. Hierbei ist zu bedenken – was häufig aus diesen Überlegungen herausfällt –, daß in der krankengymnastischen Situation zugleich nicht nur die Reafferentierung durch die Propriozeptoren erfolgt, sondern Afferentationen durch Exteriozeptoren und Interiozeptoren, also zusammen mit der angebahnten Bewegung zugleich ein Abbild der äußeren Bedingungen und der inneren Zustände, insbesondere der Einlösung der eigenen Bedürfnisse (vgl. das Auftreten von Emotionen) erfolgt. Unter diesen Bedingungen werden also ganzheitliche Handlungen gelernt, in denen der angebahnte motorische Verlauf nur Teilkomplex ist. Zwei in der Praxis erfahrene Beispiele: Ein Kleinkind, das wegen Schiefhals „beturnt" wird, wird bei fixierten Unterschenkeln am Bauch der Krankengymnastin rückwärts nach hinten bis in den Kniehang um deren Unterarm gebracht und muß sich selbst aufrichten. Das Kind bildet mit dem Aufrichten nicht nur adäquate propriozeptive Reize zur Steuerung des Kopfes ab und reagiert mit Bewegungen, die es kräftigen und seine motorischen Abläufe vervollkommnen, sondern es reagiert exterozeptiv auf die Situation, von einer Person, die es auf den Arm nimmt „fallen" gelassen zu werden, was erhebliche Angst hervorruft. Zudem wird interiozeptiv über den Aufbau entsprechender Abwehrreaktionen (Streß) körperliches Unwohlsein unmittelbar mit der Situation verknüpft. Neben Bewegungsfähigkeit werden also Mißtrauen und Angst aufgebaut, wird das Kind zutiefst verunsichert und hat mehr als 10 Jahre später noch fürchterliche Angst auf die Schulter genommen zu werden. Ein zweites Beispiel: Ein schwer zerebral geschädigtes Mädchen kann in der Krankengymnastik bei gut ausgebildeter Fachkraft höchstens 5 Minuten Kopfkontrolle bewahren. Der Aufbau der Kopfkontrolle wird von dieser Krankengymastin absolut vorrangig bezeichnet. Zwei Tage später, eingebettet in eine Kommunikations- und Spielsituation, die mit dem Ziel aufgenommen wurde in einer täglichen Lebenssituation Kontrolle aufzubauen (und in der das Kind positive Abbilder hat und eine andere Orientierungstätigkeit entwickelt) gelingt dies bei einer ungeübten Studentin 30 Minuten. Ähnliches wird in der Literatur wiederholt festgestellt. Besonders deutlich fassen LENARD und NEUHÄUSER (1975, S. 52) dies zusammen: „Es ist sicher nicht so wichtig, welche Art von Physiotherapie wir verordnen – es ist vor allem wichtig, daß sie von Therapeuten durchgeführt wird, die Erfahrung im Umgang mit jungen Kindern und deren Eltern haben und die auf die individuellen Bedürfnisse des Kindes eingehen. Die Tatsache, daß es dogmatische und unrealistische Behandlungsprogramme gibt, ist kein Grund zum therapeutischen Nihilismus. Stundenlanges passives Bewegen der Kinder hat, so glauben wir, keinen Effekt, der die Belastung, der diese Kinder unterzogen werden, auch nur annähernd aufwiegt. Wenn man aber sieht, welche Mühe ein Therapeut aufwendet, um einer Mutter zu erklären, wie sie das Kind durch richtige Handgriffe dazu bringen kann, sich vom Rücken auf den Bauch zu drehen, mit welcher Sorgsamkeit sie sich bemüht, das Kind in eine Lage zu bringen, in der es entspannt ist und die Mutter anlächelt, kann man nur Bewunderung finden."

Auch hier versagt also defektorientiertes Vorgehen, werden Programme nur dann sinnvoll, wenn sie von der Tätigkeit des Kindes, seiner Lebenssituation, seinen subjektiven und objektiven Bedürfnissen ausgehen.

3.4. Bewegung und Deblockierung gestörter Funktionen

Aus der Behandlung hirngeschädigter Menschen sind eine Reihe von Behandlungsmethoden bei Aphasie (kortikale Störung der Sprachproduktion bzw. des Sprachverständnisses), Agnosie (kortikale Störung der Wahrnehmungsfähigkeit eines Sinnesbereichs) und Apraxie (kortikale Bewegungsstörung) entwickelt worden, die unter dem Oberbegriff der Deblockierung angewendet werden. Es geht zunächst darum, durch psychologische und neuropsychologische Analyse den Kern der Störung herauszufinden (vgl. den Entwurf einer Funktionsdiagnostik von LURIA 1970). Dies kann z.B. eine Störung des optischen oder akustischen Gedächtnisses bei Sprache sein: Lautgestalt- oder Schriftbild eines Wortes (das man „auf der Zunge hat") sind nicht abrufbar. Durch Herausfinden eines benachbarten Analyse-Synthese-Bereichs (z.B. motorischer Analysator), der nicht gestört ist, wird der Vorgang neu gelernt, d.h. etwa über Schreibmotorik der Zugriff auf das Gedächtnis vorgenommen oder durch Bewußtmachung der Sprechmotorik die optische und akustische Analyse eines Wortes unterlagert; wobei dieser Prozeß sich gemäß dem Aufbau anderer Bewegungsprogramme zu automatisieren vermag und die Funktion nunmehr wieder beherrscht wird: allerdings vorwiegend über motorische Analyse. Auch diese Ergebnisse verweisen auf die Notwendigkeit, nicht defektbezogen zu arbeiten, sondern durch die gezielte Herausbildung und Förderung von Fähigkeiten anderer (nicht gestörter) Funktionsbereiche den Defekt auszugleichen, optimale Tätigkeit zu ermöglichen. Die bei Agnosie, Aphasie und Apraxie angewendeten Programme können die Frage von bewegungserzieherischer Förderung von geistig behinderten Kindern erheblich erweitern, sofern sie an der Tätigkeit und Lebenssituation orientiert eingesetzt werden.

3.5. Geistige Behinderung und motorische Förderung: Zusammenfassende Überlegungen

Begreifen wir geistige Behinderung als Ausdruck von Tätigkeitsmöglichkeiten unter isolierenden Bedingungen, so ist es Grundproblematik, daß die gesellschaftlichen Werkzeuge der Realitätskontrolle (Werkzeuge, Gebrauchsgegenstände, Sprache usw.) nicht in hinreichendem Maße zum Aufbau der eigenen Realitätskontrolle nutzbar gemacht werden. Sie werden häufig nur assoziativ in vorhandene kognitive Schemata, Abbilder mit eingeknüpft, hierarchisieren die kognitiven Schemata nicht zu neuen, angemesseneren. Es geht also im wesentlichen darum, daß zwar Situationen, Gegenstände usw. an die angeborenen und erworbenen kognitiven Schemata assimiliert werden, bestenfalls neue Schemata nur assoziativ, nach dem Modell der Kettenreflexe, jedoch nicht hierarchisch aufgebaut, akkomodiert werden, andererseits die Hirnentwicklung selbst zum Aufbau dieser Schemata zwingt. Lösungsvarianten für dies Dilemma sind Stereotypien, „Verhaltensauffälligkeiten" usw., d.h. die Ausbildung der funktionellen Organsysteme erfolgt spontan-aktiv und unter üblichen pädagogischen Prozessen in der Weise, daß als Ergebnis der Akkomodationsprozesse, also des Aufbaus neuer Abbilder, kognitiver Schemata, nicht die gesellschaftlich üblichen Werkzeuge beherrscht werden, sondern lediglich individuell erworbene. Wahrnehmung und Bewegung als zeitlich organisierte Prozesse sind die Grundlage jedes Tätigkeitsaufbaus. Auf alle Ebenen und in allen Ausdrucksformen geistiger Behinderung bieten sie Zugänge zu neuen Konfrontationen mit der gegenständlichen Realität: Durch Reduzierung einer überfordernden Wahrnehmungsvielfalt wird die Verarbeitung von Informationen wieder gegliedert möglich und nicht von assoziativ hervorragenden Momenten einer Situation gesteuert. Ich will dieses an einem Beispiel belegen, das zugleich die bisherigen Überlegungen systematisch zusammenfaßt.

Ein 16jähriger geistigbehinderter Junge, der in einer Schule für Geistigbehinderte beschult wird und als eines der dort am weitesten zurückgebliebenen Kinder geschildert wird, steckt nach dem Abwaschen, das im Unterricht geübt wird, die Teller immer wieder ins Wasser. Teller und Wasser verfügen über so starke assoziative Reize, daß sie wechselseitig die Steuerung der Handlung übernehmen, ohne daß ein sie verknüpfender Handlungsplan in dem Sinne aufgebaut werden kann, daß Teller nach dem Abwaschen abgetrocknet und weggestellt werden müssen. Gleichzeitig werden von diesem Jungen enorme Konzentrationsschwierigkeiten berichtet. Er sei normalerweise höchstens 5–10 Minuten in der Lage, konzentriert tätig zu sein. Nur insbesondere im Bereich von Rhythmik aber auch im Bereich von Werkaufgaben konzentriere er sich länger. Außerdem habe er bestenfalls Kontakt zu Erwachsenen, nicht zu anderen Kindern. Dort werde er sehr leicht aggressiv, beiße und schlage oder werfe sich auf den Boden. Aus den Akten ist eine perinatale Hirnschädigung zu entnehmen, die ab dem 3. Lebensjahr zu Krämpfen führte und sich heute noch in einer Desynchronisation des EEG mit Herdbefunden im Schläfenlappen zeigen.

Ich verstehe die aktuelle Störung des Jungen als Ausdruck der ständigen Überflutung durch Wahrnehmungsinhalte, die er aufgrund desynchronisierter Hirnstormverhältnisse (Alpha- und Theta-Rhythmus) nur dann verarbeiten und zu höheren Abbildern fixieren kann, wenn er die herausragenden Wahrnehmungsaspekte länger fixiert. Dies andererseits bringt ihn in die Sackgasse, durch das längere Fixieren den Zusammenhang der Wahrnehmung zu verlieren und den nächsten Aspekt sozusagen assoziativ erhaschen zu müssen, ihn ebenfalls wieder lange festhalten zu müssen usw. Unter diesen Bedingungen der Ineffektivität reduziert sich die Orientierungstätigkeit insgesamt (Konzentrationsmangel) und richtet sich auf vertraute Dinge (Wasser; sozial überschaubare Situationen mit Erwachsenen – mit Kindern umzugehen wurde wegen Krankenhausaufenthalt und fehlenden Geschwistern nicht gelernt –; einzelne Stereotypien). Soziale Anforderungen von Kindern oder sonstige komplexe Situationen überfordern ihn völlig, sind assoziativ nicht zu lösen, da die herausragenden assoziativen Momente zu schnell wechseln, auch die mittlerweile herausgebildete Sprache nicht ausreicht, um die Orientierung aufrechtzuerhalten: Angst, Aggressionen und Autoaggressionen resultieren.

Folgendes Vorgehen wird vorgeschlagen: Wir reduzieren die Vielzahl der Wahrnehmungen und gliedern die Situation. Zunächst: Wir bilden Konzentrationsvermögen und Orientierungstätigkeit aus, indem wir vor jeder Aufgabe ein je gleiches Signal geben: z.B. mit dem Finger schnipsen oder ein anderes Geräusch produzieren und sagen „Peter, hör zu!" Den erwähnten Abwaschvorgang vereinfachen wir und üben die Bewegungsfolge zunächst im Spiel ohne die starken assoziativen Gehalte von Teller und Wasser ein (pantomimisches Spiel). Um hierfür die nötigen Aufmerksamkeitsbedingungen zu schaffen, versuchen wir den Handlungsplan für das Spiel über Rhythmik zu festigen. Wir informieren uns über Lieblingsmelodien und -rhythmen, entwickeln einen Text zum Abwaschvorgang und unterlegen ihn mit Handbewegungen und üben unter ablenkungsfreien Bedingungen. Wir reduzieren die sprachlich inhaltliche Verknüpfung dann auf wichtige Momente, die wir dem rhythmischen Zusammenhang entnehmen, und arbeiten im Rollenspiel ohne Gegenstände. Wir führen dann in das Rollenspiel Teller und Handtuch ein, und markieren das Wasser, sobald der Handlungsablauf gelingt, durch Geräusche. Wir üben die gesamte Handlung jeweils vorweg zu versprachlichen und führen dann in sonst ablenkungsfreier Situation die Momente des Abwaschens wieder ein: Teller, Handtuch, Wasser. Von zunächst einem Teller gehen wir auf mehrere Teller über und greifen ggf. auf die vorweggehende sprachliche Entfaltung zurück: „Peter hör zu, was wirst Du jetzt tun?" oder auf die rhythmische Bewegungsentfaltung. An diesem Beispiel wird deutlich, wie Aufbau von Bewegung, Sprache, Werkzeugbeherrschung, Persönlichkeit als Einheit gesehen werden muß, in der sowohl Prozesse der Wahrnehmungs- wie Orientierungstätigkeit verbessert werden in Richtung der subjektiven und objektiven Interessen des Jungens: Er hat rhythmische Übungen gerne; er wäscht gerne ab. Seine dort entwickelten Teilfähigkeiten begreifen wir nicht als Defekte, Verhaltensabweichungen, sondern bereits vorhandene Fähigkeiten. Wir entsprechen seinen objektiven Bedürfnissen, indem wir da, wo bloß assoziative Steuerung der Tätigkeit, fehlende Orientierung und Konzentration war, nunmehr Orientierung, Planung und Wahrnehmung durch Begriffe hindurch ermöglichen. Der hier vollzogene Lernprozeß schafft uns die Basis für weitere Lerntätigkeiten, indem Konzentration, Sprache, Wahrnehmungstätigkeit sich verbessern wie für unmittelbare Ausweitung in den weiteren Bereich von Bewegungserziehung. Der assoziative Charakter von Wasser im Schwimmbad, in dem Peter sehr gerne plantscht, aber sich jeder Anleitung entzieht, vermag jetzt vielleicht durch rhythmische und musikalische Übungen, kurze Spielanweisungen usw. (auf dem gleichen Wege, wie oben erörtert, evtl. auch vorher eingeübt) durchbrochen und koordiniert, Spiel, und Lernvorgänge zum Erreichen der Schwimmfähigkeit aufgebaut werden. Dies wiederum begründet sich aus zahlreichen Notwendigkeiten der Bewegungsstimulation für die Erhaltung von Gesundheit und für positive Wachstumsimpulse.

Alle bisher erörterten Momente sind in diesem Prozeß integriert: Bewegungs- und Gesundheitsförderung, Aufbau basaler Wahrnehmungs- und Orientierungsprozesse, emotionale Absicherung des Jungen durch Schaffung vorhersehbarer, planbarer und bewältigbarer Tätigkeit, Aufbau von Sprache an reale Handlung gekoppelt, rhythmische und musikalische Erziehung, Aufbau des Denkens, Erwerb sozialer Werkzeuge, Kommunikations- und Kooperationsfähigkeit und also auch schließlich Persönlichkeit und Identität. Kein Schritt des Vorgehens wurde aber aus der Logik der Tätigkeit, aus der Lebenssituation herausgelöst. Die Herauslösung einzelner Aspekte und Ebenen in defektbezogener Betrachtungsweise schafft hierzu im Gegenteil gerade erst die Defekte, die sie vorgibt zu behandeln, wie ich mit einem Zitat von van der SCHOOT (1976, S. 81) im engsten Bereich des hier behandelten Themas illustrieren möchte: „Generell ist die motorische Leistungsfähigkeit beim geistig retardierten Kind weit aus steigerungsfähiger als die kognitive, wobei die Prägung von Bewegungsmustern und die Entwicklung von Bewegungseigenschaften denselben Gesetzmäßigkeiten des motorischen Lernens unterliegen, wie bei normalen Kindern". Wie absolut unsinnig und unbegründet eine solche Ansicht in jeder Beziehung ist, die suggeriert, die Denkprozesse bei geistig behinderten Kindern seien nicht aus den gleichen Gesetzmäßigkeiten wie bei sog. normalen Kindern zu erklären und die andererseits alle Forschungen über die kognitive Steuerung von Bewegung (vgl. z.B. MEINEL 1977, WOHL 1977) überhaupt nicht zur Kenntnis nimmt, sollten meine bisherigen Ausführungen insgesamt belegt haben.

4. Abschließende Bemerkungen

Aus Gründen des Umfangs meiner Ausführungen kann ich meine ursprüngliche Absicht, jetzt im einzelnen Folgerungen für Bewegungserziehung, Sport und Sportunterricht an Beispielen darzustellen, nicht realisieren. Zum Teil kann ich auf eigene Publikationen zur Weiterführung pädagogischer und therapeutischer Probleme, die sich aus diesem Ansatz ergeben, verweisen (insbesondere JANTZEN 1979, 1980 a, b). Daneben liefern die weiteren Beiträge dieses Bandes sicherlich wesentliche Aufschlüsse. Insbesondere möchte ich auf die mehrfach zitierte Dissertation von Jutta SCHULKE verweisen. Durch Betreuung dieser Arbeit und zahlreiche Diskussionen mit Frau SCHULKE habe ich wichtige Anregungen für diesen Aufsatz gewonnen. Alle genannten Aspekte von Sport und Bewegungserziehung, so wurde deutlich, lassen sich umfassend nur in einer von der Tätigkeit und Lebenssituation des geistig behinderten Kindes ausgehenden Pädagogik und Therapie realisieren. Die Logik der menschlichen Entwicklung verlangt, daß diese Lebenssituation nicht durch Ausschluß vom gesellschaftlichen Leben, sondern umfassende Teilnahme und gesellschaftliche Integration gekennzeichnet ist. Warum kann und konnte der im letzten Absatz erwähnte Junge nicht in einer Grund- bzw. Hauptschule beschult werden, bei Senkung der Klassenfrequenz und einen zusätzlichen Stützlehrer; warum können nicht Kinder in einer Klasse auf unterschiedlichem Niveau gleichzeitig effektiv lernen? Könnte Peter nicht viel mehr lernen, wenn 15 andere Schüler ihn aktiv in diesem Lernprozeß stützen würden, statt in einer Klasse mit anderen geistig behinderten Kindern zu sitzen, in der diese Unterstützung für ihn nicht organisiert werden kann? Und könnten nicht auch die 15 anderen Schüler in dieser Situation (wie sie in Norditalien durch gesetzliche Auflösung der Sonderschulen vielfältig anzutreffen ist) weitaus besser lernen? Inwieweit bauen wir durch spezialisierte Technik und gesonderte Institutionen nicht Käfige auf, in denen wir „Behinderte", also isolierte Kinder und Jugendliche mit der Beschränktheit unserer Methode oder Institution häufig zu dem machen, was wir zu behandeln vorgeben? Die Forderung nach Auflösung absondernder Institutionen beinhaltet freilich die Forderung nach weitaus verbesserten pädagogischen Qualifikationen, um die Entfaltung der Tätigkeit isolierter Kinder effektiv unterstützen zu können. Die Isolation durch Isolation (also durch Absonderung und Ausschluß) aufheben zu können, halte ich allerdings für reine Ideologie. Ich habe diese Fragen hier nicht im einzelnen behandeln können, sie sind aber konsequente Folge des von mir dargelegten Standpunktes (vgl. JANTZEN 1979, 1981), den ich, wie an anderer Stelle (1979, S. 204) formuliert, abschließend nochmals wie folgt zusammenfassen kann und der gerade auch und besonders für die im Zusammenhang von Bewegungserziehung und Sport aufgeworfenen Fragen gilt:

„Die Tätigkeit von behinderten und psychisch kranken Menschen ist nicht irrational. Die Tätigkeit von psychisch kranken und behinderten Menschen wird prinzipiell von den *gleichen Prinzipien des Informationsaustausches, der zentralen Verarbeitung und der Handlungsregulation* auf dem Hintergrund sinnlich-vitaler und produktiver Bedürfnisse reguliert, wie bei jedem nichtbehinderten Menschen. Das Hauptbedürfnis des Organismus ist das Bedürfnis

nach Information, nach Realitätskontrolle. *Medizinisches Modell und nicht vom Subjekt ausgehende ‚therapeutische' Ansätze sind antitherapeutisch*, da sie dazu zwingen, den Behinderten und psychisch Kranken als Objekt zu sehen, ihn mittels Therapie zu reparieren, statt im kooperativen Prozeß mit ihm zusammen für die Aufhebung seiner Isolation einzutreten. *Die bewußte, auf Realitätskontrolle, optimale Orientierung, produktive Tätigkeit gerichtete Logik der ‚menschlichen Natur' ist die Logik, in der der Therapeut* (Psychologe, Pädagoge, Arzt; ich könnte hinzufügen: Bewegungserzieher, W.J.) *denken und handeln muß*. Um diese Logik durchzusetzen, muß er gegen Macht und Herrschaftsstrukturen, die dieser Logik keine Rechnung tragen, ebenso kämpfen wie gegen die Tradition der ‚Institutionen der Gewalt', gegen die borniert Besserwisserei des „das haben wir doch immer so gemacht" oder „wir aus der Praxis (von der Front!) wissen das besser". Er hat sich nicht vor der Praxis der Besserwisser, sondern allein vor der möglichen und realisierten Entfaltung der Entwicklungslogik seiner Klienten, vor ihrer Subjektwerdung zu verantworten."

Literatur

ANOCHIN, P.K.: Das funktionelle System als Grundlage der physiologischen Architektur des Verhaltensaktes. Jena 1969
- Biology and neurophysiology of the conditioned reflex and its role in adaptive behavior. Oxford 1974
- Beiträge zur allgemeinen Theorie des funktionellen Systems. Jena 1978

BERNSTEIN, N.A.: Bewegungsphysiologie. Leipzig 1975
BOBATH, B.: Abnorme Haltungsreflexe bei Gehirnschäden. Stuttgart 1968
BOBATH, K.: The motor deficit in patients with cerebral palsy. Suffolk 1966
COUNT, E.W.: Kommunikation zwischen Tieren und die anthropologischen Wissenschaften. Versuch eines Ausblicks. In: Ilse SCHWIDETZKY (Hrsg.): Über die Evolution der Sprache. Frankfurt/M. 1973, S. 165–225
EGGERT, D., KIPHARD, E.J.: Die Bedeutung der Motorik für die Entwicklung normaler und behinderter Kinder. Schorndorf 1973²
FELDKAMP, M., DANIELCIK, I.: Krankengymnastische Behandlung der zerebralen Bewegungsstörung. München 1973
FEUSER, G.: Schwerstbehinderte in der Schule für Geistigbehinderte. In: DITTMANN, KLÖPFER, RUOFF: Zum Problem der pädagogischen Förderung schwerstbehinderter Kinder und Jugendlicher. Rheinstetten 1979, S. 21–42
GALPERIN, P.J.: Zu Grundfragen der Psychologie. Köln 1980
HAASE, J.: Haltung und Bewegung und ihre spinale Koordination. In: J. HAASE u.a.: Sensomotorik, Physiologie des Menschen. Bd. 14, München 1976, S. 99–191
HACKER, W.: Allgemeine Arbeits- und Ingenieurpsychologie. Berlin/DDR 1973
HECAEN, H.: Language representation and brain development. In: S. R. BERENBERG: Brain, fetal and infant. The Hague 1977, S. 112–123
HENATSCH, H.-D.: Bauplan der peripheren und zentralen sensomotorischen Kontrollen. In: J. HAASE u.a.: Sensomotorik, Physiologie des Menschen, Bd. 14, München 1976, S. 193–263 (a)
- Zerebrale Regulation der Sensomotorik. In: J. HAASE u.a.: Sensomotorik (a.a.O.), S. 265–420 (b)

ILJENKOW, E.: Die Herausbildung der Psyche und der Persönlichkeit: Ergebnisse eines Experiments. Demokratische Erziehung 3 (1977) 4, S. 410–419
JANTZEN, W.: Sozialisation und Behinderung. Gießen 1974
- Grundriß einer allgemeinen Psychopathologie und Psychotherapie. Köln 1979
- Geistig behinderte Menschen und gesellschaftliche Integration. Bern 1980 (a)
- Menschliche Entwicklung, allgemeine Therapie und allgemeine Pädagogik. Oberbiel 1980 (b)
- Die Bedeutung der Psychopathologie des Kindes- und Jugendalters für die Gesundheitsforschung. Vortrag auf dem Kongreß „Entwicklung und Gesundheitsgefährdung von Kindern und Jugendlichen in Familie, Kindergarten und Schule – Möglichkeiten der Prävention", 20.–21.6.1980 in Berlin (im Manuskript, 28 S.; Veröff. i.V.) Bremen 1980 (c)
- Die Entwicklung des Begriffs Imbezillität als Beispiel des gesellschaftlichen Umgangs mit Minderheiten (im Manuskript, 85 S.; Veröff. i.V.) Bremen 1980 (d)
- Orientierung an Bedürfnissen oder an Wissenschaft – eine falsche Alternative. In: G. AUERNHEIMER, K.H. HEINEMANN: Alternative für die Schule. Köln 1980 (e), S. 91–123

JANTZEN, W. u.a.: Soziologie der Sonderschule. Weinheim 1981
JUNG, R.: Einführung in die Sinnesphysiologie. In: J. BOECKH u.a.: Somatische Sensibilität, Geruch und Geschmack, Physiologie des Menschen, Bd. 11, München 1972, S. 1–48
KEILER, P., SCHURIG, V.: Grundlagenprobleme der Naturgeschichte des Lernens. Forum Kritische Psychologie, Bd. 3, Berlin 1978, S. 91–150
KIPHARD, E.J.: Wie weit ist ein Kind entwickelt? Dortmund 1976/77
- Motopädagogik. Dortmund 1980

KRIMM-von FISCHER, C.: Musikalisch-rhythmische Erziehung. Freiburg i.B. 1979
LENNARD, H.-G., NEUHÄUSER, G.: Möglichkeiten und Grenzen kindlicher Frühdiagnostik und Frühtherapie. In: Frühe Hilfen – Wirksamste Hilfen. Marburg/L. 1975, S. 46–52
LEONTJEW, A.N.: Probleme der Entwicklung des Psychischen. Frankfurt/M. 1973
- Tätigkeit, Bewußtsein, Persönlichkeit. Berlin/DDR 1979

LURIA, A.R.: Die höheren kortikalen Funktionen und ihre Störung bei örtlicher Hirnschädigung. Berlin/DDR 1970

- The working brain. Harmondsworth/Middlesex 1973
- The man with a shattered world. Harmondsworth 1975
- Die Stellung der Psychologie unter den Sozial- und Biowissenschaften. Sowjetwissenschaft – Gesellschaftswissenschaftliche Beiträge 31 (1978) 6, S. 640–647

MARUSZEWSKI, M.: Neuropsychologie und pädagogischer Optimismus. Behindertenpädagogik 15 (1976) 4, S. 203–210

MARX, K.: Grundrisse der Kritik der politischen Ökonomie. Frankfurt/M., o.J.

MEINEL, K.: Bewegungslehre. Berlin/DDR 1977[2]

MESZAROS, J., SMODIS, I.: Indices of physique and motor performance in pupils attending schools with a special physical education curriculum. In: O.G. EIBEN: Growth and development, physique. Budapest 1977, S. 253–260

NAUTA, W.J.H., FEIRTAG, M.: Die Architektur des Gehirns. Spektrum der Wissenschaft 1977, 11, S. 68–79

OBUCHOWSKI, K.: Kognitive Orientierung und Emotion. Warschau 1970 (poln.), dt. Veröff. i.V., Köln 1981

ONDARZA-LANDWEHR, G.v.: Prognose minimaler Hirnfunktionsstörungen im Vorschulalter. Weinheim 1979

PARIZKOVA, J., BERDYCHOVA, J.: The impact of ecological factors on somatic and motor development of preschool children. In: O.G. EIBEN: Growth and development, physique. Budapest 1977, S. 235–242

PETROWSKI, A.W.: Entwicklungspsychologie und pädagogische Psychologie. Berlin/DDR 1977

PIAGET, J.: Psychologie der Intelligenz. Zürich 1949
- Gesammelte Werke in 10 Bänden. Stuttgart 1975

PRECHTL, H.F.R.: Motor behaviour in relation to brain structure. In: G.B.A. STOELINGA, J.J. van der WERFF TEN BOSCH: Normal and abnormal development of brain and behaviour. Leiden 1971, S. 133–145

PRESCOTT, J.W., READ, M.S., COURSIN, D.B.: Brain function and malnutrition. New York 1974

RIEGEL, K.: Toward a dialectical theory of development. Human Development 18 (1975) S. 50–64

ROHR, B.: Handelnder Unterricht. Rheinstetten 1980

SÄLZLER, A.: The influence of social factors of the physical development of young children – A contribution to the problems of acceleration. In: O.G. EIBEN: Growth and development, physique. Budapest 1977, S. 73–82

SAMEROFF, A.: Austauschmodelle für frühe soziale Beziehungen. In: K.F. RIEGEL: Zur Ontogenese dialektischer Operationen. Frankfurt/M. 1978, S. 97–116

SAPOROSHEZ, A.W., ELKONIN, D.B.: The psychology of preschool children. Cambridge/Mass. 1971
- Psychologie der Persönlichkeit und Tätigkeit des Vorschulkindes. Berlin/DDR 1974

van der SCHOOT, P.: Aktivierungstheoretische Perspektiven als wissenschaftliche Grundlegung für den Sportunterricht mit geistig retardierten Kindern. Schorndorf 1976

SCHULKE, H.J.: Erwachsenensport als Weiterbildung. Köln 1977

SCHULKE, Jutta: Zur Gegenstandsbestimmung psychomotorischer Erziehung. Tätigkeitspsychologische Analyse zum Verhältnis von Psychomotorik und Sensumotorik. Diss. phil. Bremen 1981

SELYE, H.: Stress in health and disease. London 1975

SINZ, R.: Lernen und Gedächtnis. Stuttgart 1976
- Zeitstrukturen und organismische Regulation. Berlin/DDR 1978 (a)
- Gehirn und Gedächtnis. Stuttgart 1978 (b)
- Neurobiologie und Gedächtnis. Stuttgart 1979

VOJTA, V.: Die cerebralen Bewegungsstörungen im Säuglingsalter. Stuttgart 1974

VOLPERT, W.: Handlungsstrukturanalyse. Köln 1974

WALTER, H.: Socioeconomic factors and human growth – Observations on school children from Bremen. In: O.G. EIBEN: Growth and development, physique. Budapest 1977, S. 49–62

WAZURO, E.G.: Die Lehre PAWLOWs von der höheren Nerventätigkeit. Berlin/DDR 1974[4]

WOHL, A.: Die gesellschaftlich-historischen Grundlagen des bürgerlichen Spiels. Köln 1973
- Bewegung und Sprache. Schorndorf 1977

Jutta Schulke-Vandre

Sensumotorisches Lernen als Konzept für die Frühförderung geistig behinderter Kinder

Inhaltsübersicht

1. Zur Situation der Frühförderung 81
1.1. Vorbemerkung: Zur Bedeutung einer motorisch-akzentuierten Frühförderung für behinderte Kinder 81
1.2. Früherfassung, Früherkennung und Frühförderung 82
1.3. Darstellung von Einzelansätzen in der sensumotorisch-orientierten Frühförderung .. 84
1.4. Zusammenfassende Einschätzung und Schlußfolgerungen 89
2. Kindliche Entwicklung, sensumotorisches Lernen, geistige Behinderung 92
2.1. Tätigkeit als Grundbedingung der menschlichen Entwicklung 92
2.2. Zum Zusammenhang von Wahrnehmung, Orientierung und Bewegung in der Tätigkeit 94
2.3. Die dominierenden Tätigkeiten in der kindlichen Entwicklung 96
2.4. Sensumotorisches Lernen als Handeln-Lernen 102
2.5. Geistige Behinderung 104
3. Tätigkeitsbegründete Schlußfolgerungen für ein Konzept sensumotorischer Frühförderung geistigbehinderter Kinder 106
Literatur 110

1. Zur Situation der Frühförderung

1.1. Vorbemerkung: Zur Bedeutung einer motorisch-akzentuierten Frühförderung für behinderte Kinder

Bedeutung und Notwendigkeit einer Frühförderung als therapeutischer Ansatz für körper-, geistig- und lernbehinderte Kinder ist in der fachlichen wie auch sonstigen Öffentlichkeit allgemeiner Konsens. So stellt u.a. der Deutsche Bildungsrat Ende 1973 in seinen Empfehlungen „Zur pädagogischen Förderung behinderter und von Behinderung bedrohter Kinder und Jugendlicher" fest: „Die physische, intellektuelle und emotionale Entwicklung in den ersten Lebensjahren ist durch ihre Offenheit und Prägbarkeit gekennzeichnet. Forschungen im Bereich der Lernpsychologie haben ergeben, daß die Chancen einer behinderungsspezifischen Frühförderung um so größer sind, je eher die Behinderung erkannt und eine Frühförderung eingeleitet wird. Maßnahmen zur Früherkennung und Frühförderung schaffen die Möglichkeit, drohenden Behinderungen vorzubeugen beziehungsweise entstehenden Behinderungen rechtzeitig entgegenzuwirken, so daß sie in ihrem Ausmaß reduziert werden können. Dabei kommt der Erkennung und Förderung schon im ersten Lebensjahr beziehungsweise in den ersten Lebensmonaten eine entscheidende Bedeutung zu" (BILDUNGSKOMMISSION 1973).

Da die Menschen in den ersten Lebensjahren ihren Informationsaustausch mit den gegenständlichen und sozialen Objekten der Umwelt immer in motorisch-akzentuierten Tätigkeiten und Handlungen realisieren, sind sensumotorische Lernprozesse konstitutiv für die physische, psychische und soziale Entwicklung des Kleinkindes. Insofern bestehen in diesem Zeitraum auch die größten Ansatzpunkte für den Pädagogen/Therapeuten, über eine bedürfnisadäquate Gestaltung motorisch-akzentuierter Handlungssituationen im Aneignungsprozeß des (behinderten) Kindes gezielt und systematisch Einfluß zu nehmen auf eine umfassende, den individuellen Besonderheiten angemessene Entwicklung seiner Wahrnehmungs-, Orientierungs- und Bewegungsfunktionen. Ist die Wahrnehmung und/oder die Bewegung des Individuums gestört, findet das nicht nur seinen Ausdruck in unmittelbar sinnlich-funktionellen oder körperlichen Dimensionen, sondern führt zugleich zu mehr oder minder großen Beeinträchtigungen in der Entwicklung psychischer Komponenten der Orientierungsfunktion wie z.B. der Konzentrationsfähigkeit, der Antriebskraft, der Willensausdauer, der Bewegungskoordination usw. Störungen in der Wahrnehmung, Orientierung und Bewegung grenzen die Möglichkeit an Lebenserfahrungen der Menschen ein und stellen immer eine Einschränkung der individuellen Handlungsfähigkeit dar, wodurch die Gesamtentwicklung des Individuums gehemmt werden kann und sehr oft einseitig erfolgt. Der Zusammenhang zwischen Wahrnehmung/Orientierung/Bewegung und geistiger wie auch sozialer Entwicklung des Menschen wurde durch viele wissenschaftliche Untersuchungen herausgearbeitet (vgl. u.a. EGGERT u.a. 1972, VOLPERT 1974 b). Das belegen auch folgende Zahlen: Bewegungsstörungen und Retardierungen wurden bei frühkindlich Hirngeschädigten zu 91 %, bei Geistigbehinderten zu 98 %, bei Lernbehinderten zu 70 %, bei Sprachauffälligen zu 52 % und bei Verhaltensauffälligen zu 47 % festgestellt (nach SCHILLING 1978).

Die Folge ist, daß Menschen von der Möglichkeit einer umfassenden Aneignung der in den Objekten der Außenwelt vergegenständlichten historisch-gesellschaftlichen Erfahrungen und damit von dem umfassenden Erwerb individueller Fähigkeiten zur eigenen Lebensgestaltung isoliert sind, sofern die isolierenden Bedingungen nicht durch entsprechende soziale und pädagogisch-therapeutische Maßnahmen umstrukturiert werden können. Die motorisch-akzentuierte Frühförderung stellt sich somit als ein dringendes Erfordernis für die physische, psychische und soziale Entwicklung aller (behinderten) Kinder dar.

1.2. Früherfassung, Früherkennung und Frühförderung

Das Konzept der Frühförderung ist nicht allein auf rehabilitative Maßnahmen beschränkt. Es wird vielmehr als Voraussetzung für eine effektive, den gesellschaftlichen Anforderungen und den individuellen Möglichkeiten angemessene Prävention und Rehabilitation im Säuglingsalter und Kleinkindalter bis zu etwa 4 Jahren verstanden. Dementsprechend umfaßt die Frühförderung drei Aufgabenbereiche:
— Früherfassung von Störungen als *primäre Prävention* wie z.B. Schwangerschaftsvorsorge, Verbesserung der eugenischen Beratung, Verbesserung der Geburtshilfe, Zahlung von Müttergeld im 1. Lebensjahr (vgl. DEUTSCHER BILDUNGSRAT 1973) eingebunden in umfassende soziale und rechtliche Maßnahmen zur Durchsetzung des von der UNO erklärten Grundsatzes: „Das Kind, das körperlich, geistig oder sozial behindert ist, erhält diejenige besondere Behandlung, Erziehung und Fürsorge, die seine besondere Lage erfordern" (UNO 1959).
— Früherkennung und Frühförderung als *sekundäre Prävention* (multidisziplinäre Diagnostik, Elternberatung, Hausfrüherziehung, Schaffung sozialer Einrichtungen der Früherkennung und -förderung) und als *tertiäre Prävention* (alle sozialen diagnostischen und therapeutischen Maßnahmen, die das (institutionelle) Eingreifen nach dem Auftreten von Behinderung absichern; vgl. JANTZEN/SCHRÖDER 1979).
Die übergreifende Aufgabe aller Maßnahmen der Frühförderung besteht darin, Störungen in der physischen und psychischen Entwicklung des Individuums möglichst frühzeitig zu erkennen, zu verhindern und zu kompensieren. Dazu ist es nicht ausreichend, die diagnostische Erfassung und therapeutische Förderung von Störungen im kindlichen Entwicklungsprozeß an der Verbesserung und Aufhebung eines Defekts, einer Krankheit zu orientieren. Vielmehr sind alle Maßnahmen der Frühförderung auszurichten an der Forderung der Weltgesundheitsorganisation (WHO) nach umfassender Entfaltung von Gesundheit verstanden als Zustand physischen, psychischen, sozialen und ökonomischen Wohlbefindens des Individuums. Eine diesem Anspruch angemessene Frühförderung von behinderten Kindern setzt notwendig ein umfassend organisiertes Netz sozialer Versorgung voraus, das sowohl die Bereiche der rechtlichen und sozialen Absicherung als auch medizinische, psychologische und pädagogische Maßnahmen im Hinblick auf die diagnostische Erfassung, medizinische Behandlung und pädagogisch-psychologische Förderung gewährleistet.
Inwieweit das gegenwärtige Netz sozialer Versorgung für behinderte Kinder in der Bundesrepublik Deutschland diesen Anforderungen genügt, soll hier für die Teilbereiche der Früherfassung, Früherkennung und Frühförderung i.e.S. nur in Hauptaspekten stichwortartig verdeutlicht werden:
— Die Situation zur *Früherfassung* von behinderten Kindern ist vor allem durch zwei Aspekte gekennzeichnet:
Zum einen durch die Tatsache, daß keine gesetzliche Meldepflicht besteht. Die statistischen Angaben über den Anteil behinderter Kinder beruht ausschließlich auf Schätzwerten. Die mit einer unsystematischen und weitgehend zufälligen Erfassung von sogenannten Risikokindern

einhergehenden Dunkelziffern spiegeln sich in den veröffentlichten Zahlenangaben insofern wider, als diese je nach Quelle, Methode, institutionellen bzw. politischen Interessen außerordentliche Schwankungen aufweisen (vgl. u.a. SPECK 1973). Ohne im einzelnen die verschiedenen Zahlenangaben zu referieren, wird als realistischer Wert die Schätzung der Nationalen Kommission für die Vorbereitung des Internationalen Jahres des Kindes 1979 beurteilt, die (1978) von 30 000 behinderten Kindern, die jedes Jahr geboren werden, ausgeht.
Zum zweiten durch eine ungenügende Öffentlichkeitsarbeit über die Notwendigkeit, gesetzmäßigen Ansprüchen (z.B. für Vorsorgeuntersuchungen) und die Möglichkeiten (z.B. einer eugenischen Beratung) zur Früherkennung, Früherfassung von Behinderung. Durch die fehlende öffentliche Aufklärung und Beratung werden bei den Eltern sowohl Unkenntnis z.B. über Ursachen von Behinderungen als auch Vorurteile gegenüber behinderten Menschen und Scham über angeblich individuelle Unzulänglichkeiten verstärkt. Die Auswirkungen der aus dem Zusammenleben mit einem behinderten Kind resultierenden Folgen für die gesamten familiären Beziehungen wurden bislang nur wenig untersucht. Die vorliegenden Untersuchungsergebnisse zeigen, daß die psychische Belastung und Verunsicherung der Eltern außerordentlich ist (vgl. einzelne Untersuchungsergebnisse bei JANTZEN/SCHRÖDER 1979, S. 648 und JANTZEN 1974, S. 165 f.). In diesem Zusammenhang wird dann auch begreifbar, daß behinderte Kinder häufiger durch Schlagen oder Liebesentzug von den Eltern bestraft werden. Die Eltern können ohne umfassende pädagogisch-psychologische Beratung kaum selbst Möglichkeiten für die Gestaltung adäquater Förderungssituationen entwickeln.

— Zur Situation der *Früherkennung* von Störungen als Grundlage für therapeutische Maßnahmen ist hauptsächlich festzuhalten:
Die diagnostische Erfassung von behinderten Kindern setzt überwiegend verspätet ein. Nach SPECK (1973) beträgt um 1970 bei pädoaudiologischen Beratungsstellen das mittlere Erfassungsalter von hörgeschädigten Kindern 3 Jahre; bei geistig behinderten Kindern fallen 25 % gar erst nach dem 6. Lebensjahr auf.
Die institutionellen Bedingungen zur diagnostischen Erfassung (wie auch zur therapeutischen Förderung) sind bislang nur auf wenige zentrale Einrichtungen beschränkt. Zumeist handelt es sich um sozialpädiatrische Zentren (wie z.B. in Hamburg, München, Mainz, Westberlin, Bremen und Hannover), die sich vorwiegend auf medizinische Diagnostiken und Beratung beziehen. Soweit sie auch pädagogisch-psychologische Maßnahmen der Behandlung und Beratung durchführen, sind diese i.d.R. durch eine defektorientierte Herangehensweise bestimmt. Ohne die medizinische Versorgung zu vernachlässigen bzw. ihre Bedeutung zu bestreiten, ist es aber erforderlich, vor allem multidisziplinäre Einrichtungen aufzubauen, in denen Ansätze der pädagogisch-psychologischen Frühförderung eigenverantwortlich vertreten werden.
Der gegenwärtige Entwicklungsstand der diagnostischen Verfahren zur Früherkennung ist noch relativ wenig entfaltet. Die vorliegenden und in der Praxis angewandten Verfahren sind entweder medizinische Tests oder aber pädagogisch-psychologische Tests orientiert an medizinischen Daten (z.B. Funktionelle Diagnostik zur Feststellung der Entwicklungsrückstände von Kindern von HELLBRÜGGE 1974). Eine pädagogisch-psychologisch orientierte Diagnostik von behinderten Kindern erfordert hingegen umfassende multidisziplinäre Verfahren. Sie hat die Aufgabe, „Ansätze, Methoden und Ziele pädagogischer Fördermaßnahmen zu erkennen und zu verfolgen und gleichzeitig um die medizinische Diagnostik zu wissen, um den Bedarf an therapeutischen Maßnahmen beim behinderten Kind abzuklären" (BILDUNGSKOMMISSION 1973).

— Die Situation in der praktischen *Frühförderung* von behinderten Kindern ist neben den bereits angeführten Momenten der institutionellen Bedingungen und der diagnostischen Erfassung insbesondere durch die Tatsache bestimmt, daß es noch kein umfassend entwickeltes Konzept der Frühförderung gibt. Es gibt verschiedene fachspezifische Ansätze wie z.B. die Krankengymnastik, rhythmische Erziehung, psychomotorische Übungsbehandlung usw., deren Integration aber inhaltlich keineswegs geleistet ist im Hinblick auf das übergreifende Ziel nach umfassender physischer, psychischer und sozialer Entwicklung des behinderten Individuums. Die jeweils vertretenen Ansprüche in bezug auf Integration von Diagnostik und Therapie, interdisziplinäre Zusammenarbeit, Elternarbeit als integrierter Bestandteil und ganzheitlicher Persönlichkeitsentwicklung haben überwiegend nur programmatischen Charakter.

Vor diesem Hintergrund kann festgehalten werden, daß die Forderung nach einer adäquaten Frühförderung für behinderte Kinder in der Bundesrepublik noch nicht eingelöst ist, sondern weitgehend einen theoretischen Anspruch ausdrückt. Es ist nicht Aufgabe dieses Beitrags, die Ursachen für die nicht-adäquaten Praxisbedingungen in allen Bereichen der Frühförderung differenziert zu analysieren und zu diskutieren. Lediglich aus dem Teilbereich der pädagogisch-therapeutischen Frühförderung werden im folgenden drei Praxis-Ansätze untersucht, die explizit bezogen sind auf die sensumotorische Entwicklung des behinderten Kindes. Die Aufgabe besteht darin, die Ursachen der w.o. bereits angedeuteten Grenzen bestehender Praxiskonzepte zu verdeutlichen.

1.3. Darstellung von Einzelansätzen in der sensumotorisch-orientierten Frühförderung

Bei den ausgewählten Einzelansätzen handelt es sich um folgende drei:
a) Förderung gestörter Wahrnehmungsleistungen von AFFOLTER (1977);
b) Funktionelle Entwicklungsförderung von KIPHARD (1972, 1977, 1979);
c) Basale Stimulation von FRÖHLICH (1978 a und b).

Sie sind gegenwärtig die am weitesten fortgeschrittenen pädagogisch-therapeutischen Ansätze in einer sensumotorisch ausgerichteten Frühförderung für behinderte Kinder. Die Darstellung ist beschränkt auf eine Grobskizzierung der den einzelnen Ansätzen zugrundeliegenden konzeptionellen Überlegungen:

a) Förderung gestörter Wahrnehmungsleistungen (AFFOLTER 1977):
Das wichtigste Prinzip der Frühtherapie ist nach AFFOLTER „der Nachvollzug der gestörten Wahrnehmungsleistungen" (S. 211.). Sie führt Störungen von Leistungen des Kindes auf einer frühen, nicht-sprachlichen Entwicklungsstufe auf die vorsprachlichen Wahrnehmungsprozesse zurück. Aufgrund von Forschungsbefunden aus verschiedenen Gebieten (z.B. zur Entwicklung visueller und auditiver Prozesse; vgl. AFFOLTER 1972) wird angenommen, daß es verschiedene Arten von Wahrnehmungsstörungen beim Säugling und Kleinkind gibt, wobei die „Wahrnehmungsprozesse in der Entwicklung verschiedene, hierarchisch sich folgende Stufen der Integration durchlaufen" (AFFOLTER 1977, S. 207). Die integrativen Stufen der Wahrnehmung des Individuums sind wie folgt von ihr klassifiziert:
— Sinnesspezifische oder modalitätsspezifische Integration (z.B. für die optische Wahrnehmung Koordination beider Augen, Anblicken eines Objekts oder für die akustische Wahrnehmung Horchen auf ein äußeres Signal).
— Supramodale (intermodale) Integration als die gegenseitige Integration von Sinnesbereichen (z.B. Zuwenden zum Geräusch und gleichzeitig Schauen in die Richtung der Schallquelle).

– Seriale Intergration als raum-zeitliche Integration von Reizfolgen.
Die therapeutischen Förderungsmaßnahmen zum Nachvollzug gestörter Wahrnehmungsleistungen beinhalten sensumotorische Lernprozesse, die stufenweise entsprechend dem integrierten Aufbau der Wahrnehmung zu organisieren und zu strukturieren sind:
– Modale Stufe: Akzentuierte Entwicklung eines Sinnesgebietes; z.B. beim „hörgeschädigten Kind wird dies durch die Anpassung eines Hörgerätes vorgenommen. Durch Schaffung von Hörerlebnissen wird dann versucht, die durch das Hörgerät verstärkten Hörreize der Umwelt dem Kind sinnvoll zu gestalten" (AFFOLTER 1977, S. 211).
– Intermodale Stufe: Verknüpfung spezifischer Sinnesmodalitäten. „Das intermodal geschädigte Kind benötigt gezielte Therapie zum Aufbau notwendiger Sinnesverbindungen" (ebenda, S. 212).
– Seriale Stufe: Aufbau von Strukturen und Systemen. „Das serial-geschädigte Kind muß Schritt um Schritt lernen, Ordnungen zu vollziehen, zu planen, Reize in Reihenfolgen zu bringen" (ebenda).
Das inhaltliche Vorgehen wird anhand von Forschungsbefunden für 42 schwer sprachgeschädigte Kinder begründet, welche nach AFFOLTER zu folgender Annahme berechtigen: „Je besser die Wahrnehmungsleistungen auf verschiedenen Stufen nachvollzogen werden, desto mehr bauen sich die sekundären Wirkungen der Wahrnehmungsstörungen ab. Die wichtigsten Grundleistungen erscheinen nach und nach, so wie sie sich in der Entwicklung des gesunden Kindes folgen: Signale treten auf, bevor Sprache und Bilderkennen einsetzen. Erreichen die Wahrnehmungsleistungen eine komplexere Integrationsstufe, dann erscheint auch die Sprache" (ebenda).
Der methodische Einstieg in den Förderungsprozeß erfolgt jeweils über den taktil-kinästhetischen Sinnesbereich. AFFOLTER bezeichnet diesen Sinnesbereich aufgrund seiner einzigartigen Funktion als *den* Realitätssinn: Der taktil-kinästhetische Sinnesbereich kann direkt angegangen werden. „Ich kann dem sprachlosen Kind nicht sagen, es soll mit den Augen schauen. Ich kann ihm nicht sagen, es soll mit seinen Ohren hören. Ich kann aber seine Hand nehmen und mit ihm arbeiten. Der taktil-kinästhetische Sinnesbereich ist das einzige Sinnesorgan, das Aufnahme und Manipulation gleichzeitig einschließt. Ursache und Wirkung werden damit unmittelbar verbunden... Über das Taktil-Kinästhetische lehre ich das gehörgeschädigte Kind, seine Hörreste auszuwerten... lehre ich das taktil-kinästhetisch geschädigte Kind, Manipulationen auszuführen, Tätigkeitsschemata zu erwerben, begriffliche Inhalte zu bilden... baue ich visuell-taktil-kinästhetische, auditiv-taktil-kinästhetische intermodale Verbindungen auf... führe ich ein Kind zur Ordnung sich folgender Reize, zur immer komplexer werdenden serialen Integration" (ebenda).
Die Ausführung der Frühförderungsmaßnahmen zum Aufbau der Wahrnehmungsleistungen sollte durch die Mutter des Kindes als dessen engste Bezugsperson übernommen werden. Sie ist durch einen ausgebildeten Therapeuten für diese Aufgabe gezielt und systematisch einzuleiten.

b) Funktionelle Entwicklungsförderung (KIPHARD 1972, 1977, 1979):
Der Ansatz der funktionellen Entwicklungsförderung bezieht sich auf die sensomotorische Frührehabilitation von entwicklungsrückständigen und funktionsbehinderten Säuglingen und Kleinkindern. KIPHARD begründet ihn vornehmlich neurophysiologisch. Ausgehend davon, daß die Möglichkeit, das menschliche Gehirn „durch frühe sensumotorische Stimulation sowohl funktionell als auch in seiner chemischen und anatomischen Struktur zu verändern, ... weitaus größer und seine Leistungsfähigkeit weitaus stärker (ist), als das bisher je-

mals für möglich gehalten wurde" (KIPHARD 1972, S. 15), plädiert er für eine rechtzeitige Stimulierung retardierter oder gestörter sensumotorischer Funktionen. Die frühzeitige Förderung der gestörten sensumotorischen Funktionsbereiche ist die Bedingung, „wenn es zu einer optimalen Utilisation des intellektuellen Potentials kommen soll" (ebenda). Dabei haben alle pädagogisch-therapeutischen Maßnahmen der sensumotorischen Frühförderung aus ganzheitlicher Sicht zu erfolgen; sie sind gebunden an eine interdisziplinäre Zusammenarbeit verschiedener Fachdisziplinen. Die Übungsprogramme setzen eine genaue diagnostische Erfassung „der kindlichen Fähigkeiten und Schwächen in den einzelnen Sinnes- und Bewegungsfunktionen voraus" (KIPHARD 1977, S. 7). Dabei kommt es in der diagnostischen Groborientierung zunächst darauf an, „die hirnorganisch bedingten Defektfolgen an den Organen, Bahnen und Schaltstellen dieser komplizierten neurologischen Organisation aufzuspüren" (KIPHARD 1972, S. 18). KIPHARD hat als Mittel zur diagnostischen Früherfassung von funktionellen Entwicklungsstörungen ein sensomotorisches Entwicklungsgitter vorgestellt, welches Auskunft geben kann, „was ein Kind in einem bestimmten Alter können muß" (KIPHARD 1977, S. 8).

Die vorliegende Form des Entwicklungsgitters ist horizontal in fünf Funktionsbereiche eingeteilt, denen vertikal altersbezogene Entwicklungsschritte von 0–48 Monaten und insgesamt 240 Einzelaufgaben mit steigendem Schwierigkeitsgrad zugeordnet sind. Die fünf horizontalen Funktionsbereiche sind die für die frühkindliche Gesamtentwicklung der Menschen einschließlich aller Lernprozesse besonders relevanten sensumotorischen Funktionen:

— Greifen, Gehen, Sprechen als die wichtigsten motorischen Handlungs- und Kommunikationsmittel des Individuums;
— Sehen und Hören als die hauptsächlichsten Wahrnehmungs- und Orientierungsfunktionen (KIPHARD 1979).

Eine Ergänzung hierzu bildet das Psychosoziale Entwicklungsgitter (vgl. KIPHARD 1977 und 1979); es grenzt sich von dem nach kybernetischen Aspekten erarbeiteten sensomotorischen Gitter ab, denn die „emotional-soziale Entwicklung stellt eine außerhalb des sensomotorischen Schemas stehende Dimension kindlicher Persönlichkeitsentwicklung dar. Dennoch bestehen untereinander die engsten Wechselbeziehungen" (KIPHARD 1979, S. 35). Auf das Psychosoziale Entwicklungsgitter wird im folgenden nicht weiter eingegangen.

Für die diagnostische Erfassung des augenblicklichen Entwicklungsstandes eines Kindes sind ganz bestimmte Aufgaben vorgeschrieben, die ein Kind in einem bestimmten Alter vollbringen sollte. In jedem der fünf Funktionsbereiche wird für jeden Lebensmonat eine Aufgabe gestellt, z.B.

— Optische Wahrnehmung: 12. Monat   Findet verstecktes Ding
                          27. Monat   Ordnet zwei Formen zu
— Körperkontrolle: 12. Monat   Kniet aufrecht/krabbelt allein
                          27. Monat   Treppab mit Geländer

(vgl. KIPHARD 1977 und 1979)

Das sensomotorische Entwicklungsgitter ist nicht als Test im testpsychologischen Sinn zu verstehen. Die Aufgaben werden nicht in einer Testsituation, sondern zu beliebigen Zeitpunkten im Tagesablauf von den Eltern oder sonstigen Bezugspersonen überprüft. Die Aufgabenstellungen beinhalten Mindestanforderungen statt Durchschnittswerten. Ihnen liegen dementsprechend die Daten für eine Spätentwicklung und nicht für eine Normalentwicklung von Kindern zugrunde.

Die für die einzelnen Funktionsbereiche ermittelten Daten ergeben das aktuelle Entwicklungsprofil eines Kindes. Es dient dem Pädagogen/Therapeuten als Grundlage für die Erstellung eines sensomotorischen Förderungsprogramms und zur Kontrolle der durchgeführten Übungen. Die Übungsprogramme „zielen immer auf die nächsthöhere Entwicklungsebene (Halbjahressprung) für den jeweiligen Funktionsbereich" (KIPHARD 1972, S. 23). Das sensomotorische Frühtraining (auch Psychomotorische Übungsbehandlung genannt) umfaßt gezielte Übungen in den retardierten Funktionsbereichen des Entwicklungsgitters, die vor allem folgende, jeweils in ontogenetischer Sequenz aufgebaute Übungsgruppen umfassen (vgl. KIPHARD 1972, 1977): Fortbewegungstraining (grobmotorische Übungstherapie), Handgeschicklichkeitstraining, Sprachbewegungstraining, Augenfunktionstraining, optisches Wahrnehmungstraining, akustisches Wahrnehmungstraining. Darüber hinaus werden — sofern für das Kind notwendig — auch Übungen für die Entwicklung der Sinne des Tastens, Riechens und Schmeckens angeboten. KIPHARD fordert, daß jede Form einer organischen oder funktionellen Störung beim Säugling und Kleinkind möglichst von der entsprechenden Fachkraft speziell zu behandeln ist, z.B. bei zerebralparetischen Zuständen durch die Krankengymnastik, bei einer funktionellen Sehminderung durch eine Schielbehandlung usw. Alle in der pädagogisch orientierten sensomotorischen Behandlung angebotenen Übungsmaßnahman „stellen im Grunde ein Hirntraining dar mit dem Ziel, funktionelle Reserven und Kompensationsmöglichkeiten im Zentralnervensystem zu aktivieren" (KIPHARD 1975, S. 117).

c) Basale Stimulation (FRÖHLICH 1978 a)
Der nicht-medizinische Ansatz der Basalen Stimulation beinhaltet ein anwendungsorientiertes Programm, welches „überall da notwendig (ist), wo ein sinnvolles Umgehen mit den aus der Umwelt empfangenen Reizen beim Kind noch nicht feststellbar ist" (FRÖHLICH 1978a, S. 51). Es soll dem Pädagogen/Therapeuten eine systematische, kontrollierbare und reflektierte Vorgehensweise ohne normierende Inhaltssetzungen ermöglichen.
Ausgehend von der Erkenntnis, daß die motorische, soziale, kommunikative und kognitive Entwicklung des gesunden Säuglings jeweils im Wechselspiel mit der ihn anregenden sozialen und objekthaften Umwelt sind (vgl. FRÖHLICH 1978 a, S. 42 f.), fordert FRÖHLICH: „Die frühestmögliche (bezogen auf Lebensalter bzw. Entwicklungsalter) Förderung muß ganzheitlich erfolgen, d.h. kann sich nicht auf isolierte motorische oder sogenannte „kognitive" Förderung/Therapie beschränken. Auch die bloße Vermeidung sozialer Deprivation ist unzureichend" (1978a, S. 48). Er vertritt die Auffassung, „daß in den frühen Entwicklungsphasen des Kindes (Phase der sensumotorischen Intelligenzentwicklung) eine Unterscheidung von „Motorik" — sofern es sich nicht um eng lokalisierte körperliche Schädigungen handelt — und „Psychischen Funktionen" nicht sinnvoll sein kann" (1978 a, S. 43). Die Bestätigung dieser Grundposition liefern medizinische Aussagen, denen zufolge im ersten Lebensjahr eine differentialdiagnostische Unterscheidung zwischen schweren Formen der geistigen und der körperlichen Behinderung — abgesehen von einigen klar erkennbaren Störungsformen wie z.B. Trisomien oder Spina bifida — nur sehr schwer möglich ist. Ohne anzugeben, wie Störungen/Behinderungen diagnostisch zu erfassen sind, wird für die Schwerstbehinderung folgende Definition vertreten: „Schwerstbehindert nennen wir ein Kind, wenn es absehbar nicht in der Lage sein wird, die vergleichbaren Leistungen eines gesunden Säuglings von sechs Monaten zu erreichen" (FRÖHLICH 1978a, S. 43). Während das Kriterium der Absehbarkeit als unbefriedigend anerkannt wird, wird die Zugrundelegung des Zeitpunktes von sechs Monaten folgendermaßen begründet: Im Lebensalter von sechs Monaten ist das Wahrnehmungs-, Bewegungs- und Kommunikationssystem des Kindes normalerweise so weit differen-

ziert, daß das Kind zum einen Umwelt aktiv aufnehmen und täglich erweitern kann; zum zweiten kann es die Ablösung aus der engen Beziehung zur Mutter (oder sonstigen Bezugsperson) beginnen (vgl. FRÖHLICH). Gegenüber der bisherigen Orientierung der pädagogisch-therapeutischen Maßnahmen in der Frühförderung an der sog. Normalentwicklung des gesunden Säuglings und Kleinkindes (vgl. u.a. BACH 1968), fordert FRÖHLICH: „Die pädagogische Frühförderung extrem behinderter Kinder muß die spätere mögliche Eigenständigkeit der Entwicklung in ihrem Konzept berücksichtigen" (FRÖHLICH 1978 a, S. 48). Eine Konkretion dieses Anspruchs, Qualifikationen für die Bewältigung zukünftiger Lebenssituationen zu vermitteln, wurde allerdings für schwerstbehinderte Kinder bislang noch nicht geleistet.

Die Basale Stimulation bezieht sich inhaltlich auf den elementaren Ausgleich von gestörten Entwicklungskomponenten in dem Wahrnehmungs- bzw. sensumotorischen Kreisprozeß von Perzeption-Motorik-Perzeption. Die frühestmögliche Förderung „hat den Wechselprozeß von Perzeption-Motorik-Perzeption (Sensumotorik) in Gang zu setzen. Dies kann durch basale Stimulation erfolgen. . . . Der ungestörte Wahrnehmungsprozeß von sich durch permanente Stimulation ausdifferenzierter Wahrnehmungsfähigkeit und Motorik ist die Voraussetzung für den Aufbau „höherer" Intelligenzfunktionen" (FRÖHLICH 1978 a, S. 50). Die *basalen* Reize (Objekte), die das Kind mit seinen Sinnen aufnehmen soll, sind allereinfachster Art. Alle Förderungsmaßnahmen sollen die „neurophysiologischen Bahnungen in allen perzeptiven und motorischen Bereichen mit der pädagogischen Zielstellung „Handlungsfähigkeit" und „Kommunikationsfähigkeit" " (FRÖHLICH 1978 a, S. 51) verbinden. Sie sollen angstfrei durchgeführt werden, d.h. den Bedürfnissen nach Geborgenheit, nach Erkundung und Aktivität entsprechen.

Da die primären Lern- bzw. Anpassungsprozesse des Säuglings im wesentlichen als Differenzierung und Ausbau vorhandener motorischer und perzeptiver Leistungen beschrieben werden können, wird die modale und intermodale Förderung gestörter Sinnesfunktionen wie z.B. Tasten, Sehen, Hören ausgerichtet auf eine strukturierte Differenzierung des Zentralnervensystems zur zentralen Aufgabe der basalen Stimulation. Eine besondere Aufgabe für diesen Ansatz erlangt das Prinzip der „neurophysiologischen Bahnung". Es beinhaltet die Erkenntnis der Beeinflußbarkeit von Hirnstrukturen durch Außenreize, vor allem Bewegungen. „ ‚Propriozeptive motorische Fazilitation' (FELDKAMP/DANIELCIK, S. 136) nach KABAT bedeutet die Möglichkeit, Gehirnbereiche zu aktivieren, indem bestimmte Bewegungsmuster solange stimulierend durchgeführt werden, bis die Bahnung eigene Produktionen des ZNS erlaubt" (FRÖHLICH 1978a, S. 51). Die neurophysiologische Position wird durch die Zugrundelegung des Konzepts der sensumotorischen Intelligenz von PIAGET psychologisch-pädagogisch ergänzt.

Die Basale Stimulation kann Übungen für alle Perzeptionsbereiche anbieten. Die basalen Förderungsmaßnahmen versuchen entsprechend dem erreichten Entwicklungsstand und dem Lebensalter des Kindes komplexe Reizaufnahmen und Reaktion (z.B. Lächeln auf den Anblick der Mutter) in einzelne Schritte zu differenzieren. „Dabei beginnt das Kind mit einfachsten, aber gut strukturierten Reizen, die es wahrnehmen kann; eine Differenzierung der beteiligten Sinne erfolgt vom ganzkörperlichen Empfinden, über die akustische Orientierung hin zur visuellen Wahrnehmung der Welt" (FRÖHLICH 1978a, S. 52). FRÖHLICH sieht für die basale Frühförderung zwei Bereiche als zentral an (1978 b):
— Die Beziehung Kind-Mutter im täglichen Kontakt, insbesondere in der taktilen, mimischen und lautbestimmten Kommunikation.
— Die Inhalte der basalen Reize.

Bezüglich des zweiten Bereichs wird hier seine Auffassung festgehalten: Bei der basalen Stimulation geht es „noch nicht um die Vermittlung von Inhalten kultureller, zivilisatorischer oder kommunikativer Art... Bildung im eigentlichen Sinn wird in dieser Phase als Inhalt nicht angestrebt, ebensowenig soziales Verhalten im Sinne eines möglichst an- oder eingepaßten Verhaltens, das Altersnormen gesellschaftlicher Art entspricht. Vielmehr sollen die Kinder durch eine ganzheitliche sensumotorische Entwicklungsförderung dazu befähigt werden, aktiv zu werden, um dann erst in der Auseinandersetzung mit der sozialen und materialen Umwelt in den Prozeß der Sozialisation einzutreten" (FRÖHLICH 1978a, S. 56).

1.4. Zusammenfassende Einschätzung und Schlußfolgerungen

Die allgemeine Anerkennung einer pädagogisch akzentuierten sensumotorischen Frühförderung für behinderte Kinder hat noch keine angemessene Entsprechung in der Praxis gefunden. Dies ist nicht allein auf die geringe gesetzmäßige und institutionelle Absicherung zurückzuführen (z.B. gibt es kein Grundrecht auf Ausbildung/Förderung; es fehlt an multidisziplinären Frühförderungszentren wie auch an pädagogisch-psychologisch ausgebildeten Fachkräften für eine sensumotorische Frühförderung usw.). In erheblichem Maße dürfte die geringe Verbreitung sensumotorischer Frühförderung in der Praxis daraus resultieren, daß „derzeit weder für die allgemeine Frühförderung des behinderten noch für die spezielle des schwerstbehinderten Kindes pädagogisch hinreichend durchgearbeitete Konzepte (bestehen)" (FRÖHLICH 1978 a, S. 46).
Diese konzeptionellen Defizite sind allerdings nicht so sehr auf mangelnde Forschungsaktivitäten zurückzuführen, sondern in ihnen kommen grundlegende theoretische Probleme zum Ausdruck. Das soll anhand einer kurzen Einschätzung der drei vorgestellten Ansätze zur sensumotorischen Frühförderung verdeutlicht werden.
Die Ansätze von AFFOLTER, KIPHARD und FRÖHLICH stellen ohne Zweifel eine bedeutsame Bereicherung und Weiterentwicklung der pädagogisch orientierten sensumotorischen Frühförderung dar. Indem sie konsequent die psychisch regulierten Prozesse der Wahrnehmung und Bewegung bei der frühkindlichen Förderung aufgreifen und in den Mittelpunkt ihrer Überlegungen stellen, gewinnen sie gegenüber der medizinisch-diagnostischen Frühbehandlung eine Eigenständigkeit und gehen über diese weit hinaus. Allen Ansätzen ist gemeinsam, daß sie
— von der ganzheitlichen Entwicklung des zu fördernden Individuums ausgehen;
— sich in der Vorgangsweise pädagogisch verstehen, d.h. lernpsychologische Ansprüche in den Mittelpunkt stellen und nicht anatomische und physiologische Aspekte;
— eine interdisziplinäre Betrachtungsweise fordern, mit der neben medizinischen Aspekten auch psychologische, pädagogische und (z.T.) soziale Aspekte verbunden werden;
— in der Mitarbeit von Eltern eine Hauptbedingung für eine erfolgreiche sensumotorische Frühförderung sehen.
Allerdings ist auch nicht zu übersehen, daß die vorgestellten Ansätze von AFFOLTER, KIPHARD und FRÖHLICH ihre selbst formulierten Ansprüche theoretisch noch nicht widerspruchsfrei gelöst und praktisch noch nicht hinreichend konsequent entwickelt haben. Dies wird beispielsweise darin deutlich, daß FRÖHLICH eine umfassende Entwicklung des behinderten Kleinkindes anstrebt, ohne es dabei zugleich an die gesellschaftliche Realität heranführen zu wollen (vgl. FRÖHLICH 1978 a, S. 56). Damit aber bleibt unklar, wie er die sozialen Belange als integrativer Bestandteil der Förderungsmaßnahmen aufgreifen will.

KIPHARD beispielsweise rekruriert die Anforderungen im sensumotorischen Entwicklungsgitter weitestgehend auf medizinisch-diagnostische Erfahrungswerte, während die sozialen Störungen, die in aller Regel aus familiären und sozialen Außenweltbedingungen resultieren und das Ausmaß und die Schwere der ermittelten Funktionsstörungen ursächlich bestimmen, unerkannt bleiben. In diesem Zusammenhang wird der Auffassung von JANTZEN (siehe Beitrag in diesem Band) zugestimmt: „Eine pädagogische Fixierung auf den Defekt geht nicht von den Fähigkeiten des Kindes aus, fixiert es auf einen niedrigen Entwicklungsstand, da sie von dem sichtbar niedrigsten Entwicklungsniveau ausgeht." Allen drei Ansätzen ist weiterhin gemeinsam, daß
— eindeutige wissenschaftstheoretische Ausgangspositionen nur wenig erkennbar werden. Die konzeptionellen Überlegungen basieren auf Positionen und Ergebnissen verschiedener wissenschaftlicher Teildisziplinen wie z.B. der Psychologie, Neuropsychologie, der Medizin, die weitgehend als für sich stehende Einzelaussagen verwandt werden. Sie sind inhaltlich nicht stringent aufeinander bezogen;
— die übergreifende Zielsetzung der Frühförderungsmaßnahmen letztlich orientiert ist am sog. Normalverhalten von Kinder bestimmter altersbezogener Entwicklungsstufen;
— die sensomotorischen Förderungsprogramme zum Teil verbunden werden mit abrufbaren Aufgaben, nicht aber konsequent eingebunden sind in einen persönlichkeitstheoretischen Zusammenhang. Ihr Gegenstand sind vielmehr die einzelnen sensumotorischen Funktionen. Zudem sind die verschiedenen Übungsprogramme und Einzelaufgaben bislang kaum auf ihre Wirksamkeit hin empirisch überprüft, weshalb auch die Begründung für die praktische Durchführung weitgehend spekulativ bleiben muß.

Aufgrund der genannten Aspekte wird die Auffassung vertreten, daß es den — zum gegenwärtigen Zeitpunkt als am weitesten entwickelten Konzepten der pädagogisch orientierten sensumotorischen Frühförderung zweifellos anzuerkennenden — drei Ansätzen kaum gelingen dürfte, systematisch und hinreichend effektiv zur Persönlichkeitsentwicklung des (geistig) behinderten Kindes beizutragen. Letzten Endes lassen die Ansätze nicht erkennen, welches Verständnis über das Verhältnis von Individuum und Gesellschaft ihnen zugrunde liegt. Insofern können sie weder gesellschaftliche Ursachen noch gesellschaftliche Lösungen für die Früherkennung, Früherfassung und Frühförderung von Störungen bei behinderten Säuglingen und Kleinkindern ermitteln. Persönlichkeitsentwicklung wird nicht konsequent als komplexer Prozeß der handelnden Auseinandersetzung eines einzelnen Menschen mit seiner historisch-gesellschaftlichen Realität kategorial erfaßt. Einzelne Maßnahmen zur sensumotorischen Frühförderung *können* demnach zu einzelnen Aspekten der Persönlichkeitsentwicklung beitragen, sie *müssen* es jedoch nicht zwingend. Die Lösung der notwendig an ein persönlichkeitstheoretisch eingebundenes Konzept sensumotorischer Frühförderung gestellten Anforderungen wird erst möglich sein, wenn alle theoretischen Überlegungen und praktischen Maßnahmen von der *Tätigkeit* des behinderten Kindes, von seiner realen Lebenssituation und von seinen subjektiven und objektiven Bedürfnissen ausgehen.

Aus den bisherigen Ausführungen zur sozialen Situation und zur theoretischen Problematik in der Frühförderung behinderter Kinder sind vor allem zwei Schlußfolgerungen zu ziehen: Zum einen ist es notwendig, daß pädagogische und psychologische Erfassungs- und Förderungsmaßnahmen neben der Beratung, der medizinischen Erfassung und Rehabilitation von Behinderung gleichwertiger Bestandteil der sozialen Versorgung werden. Erforderlich wird der systematische Aufbau von interdisziplinären Beratungs-, Diagnose- und Förderungszentren, die ausgestattet sind mit stationären, ambulanten und gemeinde- bzw. stadtteilbezogenen mobilen Diensten. Zum zweiten sind auf der theoretischen Ebene vorrangig einheitliche, aus dem Gegenstand der Frühförderungsmaßnahmen abgeleitete wissenschaftstheoretische Ausganspositionen zu erarbeiten. Erst auf dieser Grundlage wird es möglich sein, ein umfassendes, den Anspruch der Persönlichkeitsentwicklung gerecht werdendes Konzept frühkindlicher Förderung von behinderten Kindern allgemein wie von geistig behinderten Kindern im besonderen zu entwickeln.

Im folgenden wird nur auf die zweite Schlußfolgerung eingegangen werden. Es wird der Versuch unternommen, aus dem tätigkeitstheoretischen Ansatz der "Kulturhistorischen Schule der Psychologie" theoretische Materialien bereitzustellen als Voraussetzung für die Entwicklung eines pädagogisch-psychologischen Konzepts sensumotorischer Frühförderung.

Der tätigkeitstheoretische Ansatz erscheint geeignet, weil auf der Grundlage dieser Positionen nicht die Prozesse des Wahrnehmens/Orientierens/Bewegens/Erlebens isoliert gesehen werden, sondern als funktionale Bestandteile von gegenständlichen aktiven Handlungen in der Tätigkeit des Menschen (auch KIPHARD fordert in einer neueren Arbeit nachdrücklich auf, der Tätigkeitstheorie mehr Beachtung zu schenken; vgl. KIPHARD 1979, S. 12). Ausgangspunkt ist das gesellschaftlich tätige Individuum, das sich im Verlauf seiner ontogenetischen Entwicklung sukzessive über aktive Lernprozesse das kulturhistorische Erbe einer Gesellschaft aneignet und umstrukturiert zu individuellen Fähigkeiten (als System von Kenntnissen, Fähigkeiten und Fertigkeiten) durch den Aufbau komplexer funktioneller Systeme auf der internen Abbildebene.

Im folgenden zweiten Abschnitt wird zunächst für die frühkindliche Entwicklung das tätigkeitstheoretisch begründete Selbstverständnis zur Tätigkeit auf der Abbildebene, zum sensumotorischen Lernen und zur geistigen Behinderung vorgestellt, welches den weiteren Ausführungen zugrunde gelegt wird.

Im dritten Abschnitt wird dann skizziert, welche grundsätzlichen Konsequenzen aus dem tätigkeitstheoretischen Verständnis zum sensumotorischen Lernen für die pädagogisch-therapeutische Frühförderung von geistig behinderten Kindern zu ziehen sind. Dies soll vor allem durch eine Erörterung der zentralen Anforderungen an die Tätigkeit des Pädagogen/Therapeuten verdeutlicht werden.

Es kann dabei nicht Anspruch dieses Aufsatzes sein, ein umfassendes tätigkeitstheoretisches Konzept zur sensumotorischen Frühförderung für geistig behinderte Kinder vorzulegen. Dazu bedarf es nicht nur weiterer theoretischer Präzisierungen, sondern auch weiterer praktischer Erfahrungen mit diesem Ansatz. Insofern versteht sich dieser Beitrag vor allem als Diskussionsanstoß für eine tiefergehende methodologische Diskussion.

2. Kindliche Entwicklung, sensumotorisches Lernen, geistige Behinderung

2.1. *Tätigkeit als Grundbedingungen der menschlichen Entwicklung*

Der Mensch ist das höchstentwickelte System lebendiger Organismen, das Ergebnis einer dialektischen Wechselwirkung zwischen inneren und äußeren Bedingungen. Dabei sind für den gesamten Entwicklungsprozeß der Menschen die äußeren Bedingungen determinierend, indem nur durch die äußeren Einwirkungen in jeweils individuell besonderer Form die Ausformung der inneren Bedingungen erfolgen kann. Innere und äußere Bedingungen menschlicher Entwicklung stehen in einer außenweltdeterminierten Vermittlung zwischen Biologisch-Organischem und Sozialem. Das dialektische Zusammenwirken beider vollzieht das Individuum in seiner aktiven gegenständlichen Tätigkeit im Informationsaustausch mit seiner objektiven Realität.

Die Tätigkeit bildet demzufolge die Grundbedingung für die phylogenetische wie auch ontogenetische Entwicklung der Menschen. Sie erreicht in ihrem Entstehungszusammenhang wie auch in ihren Strukturmerkmalen eine spezifische Entwicklungsstufe in der Stammesgeschichte, die sich prinzipiell von allen früheren phylogenetischen Tätigkeitsniveaus der einfachen Reizbarkeit, der Sensibilität, der perzeptiven Psyche und des Intellekts (vgl. u.a. LEONTJEW 1973) unterscheidet. „Menschen handeln aktiv im Sinne der bewußten Gestaltung des eigenen Lebens, indem sie Werkzeuge, Sprache, andere Menschen, sich selbst ins Verhältnis gesetzt zu den Umweltbedingungen abstrahieren, sprachliche und nicht-sprachliche gesellschaftliche Symbole ebenso wie reale Merkmale von Gegenständen und Verhältnissen als Arbeitsmittel, Begriffwerkzeug zwischen Bedürfnis, Motiv und antizipiertes bzw. zu erstellendes Produkt schieben und ihre Persönlichkeit im Sinne der Entwicklung ihrer Lebensperspektive als bewußtes Verhältnis zu sich, ihrer Klasse und zur ganzen Gesellschaft entfalten" (JANTZEN 1980 a, S. 15).

Die mit dem Werkzeuggebrauch und der sozialen Kooperation verbundenen spezifischen Fähigkeiten sind Voraussetzung, Grundlage und Ergebnis der Tätigkeit Arbeit. Sie bildet durch ihre historisch-gesellschaftliche Organisation die höchste, nur dem Menschen eigene Systemeigenschaft. Die Struktur dieser spezifischen menschlichen Systemeigenschaft ist gekennzeichnet durch die Tätigkeitsmerkmale der *Bewußtheit*, *Sprache* und *Kooperation* (vgl. JANTZEN 1979 a, 1980 a).

Das phylogenetische Niveau der spezifisch menschlichen Tätigkeitsstruktur muß notwendig von jedem Menschen im Verlauf seiner Individualentwicklung reproduziert werden. Es bestimmt den Aufbau der Tätigkeiten des Individuums in den einzelnen ontogenetischen Entwicklungsstufen als sukzessive Entfaltung immer höherer Niveaus der Tätigkeit. Dabei wird die reale Tätigkeit des Individuums durch die Widersprüche zwischen seinen jeweiligen Bedürfnissen und dem daraus von ihm antizipierten Produkt in der Außenwelt einerseits, andererseits durch die ihm zur Verfügung stehenden Werkzeuge und erworbenen Fähigkeiten, die zur Bewältigung bestimmter Aufgaben bzw. Tätigkeitsanforderungen noch nicht ausreichen, ausgelöst. Der Prozeß der Entfaltung immer höherer Tätigkeitsniveaus entspricht dem objektiven Bedürfnis der Menschen nach umfassender individueller und gesellschaftlicher Realitätskontrolle; er ist grundsätzlich ausgerichtet auf die Sicherung des Tätigkeitsniveaus entsprechend der Struktur von Arbeit. Den Maßstab für die individuelle Erreichbarkeit immer höherer Tätigkeitsniveaus bildet demzufolge die stammesgeschichtlich erreichte Systemeigenschaft Arbeit. Dieser individuelle Entwicklungsprozeß ist auf jeder ontogenetischen Entwicklungsstufe dreifach determiniert: „1) Durch die im genetischen Erbe kodierte, den stammesgeschichtlichen Entwicklungsprozeß widerspiegelnde Potentialität der Entwicklung, 2) die Determination dieses Entwicklungsprozesses durch die natürliche und gesellschaftliche Umwelt, 3) die Selbsttätigkeit des Individuums als bedürfnisgeleitete, aktive Aneignung der Realität" (JANTZEN 1980 a, S. 12).

Die Tätigkeiten der Menschen entwickeln sich in dynamischer Abhängigkeit von den historisch-gesellschaftlichen Bedingungen einer Gesellschaft entsprechend dem Entwicklungsstand der gesellschaftlichen Produktivkräfte und den Strukturen der Produktionsverhältnisse. Nach LEONTJEW (1973) umfaßt die gegenständliche Tätigkeit gesellschaftlich determinierte Handlungen und Bewegungen/Operationen. Die Handlungen der Menschen werden nicht als isolierte Akte, sondern als Bestandteile umfassender gesellschaftlicher Tätigkeiten wie Arbeit, Lernen, Spiel, gegenständliche Tätigkeit des Kindes usw. verstanden, die erst aus dem gesellschaftlichen Tätigkeitszusammenhang ihren Sinn und Zweck erhalten.

Handlungen als reale und psychische Einheiten sind Hauptbestandteile der Tätigkeit, die ihrer Verwirklichung dienen. Bewegungen/Operationen sind wiederum unselbständige Bestandteile der tätigkeitsbezogenen Handlungen. Sie sind ablauforientiert, der physiologischen Analyse zugänglich und beziehen sich auf die Bedingungen der Zielrealisierung (z.B. Spielgegenstand, Sportgerät usw.). Bewegungen/Operationen sind die Mittel zur Ausführung der tätigkeitsbezogenen Handlung des Individuums. Tätigkeiten, Handlungen und Bewegungen/Operationen bilden ein komplexes System, das gesellschaftlich bestimmt ist, aber auch über Prozesse der individuellen Vergegenständlichung auf die Gesellschaft zurückwirkt.

Die Vermittlung von Natur- und Gesellschaftsgeschichte in der Individualentwicklung realisiert der Mensch über Lernprozesse durch die aktive Aneignung des in den gegenständlichen und sozialen Objekten der gesellschaftlichen Außenwelt vergegenständlichten kulturhistorischen Erbes. Dabei sind in der Evolution der Arten allein beim Menschen die physiologischen Voraussetzungen für eine aneignende Tätigkeit gegeben durch die Weiterentwicklung des Zentralen Nervensystems, insbesondere der tertiären Felder zur intermodalen Verarbeitung der Sinneseindrücke auf der Großhirnrinde und zur Tätigkeitsintegration im Frontallappenbereich (vgl. u.a. LURIA 1970, JANTZEN 1979 a). Das menschliche Gehirn ist als ein differenziertes Organ zu begreifen, das die gesellschaftlich überformte, materielle Grundlage für die Realisierung immer höherer Tätigkeitsniveaus gewährleistet. Die aus der spezifischen Struktur des Gehirns resultierende Möglichkeit des Menschen, seine Entwicklung über Lernprozesse in der aneignenden Tätigkeit zu vollziehen, stellt sich unter physiologischen Gesichtspunkten als ein Prozeß der dynamischen Lokalisation und der funktionellen Organbildung dar (vgl. LURIA 1970 und JANTZEN in diesem Band). Das dem Prozeß der Ausformung des menschlichen Gehirns zugrundeliegende wechselseitige Determinationsverhältnis zwischen gesellschaftlicher Realität und organismisch-biologischer Trägerstruktur der menschlichen Tätigkeitsorganisation zeigt sich darin, daß „die gesellschaftlichen Formen des Lebens ... das Gehirn (zwingen), auf neue Weise zu arbeiten, sie lassen qualitativ neue funktionelle Systeme entstehen" (LURIA 1970, S. 647).

Für den Prozeß der physischen und psychischen Entwicklung des Menschen in der Ontogenese, den das Individuum in immer komplexeren historisch-gesellschaftlichen Tätigkeitsformen zur Aneignung des kulturhistorischen Erbes einer Gesellschaft und zur Vergegenständlichung individueller Fähigkeiten aktiv vollziehen kann und muß, werden zwei qualitative Stufen unterschieden (vgl. JANTZEN 1979 a, 1980 a; die folgenden Überlegungen werden ausführlich bei J. SCHULKE 1981 dargestellt und begründet):

1. *Die Entfaltung der Individualität in Tätigkeiten auf dem Niveau von Anpassung:* Diese Stufe umfaßt den Zeitraum von der Zellverschmelzung als dem Beginn der physischen Existenz des Individuums an bis zum Übergang zu Tätigkeiten auf dem spezifisch menschlichen Niveau der Aneignung. Inhalt bilden die Ausbildung der unbedingten Tätigkeit (durch Vererbung vermittelt) und die auf diese aufbauende Ausdifferenzierung der bedingten Tätigkeit im Ersten Signalsystem. Es werden folgende zwei zeitliche Phasen in dieser Entwicklungsstufe unterschieden:

— Die *vorgeburtliche* Entwicklung zur Herausbildung der Invididualität: Sie wird gesteuert in der über die Placenta der Mutter vermittelten Tätigkeit. Sie führt bis zum Zeitpunkt der Geburt zur Entfaltung und Ausdifferenzierung bioelektrischer Aktivitäten des Gehirns, insbesondere auch in den Bereichen der Motorik, Kinästhetik und Akustik (vgl. SCHMIDT 1973).

— Die *nachgeburtliche* Entwicklung zur Entfaltung der Individualität: Sie wir vom Individuum in der situationsgebundenen, assoziativ antizipierten und mit einem Erwachsenen gemeinsam vollzogenen Tätigkeit mit den unmittelbaren Nahweltbedingungen gesteuert. Die Tätigkeiten zielen ab auf den systematischen Aufbau psychischer Regulationsprozesse im Ersten Signalsystem verbunden mit einer qualitativen Umwandlung in der Tätigkeitsorganisation. Das heißt, die führende Rolle in der Tätigkeit übernehmen zunehmend mehr die Fernsinne gegenüber den Nahsinnen, und die Hand folgt dem Auge statt vorher das Auge der Hand.

2. *Die Herausbildung der Persönlichkeit des Individuums in Tätigkeiten auf dem Niveau von Aneignung:* Sie umfaßt den Prozeß der gesellschaftlich determinierten Entfaltung der entwickelten Individualität auf der Grundlage bedingt-reflektorischer Tätigkeiten im Zweiten Signalsystem. Die Persönlichkeit des Individuums ist gekennzeichnet durch die spezifsch menschliche Fähigkeit zur Arbeit (Werkzeuggebrauch, soziale Kooperation) und durch den Prozeß der Herausbildung eines Ich-Begriffs wie auch der Identitätsfindung verstanden als ein bewußtes Verhältnis des Menschen zu sich selbst und zu seiner sozialen Umwelt (vgl. AUERNHEIMER 1979, JANTZEN 1979 a, 1980 a).

2.2. Zum Zusammenhang von Wahrnehmung, Orientierung und Bewegung in der Tätigkeit

Der hierarchische Aufbau menschlicher Tätigkeitsstrukturen in der Ontogenese ist existentiell gebunden an psychische Prozesse der Widerspiegelung und Regulation von inneren und äußeren Informationen in der gegenständlichen Tätigkeit des Subjekts auf der Abbildebene. Gegenständliche Handlungen in der Tätigkeit des Menschen werden beim handelnden Individuum aufgrund von bedürfnisgeleiteter und umweltbezogener Informationsaufnahme durch die verschiedenen Sinnesorgane ausgelöst und als Prozeß der inneren Verarbeitung über Vorgänge der Muskulatur wirksam. Das heißt, Tätigkeiten, Handlungen und Bewegungen/Operationen werden psychisch reguliert.

In diesem aktiven Prozeß fällt die Herausbildung einer zunehmend differenzierten psychischen Regulationsstruktur verbunden mit dem Aufbau operativer Abbildsysteme und der Generierung von Handlungsprogrammen zusammen mit der hierarchischen Entfaltung von individuellen psychischen Regulationsebenen:

Intellektuelle Regulationsebene als die höchste Form individueller Handlungsregulation; sie ist bewußtseinspflichtig und sprachgebunden.

Perzeptiv-begriffliche Regulationsebene umfaßt sprachlich-begrifflich codierte Handlungsschemata, die auf wahrnehmungs- und orientierungsgeleitete Leistungen des Individuums aufbauen; sie sind stets bewußtseinsfähig, aber nicht immer bewußtseinspflichtig.

Sensumotorische Regulationsebene als die niedrigste Ebene individueller Handlungsregulation umfaßt bewegungsorientierende Abbilder (Bewegungsentwürfe), die als unselbständige Handlungsbestandteile die Ausführung von Bewegungen und Fertigkeiten regulieren; sie ist nicht bewußtseinspflichtig, aber sie kann z.T. bewußtseinsfähig sein (vgl. HACKER 1973, VOLPERT 1974 a).

Die psychische Tätigkeit des Individuums — abgesichert durch physiologische Prozesse — wird realisiert durch Regulationsprozesse in der Wahrnehmungs- und Orientierungstätigkeit des Subjekts, wobei nach GALPERIN (1980) die Orientierungstätigkeit übergeordnete Funktionen erfüllt.

Die Prozesse der Informationsaufnahme sowie deren Verarbeitung zu orientierenden Abbildstrukturen sind Inhalt der Regulationsprozesse in der *Wahrnehmungstätigkeit* des Subjekts. Die gegenständliche Tätigkeit auf der Abbildebene zur außenweltbezogenen bedürfnisrelevanten Anwendung der orientierenden Abbildstrukturen umfaßt Orientierungs-, Entscheidungs-, Programmierungs- und Kontrollprozesse in der *Orientierungstätigkeit*. Die über die Muskulatur auf der Grundlage von Ziel/Mittel-Weg umfassenden Handlungsprogrammen wirksam werdenden motorischen Prozesse beinhalten *Bewegungen*. Sie bilden zeitlich organisierte Bestandteile von komplexen Handlungen in verschiedenen Tätigkeiten, mit denen das Individuum aktiv auf die Objekte der Außenwelt einwirkt und dadurch die Bedingungen seiner Veränderung produziert.

Wahrnehmung, Orientierung und Bewegung sind demzufolge jeweils spezifische Seiten der gegenständlichen Tätigkeit des Subjekts, die im Verhältnis Individuum und gesellschaftliche/natürliche Umwelt immer in Prozesse der Entscheidung, Zweck/Ziel und antizipative Programmierung eingeordnet sind. Diese drei Seiten der Tätigkeit stehen in einem funktionalen Zusammenhang: Wahrnehmung und Bewegung als zeitlich organisierte Prozesse bilden die Basis für den Aufbau jeder Tätigkeit des Individuums. Sie werden psychisch durch die Regulationsprozesse der Orientierungstätigkeit auf der Abbildungsebene übersteuert. Die Regulationsprozesse der *Wahrnehmungstätigkeit* bilden die materielle Grundlage für die Orientierungs-, Entscheidungs-, Programmierungs- und Kontrollprozesse in der Orientierungstätigkeit und damit auch für die Bewegungsausführung von Handlungen in der gegenständlichen Tätigkeit. Die realen *Bewegungen* als zeitlich integrierte Bestandteile tätigkeitsbezogener Handlungen sind Bedingung für die Prozesse der Informationsaufnahme und -verarbeitung in der Wahrnehmungs- und in der Orientierungstätigkeit. Da die Handlungsausführung psychisch reguliert wird, findet in den Bewegungen immer auch das jeweils erreichte Entwicklungsniveau vor allem der Orientierungstätigkeit seinen konkreten Ausdruck. Die *Orientierungstätigkeit* ist die übergeordnete psychische Regulationsinstanz. Sie wird vom Individuum vollzogen auf der Grundlage des Abbilds einer bestimmten Situation und der Handlungen auf der Abbildebene (vgl. GALPERIN 1980). Die Orientierungstätigkeit vermittelt die Prozesse der Wahrnehmung und der Bewegung durch zentrale Integrations- und Steuerungsprozesse zur antizipativen Programmierung und Kontrolle der situativen Bedingungen für eine bedürfnisrelevante Tätigkeitsorganisation (weitere Ausführungen zum Zusammenhang von Wahrnehmung, Orientierung und Bewegung vgl. JANTZEN in diesem Band; J. SCHULKE 1981).

Die vorrangige Anforderung an den Prozeß der Herausbildung der Individualität und der Persönlichkeit besteht demzufolge in der Entwicklung der zeitlichen und orientierenden Aspekte des Psychischen — vor allem der Orientierungstätigkeit — in der gegenständlichen Tätigkeit des (behinderten) Menschen. Die notwendige Voraussetzung der Orientierungstätigkeit für den Aufbau der individuellen Tätigkeit wird nachhaltig deutlich bei Menschen mit schweren Frontallappenverletzungen. Diese verhindern die bewußt-planende Orientierung in der individuellen Tätigkeitsorganisation (vgl. JANTZEN 1980 a, S. 53). Das hat unter psychologischen Aspekten zur Folge, daß das Individuum ein Tätigkeitsniveau gemäß der Struktur von Arbeit nicht aufbauen kann; persönlichkeitstheoretisch bedeutet das: Zusammenbruch der Persönlichkeit bei Aufrechterhaltung der Individualität (also von Einzelfähigkeiten reguliert im Ersten Signalsystem auf dem Niveau von Anpassung)!

Diese kurzen Ausführungen zum funktionalen Zusammenhang von Wahrnehmen, Orientieren und Bewegung sollten darauf hinweisen, daß diese drei Seiten als zeitlich organisierte Prozesse allen Tätigkeiten des Subjekts sowohl auf dem Niveau von Anpassung als auch von Aneignung zugrunde liegen. Sie erlangen demzufolge gerade für eine sensumotorische Frühförderung eine zentrale Relevanz, da auch die in ihrem Rahmen durchgeführten pädagogisch-psychologischen Förderungsmaßnahmen beim Aufbau individueller Realitätskontrolle auf die zeitlichen und orientierenden Aspekte der Tätigkeitsorganisation des behinderten Kindes ausgerichtet sein müssen. Die Relevanz des Zusammenhangs von Wahrnehmen, Orientieren und Bewegungen für den Aufbau der Tätigkeitsorganisation des Menschen soll durch die folgenden Ausführungen weiter verdeutlicht werden.

2.3. Die dominierenden Tätigkeiten in der kindlichen Entwicklung

Die Entwicklung des menschlichen Individuums verläuft in qualitativ voneinander unterscheidbaren Entwicklungsstufen, die gesetzmäßig aufeinander aufbauen. Dabei werden vom Individuum in jeder neuen Entwicklungsstufe die bisher erworbenen und gespeicherten Erfahrungen bzw. Fähigkeitssysteme als Voraussetzung für den erweiterten Tätigkeitsaufbau übernommen. Die einzelnen Entwicklungsstufen sind in Dauer und Verlauf, ihrer inhaltlichen Struktur und ihren Erscheinungsformen nicht primär abhängig von biologisch bestimmten Altersstufen. Vielmehr ist der Übergang von einer Entwicklungsstufe zur nächsthöheren dadurch bedingt, inwieweit das Individuum den Prozeß der stammesgeschichtlich für den Menschen gewordenen Möglichkeit zur Tätigkeit Arbeit in seinem Tätigkeitsaufbau rekapituliert hat bzw. rekapitulieren konnte. Die Darstellung des stufenweisen Aufbaus von Tätigkeitsniveaus in der menschlichen Ontogenese basiert auf dem Konzept der dominierenden Tätigkeit (LEONTJEW 1973), welches nach JANTZEN (1980 a) ab dem Zeitpunkt der Geburt des Individuums beginnt.

Nach LEONTJEW ist jede Stufe der psychischen Entwicklung der Menschen durch eine bestimmte dominierende Tätigkeit wie auch eine bestimmte dominierende Beziehung des Individuums zur realen Außenwelt gekennzeichnet. Eine *dominierende Tätigkeit* ist die Tätigkeitsart, die *vorrangig* (d.h. Maßstab bildet nicht das Kriterium der Häufigkeit oder das der zeitlichen Dauer) die Entfaltung der wichtigsten Prozesse der psychischen Tätigkeit fördert (vgl. LEONTJEW 1973, S. 379).

Ab dem Zeitpunkt der Geburt werden die ontogenetischen Entwicklungsstufen durch folgende dominierende Tätigkeiten gegliedert:

Ontogenetische Entwicklungsstufe	Dominierende Tätigkeit	Niveau der Tätigkeitsorganisation
Frühkindliche Entwicklung	Perzeptives Lernen/ Manipulation mit Objekten/ gegenständliche Tätigkeit	Niveau von Anpassung reguliert im Ersten Signalsystem zur Entfaltung der Individualität
Vorschulische Entwicklung Schulische Entwicklung Nachschulische Entwicklung	Spiel Lernen Arbeit	Niveau von Aneignung reguliert im Zweiten Signalsystem zur Entfaltung der Persönlichkeit, Entwicklung eines Ich-Begriffs und Aufbau einer Identität

Im Rahmen dieses Aufsatzes wird nur auf die dominierenden Tätigkeiten der frühkindlichen und vorschulischen Entwicklungsstufen weiter eingegangen; sie beinhalten die für den Tätigkeitsaufbau geistig behinderter Kinder wesentlichen Anforderungsstrukturen (weitere Ausführungen zu den dominierenden Tätigkeiten in der menschlichen Ontogenese vgl. LEONTJEW 1973; JANTZEN 1980 a und JANTZEN in diesem Band; spezifisch zum sensomotorischen Lernen in den dominierenden Tätigkeiten vgl. J. SCHULKE 1981).

a) Dominierende Tätigkeiten in der frühkindlichen Entwicklungsstufe:
Die dominierenden Tätigkeiten in dieser Entwicklungsstufe bilden das Perzeptive Lernen, die Manipulation mit Objekten und die gegenständliche Tätigkeit des Kindes. Diese Tätigkeiten werden vom Säugling und vom Kleinkind immer durch gegenständliche, situationsgebundene „sensumotorische" Handlungen mit seinen Nahweltbedingungen — vermittelt über die enge familiäre Kooperation (vor allem Mutter/Vater) — verwirklicht. Sie zielen ab auf den Aufbau von sensumotorischen funktionellen Verbindungen bzw. Programmen zur unmittelbar assoziativen Handhabung der umgebenden Gebrauchs- und Spielgegenstände (z.B. Milchflasche, Becher, Bauklötze, Teddy). Alle drei Tätigkeiten werden auf dem Niveau von Anpassung im Ersten Signalsystem reguliert und dienen der Entfaltung der Individualität des Subjekts. Sie weisen vor allem folgende qualitative Strukturmerkmale auf:
— *Perzeptives Lernen:* Es führt als Tätigkeit des Säuglings zur Ausdifferenzierung sensorischer Funktionen und zur Entwicklung des motorischen Bereiches unter sensorischer Kontrolle. Damit sind die Grundlagen für den Aufbau elementarer sensumotorischer Koordination geschaffen. Große Bedeutung erlangt die Herausbildung des Greifaktes mit nachfolgendem Festhalten des Gegenstands im Hinblick auf die Entwicklung der optisch-motorischen Koordination und das Manipulieren mit Objekten. Ohne Greifen und Festhalten des Gegenstands kann das Kind auch keine manipulativen Handlungen mit ihm ausführen (vgl. ELKONIN 1980). Mit der zunehmenden Beherrschung der kindlichen Greifakte geht die Vervollkommnung der psychischen Steuerung der Handbewegungen einher. Indem der Säugling einen Gegenstand sinnlich wahrnimmt, die Hände nach ihm ausstreckt, ihn ergreift und

festhält, baut es seine Orientierungstätigkeit zur Raumerfassung wie auch zur antizipativen Vorwegnahme der situativen Bedingungen für die selbständige Steuerung zielgerichteter Bewegungen auf. Diese Lernprozesse erfolgen in der gemeinsamen Tätigkeit mit einem Erwachsenen, wenngleich diesem das auch oftmals nicht bewußt ist.

— *Manipulation mit Objekten:* Diese Tätigkeitsstufe ist gekennzeichnet durch eine intensive Entwicklung von verschiedenartigen Wiederholungsbewegungen und reaktiven Kettenhandlungen (z.B. klatschen, schütteln, klopfen usw.) eingebunden in die *aktive Betrachtung* des Gegenstands. Die manipulativen Handlungen des Kleinkindes zielen vor allem auf das Kennenlernen neuer Gegenstände und deren vielfältigen Eigenschaften ab. In diesem Prozeß erlangt die Orientierungstätigkeit des Kindes eine neue Qualität. Sie besteht darin, daß durch die aktive Betrachtung des Neuen am Objekt der Außenwelt die Aktivität des Kindes nicht nur ausgelöst wird, sondern darüber hinaus zumindest für eine Zeitlang erhalten bleibt. Sie resultiert außerdem daraus, daß die Steuerungsprozesse der Orientierungstätigkeit inhaltlich nicht nur auf die Ausführung der manipulativen Handlungen ausgerichtet sind. Inhalt der Ausrichtung der Orientierungstätigkeit des Kindes ist vorrangig der Prozeß der aktiven Betrachtung des Gegenstandes. In der „stereotypen" Handhabung von Gegenständen entwickeln sich aufgrund der in den Gegenständen immanent programmierten sensumotorischen Koordinationsanforderungen die *manipulativen Handlungen* des Kindes gleichsam als *Effekt seiner Orientierungstätigkeit* (differenziertere Ausführungen zur Unterscheidung zwischen Inhalt und Effekt der Ausrichtung der Orientierungstätigkeit des Subjekts vgl. J. SCHULKE 1981). Das kann beispielsweise anhand des Spielgegenstands „Klapper" verdeutlicht werden: Die spezifische Anforderung der „Klapper" ist, daß mit der sensumotorischen Operation „schütteln" ein Geräusch erzeugt wird.

Die in den Aufbau der Orientierungstätigkeit des Kindes integrierte zunehmende Differenzierung und Vervollkommnung seiner sensumotorischen Koordination ist Voraussetzung dafür, daß es seine Steuerungsprozesse auf das Neue am Gegenstand auf einer höheren Tätigkeitsstufe organisieren kann. Damit geht einher, daß sich die unmittelbare emotionale Beziehung zwischen dem Kind und der Bezugsperson verändert.

— *Gegenständliche Tätigkeit des Kindes:* Die qualitative Erweiterung in der Tätigkeitsorganisation des Kleinkindes findet vor allem darin ihren Ausdruck, daß das Kind unter Anleitung eines Erwachsenen durch Prozesse der *aktiven Erkundung* des Neuen am Gegenstand die an bestimmte Gegenstände gebundenen Handlungen als historisch-gesellschaftliche Verfahrensweisen lernt. Die gemeinsame Tätigkeit ist geprägt durch den vermittelten Umgang „Kind — gegenständliche Handlung — Erwachsener" (vgl. ELKONIN 1980). Träger der gegenständlichen Handlungen sind die Erwachsenen; sie haben allerdings für das Kind noch nicht die Funktion eines Handlungsmusters. Die Erwachsenen organisieren den Erwerb der gegenständlichen Handlungen, kontrollieren die Handlungsausführung und geben Rückmeldungen durch verschiedene Formen positiver und negativer Bekräftigung.

Auf dieser Tätigkeitsstufe ist das Kind in der Lage, mit dem Aufbau gegenständlicher Handlungen sowohl bestimmte operative Verfahren als auch die Antizipation der möglichen sozialen Folgen zu verbinden. Das Lernen von gegenständlichen Handlungen ist bezogen auf die *funktionale Bedeutung* des Gegenstands. Es umfaßt zwei Seiten, die das Kind — auch unter Führung eines Erwachsenen — nicht zugleich erwerben kann: Zum einen das an den Gegenstand gebundene *allgemeine Handlungsschema seines Gebrauchs* in Verbindung mit seiner gesellschaftlichen Bestimmung: diese Seite wird vom Kind zuerst und relativ schnell gelernt. Zum zweiten die technisch-operatorische Seite in Form spezifischer, den physischen *Eigen-*

schaften des Gegenstands entsprechender Fertigkeiten; diese Seite erwirbt das Kind quasi nachgeordnet in einem spezifisch ausgerichteten Lernprozeß (vgl. ELKONIN 1980).
Entsprechend erfolgt der Aufbau der Orientierungstätigkeit des Kindes auf zwei Ebenen: Inhalt der Ausrichtung der Regulationsprozesse der Orientierungstätigkeit sind entweder die an das allgemeine Handlungsschema zum Gebrauch der Gegenstände gebundenen gesellschaftlichen Bedeutungen der Dinge oder aber die Ausführungsoperationen. Im letzten Fall richten sich die Steuerungsprozesse der Orientierungstätigkeit auf die Eigenschaften des Gegenstands zwecks Aussonderung und Anpassung der möglichen Operationen an die spezifischen Eigenschaften.
Durch vor allem quantitative Zunahme an gelernten gegenständlichen Handlungen, die den Kindern den Gebrauch von immer mehr und auch verschiedenartigen Gegenständen gewährleisten, werden zwei Formen ihrer Übertragung möglich (vgl. ELKONIN 1980): Das Kind *verallgemeinert* seine Handlungen, indem es das erworbene Handlungsschema auf andere Bedingungen überträgt (z.B. das Handlungsschema „Sich kämmen" wird auf das Kämmen der Haare der Puppe übertragen usw.). Das Kind *löst* das gelernte Handlungsschema vom Gegenstand, indem es dieselbe Handlung mit einem Ersatzgegenstand ausführt (z.B. „Sich kämmen" wird mit einer Bürste anstatt mit einem Kamm ausgeführt).
Ab diesem Zeitpunkt beginnt das Kind, die Gegenstände mit einfachen Worten (i.d.R. mit Namen handelnder Personen) zu benennen. Voraussetzung für den Aufbau der Sprechtätigkeit des Kindes als einer spezifisch individuellen Form der historisch-gesellschaftlichen Sprachentwicklung der Menschen ist der Erwerb funktioneller sensumotorischer Verbindungen zwischen Hören, Lautbildungen und Bewegungen, die in psychische Steuerungsprozesse integriert sind. Der Erwerb des Sprechens umfaßt wiederum zwei Lernseiten, die jeweils Inhalt der Ausrichtung der Orientierungstätigkeit des Kindes sind: Der bezeichnete Gegenstand zur Herauslösung seiner verschiedenen Merkmale und Eigenschaften als Vorstufe für seinen verallgemeinerten semantischen Gebrauch; die technisch-operatorische Seite des Sprechens zur Ausbildung phonetischer Fertigkeiten für die richtige Aussprache einzelner Worte. Mit dem Lernen der Worte eingebunden in ihre historisch-gesellschaftliche Bedeutung geht einher, daß Wahrnehmungs- und Orientierungstätigkeit des Kindes kategorial, im Hinblick auf Gegenstände auch räumlich, funktionell und ursächlich (vgl. LJUBLINSKAJA 1975) sowie bezogen auf den persönlichen Umgang mit der Bezugsperson zunehmend emotional-sachbezogen werden. Das Ende dieser Tätigkeitsstufe ist gegeben, weil das Kind die Erfahrung von Wirkungszusammenhängen der gesellschaftlichen und sozialen Nahweltbedingungen realisieren kann. Der Übergang zur vorschulischen dominierenden Tätigkeit Spiel ist angezeigt.

b) Die dominierende Tätigkeit Spiel in der vorschulischen Entwicklungsstufe:
Mit der dominierenden Tätigkeit Spiel ist gegenüber den dominierenden Tätigkeiten der frühkindlichen Entwicklungsstufe für das Kind eine prinzipiell neue Qualität seiner Tätigkeitsorganisation erreicht. Diese resultiert aus dem Übergang vom Lernen auf dem Niveau von Anpassung (Erstes Signalsystem) zum Lernen auf dem Niveau von Aneignung (Zweites Signalsystem). Die Spieltätigkeit entspricht im Rahmen der ontogenetischen Entwicklungsstufen erstmals den strukturellen Anforderungen der spezifisch menschlichen Systemeigenschaft von Arbeit, welche gekennzeichnet ist durch bewußte und sprachgebundene Regulationsprozesse im Werkzeuggebrauch und in der sozialen Kooperation. Die dominierende Tätigkeit Spiel bildet die Grundlage für die gesellschaftliche Entfaltung der in der frühen Kindheit entwickelten Individualität des Menschen (Entfaltung der Persönlichkeit vor allem

durch die Entwicklung eines Ich-Begriffs und die Herausbildung individueller Identität auf der Grundlage produktiver Bedürfnisse; vgl. JANTZEN in diesem Band). JANTZEN vertritt die Auffassung, daß nach dem Erreichen des Niveaus von Aneignung in der Spieltätigkeit sich keine prinzipiell neuen Formen des Lernens und der Tätigkeitsstruktur mehr entwickeln (vgl. JANTZEN 1980 a). Die niveaumäßigen Unterschiede zwischen den dominierenden Tätigkeiten Spiel, Lernen und Arbeit sind demzufolge immer jeweils höhere Anforderungsstrukturen innerhalb des Niveaus von Aneignung.

Spiel als dominierende Tätigkeit beinhaltet hauptsächlich die *Nachahmung* der Tätigkeiten, Funktionen und sozialen Beziehungen von Menschen aus der Welt der Erwachsenen durch die *bewußte* und *sprachgebundene* Gestaltung übernommener *Rollen und Regeln*. Sie umfaßt verschiedene Tätigkeitsformen wie z.B. Malen, musikalische Betätigung, Spielen usw., die alle dem kognitiven Niveau des konkret-anschaulichen Denkens entsprechen (PIAGET 1975). Die Spieltätigkeit ist objektiv gekennzeichnet durch unterschiedlich komplexe Tätigkeitsformen bzw. durch eine unterschiedlich komplexe Anforderungsstruktur; sie stellt dementsprechend unterschiedliche psychische Anforderungen an das Kind. Die Abstufungen in der Komplexität der Spieltätigkeit werden besonders deutlich bei den verschiedenen Spielformen vom individuellen Rollenspiel bis zum Bewegungsspiel mit Regeln (vgl. ELKONIN 1971, 1980; ausführlicher wurde die Struktur der Spieltätigkeit untersucht bei J. SCHULKE 1981):

— *Das individuelle Rollenspiel:*
  Es erfordert ein entfaltetes System von Spielhandlungen als bewußte Reproduktion gegenständlicher Handlungen zur Nachgestaltung der übernommenen Rolle (z.B. Lokführer);
— *das kollektive Rollenspiel:*
  Es ist gekennzeichnet durch die unmittelbare Beziehung zu anderen Menschen. Erforderlich wird ein System von Spielhandlungen zur Nachgestaltung klar definierter Rollen entsprechend den dahinter stehenden Regeln. Inhalt sind sowohl die realen Beziehungen zwischen den Spielpartnern als auch die nachgestalteten Beziehungen gemäß der übernommenen Rolle.
— *Das Bewegungsspiel mit Regeln:*
  Es wird nochmals in folgende drei Gruppen gegliedert, die von zunehmender Komplexität sind:
  — Spiele mit einfachen Regeln gebunden an eine definierte Rolle, z.B. Katze und Maus;
  — Spiele mit Regeln ohne Rollenzuschreibung, z.B. Hasch-Spiele;
  — Bewegungsspiele, die auf ein bestimmtes Ergebnis abzielen, z.B. Kastenball mit zwei Mannschaften.

Die Hauptanforderung an die psychische Regulation des spielenden Kindes bei allen Spielformen — insbesondere bei den Bewegungsspielen mit Regeln — besteht darin, sich in laufend und häufig sehr schnell verändernden Spielsituationen so zu orientieren, daß auf der Grundlage des Abbilds der jeweils neuen situativen Bedingungen eine adäquate Steuerung der Spielhandlungen möglich wird.

Ohne noch differenzierter auf die einzelnen Spielformen einzugehen, werden für die dominierende Tätigkeit Spiel bzw. für das ihr entsprechende Regulationsniveau folgende Hauptmerkmale festgehalten:

Im Aneignungsprozeß der verschiedenen Formen der Spieltätigkeit lernt das Kind bewußte, sprachgebundene motorisch-akzentuierte Handlungen zur selbständigen Ausführung der übernommenen Rolle oder Regel. Damit einher geht der Ablösungsprozeß von der erwachsenen Bezugsperson. Die Erwachsenen und ihre Handlungen werden nunmehr unter dem Aspekt ihrer Funktion vom Kind wahrgenommen, indem sie als Handlungsmuster zum Inhalt der Ausrichtung seiner Orientierungstätigkeit werden. Obwohl für die Spielhandlungen die bewußte Reproduktion von Bewegungen und Fertigkeiten konstitutiv ist, liegt das Ziel der Spieltätigkeit nicht allein bzw. nicht vorrangig in der Ausbildung von Fertigkeiten. Das Ziel von Lernprozessen in der Spieltätigkeit besteht primär in dem Aufbau der Orientierungstätigkeit des Kindes zwecks Erwerb einer individuell optimalen Handlungskompetenz zur Bewältigung der *raschen und laufenden Veränderungen* in den situativen Anforderungen des Spiels. Insofern die Spieltätigkeit von den Spielenden das individuelle und gemeinsame Handeln mit den gesellschaftlichen Bedeutungen von Gegenständen und Handlungen bezogen auf die Aufgabenstellung der jeweiligen Spielform erfordert, ist die Ausrichtung der Orientierungstätigkeit auf diesem Tätigkeitsniveau bestimmt durch die *semantische Aneignung* von Gegenständen, Handlungen und gesellschaftlichen Symbolen eingebunden in den Zusammenhang von Ziel, Bedingungen und Mittel der nachzuahmenden oder zu gestaltenden Tätigkeit.

Breit entfaltet ist dieser Prozeß der semantischen Aneignung in den Rollenspielen: Die Nachgestaltung des realen Ablaufs einer Tätigkeit des Erwachsenen wie z.B. ,,Reiten auf einem Pferd" durch das spielende Kind umfaßt sinnbezogene Spielhandlungen, die allerdings in ihrer realen Ausführung bestimmt sind durch die Bedingungen und Mittel der Spielsituation, insbesondere durch die Eigenschaften der Ersatz- bzw. Spielgegenstände. Das Kind lernt also nicht die reale Tätigkeit des Erwachsenen ,,Reiten", sondern es erwirbt und vervollkommnet durch die sinngemäße Nachahmung von Tätigkeiten seine Bewegungen und Fertigkeiten (hüpfen, hopsen, laufen usw.) als Bestandteile von Spielhandlungen in Abstimmung mit den spezifischen Anforderungen des jeweiligen ,,Pferdersatzes" (z.B. Stock, Hopserball usw.). In den Bewegungsspielen mit Regeln, aber ohne Rollenzuschreibung sind die semantischen Ausdrucksakte bereits derart verallgemeinert und verkürzt, daß die Spielhandlungen weitgehend durch abstrakte Regeln gesteuert werden, ausgerichtet auf ein ideelles Ergebnis des Spiels (Punktgewinn usw.). Demnach sind in den entwickelten Formen der Spieltätigkeit alle Voraussetzungen für den Übergang zur *operativen Aneignung* von Handlungen und Tätigkeiten — wie sie für die dominierenden Tätigkeiten Lernen und Arbeit erforderlich sind — keimhaft enthalten.

Die skizzierten Spielformen sind in ihrer objektiven Tätigkeitsstruktur von unterschiedlichem Niveau und stellen dementsprechend auch unterschiedliche psychische Anforderungen an das spielende Individuum. Unter systematischen Gesichtspunkten weist die Spieltätigkeit objektiv folgende Strukturmerkmale auf:

Die den Spielformen zugrundeliegende Spielidee beinhaltet eine *Aufgabenstellung*, die das *Ziel* und auch die *allgemeinen Rahmenbedingungen* umfaßt. Da aber die *Mittel* und *Verfahrensweisen nicht* detailliert *festgelegt* sind, sind die *Handlungssituationen* im Spiel je nach Komplexität der Außenweltfaktoren *mehr oder weniger offen*, und erfordern vom Spielenden ein *entschlossenes, eigenständiges und bewußtes* Handeln. Dadurch ist das Spiel spannend, interessant und *motivierend*. Das Spielen wird vom Kind überwiegend (bis auf das individuelle Rollenspiel) in *gemeinsamen* Handlungen mit anderen Kindern in einer zunehmend komplexeren Mensch-Mensch-Interaktion (Partner, Kleingruppe, Mannschaft) vollzogen, weshalb auch zunehmend *taktische* Momente an Bedeutung gewinnen. Die *Spielregeln* enthalten Grundabsprachen für das soziale Verhalten; sie sind weitgehend entsprechend den Bedürfnissen und den Erfordernissen der Spielteilnehmer *modifizierbar*. Die konstitutiven Elemente der Spielhandlungen sind *Sprache* und *Bewegungen der Alltags-*

motorik (d.h. relativ einfache und schnell zu erwerbende Bewegungen und Fertigkeiten wie z.B. laufen, hüpfen, hopsen, steigen, festhalten, rollen, werfen usw.).

Demnach sind die Veränderungen in der psychischen Anforderungsstruktur der Spieltätigkeit weniger durch kompliziertere Bewegungen und Fertigkeiten als vielmehr durch zunehmend komplexere situative Zusammenhänge bestimmt, die jeweils erweiterte Denk- und Entscheidungsleistungen vom Individuum bei der Lösung der Spielaufgabe verlangen. Da die dominierende Tätigkeit Spiel in der ontogenetischen Entwicklung des Menschen die erste Tätigkeitsstufe auf dem spezifisch menschlichen Niveau von Aneignung ist, erlangt sie grundlegende Bedeutung für die Entfaltung der Persönlichkeit des behinderten wie des nicht behinderten Individuums.

2.4. Sensumotorisches Lernen als Handeln-Lernen

Das sensumotorische Lernen ist integrierter Bestandteil des lebenslangen Aneignungsprozesses des Menschen. Es ist bezogen auf den Erwerb neuer motorisch-akzentuierter Handlungen und den Prozeß ihrer Vervollkommnung und Automatisierung zu sensumotorischen Fertigkeiten, Handlungsautomatismen. Automatisierte motorisch-akzentuierte Handlungen bzw. sensumotorische Fertigkeiten werden vom Individuum als funktionelle Systeme erworben; ihnen liegen sensumotorische Programme zugrunde. Sensorische und motorische Vorgänge integriert in orientierende Steuerungsprozesse bilden eine funktionelle Einheit im Nervensystem des Menschen; sie ist determiniert durch die Tätigkeitsanforderungen der Außenwelt. Sensorische und motorische Vorgänge werden gesteuert und geregelt über psychische Prozesse in der Wahrnehmungs- und Orientierungstätigkeit des Subjekts; sie unterliegen sowohl der vertiklaen (hierarchischen) als auch der horizontalen (bilateralen), kortikalen und subkortikalen Regulation (vgl. ANANJEW 1974, HENATSCH 1976).

Der Prozeß des sensumotorischen Lernens umfaßt den Aufbau von neuen Mitteln der Tätigkeit. Er kann sowohl unmittelbar als auch mittelbar (gewissermaßen als Nebeneffekt des allgemeinen Kompetenzerwerbs) Gegenstand der Ausrichtung der Orientierungstätigkeit des Subjekts sein. Das bedeutet aber nicht, daß die Inhalte des „Mittelerwerbs" und des „Kompetenzerwerbs" im individuellen Lernprozeß zwei getrennte Seiten bilden. Die Ausbildung beider Seiten erfolgt in einer — durchaus widersprüchlichen — Einheit, wobei sie zeitlich jeweils als akzentuierter Inhalt die Regulationsprozesse der Orientierungstätigkeit des Lernenden ausrichten. Insofern nicht Bewegungen und Fertigkeiten, sondern Handlungen als funktionaler Zusammenhang von Wahrnehmen, Orientieren, Bewegen, Erleben die realen und psychischen Einheiten menschlicher Tätigkeiten sind, beinhaltet das sensumotorische Lernen auch nicht den Erwerb von isolierten Fertigkeiten, sondern den Aufbau von motorisch-akzentuierten Handlungen. Motorisch-akzentuierte Handlungen umfassen einzelne Handlungsabfolgen, die in der individuellen Handlungsausführung als Bewegungen/Operationen und in der gesellschaftlichen Tätigkeit als Fertigkeiten erscheinen. Die zur Ausführung einer motorisch-akzentuierten Handlung (einschließlich der Bewegungen und Fertigkeiten) objektiv erforderlichen psychischen Anforderungen begründen sich aus der Aufgabe der Tätigkeit; sie sind formal und inhaltlich bestimmt durch das Ziel und die jeweiligen Bedingungen und Mittel zur Zielerreichung. Dementsprechend schließt der Aufbau motorisch-akzentuierter Handlungen notwendig den Erwerb tätigkeitsbezogener Kenntnisse, Fähigkeiten und Fertigkeiten ein. Das bedeutet, daß sensumotorische Lernprozesse nicht beschränkt sind auf technisch-operatorische Aspekte der Handlungen, weil immer auch historische, politische, soziale, kulturelle und psychologische Momente in den Prozeß der Aneignung von Außenwelt mit eingehen. Die Inhalte des sensumotorischen Lernens verändern sich in Abhängigkeit von den strukturellen Anforderungen der verschiedenen Tätigkeiten entsprechend dem jeweils erreichten wissenschaftlich-technischen und kulturellen Entwicklungsstand der Gesellschaft. Gesellschaftliche Weiterentwicklungen finden ihren Ausdruck in den Bedingungen der Tätigkeiten der Menschen, wie z.B. in den Spielzeugen, Sportgeräten, sozialen Kooperationsbeziehungen usw. Sie verlangen insgesamt neue Handlungsverfahren von den Menschen, die auch die motorisch-akzentuierten Handlungen, Fertigkeiten, Bewegungen und damit das sensumotorische Lernen berühren.

Die zunehmende Beherrschung einer motorisch-akzentuierten Handlung ist der Prozeß ihrer Vervollkommnung und Automatisierung. Da bei der Durchführung einer Handlung nicht jedes Teilelement (Teilhandlung, Operation) der psychischen Steuerung unterliegen muß, können bestimmte Handlungsanteile (Fertigkeiten/Operationen) durch Automatisierungsprozesse derart verkürzt werden, daß sie nur noch psychisch geregelt werden. Dadurch werden die psychischen Steuerungsvorgänge in der Orientierungstätigkeit des Individuums freigesetzt für die Ausrichtung in neue tätigkeitsbezogene Anforderungssituationen bzw. als Voraussetzung für den Aufbau und die Verwirklichung immer komplexerer funktioneller Systeme. Bewegungen und Fertigkeiten können also vom Individuum in der psychischen Regulation automatisiert werden; sie werden auf der niedrigsten Ebene individueller Handlungsregulation — auf der sensumotorischen Regulationsebene — reguliert. Bewegungen und Fertigkeiten bilden die Grundbausteine des individuellen Handelns. Sie sind ursprünglich (d.h. beim Erwerb) selbst Handlungen, die erst im Prozeß der Automatisierung (Vervollkommnung durch Anwendung) zu unselbständigen Komponenten komplexer Handlungen in der Tätigkeit des Menschen werden. Die Fertigkeit ist also der Handlung hierarchisch untergeordnet. Die Handlung ist mehr als eine Fertigkeit oder eine Summe von Fertigkeiten. Umgekehrt bilden wiederum die Fertigkeiten und Bewegungen eine Voraussetzung zum tätigkeitsbezogenen Handeln des Menschen (vgl. VOLPERT 1971).

Sensumotorisches Lernen im Verständnis der Tätigkeitstheorie bedeutet, den Aufbau motorisch-akzentuierter Handlungen und sensumotorischer Fertigkeiten als Prozeß des Handeln-Lernens in den Tätigkeitsstufen der menschlichen Ontogenese im Sinne einer zunehmend erweiterten individuellen Kompetenz zur Kontrolle der realen Außenwelt zu begreifen. *Handlungskompetenz* umfaßt ihrer *Form* nach den Prozeß der Vergesellschaftung des Individuums; ihrem *Inhalt* nach ist sie bestimmt durch die individuelle Erlangung optimaler Realitätskontrolle in den verschiedenen gesellschaftlichen Tätigkeiten der Menschen durch eine *extensive* Erweiterung subjektiver Erfahrungen und eine zunehmend *reflexive* Verarbeitung von Erfahrungen. Dieser Prozeß ist jederzeit verbunden mit und abhängig von dem Aufbau der psychischen Tätigkeit — vor allem der Orientierungstätigkeit — des Individuums. Handlungskompetenz in diesem Verständnis bedeutet nicht nur Erwerb von individuellen Fähigkeiten zur Ausübung zunehmen besser kontrollierter Handlungen, sondern bedeutet zugleich Erwerb von Fähigkeiten, um den gesellschaftlich-kulturellen Hintergrund der verschiedenen Tätigkeiten immer mehr erfassen und gestalten zu können. Sensumotorisches Lernen als Handeln-Lernen ist konstitutiv für die Entfaltung der Individualität und die Persönlichkeit des Individuums. In den dominierenden Tätigkeiten der kindlichen Entwicklung erlangen sensumotorische Lernprozesse aufgrund ihrer Basisfunktion für den Aufbau von komplexen funktionellen Systemen eine besondere Relevanz:

In der frühkindlichen Entwicklungsstufe bilden die dominierenden Tätigkeiten Perzeptives Lernen, Manipulation mit Objekten und gegenständliche Tätigkeit die Grundlagen für den

Aufbau der „sensumotorischen Intelligenz" (PIAGET 1975). Sensumotorisches Lernen als unmittelbar sensorisch und motorisches Handeln mit den gegenständlichen und sozialen Nahweltbedingungen ist verbunden mit dem assoziativen Erwerb von Erfahrungen, Fähigkeiten, Fertigkeiten und subjektiven Bewertungssystemen. Es führt zur Herausbildung dauerhafter sensumotorischer Verbindungen als Teil erworbener Handlungsschemata, die wiederum dem Kleinkind eine individuelle Anpassung der angeborenen und erworbenen Schemata an die objektive Realität ermöglichen. Sensumotorisches Lernen in dieser Entwicklungsstufe führt insgesamt zu einer vor allem quantitativen Zunahme der sensumotorischen funktionellen Verbindungen, die keine starren Einheiten, sondern in gewissem Umfang flexible Handlungsmuster sind. Sie bilden die Grundlage und Voraussetzung für den Aufbau von Sprache und motorisch-akzentuierten Handlungen auf der höheren Tätigkeitsstufe Spiel.

Sensumotorisches Lernen in der dominierenden Tätigkeit Spiel zielt auf den Aufbau sprachgebundener motorisch-akzentuierter Handlungen und sensumotorischer Fertigkeiten der Alltagsmotorik als Bestandteile von Spielhandlungen bezogen auf verschiedene Tätigkeitsformen des Spiels. Sie werden als bewußte, für den Gebrauch von Spielgeräten usw. und für die Gestaltung sozialer Kooperationsformen zwingend notwendige Mittel individuellen Handelns in konkret-anschaulichen Spielsituationen erworben. Sie bilden die Basis für die semantische Aneignung von Außenwelt und die Voraussetzung für den Aufbau operativer Verfahrensweisen bzw. Mittel im individuellen Aneignungsprozeß auf den höheren Tätigkeitsstufen Lernen und Arbeit.

Zusammengefaßt: Die Bedeutung sensumotorischer Lernprozesse für den Menschen besteht darin, daß erworbene und auf der Abbildebene gespeicherte motorisch-akzentuierte Handlungen als automatisierte sensumotorische Programme in den Aufbau zunehmend komplexer funktioneller Systeme integriert werden. Motorisch-akzentuierte Handlungen und sensumotorische Fertigkeiten bilden immer die Basis von Tätigkeiten und Handlungen, von der aus die fortschreitende Strukturierung des individuellen Handelns (einschließlich der Sprache) erst möglich wird.

2.5. Geistige Behinderung

Behinderung allgemein wird verstanden als Ergebnis eines Gesamtlernprozesses von Tätigkeitsmöglichkeiten für einen Menschen unter isolierenden Bedingungen. Isolierende Bedingungen sind Störungen organischer, psychischer und sozialer Art, die auf den Entwicklungs- und Aneignungsprozeß des Individuums beeinträchtigend einwirken. Sie bilden die auslösenden Faktoren für einen nicht adäquaten Tätigkeitsaufbau im Verhältnis von Individuum und natürliche und gesellschaftliche Umwelt. Sofern die Störungen bzw. isolierenden Bedingungen für das Individuum nicht durch adäquate Lebens- und Lernbedingungen aufgehoben werden, resultiert daraus, daß es von der Aneignung des kulturhistorischen Erbes mehr oder minder ausgeschlossen ist und primär durch diesen sozialen Ausschluß bzw. durch diesen Prozeß der Isolation (vgl. JANTZEN 1979a) Umfang und Schwere der Behinderung bestimmt werden. Demzufolge sind Entstehung, Ausmaß und Verlauf von Behinderung nicht als Folge des Defekts (isolierende Bedingungen), sondern primär als Folge inadäquater sozialer Existenz- und Lernbedingungen (isolierend wirkende Bedingungen) zu begreifen.

Geistige Behinderung ist diesem Grundverständnis nach ebenfalls nicht unmittelbarer Ausdruck eines Defekts (z.B. Stoffwechselstörungen als organismisch-biologischer Faktor für den Entwicklungsprozeß im Zentralnervensystem), sondern Ausdruck und Resultat eines Gesamtentwicklunsprozesses im Verhältnis von objektiven Tätigkeitsanforderungen und subjektiven Tätigkeitsmöglichkeiten unter extrem isolierenden Bedingungen (vgl. hierzu vor allem W. JANTZEN in diesem Band). Auch bei geistig behinderten Menschen ist der Kern der Behinderung der Prozeß des sozialen Ausschlusses, der Prozeß der Isolation. Hauptsächlich die früh wirkenden extremen Störungen des ZNS leiten die mangelnde Ausformung organischer und hirnphysiologischer Grundlagen ein; inadäquate Lebens- und Lernbedingungen im Aneignungsprozeß bestimmen aber erst den Prozeß der Ausformung der vorhandenen organischen und hirnphysiologischen Strukturen. Das bedeutet, daß die isolierenden Bedingungen geistiger Behinderung nicht absolut aufhebbar sind; sie sind jedoch in ihrer Auswirkung durch soziale Maßnahmen weit mehr aufhebbar als allgemein angenommen wird, indem den individuellen Besonderheiten und den gesellschaftlichen Möglichkeiten und Erfordernissen optimale Tätigkeitsbedingungen für geistig behinderte Menschen geschaffen werden.

Geistige Behinderung als Prozeß extremer Isolation von der Aneignung des kulturhistorischen Erbes wird *auf Seiten der gesellschaftlichen Verhältnisse* mittels historisch gewordener gesellschaftlicher Beurteilungsmaßstäbe als extremes Abweichen vom Normalen, als extremer Ausdruck von Arbeitskraft minderer Güte klassifiziert. *Auf Seiten des Individuums* erscheint sie als extrem reduzierte Fähigkeitsentwicklung (vgl. hierzu auch JANTZEN 1980 b). Die Folgen der sozial determinierten geistigen Behinderung von Menschen finden ihren Ausdruck in allen körperlichen und psychischen Bereichen des Individuums. Das heißt, die isolierende Gesamtlebenssituation für geistig behinderte Menschen verhindert sowohl auf der Ebene der organismischen Voraussetzungen als auch der sozialen Beziehungen die mögliche Entfaltung ihrer Tätigkeiten (zu den Zusammenhängen von Wachstums-, Gesundheits- und Bewegungsrückständen in Abhängigkeit von sozialen und ökonomischen Faktoren geistiger Behinderung vgl. die angeführten Untersuchungen und weiteren Ausführungen bei JANTZEN in diesem Band).

Insbesondere sei an dieser Stelle auf Auswirkungen geistiger Behinderung für familiendynamische Beziehungen hingewiesen. Sie betreffen sowohl die Vermittlungsprozesse zwischen den Tätigkeiten des geistig behinderten Kindes und den Tätigkeiten der übrigen Familienmitglieder, insbesondere der Mutter, wie aber auch die Tätigkeitsbeziehungen zwischen den Eltern usw. (zur Familiendynamik aus entwicklungspsychologischer Sicht vgl. u.a. GROSSMANN 1977, SAMEROFF 1978; aus psychoanalytischer Sicht STEFFEN 1979, MANNON 1972).

In dem umrissenen Verständnis bedeutet geistige Behinderung: Aufbau der Individualität und der Persönlichkeit unter extrem isolierenden Bedingungen (vgl. JANTZEN in diesem Band). Dieser Aufbau kann geistig behinderten Menschen im Rahmen des individuellen Entwicklungs- und Lernprozesses nicht „allein" gelingen, sondern erfordert umfangreiche pädagogisch-psychologische Förderungsmaßnahmen. Die allgemeine pädagogisch-therapeutische Aufgabe ist hierbei, bedürfnisorientierte Handlungssituationen auf dem Niveau seiner dominierenden Tätigkeit zu gestalten durch eine für das geistig behinderte Individuum angemessene Abstimmung von objektiven Tätigkeitsanforderungen und subjektiven Tätigkeitsmöglichkeiten, ausgerichtet auf den Erwerb optimaler Realitätskontrolle.

3. Tätigkeitsbegründete Schlußfolgerungen für ein Konzept sensumotorischer Frühförderung geistigbehinderter Kinder

Die vorgestellten, tätigkeitstheoretisch begründeten Auffassungen zur kindlichen Entwicklung, zum sensumotorischen Lernen und zur geistigen Behinderung liefern einen begrifflichen Rahmen, der auf der Grundlage einer konsistenten wissenschaftstheoretischen Ausgangsposition die Erkenntnisse von Einzeldisziplinen widerspruchsfrei integriert. Er scheint für die Entwicklung eines umfassenden multidisziplinären Konzepts sensumotorischer Frühförderung für geistig behinderte Kinder wesentliche Grundlagen bereitzustellen. Der integrative Zusammenhang für die medizinischen, medizinisch-orientierten, psychologischen, soziologischen, sozialpsychologischen und pädagogischen Maßnahmen zur Früherfassung, -erkennung und -förderung von geistiger Behinderung ist dadurch gewährleistet, daß alle diagnostischen und therapeutischen Maßnahmen auf einen gemeinsamen Gegenstand bezogen sind: Auf die *reale gesellschaftliche Tätigkeit* des geistig behinderten Kindes. Insofern die Tätigkeiten des (geistig behinderten) Kindes sowohl in der frühkindlichen als auch in der vorschulischen Entwicklungsstufe immer konstitutiv an Bewegungen zur Ausführung tätigkeitsbezogener Handlungen gebunden sind, müssen frühe Förderungsmaßnahmen notwendig den neurophysiologischen und psychologischen Gesetzmäßigkeiten motorischer Entwicklungs- und Lernprozesse in der Tätigkeit des Individuums entsprechen.

Die besonderen Aufgaben und Ziele der verschiedenen fachspezifischen Förderungsmaßnahmen ergeben sich demnach nicht aus irgendwelchen Krankheitsbildern, isolierten psychischen Funktionen und motorischen Abläufen oder individuellen Charaktereigenschaften, sondern daraus, daß jeweils eine besondere Seite der Tätigkeit des Kindes ihr akzentuierter Inhalt wird. Das übergreifende Ziel für eine sensumotorische Frühförderung geistig behinderter Kinder besteht darin, durch Bewegung und Schaffung von Bewegungsmöglichkeiten den Aufbau von Tätigkeitsstrukturen für das Individuum unter den Bedingungen seiner organismischen Voraussetzungen und seiner sozialen Situation bedürfnisadäquat zu unterstützen und abzusichern. Der Aufbau von Tätigkeitsstrukturen ist immer auszurichten auf die Erweiterung individuell optimaler Realitätskontrolle unter relativ isolierenden Bedingungen. Es muß allerdings künftigen Arbeiten vorbehalten bleiben, die tätigkeitstheoretischen Ausgangspositionen umzusetzen und zu präzisieren für die Erarbeitung eines multidisziplinären Konzepts sensumotorischer Frühförderung.

An dieser Stelle soll abschließend aus der Sicht pädagogisch-psychologischer Frühförderung geistig behinderter Kinder ein Problem verdeutlicht werden, das sich aus den vorstehenden Ausführungen konsequent ableitet und als grundsätzliche Anforderung tertiärer Prävention zum Maßstab konzeptioneller Überlegungen in Theorie und Praxis wird: Inwieweit sind die diagnostischen und therapeutischen Maßnahmen geeignet, durch eine individuell angemessene Abstimmung von objektiven Tätigkeitsanforderungen und subjektiven Tätigkeitsvoraussetzungen bzw. -möglichkeiten des geistig behinderten Kindes die Entfaltung immer höherer Tätigkeitsniveaus, ausgerichtet auf das Erreichen der stammesgeschichtlich abgesicherten Systemeigenschaft *Arbeit*, zu ermöglichen?

Den spezifischen Ansatzpunkt für die pädagogisch-psychologische Frühförderung geistig behinderter Kinder bildet das sensumotorische Lernen verstanden als Handeln-Lernen zum Aufbau individueller Tätigkeitsstrukturen. Die subjektiven Tätigkeitsmöglichkeiten des geistig behinderten Kindes sind durch verschiedene Entwicklungsbesonderheiten organischer, hirnphysiologischer und sozialer Art Ausdruck und Ergebnis extrem isolierender Bedingungen. Charakteristische Merkmale für die Tätigkeitsorganisation des geistig behinderten Kindes sind vor allem stark verminderte Antriebsaktivität und Passivität. Die isolierenden Bedingungen greifen in die regulativen Prozesse der Wahrnehmungs-, Orientierungs- und Bewegungsfunktionen ein, indem weder die Wahrnehmung von bedürfnisrelevanten Handlungsmöglichkeiten und -notwendigkeiten noch die antizipative Vorwegnahme der situativen Bedingungen für eine gezielte Handlungsausführung und damit auch die Handlungsrealisierung adäquat gelingt. Der Grund hierfür liegt primär darin, daß die situativen Tätigkeitsanforderungen im Verhältnis zu den individuellen Tätigkeitsmöglichkeiten zu komplex (Überforderung), zu einfach (Unterforderung) bzw. widersprüchlich (d.h. keine Lösung zulassend) sind.

Der dialektische Wechselprozeß zwischen isolierenden Bedingungen und Isolation von der Aneignung gesellschaftlicher Erfahrungen bzw. vom Erwerb individueller gesellschaftlicher Fähigkeiten kann nur durch die bewußte pädagogisch-psychologische Förderung durchbrochen werden. Dazu ist es erforderlich, daß der Pädagoge/Therapeut zunächst vor allem den subjektiven Tätigkeitsmöglichkeiten angemessene objektive Tätigkeitsanforderungen auswählt. Die *objektiven Tätigkeitsanforderungen* ergeben sich aus den dominierenden Tätigkeiten der frühkindlichen Entwicklungsstufe (Perzeptives Lernen, Manipulation mit Objekten, gegenständliche Tätigkeit) und der vorschulischen Entwicklungsstufe (Spiel). Sie bilden eine Hierarchie von Tätigkeitsniveaus, die als qualitative Stufen individueller Handlungskompetenz zur Aneignung von Außenwelt und zur Vergegenständlichung individuell erworbener Fähigkeiten Grundlage für die Bestimmung sowohl diagnostischer Kriterien als auch pädagogisch-therapeutischer Förderungsmaßnahmen bilden.

Die Hierarchie der Tätigkeitsniveaus in den kindlichen Entwicklungsstufen weist insofern eine Besonderheit auf, als sie den Übergang von dem Niveau der Anpassung zum Niveau der Aneignung beinhaltet. Während die dominierenden Tätigkeiten Perzeptives Lernen, Manipulation mit Objekten und gegenständliche Tätigkeit immer durch assoziative, reizgesteuerte, explorative Handlungen des Kindes realisiert werden, erfordert die dominierende Tätigkeit Spiel bewußte, sprachgebundene, produktive Handlungen. Der qualitative Sprung besteht darin, daß mit dem Übergang zur dominierenden Tätigkeit Spiel die spezifisch menschliche Systemeigenschaft Arbeit prinzipiell erreicht ist.

Den qualitativen Sprung vom Niveau der Anpassung zum Niveau der Aneignung kann das (geistig behinderte) Kind nur vollziehen, wenn es in seiner *individuellen Handlungsorganisation* — das heißt in den psychischen Prozessen der Wahrnehmungs- und Orientierungstätigkeit zur Realisierung von motorisch-akzentuierten Handlungen-ein Entwicklungsniveau erreicht hat, das eine weitgehend automatische Regelung bei der intermodalen und serialen Verknüpfung von inneren und äußeren Signalen sowie bei der Realisierung elementarer sensumotorischer Programme der Alltagsmotorik und der Sprachbildung gewährleistet (Tätigkeitsniveau der gegenständlichen Tätigkeit). Wie oben deutlich wurde, werden Tätigkeiten, Handlungen, Fertigkeiten und Bewegungen vom Individuum auf allen Niveaustufen des Aneignungsprozesses *psychisch* reguliert. Deshalb kommt auch der Qualität der psychischen Regulation entscheidende Bedeutung für die Resultate individuellen Handelns zu. Voraussetzung für eine optimale Wirkweise der psychischen Tätigkeit ist eine möglichst umfassende Entfaltung ihrer regulativen Prozesse, die integriert sind in die zeitlich organisierten Prozesse der Wahrnehmung, Orientierung und Bewegung zum Aufbau funktioneller Systeme. Dabei bildet die Orientierungstätigkeit als die übergeordnete Regulationsinstanz für die pädagogisch-therapeutische Arbeit den entscheidenden Ansatzpunkt, da sich immer nur entsprechend dem jeweiligen Niveau der Orientierungstätigkeit die Handlungsfähigkeit, das Denken, das Bewußtsein, die Persönlichkeitsmerkmale des Individuums herausbilden können.

Da bei Beginn einer pädagogisch-psychologischen Frühförderung für geistig behinderte Kinder, deren subjektive Tätigkeitsmöglichkeiten in der Regel dem Niveau der Anpassung entsprechen, steht der Pädagoge/Therapeut hauptsächlich vor folgender Aufgabe: Er hat im Rahmen sensumotorischer Lernprozesse, die an dem aktuellen Handlungsniveau des Kindes anknüpfen, solche Handlungssituationen zu organisieren und zu strukturieren, die dem einzelnen Kind im Sinne seiner objektiven Bedürfnisse helfen, den Übergang von dem Tätigkeitsniveau der Anpassung zu dem der Aneignung, von der gegenständlichen Tätigkeit zur Spieltätigkeit, von assoziativ-explorativen Handlungen zu bewußt-produktiven Handlungen, von der entfalteten Individualität zur vergesellschafteten Persönlichkeit vorzubereiten, zu vollziehen und abzusichern. Die sensumotorischen Frühförderungsmaßnahmen sind dabei von ihm stets als unmittelbar pädagogisch geführter Prozeß des Handeln-Lernens bezogen auf die Anforderungen der Tätigkeit zu gestalten – wobei dieser Prozeß des Handeln-Lernens zunächst durchaus die passive Bewegungsführung im Sinne der neurophysiologischen Bahnung beinhalten kann, um im durchgeführten Bewegungsvollzug beim Individuum über eine adäquate Reafferentierung zur Großhirnrinde das zentrale Abbild bzw. den Bewegungsentwurf zu verbessern (vgl. hierzu auch JANTZEN in diesem Band).

Alle Förderungsmaßnahmen müssen darauf abzielen, im Verlauf der aufeinander aufbauenden und zunehmend komplexer werdenden dominierenden Tätigkeiten in der frühkindlichen Entwicklungsstufe die Erhöhung der Grundaktivität im individuellen Handeln, den Dominanzwechsel der Fernsinne gegenüber den Nahsinnen, die Herausbildung der optischen Handlungskontrolle und die quantitative Zunahme sensumotorischer funktioneller Verbindungen zum Aufbau von Bewegungs- und Sprachprogrammen zu verbessern. Je mehr das geistig behinderte Kind in der gemeinsamen Tätigkeit mit der Bezugsperson unter systematischer pädagogisch-psychologischer Anleitung lernt, beim Aufbau elementarer sensumotorischer Verbindungen und Programme seine Orientierungstätigkeit auf die intermodale und seriale Wahrnehmungsverknüpfung auszurichten, desto umfassender und angemessener wird es in der Tätigkeit die zeitlichen und orientierenden Anforderungen zur Steuerung der Wahrnehmungs- und Bewegungsfunktionen bewältigen können. In dieser Tätigkeit bildet das geistig behinderte Kind die qualitativen Grundlagen für den Übergang zum *bewußten* Handeln in der Spieltätigkeit heraus. Damit wird deutlich, daß im Mittelpunkt sensumotorischer Lernprozesse Erwerb und Vervollkommnung ganzheitlicher, tätigkeitsbezogener Handlungen steht, in denen die sensorischen und motorischen Prozesse – integriert in psychische Steuerungsprozesse – zeitlich organisierte Bestandteile sind. Insofern können Frühförderungsmaßnahmen zur Verbesserung von einzelnen Wahrnehmungsleistungen und sensumotorischen Funktionen für den Aufbau von Tätigkeits- und Handlungsstrukturen nicht ausreichend sein. Eine systematische Förderung der individuellen Voraussetzung zum aktiven Handeln erfolgt beim geistig behinderten Kind schrittweise über die Organisation von bedürfnisorientierten, in Tätigkeiten eingebundenen sensumotorischen Lernprozessen, die sowohl Förderungsmaßnahmen der Basalen Stimulation, der Nachgestaltung von Wahrnehmungsleistungen, des sensumotorischen Funktionstrainings als auch rhythmisch-musikalische Übungen, krankengymnastische Programme usw. als integrierte Bestandteile umfassen.

Zusammengefaßt: Der auf die ganzheitliche Persönlichkeitsentwicklung abzielende pädagogisch-psychologische Ansatz sensumotorischer Frühförderung erfordert, von der realen Tätigkeit des geistig behinderten Kindes, seiner Lebenssituation sowie seinen subjektiven und objektiven Bedürfnissen auszugehen, um unter Vermeidung isolierend wirkender sozialer Bedingungen auf individuell zunehmend höherem Tätigkeitsniveau nicht einzelne Aspekte der Wahrnehmungs-, Orientierungs- und Bewegungsfunktionen, sondern deren funktionalen Zusammenhang in dem Aufbau von immer komplexeren Handlungssystemen zu fördern.

Literatur

AFFOLTER, F.: Wahrnehmungsgestörte Kinder: Aspekte der Erfassung und Therapie. In: Pädiatrie und Pädologie 12, 1977, S. 205–213
- Entwicklung visueller und auditiver Prozesse. Schweiz. Z. Psychologie 31, 1972, S. 207–223

ANANJEW, B.B.: Der Mensch als Gegenstand der Erkenntnis. Berlin (DDR) 1974

AUERNHEIMER, G.: Zur Bedeutung der Perspektive für einen demokratischen Bildungsbegriff. In: Demokratische Erziehung 2, 1979, S. 190–200

BACH, H.: Geistigbehindertenpädagogik. Berlin 1968

Bildungskommission des Deutschen Bildungsrates: Zur pädagogischen Förderung behinderter und von Behinderung bedrohter Kinder und Jugendlicher. Empfehlungen vom 12./13. Oktober 1973. Bonn 1973

EGGERT, D./KIPHARD, E.J.: Die Bedeutung der Motorik für die Entwicklung normaler und behinderter Kinder. Schorndorf 1972

ELKONIN, D.B.: Psychologie des Spiels. Köln 1980

FRÖHLICH, A.: Ansätze zur ganzheitlichen Frühförderung schwer geistig Behinderter unter sensomotorischem Aspekt. In: Schriftenreihe Lebenshilfe: Hilfen für schwer geistig Behinderte. Eingliederung statt Isolation. Bd. 3, Marburg/Lahn 1978
- Frühförderung schwer behinderter Kinder. In: Lebenshilfe 3/1978

GALPERIN, P.J.: Zu Grundfragen der Psychologie. Köln 1980

GROSSMANN, K.: Frühe Einflüsse auf die soziale und intellektuelle Entwicklung des Kleinkindes. In: Zeitschrift für Pädagogik 6/1977, S. 847–880

HACKER, W.: Allgemeine Arbeits- und Ingenieurpsychologie. Berlin (DDR) 1973

HELLBRÜGGE, Th. u.a.: Funktionelle Entwicklungsdiagnostik für das erste Lebensjahr. München 1974

HENATSCH, H.-D.: Zerebrale Regulation der Sensomotorik. In: HAASE, J. u.a.: Sensomotorik. Physiologie des Menschen. Bd. 14, München 1976

JANTZEN, W./SCHRÖDER, E.: Früherfassung und Förderung von Risikokindern – Zur Situation behinderter Kleinkinder in der BRD. In: Demokratische Erziehung 6/1979, S. 644–655

JANTZEN, W.: Sozialisation und Behinderung. Gießen 1974
- Grundriß einer allgemeinen Psychopathologie und Psychotherapie. Köln 1979
- (a): Menschliche Entwicklung, allgemeine Therapie und allgemeine Pädagogik – Studien zur Entwicklung einer allgemeinen materialistischen Pädagogik. Solm-Oberbiel 1980
- (b): Die Stellung der Psychologie in der Arbeit für Geistigbehinderte. In: ders. Geistig behinderte Menschen und gesellschaftliche Integration. Bern-Stuttgart-Wien 1980

KIPHARD, E.J.: Sensumotorische Frühdiagnostik und Frühtherapie. In: EGGERT/KIPHARD 1972
- Sensomotorische Frühdiagnostik und Frühförderung. In: Schriftenreihe Lebenshilfe, Frühe Hilfen – Wirksamste Hilfen. Bd. 1, Marburg/Lahn 1975
- Wie weit ist ein Kind entwickelt? Dortmund ^{3}1977
- Motopädagogik. Psychomotorische Entwicklungsförderung. Dortmund 1979, Bd. 1

LEONTJEW, A.N.: Probleme der Entwicklung des Psychischen. Frankfurt/Main 1973

LJBULINSKAJA, A.: Kinderpsychologie. Köln 1975

LURIA, A.R.: Die höheren kortikalen Funktionen und ihre Störung bei örtlicher Hirnschädigung. Berlin (DDR) 1970

MANNON, M.: Das zurückgebliebene Kind und seine Mutter. Olten/Freiburg i.B. 1972

Nationale Kommission: Programm der nationalen Kommission für die Vorbereitung und Durchführung des Internationalen Jahres des Kindes in der Bundesrepublik Deutschland. Internationales Jahr des Kindes 1979. Bonn 1978

PIAGET, J.: Gesammelte Werke. Studienausgabe Bd. 1–10. Stuttgart 1975

RUBINSTEIN, S.L.: Grundlagen der allgemeinen Psychologie. Berlin (DDR) ^{7}1971

SAMEROFF, A.: Austauschmodelle für frühe soziale Beziehungen. In: RIEGEL, K. (Hrsg.): Zur Ontogenese dialektischer Operationen. Frankfurt/Main 1978

SCHILLING, F.: Psychomotorische Erziehung für Behinderte. In: HAHN u.a. (Red.): Kind und Bewegung. Kinderturnen kritisch betrachtet. Bd. 19, Schorndorf 1978

SCHMIDT, H.-D.: Allgemeine Entwicklungspsychologie. Berlin (DDR) 1973

SCHULKE, J.: Zur Gegenstandsbestimmung psychomotorischer Erziehung. Tätigkeitspsychologische Analyse zum Verhältnis von Psychomotorik und Sensumotorik. Diss. phil. 1981, Veröffentlichung i.V.

SPECK, O.: Früherkennung und Frühförderung behinderter Kinder. In: MUTH, J. (Hrsg.) Sonderpädagogik 1, Behindertenstatistik, Früherkennung, Frühförderung. Deutscher Bildungsrat, Gutachten und Studien der Bildungskommission, Bd. 15, Donauwörth 1973

STEFFEN, H.: Psychologisches Umfeld von Behinderungen. In: Handbuch der Behindertenpädagogik, Bd. 1, München 1979, S. 127–146

UNO (Vereinte Nationen): Erklärung der Rechte des Kindes. Beschluß der 841. Vollversammlung der Vereinten Nationen vom 20. Oktober 1959

VOLPERT, W.: Sensumotorisches Lernen. Frankfurt/Main 1971
- (a): Handlungsstrukturanalyse als Beitrag zur Qualifikationsforschung. Köln 1974
- (b): Handlungskompetenz und Sozialisation. In: GÜLDENPFENNIG u.a. (Hrsg.): Sensumotorisches Lernen und Sport als Reproduktion der Arbeitskraft. Köln 1974

Dieter Fischer

Aspekte der Erziehung und Bildung geistig behinderter Kinder und Jugendlicher

Inhaltsübersicht

1. Statt einer Vorbemerkung einige Wünsche 115
2. Die geistige Behinderung – eine Herausforderung für die Pädagogik? 117
2.1. Erziehung und Bildung dienen dem geistigbehinderten Menschen,
     wenn sie den Menschen suchen 117
2.2. Erziehung und Bildung dienen dem geistigbehinderten Menschen,
     wenn sie zu einem erfüllten Leben führen 119
2.3. Erziehung und Bildung dienen dem geistigbehinderten Menschen,
     wenn sie zu einem bejahenden Leben führen 120
2.4. Erziehung und Bildung dienen dem geistigbehinderten Menschen,
     wenn sie ihre Tiefendimension wiedergewinnen 122
3. Unterricht und Erziehung mit geistigbehinderten Schülern konkret 124
3.1. Die geistige Behinderung als erschwerendes Moment für Unterricht und
     Erziehung 124
3.2. Erziehung und Unterricht für geistigbehinderte Schüler bedürfen neuer
     Überlegungen 127
3.3. Spezielle Probleme im Unterricht mit geistigbehinderten Schülern,
     die besondere Beachtung verdienen 132
4. Anstatt einer Zusammenfassung:
   Erziehung und Bildung – auch im Lernbereich „Sport" 137
Literatur 139

1. Statt einer Vorbemerkung einige Wünsche

Am liebsten würde ich ein Plädoyer *für* eine Erziehung schreiben, die nicht als „schwarze Pädagogik" gebrandmarkt wird (MILLER 1980), eine Erziehung, die sich nicht als Negation versteht und vorrangig Kritikfähigkeit als obersten Leitgedanken verfolgt, sondern das „Lebendige im Menschen" (MILLER 1980) sucht.
Genauso gerne würde ich von Kindern und Jugendlichen berichten und ihrer Einstellung zum Sport; von Kindern also, die das eine Mal gerne zum Turnen gehen, das andere Mal dieses schwänzen möchten; von Kindern, die begeistert am Wettkampf teilnehmen, das andere Mal sich drücken; von Schülern, die einen steten Kampf mit ihrem Schwimmzeug führen, das andere Mal ihre Turnsachen schon am Montag dabeihaben, obwohl Sport erst am Donnerstag — nach dem Stundenplan — auf dem „Programm" steht.
Die Überschrift meines Beitrages will es mir verbieten, dies alles zu tun. Aspekte einer Erziehung und Bildung geistigbehinderter Kinder und Jugendlicher sollen abgehandelt werden. Würde man unvoreingenommene Leser bitten, das für sie wichtigste Wort in dieser Überschrift zu markieren, würde dies bestimmt das Wort „geistigbehindert" sein.
Damit kündigt sich das Schicksal behinderter Menschen an, besonders solcher, die nach bisheriger Sprachregelung — bei uns zumindest — als *geistig*behindert gelten.
Man sieht vorrangig ihre Behinderung und verfolgt ihre Defizite, man vermerkt ihre Stigmatisierung, man zählt ihre Fortschritte, gewichtet ihre Belastung. Ihre Insuffizienz wird zu ihrem Lebensthema (vgl. THALHAMMER 1980). Ihr Leben, ihr Tun und Lassen ist „immer ein zu wenig" (nach Ingeborg BACHMANN, zit. bei THALHAMMER 1980). Auch wir als Pädagogen haben große Schwierigkeiten, aus diesem Zirkel auszubrechen und uns von der Sogkraft der Behinderung zu befreien. Die Erwartungen der Umwelt, vertreten durch die Eltern, aber auch durch die Öffentlichkeit, nicht zuletzt das eigene Erfolgsstreben, verstärken diese Sogkraft erheblich.
So kreist unser Denken zu schnell und immer wieder um spezielle Curricula, um besondere Lernziele, um eigene Übungen, um veränderte Lernsituationen, um zusätzliche Therapieangebote, um behinderungsspezifische Ausstattung der Räume, um den leidlichen Kostenersatz.
So sinnvoll alle diese besonderen Maßnahmen für das einzelne Kind sein können und so notwendig spezielle Lernanstrengungen oder besondere Organisationen von Erziehung sein mögen (vgl. KELLY 1980), so dürfen sie uns nicht daran hindern, den eigentlichen Standort und unsere eigentlich pädagogische Aufgabe immer wieder uns und auch „unseren Auftraggebern" bewußt zu machen.
So soll auch dieser Beitrag nicht in einer Auflistung von besonderen Maßnahmen enden, wie man nun selbst mit noch so schwer behinderten Kindern besser, d.h. erfolgreicher lernt, wie man in seinen Erziehungsbemühungen doch noch zu Erfolgen gelangt. Ich möchte mich auch nicht auf die allgegenwärtige „Schiene der Behinderung" drängen lassen, sondern mich und den Leser auf das hinführeh, was Erziehung — selbst unter so schweren Lebensbedingungen, wie sie die geistige Behinderung darstellt — sein kann, und was Unterricht als eine konkrete

Form von Bildung als menschliche, dem Kind dienende Aufgabe leisten muß, sollen sie die Auszeichnung, das Qualitätsmerkmal „sonderpädagogisch" verdienen.
Dies gelingt um so besser, je offener wir auch die tatsächlichen Schwierigkeiten ansprechen und uns mit diesen auseinandersetzen. Über Erziehung und Bildung kann man immer nur im Hinblick auf den Menschen, dem sie gilt, und den Menschen, der sich für diesen verantwortlich fühlt, reden. Erziehung und Bildung müssen konkret werden, sollen sie überzeugen.
Sport mit geistigbehinderten Kindern und Jugendlichen ist *eine* Form dieses konkreten Lebens und Lernens. Von daher erscheint uns ein Exkurs zu diesem Thema notwendig und erlaubt, selbst wenn das Thema dieses Beitrages mehr auf allgemeine Feststellungen hinlenkt.

2. Die geistige Behinderung – eine Herausforderung für die Pädagogik?

Die geistige Behinderung kann Macht ausüben. Sie hat eine alles prägende, verändernde und Verzweiflung schaffende Kraft.
Allein die Begegnung mit einer geistigbehinderten jungen Frau, die von ihren alten Eltern durch den Supermarkt mehr geschoben oder gezerrt als geführt wird, macht dies erschreckend deutlich. Was ist in dieser Familie – die anderen Kinder sind längst aus dem Hause, beide Eltern hochbetagt, sich kaum mehr selbst tragend – nicht alles schon ‚gelaufen'! Die Eltern haben sich nicht für das Heim entschieden, sie hatten damals für ihre Tochter noch keine Möglichkeit der Beschulung. Fürsorge, vielleicht auch Überbehütung allein mußten genügen. Diese junge Frau ist total unselbständig – nicht nur, weil sie schwer behindert ist. Die ersten Eingewöhnungsversuche in einer Werkstatt für Behinderte laufen noch, sie sind unvorstellbar mühevoll – für beide Teile.
Es gibt auch andere Erfahrungen: Neulich bei einem Abschlußfest eines Lehrgangs wirkte eine Gruppe geistigbehinderter Jugendlicher mit. Sie gestalteten Adventslieder für die Lehrgangsteilnehmer und trugen Gedichte – verteilt in Sprechversen – vor. Welch eine frische, muntere und vor allem selbstbewußte Gruppe junger Menschen kam da auf einen zu! Modern gekleidet, gut frisiert, sicher im Auftreten und sehr dankbar für unsere Zuwendung, unsere Begeisterung – und natürlich auch für die vorbereiteten kleinen Geschenke.
Auch das können geistigbehinderte Menschen sein! Sie haben zehn Jahre Erziehung hinter sich. Sie können sich in eine Gruppe einfügen. Sie haben großteils sprechen gelernt, sie wissen von den Fähigkeiten und Begrenzungen ihrer Mitschüler, sie kennen sich in den Lebensbereichen aus, die man zusammen mit ihnen erschlossen hat. Sie achten sehr darauf, daß keiner von ihnen vergessen wird. Sie gehören zusammen – sie möchten gerne auch zu uns gehören. Sie sind geistigbehindert geblieben, aber sie sind wacher, selbstbewußter geworden. Sie haben Bedürfnisse, möchten Mofa fahren, träumen von einem Freund, möchten in die Discothek gehen und widersprechen dem Meister in der Werkstatt.
Auch das ist Realität: Die S-Bahn-Stationen bis zum Marienplatz zählen sie sich mit den Fingern ab. Sie kommen an. Müde, „weil die Arbeit heut so viel war!", machen aber einen Platz frei, „für Sie, weil Sie ja schon alt sind".
Was kommt uns in diesen Erlebnissen entgegen? Was sagen sie aus über unsere sonderpädagogische Aufgabe, über Sonderpädagogik insgesamt?

2.1. Erziehung und Bildung dienen dem geistigbehinderten Menschen, wenn sie den Menschen suchen

Diese jungen Menschen, nahezu gleich alt, in der gleichen Stadt angetroffen, zeigen uns, daß die geistige Behinderung nicht jene unüberwindliche Mauer sein muß, die den Menschen in seinem Lebensvollzug behindert oder diesen sogar unmöglich macht.
Sie zeigen uns, daß sie Kontakt zu ihrer Umwelt aufnehmen können, wenn diese Umwelt für sie vertraut wird, wenn diese auf sie zukommt, wenn sie überschaubar wird.

Sie können in dieser Umwelt tätig werden, tüchtig sein und sich erfüllt fühlen (BACH 1979), wenn die Schritte dorthin gelassen, konsequent und in einer gewissen Systematik getan werden. Sie nehmen teil an unserer Konsumwelt, weil die von der Werbung angesprochenen Bedürfnisse auch ihre Bedürfnisse sind.

Sie haben mitmenschlichen Kontakt, sie *leben* Kommunikation, wenn die Partner Vertrauen ausstrahlen. Oft sogar schenkt man viel, manchmal zu viel Vertrauen davon. Wo aber sind die Partner, die zu den Vertrauten werden?

Die junge Frau im Supermarkt erlebte diese Bereicherung nicht. Sie kennt ihre alternden Eltern, sie kennt das Seufzen, sie spürt weitaus mehr die Last, die ihre Behinderung auch ihrer Familie bringt. Ihre Behinderung wird auch die Behinderung der anderen, nicht zum Überwinden, eher zum Erleiden.

Alle aber, sowohl die junge Frau aus dem Supermarkt als auch die Gruppe aus der Werkstufe und die heimfahrenden Arbeiter aus der Werkstatt für Behinderte sind nach wie vor Menschen, die mit ihrer geistigen Behinderung leben, leben *müssen*. Sonderpädagogik ist nicht das Mittel, nicht die Pille *gegen* die Behinderung, sie will ein Weg zum Menschen sein. Wir als Sonderpädagogen müssen immer wieder den *Menschen* suchen, der sehr oft tief unter der Behinderung vergraben ist. Wir müssen ihn aus dem Gestrüpp der Erwartungen befreien, die von allen Seiten auf ihn einstürmen. Wir müssen herausfinden, was er zu sagen hat, was er möchte, was er ablehnt, wogegen er sich innerlich wehrt, welche Bedürfnisse ihn bewegen. Eine sonderpädagogische Erziehung darf nicht um ihrer Behinderten-Gemäßheit das Kind, den Menschen opfern. Sicher brauchen geistigbehinderte Kinder auch sog. „prothetische Hilfen" — in Form von Gewohnheiten, eingeübten Verhaltensweisen und automatisierten Sprachmustern; primär notwendig aber ist es für sie, sich selbst zu entdecken, sich zu entfalten und sich in ihrem eigenen Menschsein zu entwickeln, da „Erziehung ja Entfaltung der Persönlichkeit will"(MILLER 1980), Entfaltung der Persönlichkeit, die *mit* ihrer geistigen Behinderung leben muß. Dazu ist ein Erzieher notwendig, der anfangs nur „da ist" und genügend Sensibilität entwickelt für die Bedürfnisse und Kränkungen des Kindes und ausreichend Empfinden für die Lern- und Lebensmöglichkeiten — selbst wenn diese noch in der Zukunft und damit eigentlich im Verborgenen liegen.

Dieser Erzieher muß gleichzeitig etwas vom „Widerpart" des geistigbehinderten Menschen und vom „Brudersein" spüren (THALHAMMER 1980), er muß ihn erst seinen Lehrer sein lassen, bevor dieser Gedanken der Erziehung hegt. Wer geistigbehinderte Kinder erziehen und unterrichten will, sollte sie voraus eine Zeitlang als seine Lebensgefährten erlebt haben, so wie es gut ist, unter seinen Freunden auch einen Freund zu haben, den man als „geistigbehindert" bezeichnet.

Aus dieser Sicht gesehen wird Sonderpädagogik nicht zu einer hoch komplizierten Technik oder Wissenschaft, die dann noch etwas zu Wege bringt, wenn herkömmliche Mittel und Anstrengungen versagt haben. Vielmehr ist sie eine Pädagogik der Befreiung, weil sie versucht, den Menschen aus Bindungen herauszuführen, gleichzeitig aber auch neue Beziehungen, neue Bindungen anzubieten, die Halt geben, selbst in schwierigsten Zeiten. Fähigkeiten und Fertigkeiten können diesen Prozeß der Befreiung und des Beziehungsstiftens ebenso unterstützen wie neu erlebte und sich festigende Ich-kann-Gefühle. Sie machen unabhängiger von Pflege und freier zum selbstgestalteten und selbst gewollten Umgang mit dem anderen. Man braucht nicht mehr durch den Supermarkt gezogen oder geschoben werden, man kann selbst aufstehen und dem anderen seinen Platz anbieten, damit er das kann, was man eigentlich

auch gerne mag: wenn man müde ist, sich auszuruhen, nach der Arbeit in der S-Bahn zu sitzen.
So darf Sonderpädagogik weder durch Ziele und Curricula, noch durch Lernangebote und Förderabsichten die Hypothek erhöhen, auf die sich ein geistigbehinderter Mensch „Zeit seines Lebens zurückgeworfen fühlt" (THALHAMMER 1980, S. 312). Sonderpädagogik müßte im Gegenteil Wege finden und die Absicht haben, von dieser „Hypothek der Erwartungen" wegzunehmen, sie abzubauen, Lebensmöglichkeiten schaffen und zum Leben selbst ermuntern und befähigen.

2.2. Erziehung und Bildung dienen dem geistigbehinderten Menschen, wenn sie zu einem erfüllten Leben führen

Befreiung darf aber nicht „in die Wüste schicken" bedeuten, sondern muß bereit und fähig machen, „Wüste zu durchleben". Mit einer Behinderung leben, sie zu ertragen, ihren Verlauf zu ahnen, heißt oftmals, „die Wüste zu durchschreiten und die Wüste zu bestehen" (vgl. GERSHAKE 1979). Ein solches Leben trägt Spuren der Last und der lähmenden Betroffenheit in sich, die jede Lebensfreude zu ersticken drohen. Leben jedoch ohne Lebensfreude, ohne Bejahung, wird zu einer Pflichtübung, die lebendig lebende Menschen kaum verkraften und schon gar nicht über Jahre aushalten. Sie führt zu einer Erstarrung, die kaum mehr aufzulösen ist.
Bei Kindern können wir bereits Anfänge solcher psychischen Lähmung erleben. Hier beginnt Bewegung in Starrheit, Leben in Leere und Fülle in „Wüste" überzugehen.
BACH (1979) nennt als oberste Leitziele für sonderpädagogisches Handeln „Lebenserfülltheit" und „Lebenstüchtigkeit". Diese sind so umfassend, eigentlich gelten sie für jeden Menschen, daß sie einen irgendwie unendlich ferne anmuten, weitweg von dem Leben des einzelnen, der Frau im Supermarkt, den musizierenden Werkstufen-Schülern, den jungen Arbeitnehmern in der S-Bahn.
Wer aber bestimmt, was „Lebenserfüllung" und was „Lebenstüchtigkeit" ist? Erledigen diese Aufgabe die neuen Curricula, die individuellen Therapiepläne, die Eltern, die professionellen Erzieher? Vielleicht sogar die Gesellschaft? „Lebenserfülltheit" und „Lebenstüchtigkeit" sind Produkte einerseits — objektiv jedoch schwer zu messen, und Qualitätsmerkmale andererseits — subjektiv jedoch sehr unterschiedlich erlebbar.
Erfülltsein ist sicher nicht nur ein Gegenbild oder die Spiegelung von erreichter Tüchtigkeit. Es kann eine Antwort für erfahrene Bestätigung, Zuneigung, Zuwendung sein, für Anerkennung der geforderten oder selbst gewollten Leistung.
Sie ist aber sicher auch ein glücklich machendes Erleben, wenn es einem Kind gelingt, mit den Dingen, die es umgibt, etwas anzufangen, Bedürfnisse zu befriedigen, sich Wünsche zu erfüllen, aber auch andere zu beschenken. Erfüllung kann das Erlebnis einer Wiese im Frühling sein, wo ich vielleicht sogar einen Blumenstrauß pflücke, das Mithören eines Konzerts, wenn ich die Sänger kenne oder mich bei bestimmten Melodien „aufgehoben" fühle, das Mitfeiern eines Gottesdienstes, weil ihn viele andere auch feiern, weil ich mich dort sicher fühle, weil ich dort Ruhe und Frieden finde.
Geistigbehinderte Kinder werden in unsere Welt hineinwachsen, wenn sie Beziehungen zu Dingen — also zur Welt — aufnehmen und wenn sie mitmenschliche Beziehungen knüpfen können. Es muß jedoch eine verläßliche, ermutigende Welt sein. Aus der Begegnung mit Ausschnitten aus der Wirklichkeit erwachsen Eindrücke, Erfahrungen, Haltungen; der geistigbehinderte Mensch gewinnt an Orientierung und damit an Sicherheit, auch an Vertrauen.

Oft scheitern diese Möglichkeiten allein am Fehlen einer geeigneten Welt und am Fehlen von bereiten Partnern, die sich als Mitmenschen erweisen, oder konkret: zum Problem wird es, eine Wiese, ein Konzert, eine Gemeinschaft „zur Verfügung zu haben", die man als Erzieher für seine behinderten Kinder zum „Objektsein", zum „Partnersein" bitten kann.
So wird es in der Erziehung nach BRENZINKA (1980) nie ohne Aneignung von Elementen aus der Kultur gehen, nie ohne Verinnerlichung von Normen, nie ohne innere Übereinstimmung mit sich abzeichnenden, lebenserhaltenden und lebensfördernden Ordnungen, nie ohne seelische Gebundenheit an die Gemeinschaft, in der man sich aufgehoben, angenommen und eingegliedert fühlt, die mit einem rechnet und auf einen zählt.
Für die „erzieherische Kleinarbeit" sind aufgrund vorliegender vielfältiger Erfahrungen aus dem „erziehlichen und unterrichtlichen Umgang" mit geistigbehinderten Schülern weniger ihre Defizite und die sich daraus ergebenden Probleme in der Vermittlung (vgl. FISCHER 1979) das zentrale Problem, sondern die schwere Hürde, mit Geistigbehinderten eine Wirklichkeit aufzubauen (PIAGET 1975), die trägt und genügende, erfüllende Lebensmöglichkeiten für den einzelnen behinderten Schüler abwirft. Ein großer Anteil an Verantwortung ist an dieser Stelle allerdings der Gesellschaft zu übergeben, die sich der Verantwortung, Lebensmöglichkeiten und Lebensfelder ihren geistigbehinderten Mitgliedern bereitzustellen, auf Dauer nicht so elegant und wohlfeil entziehen kann. In der ganzen Tiefe wird dieses Problem erst dann erfaßt werden können, wenn die Erfülltheit des behinderten Menschen auch die eigene Erfülltheit ist und meine Tüchtigkeit auch die seinige darstellt. Wir müssen lernen zu teilen, viel radikaler als wir uns dies bislang je in Ansätzen nur vorstellen können.

2.3. Erziehung und Bildung dienen dem geistigbehinderten Menschen, wenn sie zu einem bejahenden Leben führen

Oft werden geistigbehinderte Kinder in „Erziehung genommen" oder in therapeutische Prozesse eingeschleust, bevor ihre Persönlichkeit, ihr Personsein nur in Anfängen entdeckt worden ist. Man kennt ihre Namen, ihre Daten, weiß sehr schnell von der Mühe zu berichten und von möglichen unzureichenden Ergebnissen aus verschiedenen Tests. Dies mag Ängste auslösen, Energie freisetzen und Motivation bzw. Bedürfnisse wecken, nach einer zielstrebigen Veränderung zu suchen.
Am Anfang ihres Lebensweges darf nicht die Behandlung stehen – Notsituationen selbstverständlich ausgenommen –, am Anfang dieses oft beschwerlichen Lebensweges durch Erziehung und Bildung steht die Zuwendung, die Zuneigung, das Liebhaben. Eine solche Zuwendung ist absichtslos. Sie ist Ausdruck und Versicherung: Dich mag ich, ich bin froh, daß es Dich gibt – auch wenn wir es zusammen schwer haben, auch wenn Du es Zeit Deines Lebens schwer haben wirst. Zuwendung schielt nicht nach Leistung und nicht nach Produkten. Sie kann Schritte nach vorne als Geschenk sehen, vor allem wenn es Schritte zum Selbstsein, zum Aktivsein sind. In der Zuwendung kann man aber auch mit dem anderen leiden, mit ihm traurig sein, dann, wenn dieser an Grenzen stößt. Grenzen können den schmerzen, dem sie zugehören, aber auch den, der sie miterlebt. Wir sollten mutig werden, Grenzen mitzuerleben – ohne diagnostischen Blick, ohne Weh und Ach, ohne das „Kreuz" zu beklagen, das man mit diesem Kind hat. „Deine Behinderung ist meine Behinderung" – wir wollen alle Dinge gemeinsam haben.
Glückt es uns, das Kind, das Mädchen, die Frau, den *Menschen* unter dieser Behinderung zu entdecken, ihn aus seinen Fesselungen zu befreien, wird uns nicht selten ein beschädigter, ein

gezeichneter, ein leidender Mensch entgegenkommen. Sonderpädagogen werden dieses Leid nicht scheuen, der Not nicht ausweichen. Sie müssen eingeübt sein im Umgang mit Hoffnungslosigkeit und erfüllt von Aussicht auf Hoffnung (BREITINGER/FISCHER 1981, Kap. 4.3.).

In vielen Klassen geht es fröhlich zu. Nicht immer aber überzeugt uns diese Fröhlichkeit. Sie wirkt wie „aufgesetzt". Sie ist ein Bollwerk gegen Leid, gegen die uns entgegendrängende, uns schier zuzudeckende und wegschwemmende Not. Wenn Erziehung auch sonst heißt, „dem werdenden Ich das eigene Ich entgegensetzen", so gilt das auch im Hinblick auf das Leid. Man kann nicht wegdiskutieren, daß geistige Behinderung enormes Leid, wirklichen Schmerz bereitet, ein „Kreuz" ist. Man kann dieses Leid nicht wegsingen, nicht wegspielen, nicht wegbasteln. Es ist im Grundton immer vorhanden, weil Fülle sein könnte, wo eben keine Fülle ist, weil Freude da sein könnte, wo sie sich nicht einstellt, weil sich Realität ankündigt, die gegen das Leben ist.

Wir müssen dieses Leid, diese Not zulassen, wir müssen sie als Realität anerkennen, diese mangelnde Fülle sehen, diese Blockierungen anerkennen *und* dennoch mit dem Kinde leben und arbeiten, es fördern, ihm helfen, es einladen, uns mit ihm befassen, ihm unsere/seine Welt zeigen.

Oft gehen wir auch zu schnell von der selbst erlebten Fülle aus, von der vermeintlichen Vollkommenheit und Ganzheit. Aber auch wir haben von den vielen Möglichkeiten in unserer Welt nur einen Teil in Händen, und diesen können wir oft nicht über lange Zeit festhalten. Er entgleitet uns immer wieder; und immer wieder werden wir uns um einen neuen Teil bemühen. Gegenüber dem Menschen mit einer geistigen Behinderung lassen sich hier nur bedingt Unterschiede erkennen. Er ist eigentlich wie wir.

Leid stellt die Basis für Solidarität und gleichzeitig die Basis für die zu gewinnende Hoffnung. Sie wird allein schon in der positiven Zusage konkret, mit diesem oder jenem Schüler das Lernen zu wagen, Schritte des gemeinsamen Lernens und Erziehens zu gehen. Erziehung und Bildung geistigbehinderter Menschen müssen zu einer gemeinsamen Sache für Lehrer und Schüler werden. Der gesunde Partner wird den anderen Anteil nehmen lassen an seiner Gesundheit – die nicht immer nur beim Lehrer liegen muß, der behinderte Partner wird den nichtbehinderten Anteil nehmen lassen an seiner Behinderung (die wiederum nicht nur beim Behinderten liegt).

„Meine Beine sind Deine Beine" so sagten die Geschwister von Ulrich BACH nach seiner durchstandenen Kinderlähmung zu ihm (vgl. BACH 1980, S. 265). Nicht der Wille zur Veränderung, dem anderen „etwas beizubringen", ist Ausgangspunkt unserer Erziehungs- und Bildungsarbeit, sondern das gemeinsame Haben und Sein, das gemeinsame Leben und Lernen, das Miteinander-Gehen.

Zum Leben führen setzt eine positive Sicht des eigenen Lebens voraus. Hiermit meinen wir keine beschönigende, harmonisierende Einstellung oder Absicht, sondern eine sehr wohl realistische, konkrete, dem Leben, so wie es ist, zugewandte Offenheit als Bereitschaft zum Mitgehen. Wer mitgeht, pflegt weder erstarrte Erwartungen noch muß er abwehren, was verändernd auf ihn zukommt. Er hat gelernt, aktiv zu sein, weil er auf Neues eingestellt ist. Sein Leben ist durch das Erwarten und durch das Teilen bestimmt. Es erfährt dadurch erst seinen Wert.

Nur so ist der verwunderliche Satz von Ulrich BACH (1980) zu verstehen, wenn er als Anfang jeglichen Unterrichts, jeder Erziehung und Bildung das Staunen setzt. Damit nennt er jenen schöpferischen Impuls zur Phantasie und Kreativität, wohl aber auch zum Gewinnen von Kraft für das Bestehen und Überwinden, auf den es in der Arbeit mit Behinderten so sehr ankommt. Sonderpädagogik als eine befreiende und gleichzeitig Halt gebende Kraft kann von einem solchen Staunen sicherlich profitieren. Es macht auch sie frei und den, der Sonderpädagogik konkret werden läßt. Allerdings wird er dadurch noch vermehrt spüren, wie sehr es auf ihn ankommt. NIPKOW (1980) sieht Erziehung als eine Lebenseinheit (von Erzieher und Zögling). „Lebenseinheit" als Begriff drückt gut das Gemeinsame aus. Es geht in der Erziehung und Bildung behinderter Kinder nie nur um den anderen, immer auch um das eigene Ich, um mich. Der geistigbehinderte Mensch ist ein Stück von mir, so wie ich ein Stück im geistigbehinderten Menschen bin. Dieses Gesunde gilt es zu heben, wie der Erzieher seine Gefährdung nicht verdrängt, sondern sie annimmt und sich mit ihr umzugehen traut.

2.4. Erziehung und Bildung dienen dem geistigbehinderten Menschen, wenn sie ihre Tiefendimension wiedergewinnen

Zum Abschluß der Überlegungen des ersten Teils soll ein weitverbreiteter Irrtum angesprochen werden, der selbst unter Sonderpädagogen anzutreffen ist: Unter der Variable der geistigen Behinderung wird alles ein wenig kleiner, ein wenig harmloser, unernster, weniger bedeutsam. Es kommt nicht mehr so darauf an.
Tatsache ist: Mit zunehmender Behinderung wird das Lebens- und Erlebensfeld schmäler, geringer, farbloser; das Stoffangebot in der Schule für Geistigbehinderte wird bescheidener, die Interessen der Schüler nehmen ab; die Zahl der Freunde geistigbehinderter Menschen kann man an den Fingern abzählen; selbst die Quadratmeterzahlen für die Klassenräume reduzieren sich, das Schwimmbad ist oft nur ein Therapiebecken und aus der Turnhalle wird ein Rhythmikraum.
Diese Beispiele ließen sich fortsetzen. Sie beleuchten aber wirklich nur die eine, wenn auch die augenscheinliche Seite des Problems.
Diesem quantitativen Weniger muß nicht unbedingt ein qualitativ Weniger entsprechen. Im Gegenteil, dieses quantitative Abnehmen muß durch eine neu zu gewinnende Tiefendimension ausgeglichen und aufgefangen werden. Diese Aufgabe stellt hohe Anforderungen an den Lehrer und Erzieher und verlangt schwere, intensive innere Arbeit in einem psychoanalytischen Sinne (Trauer als Trauerarbeit — vgl. CARUSO 1968). Er muß den Reichtum in den verbliebenen Möglichkeiten entdecken; er muß die wenigen oder begrenzt scheinenden Möglichkeiten der Erziehung und Bildung durch sein Nachfragen, sein Nachdenken und durch sein Staunen erneut aufladen. Er muß sich auf der anderen Seite im alltäglichen Umgang der allzu verlockenden Infantilisierung erwehren, energisch sogar widersetzen.
Geistigbehinderte Jugendliche verdienen — auch wenn sie einem noch so klein oder gar kindlich vorkommen — ein respektvolles *Sie* und kein plump-vertrauliches *Du*; die wenigen Mengenvorstellungen, die man mit ihnen erarbeiten kann, beinhalten neben einer möglichen Langatmigkeit die gesamte Problematik der Lebensrelevanz; die kleineren, gemütlich anmutenden, fast wohnstubenartigen Klassenzimmer bedürfen einer nüchternen, klar durchdachten Strukturierung, damit sie eine wirkliche Lernhilfe darstellen; das so einfach scheinende Bewegungsspiel — wo die Schüler vielleicht „wie Kinder" durch die Halle tollen — muß zu einem ernsthaften Spiel gestaltet werden, weil es um Gruppenprozesse geht, die das Erleben von Ich, Du und Wir ermöglichen und repräsentieren.
Ein entscheidender, viele Mißverständnisse hervorrufender Schritt wurde selbst von der sonderpädagogischen Theorie vollzogen. In dem Bemühen, die Bildung für geistigbehinderte

Menschen konkreter werden zu lassen und sie dennoch als die jeweils entsprechende Bildung zu legitimieren, wählte man den unglücklichen Begriff der „lebenspraktischen Bildung". Sicher kommt es auf die Inhalte einer solchen Lebenspraxis an, auf das, was man als ‚lebenspraktisch' versteht. Im Zuge der beschriebenen Vereinfachung und Reduzierung subsummiert man mit diesem Bildungsbegriff in letzter Zeit verschiedentlich nur noch Fähigkeiten und Fertigkeiten aus dem alltäglichen Leben, den Bereichen der Selbstversorgung, der Kleidung, der Hygiene, der Orientierung, der allernächsten Umwelt. Und das ist dann Bildung und Erziehung ohne jene Tiefendimension. Sie ist die greifbare Seite der Münze, jedoch ohne eigentlichen Wert. Jede Bildung, die dem Menschen dient, muß lebenspraktisch, dem Leben dienlich sein. Jede noch so kleine Lebenssituation, jede noch so bescheidene Lebensfertigkeit bedarf dieser Tiefendimension, die von einem alleinigen Pragmatismus befreit und das wiederfindet, was den Menschen tatsächlich erfüllt.

Am Anfang war das Staunen... Über das Bewegen und das Sich-bewegen können, über das Sehen und das Sehen-können, über den Körper und das Körper-besitzen. Das heißt doch, wir müssen wieder selbst erfahren, verstehen und schätzen lernen, was ein Apfel ist, was Treppensteigen, was mein Körper, was der Baum, was das Sitzenkönnen meint. Alle diese „Dinge" als so selbstverständliche, alltägliche Gegenstände, Handlungen oder Gegebenheiten sind eben nicht nur einfache, funktional bestimmte Abläufe, einfache, klar strukturierte Objekte. Für den einen Schüler sind sie zusätzlich oberste Grenze seines Welterlebens, oberste Grenze seiner Bewegung, oberste Grenze seines Handelns und Aktivseins, für den anderen Schüler sind sie Momente des Zorns und des Ärgers, für wieder einen anderen sind sie Ziel und Sehnsucht seiner Hoffnung.

Wir müssen den kleinen Dingen, den wenigen Möglichkeiten meditativ, erlebend, sinnend nachgehen, um sie wieder in ihrer Tiefe und nicht nur in ihrer Phänomenologie zu erfassen. An sich sind Tiefendimensionen an der Schule für Geistigbehinderte nicht hinzuzufügen, sie sind vorhanden, man muß sie nur aufspüren, aufgreifen und ihren Wert im Umgang damit wieder erkennen. Erziehung und Bildung geistigbehinderter Menschen werden dann wieder zu einer reichen, bereichernden Angelegenheit, die die Mühe lohnt und das Schwere verkraften läßt.

3. Unterricht und Erziehung mit geistigbehinderten Schülern konkret

Sonderpädagogisch qualifizierter Unterricht und sonderpädagogisch gültige Erziehung finden Antwort auf die Lebenssituationen behinderter Kinder und Jugendlicher. Lebenssituationen sind einmal durch persönliche Momente bestimmt, wie sie das Alter, die Geschlechtszugehörigkeit, die Familiensituation, die Behinderung, nicht zuletzt die körperliche Verfassung darstellen. Gleichermaßen bedeutsam sind die gesellschaftlichen Bedingungen des Lebensumfeldes des einzelnen behinderten Menschen, seine derzeitigen Lebensbedingungen, verstärkt aber auch seine zukünftigen Realisationsfelder und -möglichkeiten für sein unter Umständen begrenztes Leben.

3.1. Die geistige Behinderung als erschwerendes Moment für Unterricht und Erziehung

Unterricht und Erziehung wären schlecht beraten und sicher auch nur vordergründig erfolgreich, würde sich das Nachdenken lediglich auf Fragen des „Was" und des „Wie" beschränken.
Unterricht und Erziehung wollen Verbindungen zur Umwelt schaffen, Beziehungen knüpfen und Handlungsfähigkeit erreichen.
Nach ROBINSOHN (1971) hat die Schule die Aufgabe, „Qualifikationen zu vermitteln, mit deren Hilfe spätere Lebenssituationen zu bewältigen sind". Sicher gelingen sportliche Vorhaben – Besuch eines öffentlichen Schwimmbades, die Teilnahme an einem Volkslauf – besser, wenn die dazu notwendigen Fähigkeiten lehrgangsmäßig und prozeßhaft aufgebaut wurden und nicht Produkte einer starren Einübung oder gar Dressate sind (vgl. den Beitrag von KAPUSTIN in diesem Band bzw. den vorgeschlagenen Aufbau von Fähigkeiten im Bereich der Selbstversorgung bei FISCHER/MEHL u.a. 1979). Solche didaktisch-methodischen Brücken haben großen Wert. Sie lassen sich einreihen in das weite Feld der sogenannten Sonderpädagogischen Maßnahmen (vgl. FISCHER/MEHL u.a. 1979). Sie allein genügen nicht, wenn wir die Schülerschaft der Schule für Geistigbehinderte ernst nehmen wollen und mutig sind, sie so zu nehmen, wie sie ist.
Neue Beziehungen zur Welt schafft nur der Schüler, der aus sich heraustreten kann, der für den Interaktionsprozeß zwischen der eigenen Person und der Welt die notwendigen Wahrnehmungs- und Verarbeitungsfähigkeiten mitbringt und der offen ist für die Dinge, die Erlebnisse und Erfahrungen, die auf ihn zukommen. Die geistige Behinderung erschwert genau jenen Zugang, jene Offenheit, jene Flexibilität als Grundbedingung für jenen Austauschprozeß, den wir als „Lernen" beschreiben. Nur ein flexibler Mensch kann sich den neuen Aufgaben stellen und neue Formungen, d.h. neue Verhaltensweisen erwerben.
Uns begegnen aber geistigbehinderte Kinder, die *besetzt* sind, so sehr besetzt, daß der notwendige Lern- und Erziehungsprozeß nicht oder nur erschwert eingeleitet werden kann. Es fehlen dann auch die notwendigen Fähigkeiten und Fertigkeiten, denn eine solche „Besetzung" reduziert das vielfältige Sich-Einüben; sie läßt nur bedingt Interesse und Bereitschaft aufkommen, sie macht stumpf und unsensibel im Hinblick auf die Ansprechbarkeit durch

Dinge, Situationen und Menschen; sie führt in die Einsamkeit, wenn nicht Menschen hinzutreten, die – in welcher Weise auch immer – diese Besetzung zu überwinden versuchen. Das Maß des Besetztseins ist sicher relativ zu sehen. Es kann von einer zeitweiligen oder schwankenden Hemmung bis hin zu einer völligen Blockierung und Verkapselung reichen.

Die Inhalte solcher möglicher Besetzungen allerdings erscheinen interessant und für die Aufarbeitung von Bedeutung. Ich habe die mögliche Vielfalt in sechs Gruppen zu ordnen versucht:

Gruppe 1: Kinder, die in ihrer Körperlichkeit *gefangen oder besetzt sind.*
Es können anfallskranke Kinder sein, Kinder mit schweren Körperbehinderungen, Spätschäden nach Unfällen, schweren Sinnesschädigungen wie Taubblindheit usw.
Gruppe 2: Kinder, die in ihrem Verhalten *gefangen und dadurch besetzt sind.*
Das sind Kinder mit fixierten, stereotypen Verhaltensweisen, solche, die unruhig, hyperaktiv, autistisch sind. Es können aber auch Kinder sein, die mit Resten von Fähigkeiten und Wissensbeständen aus der Schule für Lernbehinderte in die Schule für Geistigbehinderte überwiesen wurden. Sie halten sich – und der Lehrer entsprechend mit – an diesen Minimalkenntnissen fest. Meistens sind es Fähigkeiten im Schreiben, Rechnen und Lesen.
Gruppe 3: Kinder, die von Objekten *besetzt sind.*
Das sind Kinder, die immer etwas mit sich herumschleppen, ihren Bär oder ihre Puppe, eine magische Zahl oder einen Fetzen Papier; es kann aber auch die Mutter sein, von der man sich nicht lösen kann. Immer sind es symbiotische Beziehungen, die das Kind nicht frei geben für neue Entdeckungen, neue Begegnungen und neue Erfahrungen in der Umwelt.
Gruppe 4: Kinder, die von ihren Bedürfnissen, Trieben und Vorstellungen *besetzt bzw. bestimmt sind.*
Das können Kinder sein, die alles haben wollen, alles anfassen müssen oder auch in den Mund stecken, die nur nach Zuwendung Ausschau halten und jede Tätigkeit in eine solche Zuwendungssituation ummünzen; auch Kinder mit Zwangsvorstellungen gehören zu dieser Gruppe.
Gruppe 5: Kinder, die sich in ihrer Existenz *bedroht fühlen und von daher durch ihre* Angst *oder* Sorge *besetzt sind.*
Das sind Kinder, die an schweren, meist progressiven Krankheiten leiden und darüber auch meist Bescheid wissen, Kinder also mit Muskeldystrophie, mit Leukämie oder mit Gehirntumoren; dieses Erleben kann die gesamte Lebenseinstellung und das Lerninteresse umpolen. Das Interesse gilt den Werten, dem neuen Krankenhaustermin, der neuen Spritze.
Gruppe 6: Kinder, die in langanhaltender Isolation *leben und durch dieses Erleben besetzt sind.*
Das sind Kinder, die lange Zeit in Kliniken zubringen müssen, in schlecht geführten Heimen leben; es sind aber auch geistigbehinderte Kinder, die in Wohlstandsfamilien leben und eigentlich neben dem Perserteppich und der japanischen Grastapete keinen Platz, keinen Lebensraum besitzen, Kinder, die im Wege sind.

Es wäre zu fragen, welche Kinder überhaupt noch übrig bleiben? Mit dieser Auflistung sollen weder Barrieren aufgebaut und eine Erziehung und Unterrichtung infragegestellt werden, noch das Behindertsein so in den Mittelpunkt gerückt werden, so daß Sonderpädagogik doch wieder zu einer defektspezifischen Angelegenheit wird. Wenn sich Erziehung und Unterricht um die Zuwendung zum Lebendigen des Menschen, in unserem Fall zum geistigbehinderten Menschen bemühen, dann können wir an der *tatsächlichen* Lebenssituation behinderter Kinder und ihrem wirklichen Erleben nicht vorbeigehen. Es ist auf der einen Seite die Hypothek der übergroßen Erwartungen, die die Eltern, die Umgebung, die Öffentlichkeit an diese Kinder heranbringen, es sind auf der anderen Seite die Lebenssiutationen, die sich für geistigbehinderte Kinder aus dem Erleben und damit auch aus den Nachfolgelasten ihrer Behinderung ergeben, so wie wir dies in den sechs Gruppen — wo sich sicherlich noch Zwischenglieder und Mischformen finden lassen — exemplarisch angedeutet haben.

Es soll deutlich werden:

— Geistigbehinderte Menschen befinden sich meist in weitaus dramatischeren, existentiell bedrohlicheren Situationen, als man ihnen gemeinhin zugesteht. Sie haben äußerlich gesehen sicher oft viel von ansteckender Liebenswürdigkeit, von einem spontan-naiven Kindlichsein, von einer freundlich-heiteren Grundstimmung; wagt man sich näher an sie heran, tun sich andere Welten auf; echte Betroffenheit über die tatsächliche Lebensrealität erfaßt uns.

— Geistigbehinderte Menschen brauchen Hilfe von weitaus grundsätzlicherer Art als man ihnen gemeinhin zugesteht. Das Weniger an Stoff, die doppelte Lernzeit, die geringere Klassenmeßzahl, die Teilung der Klasse im Fachunterricht sind als Maßnahmen wie Schall und Rauch gegenüber der tatsächlichen Not vieler unserer Schüler. Ihre Lern- und Erziehungshilfe muß in hohem Maße individuell geschehen, d.h. geplant, gestaltet und gemeinsam mit ihnen gelebt werden. Das Vermitteln von Elementen aus dem sogenannten objektiven Bildungskanon gleicht einem Funkenflug, der bald verlöscht.

— Geistigbehinderte Menschen haben vielfältige Beziehungen zu ihrer Umwelt, konkret zu ihrem Körper, zu Dingen und Menschen aus ihrer Umwelt. Sie besitzen auch eine Vielzahl von Fähigkeiten und Fertigkeiten und von situationsgebundenen Verhaltensmustern. Sie erleben Bedürfnisse, Wünsche, Träume, können mit diesen allerdings nicht frei umgehen, sondern sind diesen nicht selten nahezu hilflos ausgeliefert.

Zusammengefaßt: Sie können viel und vermögen daraus doch kein Kapital für sich zu schlagen, oft nicht einmal einfachste Lebenssituationen für sich bewältigen.

— Geistigbehinderte Menschen bedürfen lebenslang einen Partner, der immer wieder die Anregung, die Steuerung und die Regulierung ihrer Außen- und Innenbeziehungen auszugleichen, anzustoßen und zu begrenzen weiß. Sie selbst können unter der Mitwirkung eines solchen „Zweiten im Bunde" erstaunlich viele und unterschiedliche Situationen angehen und sogar bewältigen.

Feststellungen dieser Art gehen von einem Lernkonzept aus, das sich nicht mit Konditionierungsmaßnahmen begnügt. Uns geht es vielmehr um einen möglichst aktiven, selbststeuernden Lernpartner, der sowohl sein Lernen als auch seine Erziehung mitbestimmt.

Dies kann um so eher der Fall sein, wenn sich der „Zögling" — in unserem Fall der geistigbehinderte Schüler — als Person angesprochen und verstanden fühlt. Seine Fädchen, mit denen er spielt, sind nicht nur Hindernisse für den Lehrer, der ihm die Teile der Blüte erklären will; sein Bedürfnis, das Bilderbuch anzufassen, darin zu blättern, den Wind beim Blättern zu spüren, sind nicht nur Anlässe für therapeutisches Intervenieren; seine Angst, sich in der Halle zu bewegen, ist nicht nur eine bequeme Ausrede oder ein Zeichen für seine Bewegungsarmut, die man durch spezielle Motivationen zu überrumpeln hat. Jedes Mal tritt der Schüler in solchen Situationen uns in seinem Sosein entgegen, sicher mit dem Anspruch, mit indirektem Appell, ihm *grundsätzlich* zu helfen, in ihm das Lebendige wieder zu suchen, wieder zu lockern, in Gang zu setzen, das zu erstarren droht oder das noch nicht geweckt ist.

3.2. Erziehung und Unterricht für geistigbehinderte Schüler bedürfen neuer Überlegungen

Besonders im Hinblick auf die Ziel- und Inhaltsauswahl muß sich die Geistigbehinderten-Pädagogik nach neuen, dem geistigbehinderten Schüler entsprechenderen Prinzipien und Regelungen umsehen und diese dann auch im Unterrichtsalltag verwirklichen. Geistigbehinderte Schüler werden immer noch — möglicherweise um ihrer Integration willen — zu sehr auf normkonformes Verhalten getrimmt. Dies fördert aber in keiner Weise ihre Lernbereitschaft, ihr Lerninteresse und erschwert mit Sicherheit mögliche Lernerfolge. Es ist ein Lernen, das mit ihnen als Person zu wenig zu tun hat. Ihr Erlebensfeld, ihre Lebensbezüge, ihr Erfahrungshintergrund und auch ihre Besetzung finden in der Zielfindung und in der Lernplanung zu wenig ihren Niederschlag.

Verfolgen wir als Pädagogen bewußter diese „subjektive Spur", ergeben sich sehr bald erste Konflikte mit der Norm, die in unserer Gesellschaft gilt (ein 18jähriger Schüler setzt sich eben nicht mehr in einen öffentlichen Sandkasten und spielt mit Sand). Das gilt für die Bereiche des konkreten Alltags ebenso wie für Lebenssituationen aus dem Bereich der Ästhetik, der Religion, der Sexualität, der Kunst. Dabei wissen wir nicht erst seit der eindrucksvollen Arbeit von HINTERSBERGER (1978), daß Normen nie für sich zu bewerten oder auch zu fordern sind, daß jeweils verhaltensbiologische, sogar stammesgeschichtliche Anteile diese mitbestimmen, u.U. eben auch der Forderung nach normorientierten Verhalten entgegenstehen.

Normen spielen jedoch nicht nur im Bereich des Verhaltens der zwischenmenschlichen Beziehungen und der Werte eine entscheidende Rolle. Normen sind in sehr einfacher Weise, dafür aber in sehr weiten Bereichen mit jedem Objekt, mit jeder Situation, mit jeder Handlung verbunden. Normen sind in diesem Sinne Ergebnisse oder auch Festschreibungen von objektiven Gegebenheiten oder Zuständen, die für das Funktionieren, für den Umgang und für die Verwendung von ausschlaggebender Bedeutung sind. So ist es nur zu verständlich, daß alle Kinder von Anfang an diesem „Erlernen objektiver, genormter oder auch normativer Gegebenheiten" begegnen. Sie lernen die Farben, die Formen, die Mächtigkeit von Mengen, physikalische Gesetzmäßigkeiten und sachbedingte Eigenschaften, Verhaltensübereinkünfte, Regeln und Verordnungen. Sie werden für Dinge gelobt, die sie überraschen, und für Handlungen bestraft, deren Sinn ihnen verborgen bleibt.

Somit ergibt sich als erste Regel für den Unterricht mit geistigbehinderten Schülern, hier einen Ausgleich zwischen dem Schüler und der Welt zu finden.

Regel 1
Ein sonderpädagogisch geführter Unterricht mit geistigbehinderten Schülern findet einen Ausgleich zwischen dem subjektiv Bedeutsamen (die Puppe) und dem objektiv Notwendigen (die Verkehrsampel).

An einem kleinen Beispiel aus der Praxis, das verkürzt wiedergegeben wird, soll die Bedeutsamkeit dieser Regel veranschaulicht werden:

Einer Gruppe von geistigbehinderten Schülern aus der Mittelstufe sollen verschiedene Lichtquellen bekannt gemacht werden. Sie sollen diese dann zusätzlich nach deren objektiven Nützlichkeit unterscheiden können.

Es wurden ihnen fünf Leuchtkörper bzw. Lichtquellen vorgestellt:
Das Streichholz, die Kerze, die Taschenlampe, die Tischleuchte und die Deckenlampe. Die Schüler erfuhren, erprobten und besprachen, daß jede Lichtquelle ein anderes Licht, ein ihm

typisches Licht gibt. Diese objektiven Feststellungen wurden je nach Fähigkeiten der Schüler in einfachen Sätzen — mit Worten und/oder mit Bildern an der Tafel festgehalten:
    das Streichholz gibt sehr wenig Licht
    die Kerze gibt wenig Licht
    die Taschenlampe gibt gezieltes Licht usw.
Dann sollten diese Sätze zur Festigung wiederholt und gelesen werden.
Manfred, ein durchschnittlich befähigter geistigbehinderter Schüler las folgendes (in seiner leicht agrammatischen Sprache):
    Papa — Zigarette — Streichholz
    Kerze — Oma — Bett
    Taschenlampe — Mama — Mess (e) usw.
Für Manfred waren diese Gegenstände, die er an sich schon kannte, zusammengefaßt betrachtet worden. Ihren objektiven Bedeutungsgehalt jedoch konnte er nicht internalisieren. Er war durch das häusliche Erleben bereits vorbestimmt, eigentlich subjektiv besetzt. Hier aber hätte das Weiterlernen ansetzen müssen.
Vielleicht wäre es gelungen, diese häuslichen Erfahrungen und „Einsichten" auf das eigene Erleben, auf den eigenen Umgang mit diesen Lichtquellen umzupolen:
— Wenn ich Licht zum... brauche, nehme ich...
    oder
— mit dem Streichholz kann *ich* mir...
    oder (was schon schwerer ist)
— mit der Kerze kann *man*...
Weitaus schwieriger sind die Abstraktionsprozesse, die im Bereich der Welt der Mengen und Zahlen notwendig werden:
Hier müssen geistigbehinderte Schüler einsehen, daß fünf Elefanten genauso viele Tiere sind wie fünf Mäuse! Welch eine grandiose Denkleistung wird hier verlangt, welche enorme Anforderungen stellt der Alltag an geistigbehinderte Schüler, wenn solche und ähnliche Vorgänge — zum Beispiel im Bereich des Geldverkehrs — erforderlich notwendig werden.
Ausgangspunkt aller unserer unterrichtlicher Bemühungen muß diese „subjektive Spur" sein. Wenn es uns nicht gelingt, den didaktischen Weg dorthin zu bahnen, werden wir einen Unterricht, der methodisch noch so raffiniert oder gar kunstvoll ist, für unsere Schüler lediglich zelebrieren, ohne überhaupt einen Funken an Bildungswirken oder Lernfortschritt zu erreichen. Diese Feststellungen bedeuten nicht, daß wir im Feld des Subjektiven oder Individuellen stehen bleiben wollen oder sollen. Selbstverständlich steuern wir als Fernziel den Aufbau der Wirklichkeit (vgl. PIAGET 1975) im Kinde an mit einer möglichst großen, jedoch schrittweisen Annäherung an die sog. objektive Welt (vgl. BREITINGER/FISCHER 1981). Objektive Fakten finden sich in vielfacher Weise wieder; sie bieten Sicherheit, weil man sich an ihnen orientieren kann, und leisten letztlich auch ein Stück Unabhängigkeit. Sie sind ein wichtiger Schritt im Hinblick auf das Vertrauen, das wir für unsere Schüler in ihnen für unsere/ihre Welt wecken und festigen wollen. Als ein anspruchsvolles Beispiel für ein gelungenes, „objektiv" geführtes Lernen können die Prototypen dienen (WESTPHAL, zit. bei FISCHER 1981).

So wird ein geistigbehinderter Schüler im Bereich der „Technischen Elementarerziehung" den Automaten als einen Prototyp kennenlernen, der Geld ‚schluckt', mir aber dafür auch etwas gibt. Hat er diesen „Regelkreis" verstanden, kann er viele Situationen souveräner bewältigen: Den Automaten zum Lösen einer Eintrittskarte für das Schwimmbad ebenso

wie für das Museum, den Duschautomaten ebenso wie den Briefmarkenautomaten.
Was aber bleiben und von uns auch angestrebt wird, ist die enge Verbindung von erfahrenen Informationen und von objektiven Gegebenheiten mit der eigenen Person. Wir werden geistigbehinderte Schüler selten mit einer „Sache an sich" plagen. Sie muß für ihn und sein Leben Bedeutung gewinnen. Somit müssen sich für ihn letztlich „seine Bedeutungen von den Dingen dieser Welt verändern" (COMBS 1975). Dies ist wahrscheinlich der höchste und gleichzeitig der wichtigste Lernerfolg, den wir uns für geistigbehinderte Schüler vorstellen können. Die „Veränderung der Bedeutungen" kann die eigene Leistung und damit die eigene Wertschätzung betreffen, wie auch die Einschätzung und Wertschätzung der Umwelt – gleichermaßen wichtig, ob es sich um die soziale, die materiale, also die gegenständliche oder um die personale Umwelt handelt. Das Wissen bzw. die Erfahrung dessen, was ICH kann – zum Beispiel einen Graben überwinden/überqueren – und die Erfahrung bzw. das Wissen, was ICH *mit* der Umwelt anfangen kann – zum Beispiel, wozu mir Seile helfen –, sind hier gemeint.

Regel 2
Erziehung und Unterricht müssen sich verstärkt auf die Gegenwart des geistigbehinderten Schülers ausrichten – und dürfen nicht nur die Zukunft im Auge haben.
Diese Regel spielt besonders bei der Zielsetzung, sicher aber auch bei der Inhaltsfindung eine entscheidende Rolle. Über die bestimmenden Elemente im Hinblick auf die Zukunft werden wir im Kap. 3.3 genauer nachdenken. Weitaus schwieriger ist es, die Gegenwart eines Kindes so zu erfassen und zu verstehen, wie diese vom jeweiligen Schüler erlebt und nicht selten sogar erlitten wird.
Einen gewissen Zugang erreichen wir, wenn wir uns die „Enge oder Weite des Erlebens- und Lebensfeldes" eines Schülers verdeutlichen (vgl. FISCHER 1981). Aus diesem bezieht der jeweilige Schüler seine Erlebnisse, seine Erfahrungen und Empfindungen, die dann als Vorstellungshintergrund, als Erwartungen und Hoffnungen, vielleicht auch als Sorge oder Angst in das Lerngeschehen einwirken. Sie regulieren oder färben das Verstehen einer Lernaufgabe, einer Aufforderung oder eines Auftrages bis dahin, daß dieser völlig verfälscht beim Schüler ankommt.
So kann für den einen Schüler die Aufforderung „Wir bellen wie die Hunde" ein großes Vergnügen bereiten und er dadurch zu lautlichen Äußerungen kommen, während der andere Schüler in Erinnerung an ein Erlebnis mit einem Hunde vor Angst zusammenzuckt und seine Lernbereitschaft zum Erliegen kommt.
Dieses einfache Beispiel läßt auf mögliche kompliziertere schließen. Ist man sich als Lehrer oder Erzieher bezüglich dieses Hintergrundes nicht sicher, empfiehlt es sich, gemeinsame Erlebnisse vorauszusetzen, um einen einigermaßen gleichen Ausgangspunkt zu haben, und nicht an die Erinnerung oder an Vorstellungsinhalte anzuknüpfen oder sich auf diese verlassen zu müssen.
Durch die vorhin geschilderte Neigung zur ‚Besetzung' oder Fixierung, gleichzeitig durch die geringeren Erlebnis- und Erfahrungsmöglichkeiten sind Vorerfahrungen bei geistigbehinderten Schülern einmaliger und damit prägender und rigider als dies bei nicht-behinderten Kindern der Fall ist. Sie können von einem Erlebnis auf das andere umschalten und aus ihrem Erlebnisschatz auswählen bzw. aus Erlebnissen oder Erfahrungen gewisse Schlüsse ziehen.
Die persönlichen Verletzungen, die ebenfalls persönlichen Bedürfnisse und Wünsche, Notwendigkeiten und Möglichkeiten sind damit noch lange nicht „erfaßt". Auf sie aber käme es gerade an, auf sie hat ein behinderter Schüler bevorzugtes Anrecht, wenn er in eine Schule

geht, die sich Sonderschule nennt oder einen Unterricht besucht, der sich als „sonderpädagogisch" versteht. Er darf sich nicht in einem Weniger erschöpfen, sondern müßte sich in einem Mehr zum Kind hin ausweisen. Er verfolgt das Leben und nicht das Fach, er sieht das Kind und nicht primär den Plan.

Regel 3
Unterricht soll nicht nur Informationen, Fähigkeiten und Fertigkeiten vermitteln, sondern in besonderem Maße auch Lebensperspektive und Sinn.

Unter Sinn stellt man sich gemein übergeordnete Einsichten oder hintergründig-metaphysisch anmutendes Verständnis von vordergründiger Realität vor. Manchen ist allein die Forderung nach mehr Sinn im Lernen — besonders im Geistigbehinderten — verdächtig, weil sie dahinter eine Rückkehr in überwundene didaktische Denkweisen der Bildungstheorie bzw. der normativen Didaktiv vermuten. Nun brauchen sich die Forderung nach Sinn, nach *mehr* Sinn und die Forderung nach konkretem Leben und Lernen nicht ausschließen. Sinn erschließt sich bereits auf sehr einfacher und konkreter Ebene. Ein Schüler empfindet eine Lernaufgabe dann schon als sinnvoll, wenn er die Lernaufgabe als Aufgabe erkennt, d.h. als etwas in sich Geschlossenes, das einen Anfang und ein Ende hat, das einem etwas bedeutet, das interessant sein könnte, das etwas „vollbringt".

Für geistigbehinderte Kinder stellt sich diese einfach scheinende Forderung nicht selten als *Über*forderung dar. Aufgrund ihrer Wahrnehmungsmöglichkeiten, vielleicht auch aufgrund ihrer kognitiven Fähigkeiten, sehr oft aber aufgrund von fehlender oder begrenzter Einübung treffen nur die ersten Informationen auf den Schüler; dieser hört sie, greift sie auf und tut etwas vielleicht Passendes dazu. „Unterwegs", d.h. während seines Ausführungsversuchs erreichen ihn korrigierende oder ergänzende Details, die dann aber bereits irritierend auf ihn wirken. Geistigbehinderte Schüler sollten von Anfang an lernen, eine Lernaufgabe als etwas Ganzes zu sehen, besser noch als Ganzes zu verstehen. Sie müssen wissen, daß diese einen Anfang aber auch ein Ende hat, und daß dabei irgend etwas (ein Produkt) herauskommen soll, also ein Ziel zu erreichen ist, das man später mit Hilfe eines Gütemaßstabes qualifizieren oder auch einschätzen und beurteilen lernt.

Methodisch ist es nicht einfach, geistigbehinderten Schülern eine Aufgabe als Ganzes zu verdeutlichen, ihnen diese zu veranschaulichen. Aufgaben, die geistigbehinderte Schüler als Ganzes erfassen sollen, müssen entweder sehr knapp im Umfang sein oder in Teilschritten — jedoch sehr begrenzt in der Anzahl — gegliedert angeboten und durchgeführt werden. Die Gefahr des mechanischen Lernens ist so über die Maßen groß und die Ausbildung von neuen Abhängigkeiten dadurch ebenso. Erziehung aber soll dort Befreiung schaffen, wo diese dienlich ist und dort Bindungen oder Beziehungen, wo solche nützen.

Eine Lernaufgabe ist dann besonders schwer als ein solches Ganzes zu erfassen, wenn sie verbal gegeben werden muß. Und noch schwieriger wird es, wenn das entstehende Produkt nicht überprüft werden kann, weil es sich wiederum nicht konkret abzeichnet. Dies ist besonders im Sport der Fall. Nahezu jede Anleitung oder Aufgabenstellung wird verbal erfolgen, sicher — so oft es geht — unterstützt durch ein Vormachen — was jedoch erst getrennt, dann gemeinsam erfolgen sollte —; und das Produkt selbst, die Übung am Reck oder das Überwinden der Heidelberger Treppe, stellt wiederum nur einen Verlauf dar, der bis auf ein mögliches Stolpern oder Nicht-Stolpern nur bedingt für den ausführenden Schüler erfaßbar ist.

Anders ist das im Werken oder in der Hauswirtschaft. Hier präsentieren sich dem Schüler dann z.B. seine Schneideergebnisse als Erfolg oder Mißerfolg; ergänzend vielleicht zu der Tatsache, daß er sich diesmal nicht in die Finger geschnitten hat.

Einen zusätzlichen Sinn erhalten Lernaufgaben und damit dann auch Lernergebnisse, wenn sie in die Verfügungsgewalt, in den Besitz des Schülers „gelangen". Allein dadurch, daß wir diesen einen *Namen* geben, sie für den Schüler überzeugend benennen, kann dies erreicht werden. „Wir brüllen wie die Löwen" — das ist eine anschauliche Beschreibung einer Übungsaufgabe, „wir spielen jetzt das Löwenspiel" wäre die entsprechende Benennung für den Schüler. Er hat auf diese Weise eine Spielidee mehr in seinem Erinnerungsrepertoire, er kann sich leichter dann eine Beschäftigung aussuchen oder für das Zusammensein mit seinen Kameraden ein Spiel vorschlagen. Lernpsychologisch wird eine Tätigkeit mit einem Begriff verbunden und somit im Bewußtsein einprägsamer verankert als dies lediglich über das Tun möglich wäre. Wir müssen viel dazu beitragen, unseren geistigbehinderten Schülern solche „Denk"- oder „Erinnerungs-Bausteine" zur Verfügung zu stellen. Es bereichert ihre aktive, selbstgesteuerte Lebensgestaltung. „Wer neue Bilder schafft, schafft neue Gedanken" (Jean PAUL). Ein Kind hat auf diese Weise auch mehr Möglichkeiten, im Rahmen der Familie von seinen Erlebnissen zu berichten, vorausgesetzt, es verfügt über die Anfänge der aktiven Sprache und findet außerdem eine hörbereite Umgebung. Über die Elternarbeit muß um Verständnis und Geduld dafür geworben werden. Für das Erleben, das positive Selbstwertgefühl ist es jedoch ungeheuer wichtig, daß ein Kind sich mitteilen kann *und* darf, d.h. daß es sich gefragt fühlt. Und seien seine Antworten noch so bruchstückhaft, „Löwenspiel" zu sagen — und damit erfüllt zu sein von einem Spiel in der Schule, das wäre doch schon ein bereichernder Anfang!

Regel 4
Unterricht mit geistigbehinderten Schülern darf nicht nur fähigkeitsorientiert sein.
Aus der Sicht der Geistigbehinderten-Pädagogik als eine „lebenspraktische Bildung" gilt: Geistigbehinderte Menschen sollen möglichst selbständig und unabhängig von Pflege werden. Sie sollen sich selbst versorgen, sich im Verkehr zurecht finden, Bedürfnisse sich selbst erfüllen können. Das alles jedoch sind Fähigkeiten bzw. machen Fähigkeiten notwendig. Zusammengefaßt wird hiermit eine auf den Alltag zielende Handlungsfähigkeit oder Handlungskompetenz angestrebt. Sicher sind Handlungen und damit jede Fähigkeit und Fertigkeit an ein Objekt, einen Gegenstand gebunden — sowohl während der Phase des Erlernens als auch in der Phase der Ausübung oder Anwendung. Objekte haben grundsätzlich jedoch nicht nur dienenden Charakter. Sie stellen — zusammengenommen — unsere Welt dar, in der wir leben und auf die hin wir auch geistigbehinderte Schüler erziehen wollen. Eine vorwiegend fähigkeitsorientierte Pädagogik reduziert die Möglichkeiten, die im Kennenlernen der Welt für den Schüler stecken und nützt auch dessen Lernmöglichkeiten zu wenig aus.
Fehlende oder sporadische Erfahrungen vermitteln ein ärmliches, später auch ein bedrohlich fremdes Bild von der Welt (vgl. PRANGE 1980). Die Welt wird in der Schule für Geistigbehinderte zwar schon vorgestellt — mit Hilfe der sogenannten Objekterkundung als Unterrichts-Modell —, aber oft nur an wenigen ausgesuchten Gegenständen. Auch die Welt geistigbehinderter Kinder darf nicht nur aus dem „Apfel", dem „Meerschweinchen im Zimmer" und der „Schultasche" bestehen. Es muß in ihm jener Reichtum der Welt entstehen, jene vielen Möglichkeiten, die wir im Bereich des Essens, der Hygiene und Körperpflege, der Freizeitbeschäftigung, des Arbeitens, der zwischenmenschlichen Beziehungen, der Kunst und Religion, der Natur und der Technik haben.
In einem kleinen Experiment zur Frühstückspause wurde eine solche Ausweitung versucht. Geistigbehinderte Kinder lernten die verschiedensten Wurst-, Brot- und Obstsorten kennen, die ‚Gesundheit' der Nahrungsmittel einschätzen und gleichzeitig auch ihren Wert bis hin

zum Kaufpreis. Nach einem halben Jahr waren die Schüler fähig, ihr Pausenbrot – als neue Welt entdeckt und aufgefaltet – selbst einzukaufen und auch zu beurteilen.
Der „Aufbau der Wirklichkeit" (PIAGET) muß durch alle Fach- und Lernbereiche konsequent und sehr ernsthaft vollzogen werden. Er reichert die Phantasie ebenso an wie die Möglichkeit der Betätigung. Ein ausschließliches Erlernen von Fähigkeiten fordert die geistigen Kräfte zu wenig heraus. Die Neugierde wird kaum beansprucht, eher die Geduld und Ausdauer, Übungsleistungen zu erbringen. Eine vielfältige Begegnung mit der Umwelt in Form ausgewählter Lernaufgaben und Lernsituationen regt an zum Entdecken, zum Ausprobieren, zum Experimentieren. Fehlt eine solche reichhaltige, faszinierende, zumindest anregend „äußere Welt", bleibt als Alternative der Weg in die „innere Emigration". Und dieser Weg ist ein häufiger Schicksalsweg für Menschen, die mit einer geistigen Behinderung leben müssen. Unterricht mit geistigbehinderten Schülern will das „Leben lernen" ermöglichen. Beziehungen zur Welt zu stiften und sie positiv zu durchtönen, ist eine der wesentlichen Aufgaben hierbei.

3.3. Spezielle Probleme im Unterricht mit geistigbehinderten Schülern, die besondere Beachtung verdienen

Aus der Vielzahl der Probleme sollen vier ausgewählt werden, das der *Heterogenität,* das der *Lern- und Lebensfelder,* der *Konkretheit* und der *Prozeß-Orientiertheit.*
Zum Problem 1: *Die Heterogenität*
Ein häufiges, gravierendes Problem stellt die Heterogenität der meisten Klassen für Geistigbehinderte dar.. Allein ein kurzer Rückblick auf die sechs unterschiedlichen Gruppen (siehe 3.2.), die ja in irgendeiner Form oder Spielart alle in unterschiedlicher Zusammensetzung in einer Klasse mit geistigbehinderten Schülern anzutreffen sind, läßt die Tragweite dieses Problems erahnen. Dazu kommen wesensmäßige Unterschiede, wie sie aus den verschiedenen Ätiologien der geistigen Behinderung erwachsen (z.B. Kinder mit Down-Syndrom, mit autistischen Zügen, mit einer epileptischen Symptomatik), dazu die unterschiedlichen Schweregrade der geistigen Behinderung und zusätzliche Behinderungen wie Sinnes- oder auch Körperbehinderungen (wie gehandicapt ist man allein durch einen Rollstuhlfahrer in der Klasse). Schließlich ist noch an die unterschiedlichen persönlichen Begabungen, Bedürfnisse, Vorlieben und Blockierungen zu denken. Dies alles zusammengenommen sind Faktoren, die die Heterogenität von geistigbehinderten Klassen in ihrer ganzen Schwere mit verursachen. Sie ist pädagogische Realität, die sowohl erziehlich als auch didaktisch-methodisch bewältigt werden muß.
Bezüglich der Mitführung oder Eingliederung von Schwerstbehinderten in Klassen mit weniger behinderten Schülern sei auf die Ausführungen von FISCHER/BREITINGER (1981) verwiesen. Mit diesen sehr speziellen Überlegungen sind aber nicht einmal im Ansatz die Probleme, die die Heterogenität grundsätzlich mit sich bringt, gelöst.
Auch das ist vorweg zu bedenken: Heterogenität schafft viele Lern- und Entwicklungsmöglichkeiten, besonders im sozialen Bereich. Sie macht den einzelnen Schüler sensibler für seine Mitschüler. Das hilft ihm, seine Begabungen, Bedürfnisse, Vorlieben, aber auch Fähigkeiten und Grenzen besser einzuschätzen, weil er sie im Spiegel der anderen sieht. Er lernt auf diese Weise, mit den eigenen, vielleicht bescheiden anmutenden Möglichkeiten vielfältiger umzugehen. Diese Liste wäre fortsetzbar; allerdings aus mehr erziehlicher Sicht. Wie aber wird man im didaktisch-methodischen Bereich mit den Problemen der Heterogenität einer Klasse „fertig"?

Hier muß man wohl sehr grundsätzliche Unterscheidungen treffen. Heterogene Klassen schließen den Frontalunterricht, den gemeinsamen Unterricht weitgehend aus (vgl. KELLY 1981). Stunden des gemeinsamen Lernens sind „Konzentrationspunkte" im Laufe eines Lerntages, wo man sich immer wieder trifft, Aufgaben, die man ausgewählt und die man geleistet hat, vorstellt, gemeinsam anschaut und sich vielleicht neue „Erlebnisse" abholt. Auch Feiern und musische Situationen wird man gut bei aller Heterogenität gemeinsam gestalten können. Lernen in heterogenen Klassen bringt automatisch die Notwendigkeit mit sich, daß die Schüler — sicher mit Hilfe des Lehrers — verstärkt Lernaktivitäten selbst entwickeln und ihr Lernen auch zunehmend selbst steuern. Das ist insgesamt als sehr positiv zu sehen, stellt allerdings erhöhte Ansprüche an den Schüler. Geistigbehinderte Schüler müssen dazu erst befähigt werden.

Voraus ist es notwendig, daß sich der Lehrer über die Umpolung seiner Unterrichtsaufgaben, vielleicht auch bezüglich seines eigenen Selbstverständnisses, ausreichend Gedanken macht und sich wirklich Klarheit verschafft. Die höhere Rate an Eigenaktivität der Schüler findet auf der didaktisch-methodischen Ebene ihre Entsprechung. Gemeinsames Lernen ist in Form von Projekten, von Vorhaben, von Erlebnissen gut möglich. Hier kann für jeden Schüler — gemäß seinen Fähigkeiten *und* seinen Interessen bzw. Bedürfnissen sein Anteil herausgefiltert werden. Schwieriger ist es im Bereich von Fähigkeiten bzw. bei Lernaufgaben, wo ein bestimmtes Maß und ein bestimmtes Level an Fähigkeiten zusammenwirken muß, um einen Erfolg zu erzielen. So kann man eben erst ab einer gewissen Niveaustufe von motorischen, sozialen und kognitiven Fähigkeiten Fußball spielen. Ein körperbehinderter Schüler oder ein Schüler mit autistischen Verhaltensweisen kann hierbei störend, zumindest „zu viel" sein.

Ähnliche Situationen treffen wir bei Lernaufgaben, die eine bestimmte Fähigkeit wie Schneiden, Lesen, Sägen ansteuern. Hier muß jeder Schüler für sich — Schritt für Schritt — an seinem Stand ansetzen und sukzessive und systematisch weiterlernen. In heterogenen Klassen werden diese Aufgaben nicht immer mit Binnendifferenzierung zu bewältigen sein. Der Lehrer wird nicht umhinkönnen, auch Maßnahmen der äußeren Differenzierung zu ergreifen und Lerngruppen oder auch Leistungsgruppen außerhalb der eigentlichen Klasse zu bilden. Diese sind jedoch nur sinnvoll und dem Schüler dienlich, wenn sie pädagogisch richtig gehandhabt werden (vgl. KELLY 1981).

Heterogene Klassen, wie dies Klassen mit geistigbehinderten Schülern nahezu immer sind, erfordern nahezu automatisch „schülerorientiertes Lernen", d.h. ein Unterrichten und Erziehen, das dem einzelnen Schüler individuell gilt. Es wird eigenständig und selbstgesteuert sein müssen, soll es Erfolg haben. Dies jedoch wird bei geistigbehinderten Schülern meist nur mit Hilfe einer Bezugsperson gelingen, so sehr diese sich auch zurücknimmt. Aus diesem Grunde wird sich für viele Unterrichtssituationen ein „Zwei-Lehrer-System" pro Klasse als unaufgebbar notwendig erweisen.

Zum Problem 2: *Die Lebensfelder*
Bei den bisherigen Überlegungen kamen Fragen des Inhalts zu kurz. „Leben lernen" zeichnet eine gewisse Grobstruktur vor. Geistigbehinderte Kinder sollen, ja müssen das lernen, was ihnen zu ihrem Leben nützt.

In der didaktischen Gesamtdiskussion werden besonders unter dem Einfluß der lerntheoretischen Didaktik sogenannte Lebensfelder als mehr oder weniger objektive Größen zum Ausgangspunkt der Inhaltsfindung und der Lernzielplanung bevorzugt. Wer aber sagt, daß für geistig- und mehrfachbehinderte Schüler die Lebensfelder Arbeit, Freizeit, Partnerschaft,

Verkehr und Öffentlichkeit die tatsächlich relevanten, die für ihr Leben relevanten Lebensfelder sind, auf die es sich vorzubereiten gilt? Ist der Beruf tatsächlich ein Lebensfeld, in dem sich das Leben für geistigbehinderte Menschen entscheidend vollzieht? Ist es der Verkehr, den sie bewältigen müssen?

Lebensfelder dieses Zuschnitts haben stark normkonformen Charakter, vielleicht auch eine integrationsstützende Funktion. Aber auch für den nicht-behinderten Menschen sind sie nicht alles, wenn es um dessen Leben geht. Allein Fragen der Werte, der Ästhetik, der Kunst, vor allem aber der Lebensperspektive, der persönlichen Stabilität, der Ich-Kräfte spielen für ein erfüllendes und für ein leistungsmäßig überzeugendes Leben eine entscheidende Rolle. Dazu kommt Vertrauen, primär als Ergebnis einer uneingeschränkten, anerkennenden Zuwendung, eine umfassende Bejahung des jeweiligen Kindes — und sei es noch so behindert oder noch so krank, dann aber auch Ergebnis aus dem wachsenden Kennen- und Liebenlernen der Wirklichkeit, in der wir leben, die uns umgibt.

Leben, das sich nur in der Bewältigung von Lebenssituationen erschöpft, das nicht das Seinlassen, das Atemholen, das Zu-sich-Kommen kennt, das sich nur noch im Aktivsein, nicht mehr im sogenannten Passivsein realisiert, das nur noch die Produktion, nicht mehr aber das Allseits-warum-fragen (Ulrich BACH 1980) kennt und nicht mehr vom Staunen und Freuen erfaßt ist, kann so armselig sein, daß es nur noch bedingt den Namen „Leben" verdient.

Sonderpädagogen müssen wohl in Zukunft beides verstärkt tun: Einmal die allgemein üblichen, mehr der aktiven Seite des Lebens zugehörenden Lebensfelder im Auge haben und dafür ertüchtigen, wo es sich als verantwortlich und sinnvoll abzeichnet. Sie müssen sich zum anderen gleichzeitig auf die Suche machen, und dies wird eine mühevolle Suche sein, Lebensfelder zu finden, für Realitäten „wenn mein Mund nicht sprechen kann, meine Hand nicht greifen kann, meine Füße nicht gehen können" (KATZER 1980). Es müssen Lebensfelder sein, in denen die Behinderung nicht als Störung, als Schädigung, als „Kreuz" oder als „Strich durch die Rechnung" empfunden oder erlebt wird, sondern dem jeweiligen Betroffenen als zugehörender Bestandteil seiner nicht abzulegenden Persönlichkeit „sein darf", vielleicht sogar integriert wird.

Hier bekommt dieses „Allseits-warum-fragen" seine endgültige Gewichtung, eine Gewichtung, die nicht im Negativen endet, nach verlorener Gesundheit fragt, nach nicht wahrnehmbaren Lebenschancen, weil herkömmliche Lebensfelder verschlossen sind, weil Besetzungen vorliegen, die endgültig blockieren. Es ist ein Warum-fragen, das gleichwertig Schweres und Leichtes, Frohes und Traurigmachendes, Gesundes und Krankes befragt und so zu der Einsicht zurückfindet, die bei aller Akzentuierung, bei aller Not und bei allem Leid, die Behinderung, besonders die geistige Behinderung mit sich bringen, nicht aufgekündigt werden kann: das Leben „freudig und getrost" zu leben (JOSUA; 1,9).

Und wenn wir nochmals nach Lerninhalten fragen, dann kann hier keine verbindliche Antwort stehen. Es wurden verschiedene Antworten versucht (vgl. SPECK 1980, THALHAMMER 1980, FISCHER 1980), letztlich aber müssen *individuelle* Antworten gefunden werden, Antworten *für* einen bestimmten Schüler, und Antworten *von* einem bestimmten Lehrer. Daß hier ein *Team* fündiger sein kann, kontrollierter suchen und mehr Ideen zusammentragen kann, erklärt sich von selbst.

Im Hinblick auf den Fachunterricht läßt sich exemplarisch feststellen, daß durch diese Sicht der Zielfindung Fachinteressen eine nachgeordnete Rolle spielen. Sicher kann man nur fachgemäß schwimmen oder lesen lernen. Fachinteressen im eigentlichen Sinne als Bestandteil eines Bildungskanons oder von Curricula haben nur Relevanz, wenn sie im Hinblick auf den

Schüler zum „Leben lernen" (FISCHER 1981) beitragen. Wie grundsätzlich sich Fachanliegen verändern können und müssen – nicht unbedingt inhaltlich, wohl aber strukturell –, zeigt u.a. der Beitrag von KAPUSTIN auf.

Zum Problem 3: *Die Konkretheit*
Von der lernpsychologischen Seite her gibt die notwendige Konkretheit Grenzen und Probleme auf. Gilt für den Unterricht grundsätzlich – vergleichbar zur Mathematik – eine Dreistufigkeit des Lernens – Lernen auf konkret-handelnder, auf symbolischer und auf abstrakter Ebene, so erfordert dies für die Unterrichtsgestaltung mit Geistigbehinderten ein Umdenken. Welche Konsequenzen sich aus einer solchen wissenschaftlich noch nicht bestätigten, wohl aber als Erfahrungswert gewachsenen Tatsache ergeben, bedarf erst noch der Abklärung.

So sehr dem Schüler seine ihm eigene Konkretheit nützt, so sehr kann sie störend für den Lernprozeß und für die *Vermittlung* sein (vgl. FISCHER 1979). Es werden häufige Wiederholungen, möglichst in Variationen, notwendig sein, es wird immer ein gewisses Angebundensein an die Ausgangssituation und vor allem an bestimmte Bezugspersonen aus dieser Situation bestehen bleiben. Konkret können geistigbehinderte Schüler zusammen mit bestimmten Personen und im Rahmen von bestimmten Situationen und Bedingungen erstaunlich viel leisten. Die gleiche Aufgabe bleibt völlig unbewältigt, wenn entweder die Bezugspersonen wegfallen oder sich die Ausgangssituation verändert, also die Bedingungen anders werden. Hieraus erklärt sich oft die Klage, geistigbehinderte Schüler lernen so wenig. Diese Feststellung ist falsch: Sie *lernen* unter bestimmten Bedingungen viel und sie *können* auch unter bestimmten Bedingungen viel. Auf die Bedingungen kommt es eben an.

Ergänzend sei noch hinzuzufügen, daß mehr von der Welt erfaßt, erkundet, erobert werden kann, mehr aus dem Leben gemacht, es vielfältiger, interessanter gestaltet werden kann, wenn ein Mensch mehr Fähigkeiten besitzt. Mehr Fähigkeiten weisen auf mehr Leistung hin, auf erhöhte Lernanstrengung, auf mehr Regulierung und Kanalisierung. Es wird ein Lernen „Schritt für Schritt" notwendig werden, ein Lernen, das individuelle Bedürfnisse eingrenzt und sachimmanente Strukturen nach vorne kehrt, das aber trotzdem die „individuelle Konkretheit" zu respektieren gelernt hat.

Zum Problem 4: *Aufbau von Fähigkeiten und Fertigkeiten*
Fähigkeiten und Fertigkeiten – als *eines* unserer Lernanliegen für geistigbehinderte Schüler – sind Bestandteile der sogenannten „funktionellen Ertüchtigung" (vgl. BREITINGER/FISCHER 1981). Sie sind dann verkraftbar und für geistigbehinderte Schüler annehmbar, nicht verfremdend und frei von möglicher, mit Recht befürchteter Dressur, wenn sie *aufbauend* gelernt werden. Dem Erlernen solcher Fähigkeiten müssen „funktionale Leistungen" vorausgehen, wie wir sie als basales Lernen (vgl. FISCHER 1981) beschrieben haben oder von SPECK (1981) als entwicklungsbezogene Lernaufgaben vorgestellt werden. Erst ein solcher Fundus an motorischen, psychomotorischen, kognitiven und emotionalen Grundleistungen lassen den nächsten Schritt tun, Fähigkeiten und Fertigkeiten, die der Alltag abverlangt, zu erlernen – oder im Beispiel gesprochen: Dem Schreibenlernen gehen Schreibvorübungen voraus, dem Schwimmen zum Beispiel Wassergewöhnungsübungen. Dieses „voraus", ob als Vorübung oder als Grundkurs, wie wir es im Bereich der Selbstversorgung versuchen, muß pro Lernbereich oder auch je nach Lernaufgabe entschieden werden.

Münden werden unsere Lernbemühungen in ein Bewältigen und Gestalten von überschaubaren Situationen, die sich didaktisch als Projekte oder als Vorhaben darstellen. Sie sind auf der einen Seite ein Vorausgriff in die Zukunft des Schülers, gleichzeitig aber Lebenshilfe für seine jeweilige Gegenwart. Somit erhalten Unterricht und Erziehung einen unnachahmlichen Ernstcharakter und weisen jede Versuchung zur Infantilisierung oder „heilen Welt" weit von sich.

4. Anstatt einer Zusammenfassung:
Erziehung und Bildung – auch im Lernbereich „Sport" – für Geistigbehinderte?

Es steht mir als sportlicher Laie nicht an, den Sportunterricht in seiner didaktischen und methodischen Zielsetzung zu werten. Es sollen lediglich einige wenige Übertragungen aus dem bisher Gesagten versucht werden.

Sportunterricht für Geistigbehinderte ist noch an vielen Schulen ein Novum. Noch manche denken, Sportunterricht sei zu hart, zu fordernd, zu wenig heilpädagogisch für geistigbehinderte Schüler. Sie werden dann als sensibel, als verletzlich, als „zarte Pflänzchen" (eine Kollegin) eingeschätzt, denen man weder eine Anforderung zumuten, noch eine Leistung abverlangen kann.

Inzwischen aber liegen überzeugende Schulversuche oder einfach vielfältige Erfahrungen aus dem Schulalltag mit Geistigbehinderten vor, auch aus der Vereinsarbeit und dem Freizeitbereich, daß die vielen Bedenken, die man im Hinblick auf einen Sportunterricht für Geistigbehinderte hatte, gründlichen und differenzierten Planungen gewichen sind.

Sportunterricht für Geistigbehinderte hat im Hinblick auf unsere Überlegungen eine Reihe von sogenannten Vorteilen, die sicher jeweils auch damit verbundene Schwierigkeiten enthalten:

— Der Sportunterricht beansprucht Geistigbehinderte ganzkörperlich. Er vermittelt Eindrücke, Erlebnisse und Erfahrungen bezüglich des eigenen Körpers und der eigenen Person.
— Der Sportunterricht stellt Aufgaben, die, wenn sie überschaubar, verstehbar und motivierend vermittelt werden können, zur Sinnfindung und damit auch zu einer anzustrebenden Handlungsfähigkeit beitragen.
— Der Sportunterricht stellt Beziehungen her und schafft Bindungen an die Welt bzw. an Dinge aus der Welt wie das Klettergerüst, die Halle, das Schwimmbad, aber auch an sogenannte Kleingeräte wie den Ball, das Seil, die Treppe.
— Der Sportunterricht vermittelt basale, aber auch weiterführende Fähigkeiten und Fertigkeiten, die zur „funktionalen Grundausstattung" beitragen und gleichzeitig das Selbstwertgefühl zu heben vermögen.
— Der Sportunterricht ermöglicht vielfältige Gruppenkontakte, besonders dann, wenn die Heterogenität nicht als störender Faktor, sondern als zu bewältigende Herausforderung gesehen wird. Er trägt bei zur realistischen Einschätzung des eigenen Vermögens und Mögens und macht sensibel für die Bedürfnisse und Leistungen des anderen.
— Der Sportunterricht trägt bei zum „Aufbau der Wirklichkeit", wenn es nicht nur um sportliche Leistungen geht, sondern auch um das Erleben und das Erfassen sportlicher Lebenssituationen:
„Wir schauen zusammen ein Eishockey-Spiel an."
„Wir besuchen das Olympia-Stadion."
„Wir helfen bei der Gestaltung, beim Aufbau des Sportfestes mit."
„Wir lernen die Sportvereine unserer Stadt kennen."

Hier ist die Zusammenarbeit mit den anderen Lehrern und Erziehern der jeweiligen Klasse nötig. Die Möglichkeiten des „Integrierten Lernens" (vgl. FISCHER/MEHL u.a. 1979) sind noch lange nicht ausgeschöpft. Sportunterricht ist ursprünglich ein Lernbereich, der nach herkömmlichem didaktischen Verständnis zum Fachunterricht zählt. Er beinhaltet an jeder Schule erziehliche und bildungsrelevante Momente, neben Aspekten, die der sportlichen Leistung und Tüchtigkeit dienen. An der Schule für Geistigbehinderte jedoch sollte er sich um ein erweitertes, vielleicht sogar verändertes Selbstverständnis bemühen und daraus für sich, sein Lernangebot und seine Methoden neue Impulse gewinnen.

Sportunterricht für Geistigbehinderte kann wesentliche Momente zum „Leben lernen" (FISCHER 1981) für Menschen beitragen, die mit einer geistigen Behinderung leben müssen.

Erziehung und Bildung verfolgen das Lebendige. Sie schaffen Bindungen und stiften Beziehungen, dort wo es nötig ist und für bzw. mit dem, für den diese lebenswichtig sind. Erziehung und Bildung wollen Abhängigkeiten überwinden und durchbrechen, Freiheiten erspüren und erleben lassen, dort, wo es notwendig und für den bzw. mit dem, für den es lebenswichtig ist. Sportunterricht in dieser Hinsicht auszuloten, erscheint eine Aufgabe, die erst in den Anfängen gesehen und in der Praxis nahezu kaum erledigt wird. Dem geistigbehinderten Menschen aber würde dies dienen.

Literatur

AEBLI, H.: Grundformen des Lehrens. Stuttgart [11]1978
BACH, H.: Geistigbehinderten-Pädagogik. Berlin [6]1979
BACH, U.: Gesundheit aus der Sicht behinderter Menschen. In: Zeitschrift Theologia Practica, München Heft 4, 1980, 256—269
BREITINGER, M./FISCHER, D.: Neues Lernen mit Geistigbehinderten — Intensivbehinderte lernen leben. Würzburg 1981
BREZINKA, W.: Vertrauen zerstören, verneinen, umwerfen. In: FAZ Nr. 292 v. 16.12.1980
CARUSO, I.: Trennung der Liebenden, eine Phänomenologie des Todes. Bern 1968
COMBS, A. u.a.: Die helfenden Berufe. Stuttgart 1975
FISCHER, D.: Zum Problem der Vermittlung im Unterricht mit Geistigbehinderten. In: HOFMANN (Hrsg.): Beiträge zur Geistigbehinderten-Pädagogik. Rheinstetten 1979
— Neues Lernen mit Geistigbehinderten — Eine methodische Grundlegung. Würzburg [2]1981
FISCHER, D./MEHL, M. u.a.: Neues Lernen mit Geistigbehinderten — Wir lernen in der Küche. Würzburg 1979 bzw. 1980 a) Lehrerhandbuch, b) Schülerbuch, Teil 1 und 2
FISCHLE-CARL, H.: Lust als Steigerung des Daseins. Stuttgart 1980
GRESHAKE, G.: Die Wüste bestehen. Freiburg 1979
HINTERSBERGER, B.: Theologische Ethik und Verhaltensforschung. München 1978
KELLY, A.: Unterricht mit heterogenen Gruppen. Weinheim 1981
KATZER, M.: Texte zu einer Messe für geistigbehinderte Kinder. Krailling 1980
MILLER, A.: Am Anfang war Erziehung. Frankfurt 1980
NIPKOW, K.E.: Kind—Kindergarten—Gemeinde. Zeitschrift für Pädagogik, Heft 1, 1980
PIAGET, J.: Der Aufbau der Wirklichkeit beim Kinde. Stuttgart 1975
PRANGE, K.: Pädagogik als Erfahrungsprozeß. Stuttgart 1978
ROBINSOHN, S.B.: Bildungsreform als Revision des Curriculums. Darmstadt 1971
SCHMIDBAUER, W.: Alles oder nichts. München 1981
SPECK, O.: Geistige Behinderung und Erziehung. München [4]1980
THALHAMMER, M.: Umgang mit Geistigbehinderten. In: Zeitschrift Theologia Practica, Heft 4, 1980, 310—321

Ernst J. Kiphard

Elementare Motopädagogik Geistigbehinderter – Persönlichkeitserziehung durch Bewegung

Inhaltsübersicht

1. Zur Motopathologie Geistigbehinderter 143
2. Lernprobleme Geistigbehinderter 146
3. Wahrnehmungsmotorische Störungen 149
4. Die Behandlung der Apraxie als Grundstörung Geistigbehinderter 151
4.1. Taktile Stimulierung 151
4.2. Vestibuläre Stimulierung 152
5. Bestandsaufnahme grob- und feinmotorischer Grunderfahrungen 154
6. Erweiterung grob- und feinmotorischer Grunderfahrungen 155
7. Durch Übungsvariation zu motorischen Fähigkeiten 156
8. Wahrnehmungsmotorische Grunderfahrung 157
8.1. Farbendifferenzierung 157
8.2. Formendifferenzierung 158
8.3. Größendifferenzierung 159
8.4. Mengendifferenzierung 159
9. Einige methodische Schlußbemerkungen 161
Literatur 163

Verglichen mit unbehinderten Kindern entwickeln sich geistigbehinderte wesentlich langsamer und stagnieren in diesem Entwicklungsprozeß relativ früh, wenn nicht entsprechende Entwicklungsanregungen gegeben werden. Diese sollen so früh wie möglich, aber auch so lange wie möglich an Geistigbehinderte herangetragen werden. EGGERT (1971) und WOSCHKIND (1967) konnten motorische Leistungsdefizite bei Geistigbehinderten bereits im frühen Lebensalter nachweisen. Dabei ist der Abstand zu normalentwickelten Kindern noch gering. Die Entwicklungskurven zeigen aber im weiteren Verlauf keine Parallelität, sondern sie streben immer weiter auseinander. Hier setzt die Motopädagogik mit gezielten Fördermaßnahmen ein.

Daß die Entwicklungskurven Normalentwickelter und Geistigbehinderter sich dabei einander annähern bzw. sogar überschneiden können, zeigen die Untersuchungen von RAPP und SCHODER (1972). Das Bemerkenswerte ihrer Studie an zwei Gruppen parallelisierter Kinder (N = 43) ist wohl die Tatsache, daß bei Geistigbehinderten selbst im Alter zwischen 14 und 16 Jahren und teilweise bis ins 18. Lebensjahr hinein motorische Entwicklungsfortschritte nachweisbar sind, und zwar gemessen am Punkte- bzw. MQ-Anstieg bei den Aufgaben des Körperkoordinationstests von SCHILLING und KIPHARD. Auch ELKIN und FRIEDMAN (1967) berichten, daß ältere Geistigbehinderte in allen grobmotorischen und feinmotorischen Testaufgaben relativ gute Ergebnisse erzielen konnten.

Fest steht, daß die Entwicklungspotenzen Geistigbehinderter im Bewegungsbereich generell besser sind als im Intellektuellen. Mit anderen Worten: Ihr MQ (motorischer Quotient) liegt im allgemeinen höher als der IQ (Intelligenz-Quotient). Das hat Konsequenzen für die Art der Entwicklungsfördermaßnahmen. Sie sind aussichtsreicher, wenn sie bei den relativ guten Möglichkeiten im Motorischen ansetzen und über wahrnehmungs-motorische Lernprozesse auch die Handlungsintelligenz geistigbehinderter Kinder zu beeinflussen versuchen.

1. Zur Motopathologie Geistigbehinderter

Jede Anwendung motopädagogischer oder motherapeutischer Mittel setzt eine möglichst genaue Kenntnis der Andersartigkeit Geistigbehinderter sowohl in der Bewegungsleistung als auch im Bewegungsverhalten voraus. Unsere Fragen betreffen aber nicht nur die motorischen Störungen und Defizite. Sie zielen gleichermaßen auf Beeinträchtigungen im Wahrnehmungsbereich und in der Umsetzung sensorischer Informationen in situationsadäquate motorische Handlungen. Damit steht und fällt aber auch die Fähigkeit, aus Erfahrungen zu lernen und den jeweiligen Handlungserfolg bis zu einem gewissen Grade vorauszusehen und dementsprechend Handlungspläne zu entwerfen. Es ist klar, daß Geistigbehinderte hier ihre abuluten Grenzen haben. Dennoch machen Vergleichsuntersuchungen (z.B. von BERKSON und BAUMEISTER 1967) deutlich, daß innerhalb der Gruppe der Geistigbehinderten eine weit größere Variabilität im Hinblick auf die verschiedenen sensomotorischen Leistungsvollzüge besteht als bei Nichtbehinderten.

HAYDEN (1964) fand in seiner Studie heraus, daß geistigbehinderte Kinder im Durchschnitt nur 50 % der Kraft von Normalkindern besitzen. Sie ermüden muskulär 30 % schneller. Ihre Fitness leidet unter dem bei Geistigbehinderten fast immer vorhandenen Übergewicht (nach HAYDEN 25 % Übergewicht bei Jungen und sogar 46 % bei Mädchen). Diese Ergebnisse schließen Kinder mit Down-Syndrom (Mongolismus) mit ein, bei denen es aufgrund hormonaler Störungen oft zu erheblichem Fettansatz kommt. Hier sind Gewichtskontrollen besonders angezeigt.

Die körperliche Fitness geistigbehinderter Kinder ist markant eingeschränkt. Im Kraus-Weber-Test versagen 79 % (BROWN 1967). Nach Untersuchungen von DROWATZKY (1967, 1968) versagten in diesem Fitnesstest 72 % geistigbehinderter Jungen. Bei den Mädchen sind es sogar 90 %, die die Anforderungen nicht erfüllen.

Auch bei allgemeinen motorischen Entwicklungstests — z.B. beim Oseretzky-Test — liegen die Leistungen Geistigbehinderter weit unterhalb der Norm. Nach SCHILLING (1977) waren beim Körperkoordinationstest für Kinder zu 98 % Minderleistungen festzustellen, und 1/3 erbrachte nur Nullergebnisse. CRATTY (1966) testete erziehungsfähige (IQ 55—70) und trainierbare Geistigbehinderte (IQ 25—50) mit verschiedenen motorischen Aufgaben. Dabei zeigten die erziehungsfähigen, leichter geistigbehinderten Versuchspersonen keine nennenswerten Auffälligkeiten bei den Fortbewegungsmustern des Krabbelns auf allen vieren und des Gehens. Sie hatten aber Schwierigkeiten bei den Körperschema-Aufgaben und beim Balancieren. Noch wesentlich gravierender waren die Balanceprobleme und die Rechts-Links-Unsicherheit bei den trainierbaren, schwerer geistigbehinderten Probanden sowie typischerweise auch bei den Mongoloiden. Beide Gruppen waren außerdem durch eine schlecht funktionierende Augen-Körper-Koordination beim Springen in markierte Bodenquadrate gekennzeichnet. Die Leistungen der Mongoloiden waren jedoch nach CRATTYs Untersuchungsergebnissen insgesamt noch schlechter als bei den trainierbaren Geistigbehinderten.

Wie STEIN (1963) betont, versagen Geistigbehinderte bei motorischen Testaufgaben nicht allein deshalb, weil ihre Motorik gestört ist, sondern darüber hinaus auch deshalb, weil der intellektuelle Anteil in den meisten Bewegungstests doch relativ hoch ist. Möglicherweise ist das mit ein Grund dafür, daß sich das Leistungsgefälle zu Normalentwickelten — gemessen an motorischen Tests, bei denen der Intelligenzfaktor eine Rolle spielt — mit fortschreitendem Alter vergrößert. Allgemein kann nach Aussagen von FRANCIS und RARICK (1960) davon ausgegangen werden, daß Geistigbehinderte in ihrer Bewegungsentwicklung zwischen 2 und 4 Jahren retardiert sind. Jüngere Kinder weisen jedoch gegenüber älteren die geringeren Rückstände auf.

RARICK und Mitarbeiter konnten bei ihren kürzlichen Untersuchungen an 435 trainierbaren Geistigbehinderten sieben Kriterien herausschälen, die für die motorische Rückständigkeit und Andersartigkeit dieser Gruppe verantwortlich zu sein scheinen:

1. Übergewicht durch Körperfett
2. Mangelhafte visuell-motorische Koordination (Auge-Körper-Koordination)
3. Schlechte Körperbalance
4. Schlechte Auge-Hand-Kontrolle
5. Geringe Armkraft
6. Mangel an Wirbelsäulenbeweglichkeit
7. Schlechte dynamische Koordination der Beine.

Andere Untersuchungen (z.B. van HOVE 1951) betonen außerdem den generellen Mangel an Bewegungsgeschwindigkeit.

Motoskopische Analysen zeigen, daß vorstehende motorische Defizite eben auch verantwortlich sind für die qualitativen Mängel in der Bewegungsausführung. Die Muskulatur Geistigbehinderter (und insbesondere mongoloider Kinder) ist zumeist schlaff, die Bewegungen sind verlangsamt, der motorische Ablauf ist unbeholfen, plump, schwerfällig, hölzern und steif, träge und ausdrucksarm. Insgesamt mangelt es geistigbehinderten Kindern an Variabilität und Reichtum der Bewegungs- und Koordinationsmuster. Zwar sind ihre Alltagsbewegungen

aufgrund des hohen Automatisierungsgrades relativ ungestört, ihre Reaktionen auf fremde, neuartige Umweltsituationen verlaufen jedoch immer nach gleichem Schema und sind deshalb rigide, stereotyp und wenig anpassungsfähig.
Betrachtet man die Faktorenstruktur motorischer Grundeigenschaften bei Geistigbehinderten (RARICK und DOBBINS 1972), so überrascht es, daß es kaum Unterschiede von der motorischen Basis her zwischen geistigbehinderten und normalentwickelten Kindern im Alter von 6–12 Jahren gibt. Der Bewegungsaufbau verläuft also hier nicht anders. Nur sind diese motorischen Grundelemente sowohl quantitativ als auch qualitativ gemindert. Dadurch verläuft die motorische Entwicklung ontogenetisch zwar nach den gleichen Gesetzmäßigkeiten und in den gleichen Bahnen wie beim normalen Kind, die Entwicklungsphasen sind jedoch auseinandergezogen und einzelne Entwicklungsschritte bedürfen erhöhter Umweltreize, um sich zu aktualisieren.

2. Lernprobleme Geistigbehinderter

Menschliches Lernen vollzieht sich auf zweierlei Ebene: einmal wird der Mensch durch Umweltreize zur Antwort gezwungen; zum anderen ist es ihm möglich, eigene Handlungsabsichten aktiv in die Tat umzusetzen. Zur ersten Lernebene gehört das probierende Lernen nach Versuch und Irrtum. Aktive Handlungen dagegen werden sich mehr oder weniger frei durch einen Handlungsplan realisieren, zu dem eine Einsicht in den Zusammenhang von Handlungsziel und dem zu beschreitenden Weg gehört. Nachahmendes Lernen mag eine Hilfe sein, um nach vielen Wiederholungen Ziel und Weg einander anzunähern. Einsichtiges Lernen steht dem schwerer Geistigbehinderten kaum zur Verfügung. Gemäß den von PIAGET aufgestellten Entwicklungsphasen stehen Geistigbehinderte oft noch auf dem Niveau der „sensomotorischen Intelligenz". Das bedeutet, daß sie zunächst mehr reaktiv auf Umweltreize antworten. Dabei kommt es durch Übung zu gewissen Reaktionsschemata als generalisierte Antworten auf die verschiedenen Stimuli, die aber vorerst noch rigide und wenig variabel sind. Immerhin stellen sie erste Anpassungsreaktionen dar — von PIAGET als „Akkommodation" bezeichnet. Während dieser Umweltauseinandersetzung bilden sich die Fähigkeiten zur Nachahmung, zum Spiel sowie zum Erkennen der Charakteristik der Umweltobjekte und Materialien heraus. Dabei erwirbt das Kind einen gewissen Begriff von Raum und Zeit und letzlich auch eine gewisse Einsicht in Ursache-Wirkung-Zusammenhänge. Denn man sollte nicht übersehen, daß auch geistigbehinderte Kinder, z.B. beim Werfen auf einen Stapel Büchsen, etwas von dem Kausalitätszusammenhang zwischen dem Zielwurf und dem Umfallen der Zielbüchsen mitbekommen.

Im Zuge dieser sehr konkreten und anschaulichen Umwelterfahrungen kommt es nämlich immer häufiger zu aktiven Versuchen des Geistigbehinderten, diese Welt in den verschiedenen angebotenen Situationen durch eigene Aktivität zu verändern. PIAGET spricht von dieser handelnden Einverleibung und Aneignung der Umwelt als „Assimilation". Es dürfte nach diesen Ausführungen einsichtig sein, wie wichtig auch im Hinblick auf das entwicklungsmäßige Fortschreiten zur „präoperationalen Phase" PIAGETs entsprechend attraktive Materialangebote und Geräteangebote als Aufforderung zum Handeln bei geistigbehinderten Kindern sind. Dabei stellt die Umwelt in Form motorischer Situationen „Bewegungsfragen", die zur „Beantwortung" verlocken. Hier herrscht zwar im allgemeinen noch das Lernen nach Versuch und Irrtum vor, dennoch vollziehen manche Geistigbehinderten schon echte Problemlösungen, über die man selbst als erfahrener Motopädagoge immer wieder staunen kann. Ein geistigbehinderter Jugendlicher sagte auf die Frage, wie man einen aus Versehen im Korb einer Basketballeinrichtung hängengebliebenen Luftballon da herausbekäme: „Feuer drunter machen. Dann steigt er hoch."

Das genannte Beispiel darf allerdings nicht darüber hinwegtäuschen, daß der Geistigbehinderte echte Lernprobleme hat. Das gilt vor allem für das Imitationslernen. Hier spielen Wahrnehmungsschwächen, auf die weiter unten noch ausführlicher eingegangen wird, eine entscheidende Rolle. In der Literatur (LIPMANN 1963) findet man Hinweise auf Mängel in der Speicherfähigkeit visuell beobachteter Bewegungsvorgänge. Während Geistigbehinderte sich

Namen, Fakten und auch Örtlichkeiten relativ gut merken können, haben sie Schwierigkeiten mit dem Bewegungsgedächtnis. Sie betreffen vor allem komplexere, zusammengesetzte Bewegungsaufgaben. Deshalb müssen komplizierte Bewegungsverbindungen zunächst in Einzelphasen zerlegt an den Lernenden herangebracht werden. Dabei ist es unter Umständen notwendig, die Bewegungen anfangs zu führen; Ansagen und Demonstrieren der Übung genügen allein oft nicht.

KAHN und BURDETT (1967) betonen die Wichtigkeit der Belohnung auf das Basis des operanten Konditionierens. Sie kamen bei 36 Probanden im Alter zwivchen 12 und 17 Jahren zu dem Ergebnis, daß Geistigbehinderte beim Erlernen von Geschicklichkeitsleistungen sehr schlechte Anfangsleistungen erbringen, daß sie aber später schnellere Lernfortschritte machen. Es scheint fast so zu sein, daß sich einzelne Lernprozesse nach anfänglichem Stagnieren plötzlich und fast sprunghaft vollziehen. Selbstverständlich spielen bei der hier geschilderten schwerfälligen und verlangsamten Anpassung an das betreffende Lernproblem auch kognitive Defizite eine wichtige Rolle. Dazu gehört die Unfähigkeit, den logischen Zusammenhang zwischen dem Lernbeginn und dem Lernziel als Endvorstellung intuitiv zu begreifen.

Geistigbehinderte haben nach DENNY (1964) Schwierigkeiten, etwas neu Erlerntes im Kurzzeitgedächtnis zu behalten. Erst wenn durch viele Wiederholungen die Fixierung im Langzeitgedächtnis gelungen ist, können sie situativ darauf zurückgreifen. Diese Feststellung gilt ganz besonders hinsichtlich der Retention motorischer Koordinationsmuster. Sie deckt sich mit der oben geschilderten Erfahrung, daß es in der Anfangsphase eines Lernvorganges einfach nicht vorwärtszugehen scheint, während die Probanden nach Durchlaufen dieser Startschwierigkeiten relativ gut zu lernen imstande sind.

Diese Erkenntnisse könnten zu dem Schluß verleiten, es wäre gut, die Lernreize anfangs hoch zu dosieren und zu massieren. Gerade das Gegenteil scheint nach Untersuchungen von DROWATZKY (1971) der Fall zu sein. Schon HULL (1943) hatte darauf hingewiesen, daß bei zu geballten, massierten Lernreizen nicht nur Langeweile, Lustlosigkeit und Entmutigung eintritt, sondern daß zur Retention, d.h. zum gedächtnismäßigen Speichern von Erlerntem Ruhepausen notwendig sind. Anderenfalls kann es zu physiologischen bzw. biologischen Lernermüdungen, Lernblockaden, ja sogar zum Lernzerfall kommen (vgl. UNGERER 1973). Wenn das schon bei Normalpersonen der Fall sein kann, dann wird es bei Geistigbehinderten um so notwendiger sein, Lernmassierungen gerade am Anfang eines Lernvorgangs zu vermeiden. Erst sehr viel später kann es nützlich sein, durch nicht zu langdauernde Lernschwerpunkte gewisse Massierungen zu setzen.

Lernen kann als Verhaltensänderung, aber auch als Veränderung der bestehenden Funktionsebene aufgefaßt werden. Von daher ist es bei der Planung adäquater Übungsangebote immens wichtig, das augenblickliche Entwicklungsniveau in den einzelnen Funktionsbereichen zu berücksichtigen. Entwicklungsvollzüge, für die das betreffende Kind — und das gilt für alle Kinder — noch nicht die nötige Lernreife besitzt, dürfen zu diesem Zeitpunkt eben noch nicht angeboten werden. Um ganz sicher dabei zu gehen, ist es generell besser, auf Bewegungs- und Wahrnehmungsvollzüge unterhalb des ontogenetischen Entwicklungsstandes zurückzugehen, um diese basalen Funktionen als Grundlage höherer Entwicklungsvollzüge zu stabilisieren. Das gilt in besonderem Maße für jüngere geistigbehinderte Kinder.

Um ein Beispiel zu nennen: Solange das Kind nur sehr gleichgewichtsunsicher und mit starken Stabilisierungsbewegungen der Arme zu gehen vermag, sollte man sich das Krabbeln auf allen vieren ansehen. Wenn hier auch noch koordinative Schwierigkeiten in der Balance oder im kreuzkoordinierten Krabbelmuster vorhanden sind, so müssen diese niederen, primitiveren Vollzüge nachholend auf ein besseres Funktionsniveau gehoben werden. Dadurch kann, wie DOMAN (1966) annimmt, die neurologische Organisation subkortikaler Zentren und Bahnen im Gehirn grundlegend verbessert werden. Hierbei kommt es zu einer positiven Interaktion zwischen Übung und Hirnreife. Oder anders ausgedrückt: Einerseits bestimmt die Struktur des Hirns die Funktion von Nerven und Muskeln; andererseits beeinflußt die Funktion, die Übung, wiederum die Struktur und neurologische Organisation des Gehirns.

3. Wahrnehmungsmotorische Störungen

Daß nicht nur motorische Aktivitäten die Struktur des Gehirns und insbesondere die Synapsenbildung nachhaltig beeinflussen können, sondern daß auch ein Mehr an Wahrnehmungsaktivitäten die gleichen Ergebnisse zeitigen, ist durch Tierversuche vielfach bewiesen worden (LEVINE 1962, YOUNG 1964, KRECH 1966). Hier kommt der taktilen und vestibular-propriozeptiven Stimulation eine grundlegende Bedeutung zu. Über Streicheln und Wiegen — um es einmal vereinfacht zu sagen — kann die kindliche Entwicklung schon sehr früh positiv beeinflußt werden. Es ist nicht nur ein „Nervenkitzel", wenn Kinder, ja selbst Erwachsene es lieben, geschaukelt, geschwungen und um die verschiedenen Körperachsen gedreht zu werden. Hier werden Bewegungs- und Lageempfindungen angeregt, die, wie wir heute wissen, ständig integriert werden in andere sensorische Informationen. Nach AYRES (1979, S. 46) versorgt z.B. die vestibulare Information die Stabilität des visuellen Bildes im Zusammenhang mit Bewegungen des Kopfes und des Körpers. Wir werden bei den Übungsanregungen noch auf den Bewegungs- und Lagesinn, auf die sogenannte Kinästhesie eingehen.
Was die Fernsinne des Sehens und Hörens anbetrifft, so leiden Geistigbehinderte aufgrund mehr oder weniger umschriebener Hirnstörungen an Teilleistungsschwächen. Das heißt, sie nehmen über Auge und Ohr nur ungenau wahr. Ihnen fehlt es zumeist an der Fähigkeit, aus dem großen Wahrnehmungsangebot der Umwelt das momentan zur Orientierung Wichtige herauszufiltern und das andere unbeachtet zu lassen. Diese perzeptive Selektionsschwäche (Wahnehmungsauswahlstörung) kann am besten am Phänomen der Figur-Grund-Differenzierung dargestellt werden. Hierbei können die Kinder die wichtige Figur, den Gegenstand, den es wahrzunehmen gilt, nicht von seinem Hintergrund ablösen und sich ganz auf ihn konzentrieren. Das gilt sowohl für die visuelle als auch für die akustische Wahrnehmung. Auch beim aufmerksamen Zuhören muß die betreffende auditive Information aus all den unwichtigen Nebengeräusche herausgeschält werden. Es ist typisch für die Wahrnehmungsauswahlstörung geistigbehinderter Kinder, daß sie oft das Wesentliche nicht sehen oder heraushören. Statt dessen bemerken sie nur unwichtige Details und — was das Schlimme ist —, sie reagieren dann inadäquat auf diese Teilwahrnehmung. Daraus erklärt sich die Unsicherheit in neuen Bewegungssituationen. Geistigbehinderte erfassen und verstehen die Situation deshalb nicht vollständig, weil sie nur unvollständige Informationen über ihre Sinne erhalten. Es sind Teilausblendungen und Wahrnehmungslücken, die auch mit der Unfähigkeit, über mehrere Sinne gleichzeitig Informationen aufzunehmen, zusammenhängen. Diesem Mangel an sensorischer Integration muß durch isolierte Wahrnehmungsübungen, z.B. unter Ausschalten des visuellen Sinnes, Rechnung getragen werden. Erst wenn die „einspurige" Informationsaufnahme hinreichend klappt, sollten mehrere Sinnesreizempfänger gekoppelt in Tätigkeit treten.
Nach systematischer Verbesserung des Input wird es nunmehr notwendig sein, diese präziser hereinkommenden Sinnesmeldungen für situationsangepaßte Bewegungsreaktionen zu nutzen. Bisher zögerten geistigbehinderte Kinder aufgrund ungenauer Teilwahrnehmungen ganz typischerweise, ehe sie plötzlich in unbedachter und unangemessener Weise auf die

betreffende Situation reagierten. Nunmehr wird die Interaktion zwischen Wahrnehmen und Handeln — wenn auch zunächst nur in überschaubaren, konkreten Übungssituationen — fließender, integrierter und eben situationsgerechter verlaufen. Alle Lernprozesse basieren im Grunde auf der Integrität der Wahrnehmungs-Handlungs-Einheit. Von daher bedürfen gerade die „Nahtstellen" von Input und Output eines besonderen Funktionstrainings.

Zur Frage des Transfers des Erlernten auf andere Situationen bestehen gesicherte positive Erfahrungen lediglich hinsichtlich der Lernübertragung von einer motorischen Situation auf die andere. Dabei hat sich gezeigt, daß vielfältige situative Variationen geistigbehinderte Kinder am ehesten in die Lage versetzen, die durch sensomotorische Anpassungsvorgänge entstandenen Bewegungserfahrungen für andere motorische Lernsituationen zu nutzen (SCHILLING 1976). Je ähnlicher die Bewegungsstruktur — gerade wenn sie immer wieder geringe Änderungen erfährt — desto eher werden diese Bewegungsmuster dem Kind bei der Bewältigung einer anderen Aufgabe dienlich sein. Fehlt allerdings das hier beschriebene, durch kleine und kleinste Übungsvariationen gekennzeichnete Prinzip, so werden positive Transferwirkungen nicht in dem Maße zu erwarten sein.

Je eingeschliffener nämlich Bewegungsmuster wie auch konditionierte Reaktionen sind, desto schwerer fallen dem Ausübenden irgendwelche Variationen, wie sie bei motorischen Anpassungsleistungen benötigt werden. Daraus ist für die Übungspraxis mit Geistigbehinderten der für die Methodik wichtige Schluß zu ziehen, daß es falsch ist, zu früh sportmotorische Fertigkeiten antrainieren zu wollen. Fertigkeiten stehen am Ende einer Motopädagogik, deren Hauptziel das Hinführen zu Fähigkeiten ist, mit denen das Kind — und nicht nur das geistigbehinderte Kind — in der Lage ist, neue motorische Umweltprobleme zu lösen. Hierbei kann eine zu hohe Geübtheit vom Grade der Automatisation eher hinderlich sein. Aus eigener Erfahrung ist es mir geläufig, daß Geistigbehinderte ihre durch Monate des Übens gewonnene Kletterfertigkeit nur an der gewohnten Sprossenwand anzuwenden in der Lage sind, und daß sie dieses Bewegungsmuster nicht ohne weiteres auf eine andere Sprossenwand mit einem etwas veränderten Sprossenabstand oder einer anderen Dicke der Sprossen übertragen können. Bei hochgeübten Bewegungsmustern ist Neulernen fraglos leichter als Umlernen.

Betrachten wir die Transfermöglichkeiten erworbener motorischer Fähigkeiten und Erfahrungen auf Bereiche des Kognitiven, Emotionalen und Sozialen, so sind hier gesicherte Aussagen schwierig. OLIVER (1958) berichtet zwar über einen intellektuellen Leistungszuwachs bei geistigbehinderten Kindern nach einem zehnwöchigen Training der Motorik. Gleiche Aussagen machen CORDER (1965) u.a.m. Dagegen fanden SOLOMON und PANGLE (1966) keinen Transfer auf den kognitiven Bereich. GREENFELL (1965) stellt nach einem zehnwöchigen Motorik-Training sowohl positive kognitive als auch soziale Wechselwirkungen fest. Dabei sind positive Transferwirkungen zwischen psychisch-emotionalen Variablen (Selbstwertgefühl), sozialen Variablen (Anerkennung) und kognitiver Potenzfreisetzung anzunehmen.

4. Die Behandlung der Apraxie als Grundstörung Geistigbehinderter

Eine sehr stark durch kognitive Defizite gekennzeichnete Störung ist die Apraxie. Darunter versteht man die Unfähigkeit, sinnvoll zu handeln, indem es nicht gelingt, die Einzelteile eines komplexen Bewegungsablaufs miteinander zu koppeln. Wesentlich bei dieser Störung ist der Mangel an pragmatischer Weg-Zielvorstellung im Sinne eines Bewegungsentwurfs oder Handlungsplans zur Bewältigung einer Aufgabe. Wir sind darauf im Zusammenhang mit Lernstörungen und sensomotorischen Interaktionsstörungen weiter oben zu sprechen gekommen. Durch apraxische Störungen ist das Vermögen geistigbehinderter Kinder zu praktischen Intelligenzleistungen bei der Umweltbewältigung oft erheblich eingeschränkt, obwohl von der Motorik her die Voraussetzungen durchaus vorhanden wären. Der Mangel liegt mehr im Kognitiven als im rein Motorischen. Oder besser gesagt: Es liegt eine mangelhafte Integration von Wahrnehmung, Handlungsantizipation und konstruktiver Bewegungsausführung vor — eine Art ideomotorischer Schwäche.

Es ist anzunehmen, daß bei der Apraxie eine vorwiegend kortikale Störung sowohl in der sensorischen Diskriminationsfähigkeit als auch in der Analyse kombinationsmotorischer Abläufe vorliegt. Hierbei spielt die meist ungenau ausgebildete Körpervorstellung eine bedeutende Rolle. Denn dieses Körperschema geht als Eingangsgröße in jede motorische Handlung mit ein und bestimmt insofern die Qualität der Ausführung, als hier Körper und Umwelt in ihren räumlich-zeitlich-dynamischen Dimensionen miteinander in Beziehung gebracht werden müssen.

Das Zustandekommen dieser intersensorischen und sensomotorischen Integration ist nicht nur abhängig von der Intaktheit und Funktionstüchtigkeit visueller Reizempfänger, sondern insbesondere auch vom Reichtum taktiler und kinästhetischer Rückmeldungen. AYRES (1979) empfiehlt deshalb, jede Übungssequenz mit Hautstimulierungen zu beginnen und diese innerhalb der nächsten halben Stunde, d.h. vor Nachlassen der Reizwirkungen, mit anderen Sinnes- und Bewegungsreizen anzureichern bzw. damit zu integrieren. Die Autorin versteht hierunter vor allem aktive und passive Reizungen des Vestibularapparates im Innenohr sowie der Gelenkrezeptoren durch Körperdrehungen und Sprungübungen. „Je mehr Körperteile benützt werden, desto größer ist der sensorische Input und desto größer ist das generalisierte Lernen" (AYRES 1979, S. 137).

4.1. Taktile Stimulierung

Wir haben das *Hautreizungstraining* seit 1969 in unseren sensomotorischen Übungsprogrammen mit großem Erfolg im Sinne einer Gesamtentwicklungsstimulation angewendet (KIPHARD 1980). Die verwendeten mechanischen und thermischen Reize wurden von allen Kindern als angenehm empfunden. Bei diesen passiven Tastübungen geht es einmal um eine Sensibilisierung der gesamten Hautoberfläche für unterschiedliche Berührungsinformationen. Zum anderen soll die qualitative Unterschiedlichkeit dieser Informationen mit der Zeit immer bewußter wahrgenommen werden.

Die taktile Wahrnehmungsfähigkeit erstreckt sich praktisch auf den ganzen Körper, wobei es zunehmend auch um die Lokalisation von Hautberührungen unter Ausschaltung der Augenkontrolle geht. Die Stimulierungen dürfen anfangs kräftiger sein, z.B. durch Reiben, Frottieren, Bürsten, Zwicken, Hautverschiebungen und Durchmassieren. Später sollen subtilere Reize mit einem Pinsel, einer Feder, aber auch durch bloßes Anhauchen und Anpusten bemerkt, registriert und unterschieden werden.

Sobald eine einigermaßen befriedigende Differenzierungsfähigkeit erreicht ist, sollen aktive Tastübungen mit den Händen und Fingerspitzen, später auch mit Fußsohlen und Zehen, evtl. sogar mit Lippen und Zunge hinzugenommen werden. Die hierbei zur Anwendung kommenden Differenzierungskriterien sind:
— Größe, Schwere, Form (z.B. rund, eckig, spitz)
— Konsistenz (weich, hart), Temperatur (kalt, warm)
— Oberflächenbeschaffenheit (rauh, glatt, geriffelt).

Auf diese Weise können — von den Augen abgeschirmt — Textilien, Haushaltsgegenstände, Obst, Gemüse, Spielzeug, Plastik- und Stofftiere sowie möglicherweise Münzen unterschieden werden.

4.2. Vestibuläre Stimulierung

Neben den Hautreizungen sind es — wie schon erwähnt — vor allem *motorische Reizungen des Bewegungs- und Lagesinnes* durch schnelle Auf- und Abbewegungen, Schaukel- und Karussellbewegungen sowie Längs- und Querdrehungen, welche sich mit anderen Sinnesmeldungen verbinden und auf diese Weise die Gesamtinformationsqualität verbessern. Solche Schwung-, Dreh- und Rotierbewegungen des Körpers verbessern nicht nur das Körperschema geistigbehinderter Kinder. Sie sind nach WHITE und CASTLE (1964) auch geeignet, das Gleichgewichtsgeschehen positiv zu beeinflussen und damit die Körperkoordination zu verbessern — wichtige Voraussetzungen zur erfolgreichen Umweltbewältigung, die gerade bei Geistigbehinderten defizitär sind.

AYRES hat in ihren Veröffentlichungen (1965, 1972, 1977) die Bedeutung primitiver subkortikaler, insbesondere retikulärer Funktionen für die höhere kortikale Nerventätigkeit einschließlich kognitiver Lernleistungen nachgewiesen. Eindeutige Wechselwirkungen bestehen zwischen vestibularer Bogengangreizung durch Kopf- und Augapfelbewegungen und der Blickrichtung, ja überhaupt der optischen Aufmerksamkeit und Wahrnehmungsfähigkeit (GREGG, HAFFNER und KÖRNER 1976). Auch gibt es Hinweise dafür, daß hyperaktive Fehlverhaltensweisen durch intensive Vestibularstimulation mit der Zeit abzubauen sind. BHATARA und Mitarbeiter konnten 1968 in einer Studie eine Abnahme überaktiver Verhaltensmuster bei einem motorisch äußerst unruhigen Kind beobachten. KANTER (1976) und seine Kollegen in den USA berichten über ein Aufholen motorischer Entwicklungsrückstände bei drei geistigbehinderten und vier mongoloiden Säuglingen nach Anwendung vestibulärer Stimulation.

Während die meisten dieser Versuche im frühen Kindesalter durchgeführt wurden, fehlen entsprechende Berichte im Kindes- und Jugendalter. Es wäre aber sicher falsch, wollte man deshalb auf die im folgenden stichwortartig aufgeführten Übungsfolgen zur Verbesserung des Raumlage- und Bewegungsgefühls bei älteren Geistigbehinderten verzichten. Denn auch bei ihnen sind positive, sensorisch und sensomotorisch integrative Übungswirkungen anzunehmen, die auch auf die Gesamtentwicklung positive Rückwirkungen haben können. Daß diese Stimulationen außerdem die Emotionalität günstig beeinflussen, ist durch zahlreiche Untersuchungen belegt (SOLOMON 1959, FREEDMAN und BOVERMANN 1966, FRÖHLICH 1979).

Als ein in motopädaogische Lernsituationen und Übungssequenzen immer wieder einzubauendes vestibuläres Stimulationstraining werden folgende Anregungen wertvoll sein:
— Schaukeln vorwärts und rückwärts, seitlich und kreisförmig
— Schwingen in einer Hängematte, auch in Bodennähe quer darüber
— Karussellschwünge, bei denen das Kind vom Erwachsenen herumgeschleudert wird
— Wippen auf einem über einen Kasten gelegten Brett
— Auf- und Abwippen beim Hängen an Gummikabeln oder Expandern
— sitzendes, kniendes oder stehendes Wippen auf einem Trampolin
— ebensolche schnelle Drehungen an aufgedrehter Schaukel
— desgleichen auf einem Bürodrehstuhl
— sich um die Längsachse fortlaufend am Boden rollen (wälzen)
— desgleichen auch einen Hang (schiefe Ebene) hinunter
— desgleichen in eine Decke gewickelt
— Drehungen um die Körperquerachse durch Purzelbäume
— desgleichen durch Überschlagen nach vorn um eine Turnstange
— schnelle Drehungen um die Querachse an einer Deckenlonge
— Drehungen um die Seitenachse in der Bauchlage auf einem kugelgelagerten Rollbrett.

Entspannungstechniken, in Verbindung mit muskulären Teilanspannungen, wie sie beispielsweise in der ,,Progressiven Relaxation" nach JACOBSEN oder in der ,,Eutonie" (Gerda ALEXANDER) zur Anwendung kommen, erhöhen die kinästhetische Sensibilität. Sie wirken sich auch positiv auf die motorische Gesamtkoordination aus (CRATTY 1975). Die Fähigkeit zur Muskelentspannung muß bei geistigbehinderten Kindern oft erst durch behutsames Streicheln und beruhigendes Sprechen angebahnt werden. Ihnen fällt es besonders schwer, dabei die Augen geschlossen zu halten. Muskuläre Teilanspannungen erhöhen als Tonuserfahrung sowohl das Bewegungsgefühl als auch die Bewegungskontrolle.

5. Bestandsaufnahme grob- und feinmotorischer Grunderfahrungen

Zum Zwecke der Erweiterung kindlicher Handlungsmöglichkeiten ist zunächst eine Bestandsaufnahme großräumiger, ganzkörperlicher Bewegungsmuster für jedes Kind anzustreben. Bei dieser Feststellung des Grundbestandes, also einer Art von „Bewegungsvokabular", das dem einzelnen Kind zu diesem Zeitpunkt zur Verfügung steht, stellt man pro Kind eine Liste auf, in der alle gekonnten grobmotorischen Vollzüge vermerkt werden: Kriechen und Krabbeln, freier Stand, freie Hockstellung, selbständiges Aufstehen vom Boden, Gehen und Rennen ohne Umfallen, Treppensteigen hinauf und hinab mit und ohne Geländer. Ebenfalls Rückwärtsgehen, Vorwärtsgehen auf einem Strich oder in enger Bahn, Stehen auf einem Bein, beidbeiniges und einbeiniges Vorwärtshüpfen, Standsprung (z.B. Herabsprung von der letzten Treppenstufe) und Anlaufsprung.

Als grober Anhaltspunkt, welche „Meilensteine" in der frühen Bewegungsentwicklung zu berücksichtigen sind und wie sie sich normalerweise nacheinander entwickeln, mag das *Sensomotorische Entwicklungsgitter* (KIPHARD 1980 a) dienen. Es können auch weitere, darin nicht genannte Entwicklungsvollzüge und Bewegungsfähigkeiten überprüft werden, so z.B. das Klettern an Leiter oder Sprossenwand, Hängen, Hangeln, Schwingen, Rolle vorwärts am Boden (Purzelbaum) u.a.m. Außerdem soll notiert werden, ob das betreffende Kind schon Gocart, Dreirad, Roller oder Rad fahren kann.

Für den handmotorischen Bereich ist ähnlich zu verfahren. Hier wäre beispielsweise zu protokollieren, welches Kind schon etwas ziehen, schieben, rollen, drehen, kreiseln, schwingen, stoßen, schlagen, werfen oder fangen kann. Welches der Kinder kann im Sand graben (Schaufel- oder Spatengebrauch), welches Holzpflöcke einschlagen oder mit Messer und Schere umgehen? Wessen Finger sind gelenkig genug, um einzeln schnell hintereinander auf den Tisch zu tippen (tapping), Rosinen mit Zeigefinger-Daumengriff flink zu greifen, Malstifte richtig (im Erwachsenengriff) zu handhaben oder mit Legosteinen und anderem Baumaterial zu bauen? Die Liste ließe sich beliebig fortsetzen.

6. Erweiterung grob- und feinmotorischer Grunderfahrungen

Eine derartige Grundbestandsaufnahme macht es nunmehr möglich, diejenigen Übungsangebote auszuwählen, die eine Erweiterung des „Bewegungsvokabulars" im grobmotorischen und feinmotorischen Bereich ermöglichen. Wenn also ein Kind noch niemals Roller gefahren ist oder noch nie mit einer Schaufel im Sand gebuddelt hat, können diese fehlenden Bewegungserfahrungen übend nachgeholt werden. So kann es mit der Zeit zu einem gewissen Ausgleich von unterschiedlichen, durch individuelle Störungen oder durch ungünstiges Milieu bedingten Lerndefiziten kommen.
In diesem nachholenden und ausgleichenden Bewegungsangebot liegt die große Chance einer frühzeitigen Einflußnahme auf die gestörte bzw. verzögerte Entwicklung behinderter Kinder. Je gravierender die Störungen und Defizite sind, desto mehr haben sich gezielte individuelle Fördermaßnahmen bewährt, die gemeinsam oder nach Anleitung von den Eltern alleine durchgeführt werden. Hier genügt das tägliche Bewegungsangebot nicht, so daß ein häusliches Training nach Anweisung eine wichtige ergänzende Maßnahme darstellt.
Diese kindgemäß anzubietenden Bewegungsübungen verlangen nicht unbedingt einen Gymnastik- oder Turnraum. Mit einiger Phantasie läßt sich jeder Tagesraum kurzfristig in einen Übungsraum verwandeln, wobei die Tische und Stühle gut in die Übungen einbezogen werden können. Jeder Flur, ja sogar das Treppenhaus kann zum Übungsraum werden, von den Möglichkeiten draußen ganz zu schweigen.

7. Durch Übungsvariation zu motorischen Fähigkeiten

Es geht hier im weiteren Verlauf der Übungsangebote um die Ausbildung der Fähigkeit, sich neuen Umweltsituationen flexibel anzupassen. Das Kind wird durch geringgradig veränderte Situationen lernen, sich einer neuen Bewegungsaufgabe gemäß richtig zu verhalten. D.h. es muß seine Bewegungsmuster so abändern, daß die Bewältigung der veränderten Bewegungssituation möglich wird. Wir haben weiter oben schon darüber gesprochen.

Dazu einige Beispiele: Hat das Kind gerade gelernt, ein nur wenig steiles Schrägbrett frei hinaufzugehen, so verlangt ein etwas steiler gestelltes Brett eine grobmotorische Anpassung in Form eines dynamischeren Anlaufs und stärkerer Vorneigung des Körpers. Umgekehrt werden beim Herabgehen eines geringgradig steileren Schrägbrettes mehr Bremskräfte und eine etwas stärkere Rückneigung eingesetzt werden müssen, um der veränderten Situation gerecht zu werden.

In diesem Sinne wird ein Kind einen Luftballon, der vergleichsweise viel leichter ist als ein Ball, nicht mehr so hart schlagen, sondern ihn mit verminderter Impulsgröße vorsichtiger und behutsamer antippen. In ähnlicher Weise wird das Bewegungsmuster „Ballfangen", wenn es mit einem großen Wasserball schon gekonnt wird, entsprechend einer neuen Ballgröße und einem neuen Ballgewicht abgewandelt werden, so daß es auch hier mit der Zeit zu einer Generalisierung des Fangmusters kommt. Mit anderen Worten: dieses Bewegungsmuster kann nun in jeder Situation angewendet werden, ganz gleich, ob ein Gymnastikball, ein Tennisball, ein Schaumstoffstück, ein Seil oder eine Flugscheibe gefangen werden sollen.

8. Wahrnehmungsmotorische Grunderfahrung

Bei jeder sensomotorischen Anpassungsleistung sind naturgemäß immer auch Wahrnehmungsprozesse, vor allem im Sinne einer optischen Orientierung, mit im Spiel. Selbstverständlich unterliegen auch Sinneswahrnehmungen den biologischen Gesetzmäßigkeiten der situativen Anpassung, die durch jede Veränderung der Wahrnehmungssituationen herausgefordert und trainiert wird. Denn die wahrgenommenen Gegenstände und räumlichen Orientierungspunkte präsentieren sich dem in Bewegung befindlichen Kind wechselnd mal von vorn, von hinten, von der Seite, von oben oder von unten. Dabei werden immer wieder bestimmte Objekte optisch (oder auch akustisch) aus dem Hintergrund herausgelöst und in ihrer Raumlage und Beziehung zu anderen Objekten analysiert. Die folgenden Übungsvorschläge sollen helfen, die optischen Wahrnehmungsvollzüge systematisch zu schulen und damit tragfähiger zu machen.

Der kardinale Unterschied zu den bekannten platzgebundenen sinnesschulenden Wahrnehmungsprogrammen anhand von Arbeitsblättern liegt darin, daß die von uns empfohlenden bewegungsreichen, reaktions- und handlungsbetonten Übungssituationen unter starker innerer Anteilnahme der Kinder vor sich gehen. Die Motivation zu solchen erlebnisgeladenen, anschaulich-konkreten Lernoperationen ist gerade bei Geistigbehinderten relativ leicht zu erreichen. Außerdem wird das Gelernte durch die innere Teilnahme des Kindes, d.h. durch den Erlebnisgehalt auch besser im Gedächtnis behalten.

In den nachfolgenden perzeptiven Grunderfahrungen geht es darum, den Kindern das optische Unterscheiden von Farben, Formen, Größen und Mengen anhand sensomotorischer Reiz-Reizantwortreaktionen konkret-anschaulich nahezubringen. Dabei wird die Lernsituation schon bald geringfügig abgewandelt, um somit neue Anpassungsprozesse herauszufordern.

Auch im Wahrnehmungsbereich kann — ähnlich wie im Bewegungsbereich — zur vorherigen Orientierung eine Bestandsaufnahme durchgeführt werden. Sie soll z.B. Aufschluß darüber geben, welche Farben das Kind optisch unterscheiden kann, welche akustischen Farbbegriffe es schon beherrscht, desgleichen mit Formen, Mengen usw. Die nachfolgende Auflistung von Beispielen, bei denen differenziertes Wahrnehmungslernen über großräumige, spielerische Bewegungsvollzüge geschult wird, soll die bisherigen Ausführungen konkret veranschaulichen.

8.1. Farbendifferenzierung

Im Raum verteilt liegen in unregelmäßigen Abständen verschiedene einfarbige Gegenstände am Boden: Plastikkeulen, Bauklötze, Pappen, Teppichfliesen, Gummiquadrate, Holz- oder Plastikreifen, Tennisringe, Bälle, Luftballons und dergleichen. Der Motopädagoge zeigt eine Farbtafel hoch und stellt die Aufgabe: Sucht etwas, das so aussieht! Oder: Wer bringt mir ganz vieles von dieser roten (grünen) Farbe?

Variation: Jedes Vögelchen (Kind) darf sich so viele Dinge von dieser Farbe in sein Nest (Reifen) holen, wie es tragen kann. Wiederholung mit einer anderen Farbe.

Variation: Jedes Kind sitzt auf einer Fliese oder in einem Nest von bestimmter, eben „seiner" Farbe. Es dürfen alle gleichfarbigen Gegenstände eingesammelt und ins Nest geholt werden.

Variation: Jedes Kind besitzt einen rollenden Gegenstand von verschiedener Farbe, z.B. Reifen, Tennisring, Holzkugel, Ball. Jedes Kind rollt seinen Gegenstand mit kräftigem Anstoß in den Raum hinein und beobachtet, wo er liegenbleibt. Dann erst darf er geholt werden. Schwächere Kinder dürfen gleich hinterherrennen, um ihre Farbe nicht aus den Augen zu verlieren.

Variation: An der Wand oder von der Tischkante herunter hängen einfarbige Tesarollen oder mit Klebeband fixierte Luftballons. Letztere können auch am Boden liegen. Jedes Kind hat ein oder zwei Tennisbälle und versucht, die vom Lehrer hochgezeigte Farbe abzutreffen.

Erschwerung: Es werden jeweils zwei Farben vorgezeigt, die nacheinander getroffen werden sollen.

Variation: Jedes Kind hat vor sich zunächst zwei, später drei und mehr einfarbige Teppichfliesen oder Gummiquadrate am Boden liegen.

Aufgabe: Springt alle auf einen Teppich, der diese Farbe hat (z.B. blau).

Erschwerung: Die Kinder legen sich selber eine Bahn aus drei oder mehr Farbquadraten. Beim Draufhüpfen soll die entsprechende Farbe laut benannt werden. Wir können auch bei einem Kind zuschauen, ob es die richtigen Farben ausruft oder beim Lehrer, der sich absichtlich mit der Farbe vertut. — Wer kann vorher die Farben rufen, die er springt?

8.2. Formendifferenzierung

Ähnlich wie oben werden runde und eckige Formen (z.B. Kugeln und Würfel) unregelmäßig im Raum verteilt. Auf Vorzeigen soll die richtige Form geholt oder mit einem Ball abgetroffen oder vom Tisch runtergefegt werden.

Variation: Wo diese Unterscheidung noch schwerfällt, werden vorerst bekannte Spiel- und Haushaltsobjekte im Raum verteilt, z.B. Teddybären, Plüschhasen, Plastikteller und -tassen, Spielautos usw. Sie sollen auf Vorzeigen geholt werden.

Erschwerung: Die Kinder laufen vorher in einem großen Kreis um die Spielsachen herum: Dadurch fällt ihnen das Erkennen schwerer.

Erschwerung: Es werden nacheinander zwei Gegenstände gezeigt.

Erschwerung: Auf den erstgezeigten Gegenstand soll geworfen werden, der zweite wird geholt.

Erschwerung: Es werden nicht mehr reale Dinge, sondern nur noch Abbildungen verwendet. Auf den Boden oder an die Wand geklebt befinden sich große Tierbilder. Wer findet das hochgezeigte Tier?

Variation: Jedes Kind hat eine Möhre und soll sie dem vorgezeigten Hasen (oder Esel) bringen.

Variation: Auf dem Boden liegen unregelmäßig verteilt Pappdreiecke und Pappkreise. Die Kinder sollen sich so schnell wie möglich auf eine vom Lehrer hochgezeigte Form setzen. Wiederholung mit zwei anderen Formen.

Variation: Die Formen werden mit Klebestreifen an die Wand oder an senkrecht gestellte Tische geklebt und sollen abgeworfen werden.

Variation: Die geometrischen Formen sind auf den Boden aufgemalt oder mit Tesakreppstreifen aufgeklebt worden. Wer springt in ein Herz (vorgezeigt)? Und jetzt auf ein Kreuz?
Erschwerung: Springt auf einen Stern und setzt euch anschließend auf einen Mond.
Variation von Gegenständen: Statt geometrischer Formen können auch Tierbilder oder andere Abbildungen auf den Boden aufgemalt, auch in Form von Hüpfkästchen, Hinkelschnecken oder ähnlichem geklebt werden.

8.3. Größendifferenzierung

Es liegen große und kleine Bälle (zur Abwechslung auch einmal Teddybären, Tee- und Eßlöffel, Plastikteller und Untertassen) am Boden. Der Erzieher nimmt einen der Gegenstände auf und sagt: Wer bringt mir einen genau so großen Ball?
Erschwerung: Nehmt einen kleinen Ball wie diesen hier (vorzeigen) und trefft damit den großen Ball (vormachen).
Variation: Es sollen Längen differenziert werden, z.B. kurze und lange Stäbe, Leisten, Pappstreifen, Seile usw.
Variation: Die Kinder holen sich möglichst viele Gegenstände der gezeigten Länge in ihr Haus, z.B. alle großen Seile, Stäbe und Pappstreifen usw.
Erschwerung: Größen und Längenunterscheidung mit drei Objekten.
Variation: Der Lehrer deutet die zu holende Größe oder Länge nur mit Handbewegungen an.
Erschwerung: Zwei Aufträge hintereinander; z.B. holt euch einen großen Stab (vorzeigen) und schlagt damit einen kleinen Luftballon (Ball) weg (vormachen).
Variation: Formen unterschiedlicher Größe sind auf Bodenquadrate oder Teppichfliesen aufgeklebt. Wer springt zuerst auf ein kleines Dreieck und dann auf ein großes?
Variation: Die Kinder springen über eine Bahn von unterschiedlichen Teppichfliesen und rufen jeweils „groß" oder „klein".
Variation: Macht euch selber groß (lang) und klein (kurz), je nachdem, welche Länge der Lehrer mit seinen Händen oder mit einem Seil anzeigt.
Erschwerung: Sucht euch einen Stab, einen Pappstreifen oder ein Seil, das größer (länger) ist als ihr.
Variation: Baut aus Schaumstoffbacksteinen einen Turm, der euch bis zum Bauchnabel reicht.

8.4. Mengendifferenzierung

Bringt mir ganz viele Dreiecke. Oder: Holt euch ganz viele große Bälle und tut sie in euren Kasten.
Variation: Bringt mir nur einen einzigen Ball her, aber nur einen!
Variation: Legt ganz viele kleine Bälle in den Kasten und tut einen großen Ball obendrauf.
Erschwerung: Der Lehrer zeigt zwei Bälle hoch. Bringt mit so viele Bälle, wie ich hier habe.
Variation: Der Lehrer gibt die Menge nur noch mit den Fingern an.
Variation: Die zu holende Menge wird durch Händeklatschen, Füßestampen oder Hüpfen angezeigt, z.B. zwei-, das nächstemal nur einmal und dann ganz oft, was so viel heißt wie: „Bringt ganz viele!"
Variation: Die Kinder klatschen oder stampfen genauso oft wie es vorgemacht wird.
Variation: Der Lehrer läßt den Ball einmal, zweimal oder dreimal auf den Boden fallen und

fängt ihn jedesmal wieder. Die Kinder tun dasselbe mit ihrem Ball.
Variation: Hüpft so oft wie der Ball hüpft. Oder: Klatscht so oft in die Hände.
Erschwerung: Der Lehrer hüpft zweimal auf der Stelle und prellt anschließend den Ball einmal gegen den Boden. Wer macht das nach?
Variation: Holt zwei von diesen großen Schaumstoffplatten (Lehrer zeigt sie vor) und zwei von diesen kleinen.
Erschwerung: Legt zwei kleine Schaumstoffplatten (5 cm Dicke) aufeinander. Legt eine große Platte (10 cm Dicke) daneben. Welcher Haufen ist größer?
Variation für Fortgeschrittene: Drei kleine und ein großer Schaumstoffbackstein; oder vier kleine und zwei große. Ähnliches kann man mit Holzklötzen aus dem SCHEIBLAUER-Material machen. Oder man nimmt flachere und höhere Schuhkartons. Hierbei können schon Rechenmanipulationen auf anschaulich-konkreter Ebene vorbereitet werden.

9. Einige methodische Schlußbemerkungen

Gemäß den weiter oben erwähnten Forschungsergebnissen über die kaum vom Normalen abweichende Grundstruktur motorischer Eigenschaften und Fähigkeiten benötigen geistigbehinderte Kinder keine andersartigen Übungsangebote. Sie sollen lediglich dem Entwicklungsniveau ihrer Wahrnehmungs- und Bewegungsfunktionen entsprechen. Das heißt, es müssen einfache grobmotorische Grundaktivitäten sein, die durch konkrete Problemlösesituationen ausgelöst werden, beispielsweie wenn es darum geht, ein Hindernis oder eine Steigung zu überwinden, um auf eine Rutsche zu gelangen oder einen dort oben befindlichen Gegenstand zu erreichen. Wichtig ist es, daß das Kind situativ oder durch attraktive Materialien motiviert und zum Handeln angeregt wird.

Es geht hier, wie VERMEER und Mitarbeiter (1977) feststellen, anfangs gar nicht so sehr darum, *was* das geistigbehinderte Kind tut, sondern *daß* es überhaupt etwas tut. Gezielte koordinative Übungsanforderungen wie spezielle Balancierübungen oder Aufgaben der Auge-Hand-Koordination, wie sie in der Sportpädagogik üblich sind, sollen erst sehr viel später ins Programm genommen werden. Statt Übungsaufgaben mit Übungsansage, Vormachen, Nachmachen und Korrekturen sollten anfangs lediglich *motorische Situationen* angeboten werden, welche geeignet sind, vielfältige Orientierungs- und Anpassungsvorgänge beim Übenden auszulösen.

Es ist wichtiger, daß Geistigbehinderte neue Funktions-, Spiel- und Experimentiermöglichkeiten an interessanten Geräten und Materialien entdecken und mit ihrem selbsttätigen Tun völlig eins sind, als daß ihnen bestimmte Bewegungsfertigkeiten technisch andressiert werden. Alles was geeignet ist, Interesse und Zuwendung beim geistigbehinderten Kind zu wecken, seine Bewegungslust und Entdeckungsfreude anzuregen und es erfolgreich in seinen Unternehmungen sein zu lassen, wirkt gleichzeitig auch seiner sozialen Isolierung entgegen und bringt es in einen direkten engen Kontakt zu den Dingen und Personen seiner Umwelt. Bei keiner Behindertengruppe muß so stark individualisiert werden wie bei Geistigbehinderten, die ja zuallermeist mehrfach behindert sind. Das heißt, sie sind über ihre geistige Minderleistungsfähigkeit hinaus sehr oft gehandikapt durch Körperbehinderungen, Bewegungsbehinderungen, Wahrnehmungsbehinderungen, Sprachbehinderungen sowie Antriebs- und Verhaltensstörungen. Erethische Kinder mit ihrem ruhelosen, überaktiven Verhalten bedürfen sehr intensiver Bewegungsreize auf niederster Entwicklungsebene, angereichert mit kinästhetischen Grunderfahrungen. Torpide, träge, apathische und antriebsarme Geistigbehinderte sind evtl. über Lieblingsbeschäftigungen, Vorlieben, Bedürfnisse und Gewohnheiten wie Rhythmik und Musik, Fahren oder Rutschen zu erreichen, wenn es nicht gelingt, ein anderes Kind dem Antriebsarmen als „Promotor" zuzuteilen. Mongoloide verrichten diese Aufgabe des Betreuens und „Bemutterns" mit wahrer Hingabe.

Kinder mit unproduktiven Stereotypien und autistischen Verhaltensweisen müssen konsequent zu konstruktivem und produktivem Tun geführt werden, wobei die Fehlverhaltensweisen möglichst als Ausgangspunkt für eine Verhaltensänderung genommen werden sollten. Ein Kind, das z.B. ständig Fäden vom Boden aufhebt und damit unaufhörlich vor seinem

Gesicht herumwackelt, kann über immer größer werdende Bindfaden- und Seilstücke schließlich dazu gebracht werden, sein Interesse dem wackelnden und schwingenden Klettertau in der Turnhalle zuzuwenden. Bei aggressiven und besonders bei autoaggressiven geistigbehinderten Kindern wird man ohne verhaltenstherapeutische Interventionen im Sinne des „shaping" nicht auskommen. Dabei gilt es immer die gewünschte Verhaltensweise durch Lob und soziale Zuwendung zu bekräftigen.

IRMISCHER geht in seinem Beitrag auf diese methodischen Grundlagen gesondert ein. Auch er will über bewegungsfördernde Maßnahmen ein klar definiertes Zielverhalten der Geistigbehinderten erreichen, während andererseits bestimmte, gemäß der „Checklist motorischer Verhaltensweisen" (CMV von SCHILLING) eruierte Symptome des Fehlverhaltens durch geeignete methodische Mittel abgebaut werden sollen.

Wer in der Bewegungsarbeit mit Geistigbehinderten steht, wird trotz aller Schwierigkeiten und Grenzen, die diese Arbeit kennzeichnen, immer wieder von der Hingabe und Ausdauer seiner Schützlinge beeindruckt sein. In ihrem Leistungseifer und ihrer Motiviertheit in Wettbewerbssituationen bestehen nach den Untersuchungen von HECKHAUSEN und Mitarbeitern (1962) und WASNA (1973) keine Unterschiede zu normalentwickelten Kindern. Das gilt auch für das Erfolgs- oder Mißerfolgsbewußtsein bzw. für die Mißerfolgsbewältigung geistigbehinderter Kinder, sofern sie ein Intelligenzalter von etwa 3 1/2 Jahren erreicht haben (HECKHAUSEN und ROELOFSEN 1963).

Danach ist es durchaus möglich und richtig, Geistigbehinderte zu sportlichen Leistungs- und Leistungsvergleichssituationen zu motivieren. Sportliche Lehrinhalte bilden den ganz natürlichen Anschluß an die motopädagogischen Grunderfahrungen. Motopädagogik ist keine Antithese zum Sport. Motopädagogik deckt lediglich das Vorfeld ab, indem über Bewegungs- und Wahrnehmungslernen die Gesamtpersönlichkeit sowohl motorisch als auch kognitiv, affektiv und sozial gefördert wird. Ihr Ziel ist es, den geistigbehinderten Menschen zu befähigen, besser mit sich selbst und seiner dinglichen und sozialen Umwelt umgehen zu können. In diesem Sinne will Motopädagogik normale und behinderte Kinder auf das Leben vorbereiten — und eben auch auf den Sport als einen Teil dieses Lebens.

Literatur

ADOLPH, H.: Sport mit geistig Behinderten. Bad Homburg 1980
AUXTER, D.M.: Strength and Flexibility of Differentially Diagnosed Educable Retarded Boys. Res. Quart. 37, 1961, S. 455−461
AYRES, A.J.: Lernstörungen. Sensorisch-integrative Dysfunktionen. Berlin/Heidelberg/New York 1979
BACH, H.: Leibeserziehung bei Geistigbehinderten und Lernbehinderten. Jahrbuch Dtsch. Vereinig. f. Rehab. Behind. Heidelberg 1972
− Motopädagogik bei Geistigbehinderten und Lernbehinderten. In: HEESE (Hrsg.): Rehabilitation Behinderter durch Förderung der Motorik. Seite 116−123. Berlin 1975
BAUER, A.: Förderung und Änderung der Leistungsmotivation geistig retardierter Kinder durch Sport. Schorndorf 1979
BHATARA, V., CLARK, D.L. and ARNOLD, I.E.: Behavioral and Nystagmus Response of a Hyperkinetic Child to Vestibular Stimulation. Am. Journ. Occup. Therapy, 32, 1978, 311−316
CALDER, J.E.: Physical Activity and the Mentally Retarded. Australian Journ. Phys. Educ., 55, 3, 1972, 16−30
CORDER, W.O.: Effects of Physical Education on the Intellectual, Physical and Social Development of Educable Retarded Boys. Special Ed. Project, Peabody College, Nashville, TE 1965
CRATTY, B.J.: The Perceptual-Motor Attributes of Mentally Retarded Children and Youth. Ment. Det. Serv. Board, Los Angeles 1966
− Physical Development for Children. Freeport 1975
DAVIS, P.A,: Teaching Physical Education to Mentally Retarded Children. Denison, Minneapolis 1968
DENNY, M.R.: Research in Learning and Performance. In: STEVENS/HEBER (Eds.): Mental Retardation. p. 100−142, Chicago 1964
DOMAN, G.: Wie kleine Kinder lesen lernen. Freiburg i.Br. 1969
DROWATZKI, J.N.: Physical Education for the Mentally Retarded. Philadelphia 1971
DUNHAM, P.: Teaching Motor Skills to the Mentally Retarded out of the Classroom. Except. Children, 35, 1969, 739−744
EGGERT, D.: Zur Diagnose der Minderbegabung. Weinheim 1972
ELKIN, E.H. and FRIEDMAN, E.: Development of Basic Motor Abilities Tests for Retardates Final Report. Washington 1967
FRANCIS, R.J. and RARICK, G.L.: Motor Characteristics of the Mentally Retarded. Washington 1960
FREEDMAN, D. and BOVERMAN, H.: The Effects of Kinesthetic Stimulation on Certain Aspects of Development in Premature Infants. Amer. Journ. Orthopsychiatry, 36, 1966, 223−224
FRÖHLICH, A.D. (Hrsg.): Wahrnehmungsstörungen und Wahrnehmungstraining bei Körperbehinderten. Rheinstetten 3 1979
GREENFELL, J.E.: The Effect of a Structured Physical Education Program on the Physical Fitness and Motor Educability of the Mentally Retarded School Children in Whitman County. Washington State University, MA Thesis 1965
GREGG, D.L., HAFFNER, M.E. and KORNER, A.F.: The Relative Efficacy of Vestibular-Proprioceptive Stimulation on the Upright Position in Enhancing Visual Pursuit in Noenates. Child Dev. 1976, 309−314
HAYDEN, F.: Physical Fitness for the Mentally Retarded. Toronto 1964
HECKHAUSEN, H. und ROELOFSEN, I.: Anfänge und Entwicklung der Leistungsmotivation. Psycholog. Forsch. 26, 1962, 313−397
IRMISCHER, T.: Unterrichtsskizzen zu Motopädagogik und Sport. In: POHL (Hrsg.): Beispiele für die Unterrichtsplanung und Unterrichtsgestaltung in der Schule für Geistigbehinderte. Dortmund 1979
− Motopädagogik bei Geistigbehinderten. Schorndorf 1980
JANTZEN, W.: Geistig behinderte Menschen und gesellschaftliche Integration. Bern/Stuttgart/Wien 1980
KANTER, R.M., CLARK, D.L., ALLEN, L.C. and CHASE, M.F.: Effects of Vestibular Stimulation on Nystagmus Response and Motor Performance. Physical Therapy, 56, 1976, 414−421
KAHN, H. and BURDETT, A.D.: Interaction of Practice and Rewards on Motor Performance of Adolescent Mental Retardates. Amer. Journ. Mental Deficiency, 27, 3, 1967, 422−427

KIPHARD, E.J.: Wie weit ist ein Kind entwickelt? Dortmund ^{4}1980
– Sensumotorische Frühdiagnostik und Frühtherapie. In EGGERT/KIPHARD (Hrsg.): Die Bedeutung der Motorik für die Entwicklung normaler und behinderter Kinder, S. 12–40. Schorndorf ^{4}1980
KRECH, D.: In Search of the Engram. Med. Op. Rev. 1:11, 1966, 20–24
LIPMAN, R.S.: Learning: Verbal, Perceptual-Motor and Classical Conditioning. In: ELLIS (Ed.): Handbook of Mental Deficiency. p. 391–423, New York 1963
MALPASS, L.F.: Motor Skills in Mental Deficiency. ebd. 602–631
OLIVER, J.N.: The Effect of Physical Conditioning Exercises and Activities on the Mental Characteristics of Educationally Subnormal Boys. Brit. Journ. Educ. Psychol., 28:1958, 155–165
PIAGET, J.: Das Erwachen der Intelligenz. Stuttgart 1969
PICQ, L. et VAYER, P.: Education psycho-motrice et arrieration mentale. Paris ^{3}1968
RAPP, G. und SCHODER, G.: Bewegungsschwache Kinder – einige diagnostische und therapeutische Hinweise. Die Schulwarte, 11, 1972, 25–31
RARICK, G.L. and DOBBINS, D.A.: Basic Components in the Motor Performance of Educable Mentally Retarded Children: Implications for Curriculum Development. Dept. of Phys. Educ., University of California, Berkeley, August 1972
RARICK, G.L. and McQUILLAN, J.P.: The Factor Structure of Motor Abilities of Trainable Mentally Retarded Children: Implications for Curriculum Development. ebd. June 1977
SCHILLING, F.: Die Bedeutung der Motorik für die Entwicklungsförderung der Geistigbehinderten. In: Deutscher Sportbund (Hrsg.): Sport für geistig behinderte Kinder, S. 106–122. Frankfurt 1977
SCHILLING, F., KIPHARD, E.J.: Der Körperkoordinationstest für Kinder – KTK. Weinheim 1974
SOLOMON, A. and PANGLE, R.: The Effects of a Structured Physical Education Program on Physical, Intellectual, and Self-Concept Development of Educable Retarded Boys. Peabody College, Nashville, TE 1966
STEIN, J.U.: Motor Development of the Mentally Retarded. Discover, 2, 1, 1969, 3–10
THEILE, R.: Förderung geistig behinderter Kinder. Psychomotorische Übungsbehandlung und rhythmische Erziehung. Berlin ^{2}1977
UNGERER, D.: Zur Theorie des sensomotorischen Lernens. Schorndorf ^{2}1973
VERMEER, A., van den BRINK, C. and DIEMEL, A.: Movement Education for Mentally Retarded Children. REAP., 3, 1, 1977, 8–19
WASNA, M.: Erfolg und Mißerfolg im Wetteifer geistig behinderter Kinder. München/Basel 1973
WHITE, B. and CASTLE, P.: Visual Exploratory Behavior Following Postnatal Handling of Human Infants. Percept. Motor Skills, 1964, 497–502

Tilo Irmischer

Spezifische Aspekte einer Methodik der Bewegungserziehung mit Geistigbehinderten

Inhaltsübersicht

	Einleitung	167
1.	Motorisches Verhalten Geistigbehinderter	168
2.	Intentionen der Bewegungserziehung bei Geistigbehinderten	171
3.	Motorisches Lernen als Ausgang für eine Methodik der Bewegungserziehung mit Geistigbehinderten	173
3.1.	Bildung von Lerneinstellungen unter Berücksichtigung der individuellen Bedürfnisstruktur	174
3.2.	Die zeitliche Verteilung der Lernreize unter Berücksichtigung der individuellen Bedürfnisstruktur	175
3.3.	Die Variationsbreite materialer und sozialer Lernreize unter Berücksichtigung der individuellen Vorerfahrungen	176
3.4.	Die Intensität materialer und sozialer Lernreize unter Berücksichtigung der individuellen Vorerfahrungen	177
3.5.	Rückmeldung als Hilfe zur erlebnismäßigen und verstandesmäßigen Verarbeitung	178
	Literatur	180

Einleitung

Die Feststellung GRÖSSINGs, die Methoden und Verfahren seien „jenes didaktische Problemfeld, das im Bereich des Schulsports am gründlichsten durchdacht und dargestellt sei" (GRÖSSING 1975, S. 117), trifft auf den Sportunterricht an Sonderschulen für Geistigbehinderte kaum zu. Die nicht gerade umfangreiche Literatur zu diesem, sowohl von der Sportpädagogik als auch von der Sonderpädagogik nur spärlich bearbeiteten Problemfeld gibt dem Sportlehrer kaum Mittel in die Hand, einen den besonderen Lernmöglichkeiten der Geistigbehinderten gerecht werdenden Unterricht zu strukturieren. Da seine unspezifische Ausbildung ihn hierzu nicht befähigt hat, greift er auf die herkömmlichen Formen, Verfahren, Maßnahmen, Stile etc., wie sie in der allgemeinen Methodik des Sports beschrieben werden, zurück.

Während nichtbehinderte Kinder durchaus oder vor allem in unstrukturierten Situationen lernen, ist dies den geistigbehinderten kaum möglich. Lernangebote müssen ihnen sorgfältig systematisiert und dosiert angeboten werden, wenn Lernen erfolgreich sein soll. Eine Methodik der Bewegungserziehung Geistigbehinderter wird ihre spezifischen Verhaltens- und Lernschwierigkeiten zu bedenken haben, die von ihren besonderen anthropogenen und soziokulturellen Voraussetzungen ableitbar sind.

Im folgenden soll der Versuch unternommen werden, Grundzüge einer solchen Methodik vorzustellen. Dabei werden in einem ersten Schritt die Erkenntnisse über das motorische Verhalten der Geistigbehinderten, die dem Ansatz zugrunde liegen, beschrieben, in einem zweiten Schritt die Intentionen der Bewegungserziehung vorgestellt, um anschließend das methodische Vorgehen zu begründen und darzustellen.

1. Motorisches Verhalten Geistigbehinderter

Während das nichtbehinderte Kind durchaus selbständig in der Lage ist, in der Auseinandersetzung mit den alltäglichen Gegebenheiten seiner Umwelt die umfangreichen Wahrnehmungs- und Bewegungsmuster zu erwerben, die es ihm später auf einer höheren und komplizierteren Ebene ermöglichen, sich zu orientieren und als selbsttätig Handelnder in das Geschehen seiner Umwelt einzugreifen, gelingt dies dem häufig in seiner Wahrnehmungs-, Verarbeitungs- und Lernfähigkeit beeinträchtigen geistigbehinderten Kind nicht. Bereits kurz nach der Geburt zeigen Geistigbehinderte im Vergleich zum nichtbehinderten Säugling eine verzögerte Habituierung, d.h. sie sind in geringerem Maße in der Lage, Informationen herauszufiltern, die für sie nicht von Nutzen sind (RAU 1979). Ihre mangelnde Fähigkeit, Umweltreize zu selektieren, bereitet ihnen Schwierigkeiten, sie zu verarbeiten und ihnen adäquat zu reagieren. Da sie aus der Vielzahl der Reize nicht auswählen, Wesentliches von Unwesentlichem nicht trennen können, werden ihre motorischen Lernprozesse von Anfang an beeinträchtigt. Das für Lernen notwendige Gleichgewicht von Reizaufnahme, Reizverarbeitung und Reizbeantwortung wird gestört. Nach inadäquater Reizverarbeitung können nur unangemessene Reizantworten (Bewegungsantworten) folgen. Der sensomotorische Entwicklungsprozeß wird von Beginn an entscheidend beeinträchtigt. Bereits am Ende des ersten Lebensjahres erreichen Geistigbehinderte bei weitem nicht das Entwicklungsniveau des nichtbehinderten Kindes. Wichtige Entwicklungsschritte wie das Sitzen, das Krabbeln oder Gehen werden verspätet erreicht. MALPASS (bei SCHILLING 1979) beschreibt etwa, daß Geistigbehinderte das Laufen zu 45% erst nach dem 16. Monat, zu 20 % erst nach dem 20. Monat lernen.

Eine Verzögerung des Erwerbs der grundlegenden Bewegungsmuster hat jedoch nicht nur negative Folgen für das Bewegungslernen, sie führt auch zu einem beeinträchtigten Zugang zur Umwelt. Die bei Geistigbehinderten beobachteten Schwierigkeiten beim Aufbau neuer kognitiver Strukturen und ihre geringe Verwendung von Vorstellung und Sprache als symbolisierende Vermittlungsprozesse vermutet RAU als „Folgerung unpräziser Ausbildung ihrer sensomotorischen Struktur, die sie dazu führt, flüchtige Ersatzlösungen für die alltäglichen Lernprobleme zu finden, Ausweichstrategien, Abwehrmechanismen" (RAU 1980, S. 385). So würde die Möglichkeit zu entwicklungswirksamen Lernerfahrungen, zu der Erfahrung der eigenen Kompetenz und zum spontanen Üben und Erkunden verringert.

Neben den Schwierigkeiten der Geistigbehinderten, wichtige Informationen aus der Fülle jener Reize herauszufiltern, die ständig aus der Umwelt auf sie einströmen, scheint es ihnen schwer zu fallen, die Informationen so zu organisieren, daß sie gespeichert werden können (vgl. BÜCHEL 1978). So führt etwa DAY (1977) die häufig zu beobachtende situationsinadäquate Orientierung der Geistigbehinderten nicht nur auf mangelndes Aufgabenverständnis und mangelnde Verarbeitungskapazität zurück, sondern auch auf die herabgesetzte Kapazität des Kurzzeitgedächtnisses. Sie seien häufiger als der nichtbehinderte Mitmensch gezwungen, auf Informationen aus dem Langzeitgedächtnis zurückzugreifen, um Situationen gerecht zu werden. LEHNERTZ (1979, S. 14) erkennt zusammenfassend zwei Erscheinungen, die beim

Geistigbehinderten das kurzfristige Behalten, das für das motorische Lernen von großer Wichtigkeit ist, negativ beeinträchtigen:
„1. Es mangelt an aktiven Einprägungsstrategien, die spontan ablaufen.
2. Sprachliche Schwächen verhindern eine angemessene Kodierung, mit deren Hilfe sensomotorische Empfindungen systematisch gespeichert werden können." Da der Vergleich zwischen Handlungsplan und Handlungsergebnis auf der Basis von Informationen geschieht, die im Kurzzeitgedächtnis gespeichert sind, ist es offensichtlich, daß Störungen im Mechanismus des Kurzzeitgedächtnisses, wie sie bei geistigbehinderten Menschen vermutet werden, auch gravierende Auswirkungen auf das motorische Lernen haben."
Die vielfältigen Hindernisse, die es dem Geistigbehinderten erschweren, sich auf seine Umwelt einzustellen, sich an sie anzupassen, schaffen Unsicherheit und Ängste. Häufig werden so Eltern verleitet, ihre Kinder überbehütet zu betreuen. Sie vermeiden beunruhigende Streßverhaltensweisen, die ihre Kinder in neuen oder ungewohnten Situationen zeigen. So werden den Geistigbehinderten oft noch wesentliche motorische Lernreize genommen, die für ihre Entwicklung von entscheidender Bedeutung sein könnten. Sie werden auf diese Weise unbewußt von ihrer Umwelt zusätzlich in ihrer motorischen Entwicklung behindert. In diesem Prozeß der Isolation des Behinderten von für ihn wichtigen Entwicklungsreizen sieht JANTZEN (1980) berechtigterweise einen entscheidenden Faktor für die Genese der geistigen Behinderung.

Die Entwicklungskurve der motorischen Entwicklung bei Geistigbehinderten zeigt, wie SCHILLING (1979) feststellt, zwar einen ähnlichen Verlauf wie bei Nichtbehinderten, wesentlich niedriger liegt jedoch das Niveau, der Anstieg ist verlangsamt. Von verschiedenen Autoren werden Retardierungen in Geschwindigkeit, Flexibilität, Balance, Ausdauer, Koordination, Reaktionszeit, Körperschema sowie Raum- und Zeitorientierung angegeben (nach SCHILLING 1979).
Mit der Beeinträchtigung der motorischen Entwicklung sind all jene Vorgänge stark oder weniger stark betroffen, die direkt oder indirekt mit der Bewegung verbunden sind. Die Sprachentwicklung ist — auch bedingt durch mangelnde sensomotorische Erfahrungen — verzögert, die Selbstversorgung im lebenspraktischen Bereich ist häufig bis in das späte Schulalter nicht vollständig erreicht. Geistigbehinderte erlernen mit äußersten Schwierigkeiten und sehr verspätet das Schreiben, weil ihre Handgeschicklichkeit unterentwickelt oder behindert ist. Selbst einfache Bewegungsvollzüge, die sie zur Verrichtung einer Arbeit in der Werkstatt erlernen müssen, bereiten ihnen äußerste Mühe.
Störungen in der Motorik beeinträchtigen die Möglichkeiten des Geistigbehinderten, sich mit seiner Umwelt auseinanderzusetzen, sie zeigen die ständig erlebbaren Grenzen in seinem Streben, sich selbst zu verwirklichen. SCHILLING beschreibt diesen Zusammenhang wie folgt: „Das geistig behinderte Kind, das nur mit Mühe sich und die Umwelt kennenlernt, das stets an die Grenzen seiner Möglichkeiten stößt, das seine Erlebnisse psychomotorisch nicht adäquat ausdrücken kann, ist zwangsläufig in seiner Persönlichkeitsentwicklung gestört" (SCHILLING 1979, S. 314).
Das motorische Lernen vollzieht sich im Prinzip beim Geistigbehinderten wie beim Nichtbehinderten. Der Aufbau von Bewegungsmustern und -fertigkeiten ist jedoch erheblich verzögert. Die beschriebene geringere Reizdiskrimination und -verarbeitung, die wichtige Voraussetzung für das motorische Lernen sind, verlangen eine Strukturierung der Lernreize. SCHILLING fand heraus, daß „geistig Behinderte besser lernen, wenn die Umgebung gleichförmig ist und sich die Stimuli stark herausheben" (SCHILLING 1979, S. 319). Zu beachten ist

dabei, daß die Reihenfolge der Lernschritte stark aufeinander angepaßt, d.h. streng hierarchisiert sein müssen. ,,Der nächste Schritt, der folgende Handlungs- und Tätigkeitsbereich sollte gerade beim Geistigbehinderten erst vollzogen bzw. betreten werden, wenn die angestrebten Verhaltens- und Handlungsmuster gefestigt und weitgehend stabilisiert sind. (van der SCHOOT, BAUER 1977, S. 83).

Während Nichtbehinderte im Lernanfangsniveau durchaus sich sehr hohen Ansprüchen anpassen können, gelingt dies den Geistigbehinderten nicht. Die Ergebnisse empirischer Untersuchungen zum motorischen Lernen Geistigbehinderter zusammenfassend kommt SCHILLING zum Schluß, ,,Lernen ist nur bei der Aufgabenschwierigkeit möglich, die dem Entwicklungsniveau der Kinder entspricht" (SCHILLING 1979, S. 319). Bei Aufgaben, die recht hohe Ansprüche an kognitive Verarbeitung stellen, sind dem in seinem Instruktionsverständnis beeinträchtigten Geistigbehinderten enge Grenzen gesetzt. Während bei einfachen Aufgaben durch erhöhte Übungsfrequenz bei höherem Zeitaufwand ähnliche Lernergebnisse erzielt werden können wie beim Nichtbehinderten, ist von einem bestimmten Schwierigkeitsgrad der motorischen Aufgaben an ein Lernen nicht mehr möglich (SCHILLING 1979, S. 318).

Auch scheinen einfache Lernformen den Geistigbehinderten eher zu entsprechen als komplexere. So zeigen die Beobachtungen DROWATZKIs (nach SCHILLING 1979), daß bei ,,geistig Behinderten in der Regel lediglich ein Lernen nach Versuch und Irrtum möglich ist. Nachahmendes Lernen ist nur bei relativ einfachen motorischen Aufgaben zu erzielen. Während Nichtbehinderte bei komplexeren motorischen Aufgaben im Schulalter bereits das höchste Niveau ihres Lernvermögens erzielen, scheint die Lernfähigkeit des geistig Behinderten im motorischen Bereich bis in das Erwachsenenalter anzuhalten." (SCHILLING 1979, S. 320).

Insgesamt scheinen den Geistigbehinderten im motorischen Bereich recht breite Lernmöglichkeiten offen zu stehen, ja der motorische Bereich scheint jener zu sein, wo insgesamt am ehesten Lernerfolge gelingen können (Praktische Bildbarkeit). Die Grenzen im Lernniveau und Lernspektrum sind jedoch deutlich unter denen des Nichtbehinderten. Sie sind am ehesten zu erreichen bei einer sorgfältigen Strukturierung der Lernumstände.

2. Intentionen der Bewegungserziehung bei Geistigbehinderten

Die Entwicklung der Motorik führt zu der Befähigung des Menschen, in und mit seiner Umwelt zu handeln. Handeln ist dabei mit MÜHL (1980, S. 70) zu verstehen als „eine motivierte, zielgerichtete, geplante, kontrollierte, bewußte Tätigkeit oder die Unterlassung einer Tätigkeit." Handeln-können ist die Voraussetzung des Menschen, auf seine materiale und soziale Umwelt einwirken zu können. Es ist die Grundlage zur selbständigen Gestaltung des Lebens. Für eine Pädagogik, die es sich zum Leitziel gesetzt hat, zur „Selbstverwirklichung in sozialer Integration" (Empfehlungen 1979) zu erziehen, wird es eine zentrale Aufgabe sein, Handlungskompetenz zu vermitteln.
Da Geistigbehinderte von sich aus nur erschwert und verlangsamt elementare motorische Lernprozesse vollziehen können, ist es Aufgabe der Sonderschule für Geistigbehinderte, ihnen ein systematisches Wahrnehmungs- und Bewegungslernen zu ermöglichen.
Sport lernen, d.h. das Erlernen sportartspezifischer Fertigkeiten und Fähigkeiten ist erst dann sinnvoll, wenn der Lernende mit sich, seinem Körper, der materialen und sozialen Umwelt umzugehen vermag. Für die Geistigbehinderten, die diese Fähigkeit nicht besitzen, kann der Sportunterricht in dem Kanon der Unterrichtsbereiche nur seine Berechtigung behaupten, wenn er es sich zur Aufgabe setzt, jene motorischen Lernprozesse im Nachvollzug zu vermitteln, die das nichtbehinderte Kind in der Konfrontation mit seiner natürlichen Umwelt von sich aus macht. Der Sportunterricht für diese Kinder orientiert sich an der Motopädagogik. Sie sieht sich als Konzept der Persönlichkeitsentwicklung über motorische Lernprozesse. Sie ist nicht als „Alternative zum traditionellen Sportunterricht zu sehen, sondern als Erweiterung seiner Möglichkeiten" (Diskussion des Arbeitskreises 2, S. 125).
Ziel der Motopädagogik ist es, den Geistigbehinderten anzuregen, anzuleiten und zu unterstützen, sich handelnd seine Umwelt zu erschließen und seinen individuellen Bedürfnissen entsprechend auf sie einwirken zu können. Motopädagogik bei Geistigbehinderten versteht sich als fachübergreifendes Lern- und Unterrichtsprinzip. Sie versucht, jenen Schülern, denen der „Zugang zur Umwelt über die Sensomotorik offener ist als über das Wort, als über das Zeichen, als über lesbare Informationen" (IRMISCHER 1980) ein Lernen über Wahrnehmen und Bewegen zu ermöglichen (vgl. dazu auch den Beitrag von KIPHARD in diesem Buch).
Sportunterricht nach dem Konzept der Motopädagogik sieht seinen speziellen didaktischen Auftrag in der Vermittlung vielfältiger Wahrnehmungs- und Bewegungsmuster als umfassende Grundlage der Kompetenz zu handeln. Ein solcher Sportunterricht ist ganzheitlich orientiert, weil er nicht die Verbesserung bestimmter motorischer Fertigkeiten in das Zentrum seiner Bemühungen stellt, weil er nicht einseitig auf Bewegung und auf Bewegungsfähigkeit zielt, sondern weil er Bewegung als ein Mittel der Erziehung Geistigbehinderter sieht. Er ist entwicklungsorientiert, weil die vermittelten Inhalte dem individuellen Entwicklungsstand des Geistigbehinderten entsprechen, da er nur so in der Lage ist, überhaupt Lernfortschritte zu erzielen.
Sportunterricht in diesem Sinne betrachtet es als Richtziel, den Schüler in zunehmendem Maße zu befähigen, sich mit sich selbst, seiner dinglichen und personalen Umwelt auseinan-

derzusetzen und entsprechend handeln zu können (Aktionskreis Psychomotorik e.V. 1977). Dies ist möglich, wenn er die Schüler zunehmend zu Ich-Kompetenz, Sach-Kompetenz und Sozial-Kompetenz führt.

Der didaktische Auftrag des Sportunterrichts an der Sonderschule für Geistigbehinderte beschränkt sich jedoch nicht nur auf die Vermittlung umfassender Wahrnehmungs- und Bewegungsfähigkeiten. Handlungskompetenz als Leitziel der Erziehung Geistigbehinderter schließt die Fähigkeit ein, Freizeit sinnvoll zu gestalten, Gesundheit durch entsprechende Aktivitäten zu gewinnen und zu erhalten. Auf der Basis umfassender Fähigkeiten zu handeln, gewinnen die sportimmanenten Ziele und Inhalte unverzichtbaren Wert für eine „Selbstverwirklichung in sozialer Integration" (Empfehlungen 1979).

Institutionelles wie außerinstitutionelles Sporttreiben sind prägende Phänomene unserer Gesellschaft. Soziale Integration ist dem Geistigbehinderten nur möglich, wenn er an den Aktivitäten der ihn umgebenden Umwelt teilnehmen kann.

Sportunterricht in der Sonderschule für Geistigbehinderte wird den Schülern auf der Basis breiter Wahrnehmungs- und Bewegungserfahrungen auch jene spezifischen Fertigkeiten und Fähigkeiten vermitteln müssen, die es ihnen ermöglichen, sporttreibend am gesellschaftlichen Leben teilzunehmen.

Sportunterricht an der Sonderschule für Geistigbehinderte verfolgt somit eine doppelte Aufgabe:
— eine allgemeine Aufgabe – die Erziehung zur Handlungsfähigkeit
— eine spezifische Aufgabe – die Vermittlung von Sport als gesellschaftliches Handlungsfeld.

3. Motorisches Lernen als Ausgang für eine Methodik der Bewegungserziehung mit Geistigbehinderten

Nach dem vorgestellten Konzept ist es Aufgabe der Bewegungserziehung, dem in seiner motorischen Entwicklung beeinträchtigten Geistigbehinderten motorisches Lernen zu ermöglichen. Wenn, wie in neueren sportpädagogischen Ansätzen immer wieder gefordert (etwa GRÖSSING 1975, RIEDER 1980, MEUSEL 1976), Didaktik und Methodik aufeinander bezogen sein sollen, dann wird das Planen, Strukturieren und Vermitteln von motorischen Lernprozessen in den Blickpunkt methodischer Überlegungen für die Bewegungserziehung Geistigbehinderter gerückt. Sie wird dann am effektivsten sein, wenn sie die Bedingungen des motorischen Lernens zum Ausgangspunkt der Betrachtungen macht.
Die Untersuchungen von SCHILLING (1979) zeigen, fast übereinstimmend mit denen von EGGER (1975), daß folgende fünf Faktoren das motorische Lernen entscheidend beeinflussen:
1. Die Bedürfnisstruktur des Lernenden
— angesprochen ist die Motivation des Lernenden, sich mit einer neuen Lernsituation auseinanderzusetzen,
2. die zeitliche Verteilung der Lernreize
— gemeint sind Probleme des Zeitpunktes und der Reihenfolge von Reizen,
3. die Intensität der Stimuli
— die sich mit der Stärke und Eindringlichkeit und damit mit der Wirksamkeit der Lernreize beschreiben läßt,
4. die Variationsbreite der Stimuli
— womit die Möglichkeit angesprochen ist, das durch einen inneren oder äußeren Anreiz erlernte Verhalten auf andere, ähnliche Lernsituationen zu übertragen,
5. die Rückmeldung
— sie bezieht sich auf die notwendige Bestätigung von Erfolg oder Mißerfolg bei der Bewältigung einer Lernsituation.
Während die Stellungnahmen zur allgemeinen Methodik des Sportunterrichts wegen ihrer pauschalen und wenig konkreten Aussagen (FETZ 1979) dem Sportlehrer kaum Hilfen für einen Unterricht geben, der den spezifischen Schwierigkeiten Geistigbehinderter gerecht werden will, sind die häufig sehr praxisnahen Hinweise der speziellen Methodiken in den Sportarten zu einseitig, da den Geistigbehinderten die Voraussetzungen zur Anwendung der Sportarten fehlen.
Der Unterrichtende, der bei seinen Stundenvorbereitungen nach Wegen sucht, ein elementares Orientierungs- und Bewegungsrepertoire zu vermitteln, wird von der Methodik am ehesten Hilfen erfahren, wenn sie sich konkret auf die genannten Bedingungen des motorischen Lernens bezieht. Der folgende Versuch einer Methodik der Bewegungserziehung Geistigbehinderter will diesem Grundgedanken Rechnung tragen. Er will die spezifischen Schwierigkeiten der Geistigbehinderten in Bezug zu den einzelnen Faktoren des motorischen Lernens aufzeigen (etwa bei der Bildung von Lerneinstellungen der Geistigbehinderten), um anschließend möglichst konkrete Hinweise zusammenzustellen, die dem Lehrer helfen sollen, den

Schülern erfolgreiches Lernen zu ermöglichen. Von unspezifischen Lehr- und Lernmethoden, methodischen Maßnahmen, organisatorischen Maßnahmen, Unterrichts- und/oder Lehrstilen absehend, sollen vier wichtige Variablen, die der Lehrer bei der Unterrichtsvorbereitung zu berücksichtigen hat, unter dem jeweiligen Aspekt so weit wie möglich bedacht werden:
1. Die Strukturierung des Angebotes
2. Die überlegte Gestaltung der Unterrichtssituation
3. Der gezielte Einsatz von Materialien
4. Der bewußte Einsatz des Erzieherverhaltens

3.1. Bildung von Lerneinstellungen unter Berücksichtigung der individuellen Bedürfnisstruktur

WASNAs Untersuchungen (1973) über den Erfolg oder Mißerfolg im Leistungswetteifer geistigbehinderter Kinder ergaben keine bedeutenden Unterschiede zum leistungsmotivierten Verhalten nichtbehinderter Kinder. Entscheidend für ihre Versuche war, daß die Aufgaben, die sie auswählte, nicht dem Lebensalter, sondern dem Entwicklungsstand der Geistigbehinderten entsprachen. Sie konnte das häufiger als bei Nichtbehinderten zu beobachtende geringere Anspruchsniveau darauf zurückführen, daß sie ihre Erwartungen früher gemachten negativen Erfahrungen angleichen.

Im Gegensatz hierzu erklärte sie die Tendenz mancher geistigbehinderter Kinder zu überhöhtem Anspruchsniveau und gleichzeitiger Überschätzung ihrer Leistungsfähigkeit als ein Wunschverhalten. Die Geistigbehinderten führten ihr Versagen auf eigenes Unvermögen oder auf Zufälle zurück. Ihr geringes Selbstkonzept macht sie abhängig von extrinsischer Motivation d.h. etwa von Bedürfnissen nach Anerkennung oder Bestätigung durch andere. So sind sie sehr abhängig von der jeweiligen Bezugsperson (vgl. van der SCHOOT/BAUER 1973). Folgende Möglichkeiten, die Lerneinstellungen der Geistigbehinderten positiv zu beeinflussen, seien vorgeschlagen:
— Die Aufgaben müssen in ihren Anforderungen dem jeweiligen Entwicklungsstand und damit dem jeweiligen individuellen Leistungsstand der Geistigbehinderten optimal entsprechen. Dem Prinzip der optimalen Passung (nach HECKHAUSEN) sollte entsprochen werden.
— Die Lehrsequenzen müssen dem individuellen Aufgabenverständnis angemessen sein, d.h. sie müssen dem affektiven und kognitiven Verarbeitungsvermögen entsprechen.
— Das Lernangebot sollte realitäts- und problembezogen sein.
— Situative Erlebnisse und Bedürfnisse wie elementare Bedürfnisse der Schüler sollten das Unterrichtsangebot mitbestimmen.
— Den Schülern — auch den geistigbehinderten — sollten zunehmend Möglichkeiten eingeräumt werden, das Angebot mitzubestimmen.
— Über einen Wechsel von Aktivierung und Deaktivierung, von Spannung und Entspannung, soll das jeweilige Konzentrations- und Leistungsvermögen der geistigbehinderten Schüler aktiviert und erweitert werden.
— Die Lernsituationen sind so zu arrangieren, daß effektive Lernerfolge möglich werden.
— Den individuellen Bedürfnissen der Schüler und ihrem jeweiligen Leistungsvermögen sollte durch innere Differenzierung entsprochen werden.
— Die angebotenen Materialien sollten einen hohen Motivationsgrad besitzen, d.h. leicht zu bewegende, leicht zu verändernde und zu kombinierende sollten vorgezogen werden.

- Selbst geringste Erfolge des individuellen Leistens sollten bekräftigt und so weit wie möglich bewußt gemacht werden.
- Neben verbaler Instruktion sollte die nonverbale, d.h. Gestik und Mimik, bewußt als Motivationshilfe eingesetzt werden.
- Selbständigkeit und Selbsttätigkeit sollten bewußt betont werden.
- Die induktive Lehrweise sollte gegenüber der deduktiven vorgezogen werden.
- Eine freudvolle Lernatmosphäre bei angemessener emotionaler Hinwendung des Erziehers zu den Schülern sollte ein Gefühl des Angenommenseins, des gegenseitigen Vertrauens vermitteln.

3.2. Die zeitliche Verteilung der Lernreize unter Berücksichtigung der individuellen Bedürfnisstruktur

Die Wichtigkeit des stufenweisen Aufbaus neuer Verhaltensweisen bei Geistigbehinderten betonen sowohl SCHILLING als auch van der SCHOOT und BAUER (1977). SCHILLING kommt nach eigenen Untersuchungen über die Fördermöglichkeiten durch ein graphomotorisches Training zu dem Schluß, „ . . . daß Entwicklungen, die sich beim normalen Kind durch Reifen und durch die Adaptationsmöglichkeiten des Organismus ohne äußeren Eingriff von außen vollziehen, bei geistigbehinderten Kindern Schritt für Schritt aufgebaut und von außen gesteuert werden müssen" (SCHILLING 1979, S. 326). Van der SCHOOT und BAUER warnen davor, die Abhängigkeit und Orientiertheit der Schwerpunkte untereinander und zueinander zu übersehen. „Der nächste Schritt der folgenden Handlungs- und Tätigkeitsbereiche sollte gerade beim geistig retardierten Kind erst vollzogen bzw. betreten werden, wenn die angestrebten Verhaltens- und Handlungsmuster gefestigt und weitgehend stabilisiert" sind (van der SCHOOT, BAUER 1977, S. 83). Um den jeweiligen Entwicklungsstand erheben zu können, ist eine intensive begleitende Diagnostik des Leistungsstandes der Kinder in den verschiedenen Lernbereichen notwendig.

Die Möglichkeiten des Transfer gelernter Bewegungsmuster sind sehr stark von dem Anteil kognitiver Strukturen abhängig. Diese sind noch recht hoch anteilig vorhanden, wenn sich das neue Handlungsmuster gerade stabilisiert hat. Sie nehmen während des Automatisierungsprozesses zunehmend ab. Damit besitzen automatisierte Bewegungen nur noch einen geringen Transfereffekt (EGGER 1975). Der Sportlehrer wird folglich erlernte Muster bis zu einem gewissen Grad an Stabilität heranführen, um sie für eine optimale Generalisierbarkeit offen zu halten. Er wird die Aufgaben nicht bis zur Automatisierung üben lassen, da sonst ihre Übertragbarkeit beeinträchtigt, ja behindert wird. Für die Methodik der Motopädagogik ergeben sich daraus folgende Konsequenzen:

- Motorische Lernvollzüge sind in einzelnen Schritten hierarchisch aufzubauen. Die Lernprozesse sollen sich dabei an der ontogenetischen Reihenfolge orientieren.
- Mit zunehmender Bewegungsbeherrschung sollten beim Aufbau eines Bewegungsmusters die Intervalle zwischen den Lernzeiten verlängert werden, d.h. anfangs sollten die Lernreize in kurzer Folge, später in längeren Zeitabständen angeboten werden.
- Erst auf der Grundlage elementarer Bewegungsmuster sollten aufbauende komplexere Aufgaben erarbeitet werden.
- Für komplexe Bewegungen sind bestimmte Konsistenzniveaus der Einzelsequenzen Voraussetzung.

- Geschlossene Bewegungsmuster (z.B. Rolle vorwärts) sollten in der Regel nicht in der Lernorganisation zerlegt werden.
- Erst nach ausreichender Übungsfrequenz, durch die die Konsistenz der gelernten Bewegungsmuster gewährleistet werden sollte, kann durch Variation von Materialien und Situationen im Wechsel deren Generalisierbarkeit angestrebt werden.
- Hierbei ist die physiologische und psychologische Lernkurve zu beachten.

3.3. Die Variationsbreite materialer und sozialer Lernreize unter Berücksichtigung der individuellen Vorerfahrungen

Bewegungskonstanz ist erst dann erreicht, wenn ein gelerntes Bewegungsmuster in unterschiedlichen Situationen adäquat eingesetzt werden kann. Die motorische Adaptationsfähigkeit ist von einer großen Vielfalt stabiler Bewegungsmuster abhängig. Untersuchungen DROWATZKYs (1971) deuten ein relativ hohes adaptives Verhaltensniveau Geistigbehinderter an. Das bedeutet, daß sie grundsätzlich sensomotorische Muster und Verhaltensstrategien generalisieren können und in verschiedenen Variationen einsetzen können.

Dieses Vermögen wird im allgemeinen nur wenig gefördert. Oft versuchen Eltern und Erzieher den geistigbehinderten Kindern alle Schwierigkeiten aus dem Weg zu räumen, um ihnen Mißerfolge und Frustrationen zu ersparen. Ein solch einseitiges Vorgehen beeinträchtigt die Möglichkeit des Lernenden, neue Verhaltensweisen auf andere Situationen zu übertragen.

Fertigkeiten sollten erst antrainiert werden, wenn eine Basis vielfältiger Bewegungsmuster geschaffen ist. Eine zu frühe Kanalisierung des Lernens wird die breiten Lernmöglichkeiten einschränken. Eine Förderung des adaptiven Verhaltens der Geistigbehinderten kann nur durch systematische Variation der Umweltreize erreicht werden. Wesentliche Voraussetzung hierfür ist jedoch, daß die Schüler weniger durch nachvollziehendes Lernen als durch experimentierendes Gestalten, wie es ihrem spezifischen Lernverhalten eher entspricht (SCHILLING 1979), lernen dürfen. Aus dieser Notwendigkeit ist für die Methodik zu fordern:

- Konsistente Bewegungsmuster sind durch Variation der Materialien, Situationen und Instruktionen im Wechsel zu festigen, damit Generalisieren möglich wird. Auf der Grundlage dieser generalisierten Bewegungsmuster können einzelne Bewegungsvollzüge bis zu einem hohen Fertigkeitsniveau geführt werden.
- Eine Variation der Umweltreize soll erst eingeführt werden, wenn in mehreren aufeinanderfolgenden Wiederholungen die gestellte Aufgabe adäquat der gestellten Forderung ausgeführt werden kann.
- Gerade bei Geistigbehinderten hat die Variation der Umweltstimuli systematisch zu erfolgen. Der methodische Weg sollte von ähnlichen zu unterschiedlichen, von bekannten zu unbekannten, von leichten zu schweren Materialien und Situationen führen und damit immer komplexer gestaltet werden.
- Neu erworbene Bewegungsmuster sollen immer wieder mit bereits beherrschten Mustern unterschiedlicher Art kombiniert und damit komplexer gestaltet werden.
- Die sozialen Umweltbezüge sollen zunehmend komplexer und differenzierter gestaltet werden.

3.4. Die Intensität materialer und sozialer Lernreize unter Berücksichtigung der individuellen Vorerfahrungen

Die Funktionsfähigkeit der Sensomotorik ist bei den Geistigbehinderten stark eingeschränkt. Gründe hierfür sind u.a.: Beeinträchtigung der Lernmotivation und Störungen der Wahrnehmung. DAY (1977) sieht die geringe Flexibilität des Geistigbehinderten im Raumerleben und Raumverhalten nicht nur als eine „Folge von mangelndem Aufgabenverständnis und mangelnder Verarbeitungskapazität, sondern auch mitbedingt durch die herabgesetzte Kapazität des Kurzzeitgedächtnisses" (S. 47). So sind sie gezwungen, auf Informationen aus dem Langzeitgedächtnis zurückzugreifen, um Situationen gerecht werden zu können. Häufig gelingen ihnen solche Transformationen nicht. Eine situationsadäquate Orientierung wird erschwert. Zusätzliche Schwierigkeiten ergeben sich bei der Verarbeitung von Reizen. Die Fähigkeit des normal entwickelten Menschen zur selektiven Wahrnehmung, d.h. die Fähigkeit, aus der unwahrscheinlich großen Menge an Informationen aus der Umwelt, mit denen der Organismus ständig konfrontiert wird, — etwa 10^9 bit pro Sekunde — diejenigen herauszufiltern und zu verarbeiten, die für den Organismus von Bedeutung sind — etwa 100 bit pro Sekunde (KEIDEL 1976) — sind durch die diffusen hirnorganischen Schäden des Geistigbehinderten beeinträchtigt. Er ist offener für unwesentliche Reize und ist so leichter ablenkbar (RAUH 1979). Da die Umgebungsreize für diese Kinder gleichwertiger erscheinen (SCHILLING 1979), reagieren sie deutlicher als Nichtbehinderte auf solche Reize, die sich stark herausheben. Günstiges Lernen ist bei ihnen am ehesten zu gewährleisten, wenn die Reize möglichst gleichförmig sind und sich die Lernstimuli aus ihnen sowohl quantitativ als auch qualitativ herausheben (MEYER 1977). Dies bedeutet für die Methodik:

- Das Lernangebot soll die direkte Bedürfnisstruktur der Schüler berücksichtigen.
- Die angebotenen Reize sollen sich anfangs deutlich von denen der Umgebung abheben. Mit zunehmenden Lernerfahrungen sollten die Kontraste zwischen den Lernreizen und dem Lernumfeld abnehmen.
- Die Reizdichte und die Reizintensität, die ein Kind erreichen, sollten situationsadäquat eingesetzt werden, sie müssen individuell unterschiedlich organisiert werden.
- Räumliche, zeitliche und personale Konstanz sollen möglichst einen gleichmäßigen Lernrahmen schaffen.
- Das Lernumfeld soll zunehmend in den Unterricht einbezogen werden und differenzierter gestaltet werden.
- Die sozialen Umweltbezüge sollen zunehmend komplexer und differenzierter gestaltet werden (Gruppengröße, Anzahl der Bezugspersonen, der sozialen Kontakte im motorischen Lernprozeß).
- Neue Materialien und Situationen sollen behutsam und schrittweise eingeführt werden. Dabei sollen die äußeren Lernbedingungen: Raum, Zeit, relativ konstant gehalten werden, um zumindest bis zur Erreichung der Konsistenz individueller Lernprozesse störende Variationen der Lernbedingungen zu vermeiden.
- Reizdichte und Reizintensität müssen der Wahrnehmungs- und Verarbeitungskapazität der Schüler entsprechen. Das bezieht sich u.a. auf Struktur, Form, Farbe und Beschaffenheit der Materialien, aber auch auf die entsprechende Gestaltung der Instruktionen.
- Das verwendete Material muß für den Schüler durchschaubar und überschaubar sein.
- Die Materialien sollen wiederholt und abwechslungsreich angeboten werden.

- Instruktionen sollen im Sinne der Lernbedingungen zur Veränderung der Reizintensität und Reizdichte eingesetzt werden.
- Instruktionen müssen der eingeschränkten Aufnahme- und Verarbeitungskapazität der Schüler entsprechen.

3.5. Rückmeldung als Hilfe zur erlebnismäßigen und verstandesmäßigen Verarbeitung

Lernen ist nicht möglich, wenn der Lernende keine Informationen über den Erfolg oder Mißerfolg seiner Lernhandlung erhält. Die Informationsrückmeldung kann grundsätzlich während des Lernvorganges, unmittelbar nach seinem Ende, durch den Lernenden selbst oder von außen oder zu einem späteren Zeitpunkt erfolgen. Ihre Aufgabe ist es, über den Handlungsablauf und/oder das Handlungsergebnis zu informieren. Art und Zeitpunkt der Rückmeldung haben großen Einfluß auf die Lerneinstellung eines Schülers zur nachfolgenden Bewegungsaufgabe. Die Rückmeldung als Voraussetzung für erfolgreiches Lernen der Geistigbehinderten bereitet dem Bewegungserzieher in mehrfacher Hinsicht Schwierigkeiten.

Durch die Beeinträchtigungen des Kurzzeitgedächtnisses (DAY 1977, BÜCHEL 1978) wird der für die Kontrolle der Handlungsausführung notwendige Vergleich von Handlungsplan und Handlungsergebnis erschwert. Damit wird die Korrektur eines neuen Bewegungsentwurfes für eine nachfolgende Handlung behindert oder sie unterbleibt ganz. Da vor allem das sekundäre Kurzzeitgedächtnis betroffen scheint, ist Rückmeldung bei den Geistigbehinderten nur sinnvoll, wenn sie während des Lernvorganges erfolgt oder sich nach Handlungsende auf die letzte Handlungssequenz bezieht. LEHNERTZ (1979) sieht als Ursache für mangelnde Einprägungsprozesse neben fehlender Motivation auch Störungen im Sprachsystem. Da die Speicherung von Informationen auf sensorisch-verbaler Grundlage erfolge, werde sie durch die besonderen sprachlichen Schwächen des Geistigbehinderten entscheidend beeinträchtigt. Die sprachlichen Schwächen behindern so eine angemessene Kodierung sensomotorischer Informationen und die Lernsteuerung durch verbale Instruktionen sei eingeschränkt.

SCHILLING (1979) beschreibt Schwierigkeiten bei der Bewältigung von Bewegungsaufgaben, die eine höhere kognitive Verarbeitung verlangen. Die Geistigbehinderten zeigten jedoch auch bei komplexen Bewegungsvollzügen relativ gute Lernerfolge, wenn der Lernweg entsprechend strukturiert war. Dabei ist darauf zu achten, daß das „innere Modell" (LEHNERTZ 1979) des Geistigbehinderten weniger durch abstrakte, sondern mehr durch konkrete Inhalte, die sich auf seinen Körper und seine direkte Umwelt beziehen, geprägt ist.

So müssen die Rückmeldungen das mehr konkrete Ordnungssystem des Geistigbehinderten ansprechen (BÜCHEL 1978), d.h. sie müssen die sinnlichen Eindrücke des Geistigbehinderten treffen (LEHNERTZ 1979). Besonders vielversprechend scheinen hier erlebnisvermittelnde Konzepte zu sein, wie sie vor allem von französischen Autoren (PICQ, VAYER 1972, LAPIERRE in: SCHILLING 1979) und KIPHARD (1974) vorgestellt werden.

Zusammenfassend werden folgende methodische Hinweise zur Rückmeldung im Bewegungsunterricht mit Geistigbehinderten als wichtig betrachtet:
- Bewegungsaufgaben sollten so gestellt werden, daß der Lernende während des Lernprozesses oder danach Erfolg oder Mißerfolg deutlich wahrnehmen kann.
- Zu Beginn eines Lernprozesses können Rückinformationen die Handlungssteuerung negativ beeinflussen. Situativ unwichtige Informationen können gerade den Geistigbehinderten aus seinem wenig stabilen Lernkonzept bringen, so daß der Handlungsablauf gestört wird (beim Trampolinspringen kann das etwa zu Gefährdung führen).

- In der frühen Phase eines Lernprozesses ist der Geistigbehinderte besonders auf äußere Rückmeldung angewiesen, wobei seine begrenzte Informationsaufnahme- und -verarbeitungskapazität bedacht werden muß.
- Aufgrund ihres beeinträchtigten Kurzzeitgedächtnisses ist die Rückmeldung nach einem Lernvorgang nur wirksam, wenn sie unmittelbar an ihn geknüpft ist.
- Die Informationsrückmeldung sollte vor allem die Sinne des Geistigbehinderten ansprechen. Erfolg oder Mißerfolg sollten wahrnehmbar oder erlebbar gemacht werden.
- Die Bewußtmachung des Erlebens und soweit wie möglich, des kognitiven Verarbeitens soll dem Lernenden durch körpersprachliche Mittel, die den Verständnismöglichkeiten des Geistigbehinderten entsprechen, zu einer Verbesserung der emotionalen und verstandesmäßigen Steuerung seiner Handlung und damit zu zunehmend selbstkontrollierten Handlungsvollzügen führen.
- Bewußtmachung läßt sich erreichen über nonverbale, eigenverbalisierte oder fremdverbalisierte Begleitung des Lernvorganges oder auf einer höheren Lernstufe durch Nachbereitung, wobei das Sprach- und Vorstellungsvermögen des Geistigbehinderten zu beachten ist.

Literatur

AKTIONSKREIS PSYCHOMOTORIK: Überarbeitete Entwürfe der Grundlagenkommission, unveröffentlicht 1979

BÜCHEL, F.: Lernen beim geistigbehinderten Kind. Weinheim/Basel 1978

DAY, P.: Zur Psychologie des Raumerlebens und Raumverhaltens geistig behinderter Kinder. In: DSB (Hrsg.): Sport für Geistigbehinderte. Frankfurt 1977

Diskussion des Arbeitskreises 2. In: HAHN, E., KALB, G., PFEIFFER, L. (Red.): Kind und Bewegung. Schorndorf 1978

DROWATZKY, J.H.: Physical education for the mentally retarded. Philadelphia 1971

EGGER, K.: Lernübertragungen in der Sportpädagogik. Basel: Wissenschaftliche Schriftenreihe des Forschungsinstitutes der ETS-Magglingen 1975

— Turnen und Sport in der Schule. Lehrmittelreihe Turnen und Sport in der Schule, Bd. 1, Theorie, Bern: Eidgenössische Drucksachen- und Materialzentrale 1978

Empfehlungen für den Unterricht in der Schule für Geistigbehinderte (Sonderschule). Entwurf der ständigen Konferenz der Kultusminister der Länder in der Bundesrepublik Deutschland, 1979

GRÖSSING, S.: Einführung in die Sportdidaktik. Bad Homburg 1980

IRMISCHER, T.: Motopädagogik bei Geistigbehinderten. Schorndorf 1980

— Aspekte der psychomotorischen Förderung im Schulbereich. In: Der Kultusminister des Landes NRW (Hrsg.): Sport mit geistig Behinderten. Materialien zum Sport in Nordrhein-Westfalen. Köln 1980

JANTZEN, W.: Geistig behinderte Menschen und gesellschaftliche Integration. Bern, Stuttgart, Wien 1980

KEIDEL, W.D.: Sinnesphysiologie. Berlin, Heidelberg, New York 1976

LEHNERTZ, K.: Mechanismen des Kurzzeitgedächtnisses und ihre Bedeutung für das motorische Lernen des geistig Behinderten. In: Praxis der Psychomotorik 4 (1979) 4

MEUSEL, H.: Einführung in die Sportpädagogik. München 1976

MEYER, H.: Zur Psychologie der Geistigbehinderten. Berlin 1977

MÜHL, H.: Handlungsbezogener Unterricht mit Geistigbehinderten. Bonn-Bad Godesberg 1979

— Handlungsbezogenes Lernen mit geistig Behinderten. In: Lebenshilfe 19 (1980) 2, S. 70

PICQ, L., VAYER, P.: Education psychomotorice et arrieration mentale. Paris ^{3}1972

RAUH, H.: Lernpsychologie. In: Handbuch der Sonderpädagogik Bd. 5, BACH, H. (Hrsg.): Pädagogik der Geistigbehinderten. Berlin 1979

RIEDER, H., SCHMIDT, I.: Grundlagen der Sportmethodik. In: GRUPE, O. (Hrsg.): Einführung in die Theorie der Leibeserziehung und des Sports. Schorndorf ^{5}1980

SCHELLENBERGER, B.: Die Verbesserung der Orientierungsgrundlage als Voraussetzung für die Erhöhung der Qualität der Handlungsregulation. In: Theorie und Praxis der Körperkultur: Berlin (DDR) 28 (1979) 10

SCHILLING, F.: Die Bedeutung der Motorik für die Entwicklungsförderung der Geistigbehinderten. In: DSB (Hrsg.): Sport für geistig behinderte Kinder. Frankfurt: DSB ^{2}1977

— Bereich Motorik. In: Handbuch der Sonderpädagogik Bd. 5, BACH, H. (Hrsg.) Geistigbehindertenpädagogik. Berlin 1979

van der SCHOOT, P.: Aktivierung und Aktivität geistig retardierter Kinder und die Konsequenz für den Sportunterricht. In: DSB (Hrsg.): Sport für geistig behinderte Kinder, a.a.O.

van der SCHOOT, P., BAUER, A.: Sport als Motivationsfaktor bei geistig retardierten Kindern. In: DSB (Hrsg.): Sport für Behinderte. Frankfurt: DSB 1975

Peter Kapustin

Lebenssituationen als Zielorientierung für Lehrplangestaltung und Unterricht im Fachbereich „Bewegungserziehung und Sport" an der Sonderschule für Geistigbehinderte

Inhaltsübersicht

Einführung 182
1. Zur Begründung, Zielorientierung und Eingrenzung des Fachbereichs
   „Bewegungserziehung/Sport" 185
2. Fähigkeiten und Grenzen des Geistigbehinderten 187
3. Zur Einbindung des Fachbereiches „Bewegungserziehung/Sport"
   in einen Gesamtlehrplan 188
4. Aufriß eines Lehrplanentwurfes zum Fachbereich „Bewegungserziehung/Sport" 192
5. Hinweise zum Einsatz des Lehrplans und zur Unterrichtsgestaltung im
   Fachbereich „Bewegungserziehung/Sport" 204
Literatur 206
Sportunterricht und Bewegungserziehung mit Geistigbehinderten im Bild 207

Einführung

Mit der neuen Lehrplangeneration im Schulsport, die aus der allgemeinen Curriculumdiskussion geboren wurde und in fast allen Schularten die Stoffpläne der ersten 25 Nachkriegsjahre abgelöst hat, war nicht nur eine Umbenennung des Faches Leibeserziehung zu Sportunterricht, sondern auch eine neue Zielorientierung beabsichtigt. Zu den bisher geltenden erzieherischen und bildenden Werten der Leibesübungen rückte als Konsequenz einer sich verändernden Gewichtung in unserer Gesellschaft die Lebenssituation Freizeit als zusätzliche Aufgabe der Schule in den Mittelpunkt der Curriculumdiskussion. Da der Sport von nahezu allen sozialen Schichten und Gruppen in der Gesellschaft
— als wertvolles Lern- und Erlebnisfeld
— als Möglichkeit zur Erhaltung und Verbesserung der Gesundheit
— als Weg zur sozialen Integration

entdeckt worden ist (dazu: Aktion „Sport für alle" des Deutschen Sportbundes), kann die Schule der Jugend nicht die Chance verweigern, sportliche Handlungsfähigkeit für den Lebensbereich „Freizeit" zu erwerben.

Bisher ist es nur in Ansätzen gelungen, Geistigbehinderten den Zugang zum lebensbegleitenden Sport zu erschließen. Ein Streifzug durch die Fachliteratur und die noch geltenden Lehrpläne zeigt, daß nur zaghaft von „Sportunterricht" für Geistigbehinderte gesprochen wird. Rhythmik, rhythmisch-musikalische Bewegungserziehung, psychomotorische Übungsbehandlung, Mototherapie u.ä. sind oft genannte Begriffe und zu Recht geforderte Förderungsmaßnahmen, die aber „Sportunterricht" nicht ersetzen können. Die ihnen zugrunde liegenden Zielsetzungen unterscheiden sich zum Teil erheblich von denen des Fachbereichs Bewegungserziehung/Sport. Das Verhältnis Mensch-Bewegung-Umwelt kann zu therapeutischen und zu erzieherischen, sich durchaus ergänzenden Zielen und Förderungsmaßnahmen werden.

Schulsport als Therapie: Ist hier nicht dem Sport bzw. dem Lehrer eine grenzüberschreitende Aufgabe mit der Gefahr des Dilettierens zugewiesen, oder umgekehrt: werden durch die Reduktion des Sports auf therapeutische Funktionen nicht wesentliche, lebenspraktische und erzieherische Werte ausgeklammert?

In Abbildung 1 (KAPUSTIN 1980) wird versucht, die unterschiedliche Zielorientierung von Therapie durch Bewegung und Erziehung im Sportunterricht zu akzentuieren.

Die Vielfalt von einander entsprechenden oder mit unterschiedlicher Akzentsetzung verwendeten Begriffen trägt kaum zu einer deutlichen Abgrenzung bzw. Verknüpfung der unterschiedlichen Zielorientierung bei. Die Notwendigkeit, in die krankheits- bzw. behinderungsspezifische Bewegungstherapie (nach entsprechender Diagnose und Erstellung des Therapieplanes für den einzelnen) sportpädagogische bzw. sonderpädagogische Ziele einfließen zu lassen und Sport als Gruppenunterricht unter therapeutischen Aspekten zu planen und zu gestalten, muß erkannt und erfüllt werden. Entsprechend der unterschiedlichen Gewichtung der Aufgabenstellungen können bewegungstherapeutische Maßnahmen als Einzel- oder Kleinstgruppentherapie zeitlich vor dem Sportunterricht einsetzen oder/und parallel zum Sportangebot notwendig sein.

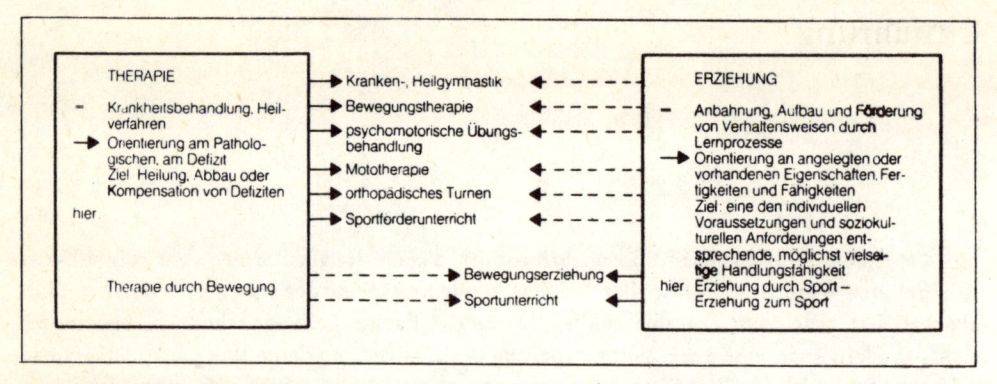

THERAPIE		ERZIEHUNG
– Krankheitsbehandlung, Heilverfahren → Orientierung am Pathologischen, am Defizit Ziel: Heilung, Abbau oder Kompensation von Defiziten hier Therapie durch Bewegung	→ Kranken-, Heilgymnastik ←----- → Bewegungstherapie ←----- → psychomotorische Übungsbehandlung ←----- → Mototherapie ←----- → orthopädisches Turnen ←----- → Sportförderunterricht ←----- -----→ Bewegungserziehung ←----- -----→ Sportunterricht ←-----	– Anbahnung, Aufbau und Förderung von Verhaltensweisen durch Lernprozesse – Orientierung an angelegten oder vorhandenen Eigenschaften, Fertigkeiten und Fähigkeiten Ziel: eine den individuellen Voraussetzungen und soziokulturellen Anforderungen entsprechende, möglichst vielseitige Handlungsfähigkeit hier Erziehung durch Sport – Erziehung zum Sport

Abbildung 1: Unterschiedliche Zielorientierung von Therapie durch Bewegung und Erziehung im Sportunterricht.

Schulsport unter therapeutischen Aspekten bedeutet, daß Inhaltsentscheidungen, Belastungsarten und -größen und die Wahl der Methoden zwar ihre Eingrenzung durch die Vorgaben der Therapiekonzepte für die einzelnen Schüler erhalten, daß aber Handlungsformen, wie Üben, Spielen, Kooperieren, Finden und Gestalten, auch Leisten, Kämpfen und Wetteifern mit ihren vielfältigen Interaktionsformen und besonderen Erlebnisgehalten, als Merkmale des Sportlernens und -treibens im Schulsport überwiegen.

Bedenklich wäre jedoch auch eine Überbetonung und Überbewertung der Wettkampforientierung im Sport für Geistigbehinderte (z.B. International Special Olympics) und damit die Schaffung von Leitbildern, die der Zielgruppe insgesamt nicht entsprechen und bei den verantwortlichen Lehrern und Erziehern eine äußerst enge Sichtweise bezogen auf die Bedeutung des Sports für Geistigbehinderte bewirken könnte. (Zu diesem Thema aus anderer Sicht der Beitrag von R. DECKER in diesem Buch.)

1. Zur Begründung, Zielorientierung und Eingrenzung des Fachbereichs „Bewegungserziehung/Sport"

Der Geistigbehinderte wird während und nach seiner Schulzeit dem Sport oder sportorientierten Situationen begegnen; er lebt in einer Gesellschaft, die in zunehmendem Maß Sport als Inhalt der Freizeitgestaltung anerkennt und für sich in Anspruch nimmt. Sport kann Erlebnisse und Erfahrungen, Kenntnisse und Einsichten vermitteln, die als Bereicherung der Lebensgestaltung für den einzelnen und in der Gemeinschaft gelten.

Ein behinderter Mensch, der über sportmotorische Qualifikationen verfügt, gewinnt an Selbstvertrauen und Selbständigkeit, er kann aktiver am Familienleben teilnehmen, erfährt eine erlebnisreichere Bewältigung der Lebenssituation „Freizeit" und gewinnt ein breiteres Aktionsfeld. Mit zunehmender sportlicher Handlungsfähigkeit ist die Verminderung der Gefahr einer zusätzlichen Behinderung und Gesundheitsgefährdung durch extremen Bewegungsmangel, einer fortschreitenden gesellschaftlichen Isolierung und eines erlebnis- und anregungsarmen Lebens zu erwarten. Ein Geistigbehinderter, der gehen, laufen, springen, steigen, klettern, schwimmen, spielen, tanzen usw. kann, leistet nicht zuletzt einen wesentlichen Beitrag zur Normalisierung der Situation seiner durch ihn „behinderten" Familie.

Ziel des Fachbereichs Bewegungserziehung/Sport ist es, zur Erfüllung des Auftrags der Sonderschule mit seinen Mitteln zur Personalisation und Sozialisation des Geistigbehinderten beizutragen, ihm Qualifikationen zur besseren Integration in die Gemeinschaft und zu erlebnisreicher, möglichst selbständiger Lebensführung zu vermitteln. Die Erziehungsbemühungen durch Bewegung und Sport hin zur Bewegung und zum Sport orientieren sich nicht nur an den behindertungsbedingten Mängeln und Störungen; sie gelten vielmehr der Entdeckung und Förderung vorhandener Fähigkeiten und Begabungen sowie der Erschließung neuer Möglichkeiten der Umwelt für den Geistigbehinderten.

Die Verwirklichung zukunftsorientierter Ziele ist eng gekoppelt an den Erlebnisgehalt des Unterrichts, an die Freude, die der Schüler im Augenblick einer Unterrichtssituation empfindet, und an die positiven sozialen Erfahrungen, denen er begegnet.

Erziehen und Unterrichten sind die dominierenden Aufgaben des Lehrers im Fachbereich Bewegungserziehung/Sport, wenn auch bei der Planung und Durchführung des Unterrichts im Sinne einer psychomotorischen Übungsbehandlung therapeutische Aspekte — in Absprache mit den Fachtherapeuten — zu berücksichtigen sind.

Der pädagogische Auftrag der Sonderschule — und damit auch des Sportunterrichts — ist also nicht auf die Kompensierung der Folgen geistiger Behinderung zu beschränken, vielmehr gilt es, auch die potentiellen Fähigkeiten des behinderten Kindes zu erkunden und optimal zu fördern. Zu den von der Kultusministerkonferenz 1977 formulierten fächerübergreifenden Leitzielen, die der Leitidee „Selbstverwirklichung in sozialer Integration" zuzuordnen sind, leistet der Sport seinen Beitrag.

Leitziele (nach der KMK)	*im Sport verwirklicht durch z.B.*
— Fähigkeit zum Erfahren der eigenen Person und zum Aufbau eines Lebenszutrauens	Selbsterfahrung, Leiberleben und Erfolgserlebnisse im Sport
— Fähigkeit, sich selbst zu versorgen und zur Sicherung der eigenen Existenz beizutragen	Sporthygiene, Selbsteinschätzung durch Leistungs-, Bewegungs- und Leiberfahrungen im Sport, körperliche Fitneß, Wohlbefinden
— Fähigkeit, sich in der Welt zurechtzufinden und sie angemessen zu erleben	Zeitstrukturen im Sport, Naturverbundenheit im Sport, motorische Fähigkeiten und motorisches Fertigkeitsniveau durch Sport
— Fähigkeit, sich in sozialen Bezügen zu orientieren, sie als veränderlich und mitgestaltbar zu erkennen, sich einzuordnen und zu behaupten	Nebeneinander, Miteinander, Füreinander, Gegeneinander im Sport
— Fähigkeit, die Sachumwelt als veränderbar zu erkennen und gestalten zu können	Material- und Geräteerfahrungen im Sport; Erholung, Spiel und Kreativität im Sport

Soziale Integration konkretisiert sich in vielfältigen Lebens- und Erfahrungssituationen innerhalb des Familienlebens, im Wohnbereich, in Urlaub und Freizeit, aber auch im Heim- und Berufsleben.

Sportbezogene Lebens- und Erfahrungssituationen können sein:
— Straßen, Wege, Wälder, Berge: Spaziergänge, Wanderungen, Bergtouren, Radtouren ...
— Spielplätze: Schaukeln, Klettern, Rutschen, Springen, Balancieren ...
— Spielwiese, Spielhof: Ballspiele, Spielen mit Kleingeräten, Rollschuhlaufen, Lauf- und Fangspiele ...
— Schwimmbad, See, Meer: Baden, Schwimmen, Springen, Tauchen, Bootfahren ...
— Sportplatz, Sporthalle: Laufen, Springen, Werfen, Turnen ...
— Winterlandschaft, Schnee und Eis: Schneemann bauen, Schneeburg bauen, Schlittenfahren, Skilanglaufen, Skifahren, Eislaufen ...
— Tanzveranstaltungen: Tanzen

Wesentliche, zur aktiven Gestaltung der genannten Lebenssituationen notwendige Qualifikationen ergeben sich aus den Bereichen:
— Bewegungsverhalten (motorische Eigenschaften und sportmotorische Fertigkeiten) ⟶ Bewegungserziehung
— Leistungsverhalten (motorische Fähigkeiten, Motivation) ⟶ Leistungserziehung
— Gesundheitsverhalten (Gefahreneinschätzung, Selbsteinschätzung, Hygiene) ⟶ Gesundheitserziehung
— Sozialverhalten (Kommunikations-, Partizipations- und Kooperationsfähigkeit, -bereitschaft) ⟶ Sozialerziehung
— Spiel- und Kreativitätsverhalten (Spielmotivation, Erfassung des Spielgedankens, Spontaneität, Phantasie, Denk- und Erinnerungsvermögen, Fähigkeit zum Transfer erlernter Fertigkeiten auf neue, veränderte Situationen) ⟶ Spiel- und Kreativitätserziehung
— Freizeitverhalten (Verhalten in freien Spielsituationen, Fähigkeit und Lust, auch mit Eltern, Geschwistern, Nichtbehinderten Sport zu treiben) ⟶ Freizeiterziehung

2. Fähigkeiten und Grenzen der Geistigbehinderten

Geistigbehinderte Schüler sind — mit erheblichen individuellen Abstufungen — für den sportbezogenen Unterricht in der Gruppe motivierbar, sie können bei gemäßer Führung
- Freude an der Bewegung, am Spiel, am Lern- und Übungserfolg erleben und unmittelbar äußern,
- Eigenaktivität, Anstrengungsbereitschaft und Wetteifer entwickeln,
- Gefahren erkennen, Angst äußern und situationsgerecht überwinden lernen,
- sportmotorische Grundfertigkeiten erlernen und kreativ sein,
- Sportsprache und Spielregeln verstehen lernen,
- positive soziale Kontakte annehmen und aufbauen helfen, vom harmonischen Nebeneinander und Nacheinander zum Miteinander und Füreinander geführt werden.

Ein Großteil der Schüler kann für Teilbereiche sportbezogener Lebenssituationen sportliche Handlungsfähigkeit und damit auch Selbständigkeit erreichen.

Die vorhandenen, oft noch verdeckten Fähigkeiten eines Kindes sollten auch im Sportunterricht durch Überbewertung der behinderungsbedingten Defizite und Mängel nicht unterschätzt werden. Die Gefahr einer Unterforderung im Sportunterricht ist zumindest so hoch anzusetzen wie die einer Überforderung.

Ursachen und Merkmale der geistigen Behinderung ergeben zusammen mit den soziokulturellen Lebens-, Erfahrungs- und Anregungsbedingungen eine nahezu unüberschaubare Vielfalt an Ausprägungen der primären und folgenden Störungen, die, in jeweils individueller Komplexität miteinander verknüpft, jedes Kind zum Einzelfall werden lassen. Wahrnehmungstüchtigkeit, motorisches Entwicklungsniveau, motorische Behinderung und Lernfähigkeit, Steuerungsfähigkeit der Emotionalität, Kommunikationsfähigkeit und Sozialverhalten sind von Schüler zu Schüler so unterschiedlich, daß eine Klasse — trotz der geringen Schülerzahlen (6 bis 10 Kinder) — in ihrer Heterogenität besondere pädagogisch-didaktische Probleme aufwirft.

Oft extrem gegensätzliche Merkmale und Verhaltensweisen der geistigbehinderten Schüler sind im Sportunterricht beobachtbar, sie addieren sich mit jeweils unterschiedlicher Zusammensetzung zur Diagnose „Mehrfachbehinderung".

Zur motorischen Entwicklung des geistigbehinderten Kindes berichtet SCHILLING anläßlich einer Tagung der Evangelischen Akademie Loccum 1979, daß der Aufbau motorischer Muster zweifach blockert sein kann:
- innere Bewegungsreize bzw. -antriebe sind vermindert oder können nicht umgesetzt werden;
- Überbehütung oder Überforderung bedeuten zu wenig bzw. nicht zu bewältigende äußere Bewegungsanreize.

Die Lernkapazität bei Geistigbehinderten ist in den meisten Fällen sicher nicht ausgeschöpft.

3. Zur Einbindung des Fachbereiches „Bewegungserziehung/Sport" in einen Gesamtlehrplan

Die Lehrpläne nahezu aller Schularten sind nach den Unterrichtsfächern gegliedert. Lernziele und Lerninhalte der Fachlehrpläne sind zwar entwicklungsgemäß und dem Anspruchsniveau der Schulart entsprechend auf die Schuljahre verteilt, sie sind aber überwiegend nur aus fachspezifischer bzw. fachwissenschaftlicher Sicht, auch unter Einfluß verschiedener Interessengruppen, entwickelt worden. Wünschenswerte Wechselbeziehungen zwischen den Lehrplänen der einzelnen Unterrichtsfächer lassen sich nur in Ansätzen finden. Sie gelingen in der Unterrichtspraxis durch die zunehmende Differenzierung des Schulunterrichts nach Fächern und die Spezialisierung der Lehrer zu Fachlehrkräften auch nur in Einzelfällen. Die Verwirklichung eines ganzheitlichen Unterrichts, in dem Beobachtungen, Erlebnisse, Problemstellungen, d.h., erfahrbare Lebenssituationen ganzheitlich durch Bündelung verschiedener fachspezifischer Sichtweisen zu Lerngelegenheiten werden, ist am ehesten während der ersten beiden Grundschuljahre möglich.

An der Schule für Geistigbehinderte würde durch eine nach Fächern gegliederte Lehrplansammlung der Schüler mit seinen besonderen Voraussetzungen (behinderungsbedinge Beeinträchtigungen) überfordert werden. Während jedes nichtbehinderte Kind schon zu Beginn seiner Schulzeit über eine breitgefächerte Handlungsfähigkeit verfügt, die der weitgehenden Selbstversorgung, der Bewältigung von Alltagssituationen gilt, besonders aber in der Spielfähigkeit zum Ausdruck kommt, mangelt es — mit erheblichen Abstufungen — den geistigbehinderten Kindern an basaler Funktionstüchtigkeit, am notwendigen Verhaltensrepertoire, an Voraussetzungen zur Handlungsfähigkeit für nahezu alle seine Lebensbereiche.

Die Vielfalt an Ursachen, Ausprägungen, Merkmalen und Folgen geistiger Behinderung macht — wie bereits erwähnt — jedes betroffene Kind zum Einzelfall. Die notwendige individuelle Förderung kann nicht nur durch Einzeltherapie oder Einzelunterricht erfüllt werden, sondern als unaustauschbar muß der Gruppenunterricht mit seinen sozialen Bezügen, seinem Interaktions- und Lernklima gelten. Im Sinne der bisher erfolgten Lehrplanrevisionen nach der Curriculumtheorie von ROBINSOHN um und nach 1970 sind gegenwärtig und zukünftig zu erwartende Lebenssituationen der Schüler zu analysieren und als Zielorientierung für Bildung und Erziehung in der Schule zu werten. Lernziele müssen als zu erwerbende Qualifikationen verstanden werden, die zur Bewältigung von Lebenssituationen beitragen. Qualifikationen sind Kenntnisse, Fähigkeiten, Einsichten und Werthaltungen, die, in gegenseitiger Abhängigkeit und Ergänzung, Umfang und Niveau der individuellen Handlungsfähigkeit in den verschiedenen, oft wechselnden Lebensbereichen bestimmen. Es ist nicht einzusehen, warum auf das allgemein gültige Ziel der Schule, die Schüler zu einem (möglichst) selbstbestimmten Handeln zu erziehen, bei Geistigbehinderten verzichtet werden soll. Sonderpädagogische Überlegungen und Bemühungen sollten zur Vermeidung einer weitgehenden Isolierung der Behinderten und teilweise auch ihrer Familien von der Lebenswelt der Nichtbehinderten weniger auf die Suche nach behinderungsspezifischen Zielen für die Sonderschule gerichtet sein, als vielmehr auf angemessene Wege zur bestmöglichen Hinführung der Behinderten an das schulartübergreifende Ziel „Handlungsfähigkeit in möglichst vielen Lebensbereichen".

In einem auf Handlungsfähigkeit des geistigbehinderten Schülers angelegten Lehrplankonzept muß der Schritt
— von der Einübung basaler Grundfunktionen und Fähigkeiten in den Bereichen Wahrnehmung, Denken, Kommunikation und Motorik
— über die Vermittlung von Fertigkeiten (Tätigkeiten), Kenntnissen, Einsichten und Erlebnissen
— zur selbstbestimmten Anwendung der Lernerträge in zunehmend offenen, wechselnden und realitätsnahen Unterrichtssituationen
gegangen werden.

Damit wird nach SPECK (1979) ein in den USA bevorzugtes, entwicklungsorientiertes Lehrkonzept (entwicklungspsychologische und entwicklungsbiologische Gegebenheiten bestimmen z.B. das Lernen in Sequenzen von Einzelfunktionen, Teilfertigkeiten und Fähigkeiten in Kleinstschritten) mit einem handlungsorientierten Unterrichtskonzept kombiniert, wobei entwicklungsorientiertes Lehren als Vorstufe zum handlungsbezogenen Unterricht einzuplanen ist.

Das ganzheitliche Lernen in realitätsnahen, zunächst vereinfacht arrangierten Situationen (= Lerngelegenheiten) dürfte für ein Großteil der Schüler ertragreicher sein, als das ausschließliche Einüben einzelner, isolierter Teilfertigkeiten, deren Verbindung zu Handlungen vom Schüler nicht geleistet werden kann (vgl. G. STUFFER 1980).

In das Zentrum des ganzheitlich konzipierten Gesamtlehrplan der Schule für Geistigbehinderte (nach den Vorstellung der Lehrplankommission am Staatlichen Institut für Schulpädagogik in Bayern) ist der „Grundlegende Unterricht" (= Elementarunterricht) gestellt, in dem die Schüler von entwicklungsorientierten Lernfeldern ausgehend, Handlungsfähigkeit erwerben und erproben sollen (Abb. 2).

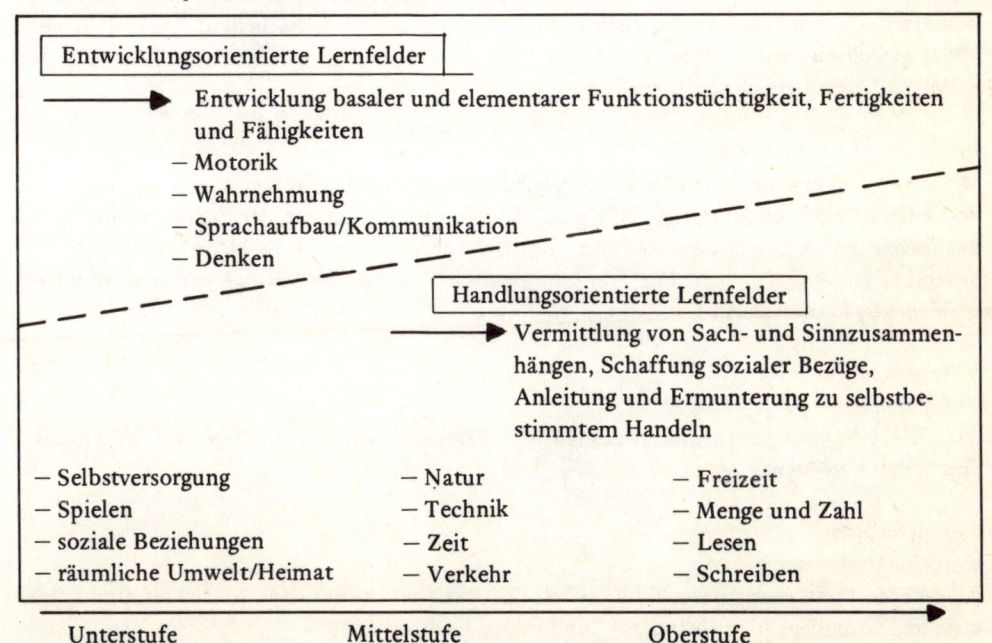

Abb. 2: Kombination und Gewichtung entwicklungs- und handlungsorientierter Lernfelder in den Schulstufen

Auf fachorientierten Unterricht kann nicht verzichtet werden, da im „Grundlegenden Unterricht" nicht auf alle bedeutsamen Lebensbereiche in gleicher Weise vorbereitet werden kann. Fachbereiche mit enger Beziehung zu erlebbaren und zu bewältigenden Lebenssituationen sind
— Religion
— bildnerisches Gestalten
— Werken/Textilarbeit
— Rhythmik
— Musik
— Bewegungserziehung/Sport

Mit dem Begriff „Fachbereich" statt (Unterrichts-)„Fach" sollen inhaltliche Schwerpunkte zwar aufgezeigt werden, jedoch die Überlappung mit dem „Grundlegenden Unterricht" und die Offenheit zu benachbarten Fachbereichen zum Ausdruck kommen. Mit der Abbildung 3 wird versucht, die Einbindung des Fachbereiches Bewegungserziehung/Sport in den Gesamtlehrplan und damit in das schulische Leben zu verdeutlichen. In der „Fachorientierten Bewegungserziehung" soll basale Funktionstüchtigkeit in Ergänzung zum „Grundlegenden Unterricht" und aus ihm heraus entwickelt und eingeübt werden. Die fachorientiert vermittelten motorischen Grundfertigkeiten, Begriffe und Kenntnisse sind auch von Bedeutung für das Niveau der Wahrnehmungstüchtigkeit und der Alltagsmotorik, für die Sprachbildung und das Denkvermögen. In den „Situationsbezogenen Lern- und Handlungsfeldern" des Sportunterrichts finden die im „Grundlegenden Unterricht" und in der „Fachorientierten Bewegungserziehung" erworbenen Fähigkeiten Anwendung, sie sind zugleich Grundlage für zunehmend handlungsorientierte Lernprozesse. Lernerträge (Fertigkeiten, Kenntnisse, Einsichten, Erinnerungen) können sich — wenn auch auf unterschiedlichen Niveauebenen — zu vom Schüler selbst gewollten und gesteuerten Handlungen in realitätsnahen Situationen innerhalb des Schul- und Heimbereichs ergänzen.

Erläuterungen zur Abbildung 3:
Mit der in sich geschlossenen Darstellung wird versucht, die enge Wechselbeziehung zwischen dem „Grundlegenden Unterricht" (= gestreifter Stern im Zentrum der Figur) und den sechs Fachbereichen (= 6 aus dem Zentrum herauswachsende bzw. in die Mitte hineinreichende Sektoren) zu verdeutlichen. Die drei konzentrischen Kreise bzw. Ringe entsprechen unterschiedlichen Lernniveaustufen.

1. Innenkreis
= Basalbereich,
d.h., Einübung basaler Grundfunktionen und Fähigkeiten im „Grundlegenden Unterricht" und in den Fachbereichen.

2. Innerer Ring
= Elementarbereich,
d.h., Vermittlung elementarer Fertigkeiten (Tätigkeiten), Kenntnisse, Einsichten und Erlebnisse im „Grundlegenden Unterricht" und in den Fachbereichen.
Die Lernniveaustufen, die mit dem Innenkreis und dem inneren Ring gemeint sind, werden durch einen überwiegend entwicklungsorientierten Unterricht erreicht.

3. Äußerer Ring

= handlungs- und situationsorienterter Unterricht mit fachbezogenen und fächerübergreifenden Projekten im „Grundlegenden Unterricht" und im zunehmend an Umfang und Differenzierung wachsenden Fachunterricht.

Nach ausreichenden Fortschritten im situationsbezogenen Fachunterricht muß die Handlungsfähigkeit der Schüler in Realsituationen innerhalb des schulischen Lebens (besondere Schulveranstaltungen unter Einbeziehung der Familien und der Öffentlichkeit) und außerhalb der Schule (Vorhaben, z.B. Unterrichtsgang, fächerübergreifendes Projekt, Ausflug, Tages- oder Wochenkurs) erprobt und gefördert werden.

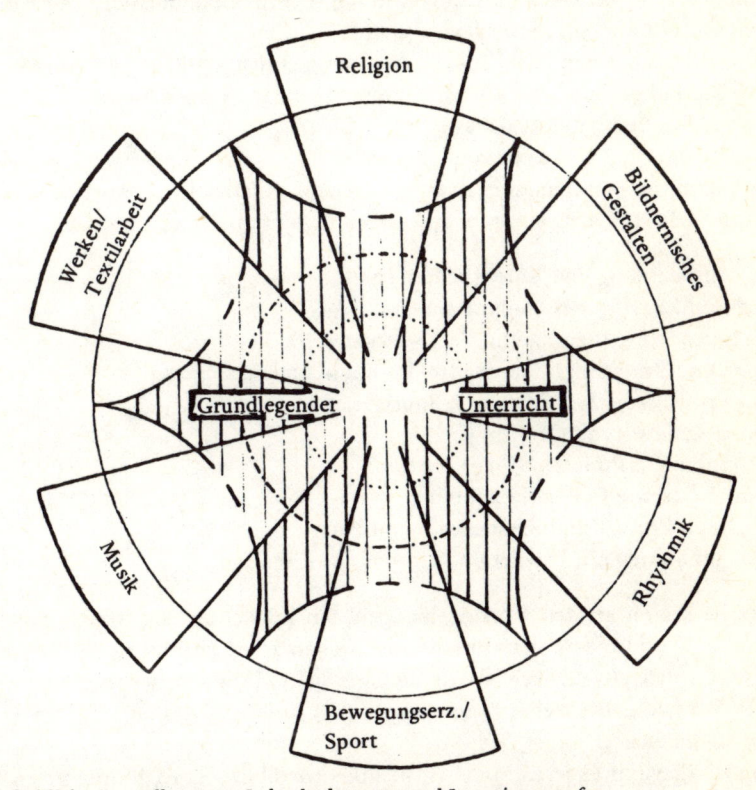

Abb. 3: Ganzheitliche Darstellung von Lehrplankonzept und Lernniveaustufen

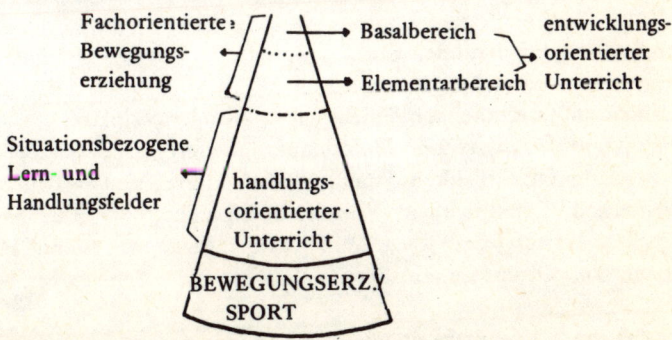

Abb. 3a: Ausschnittdarstellung des Sektors „Fachbereich Bewegungserziehung/Sport"

4. Aufriß eines Lehrplanentwurfes zum Fachbereich „Bewegungserziehung/Sport"

Das mit diesem Beitrag vorgelegte Lehrplankonzept ist das Ergebnis mehrjähriger Forschungsarbeit und kritischer Diskussionen in o.g. Lehrplankommission; es ist in der Unterrichtspraxis erprobt und aus dieser gewachsen.

Für den Lehrplananteil des Fachbereichs Bewegungserziehung/Sport wird nach den notwendigen Vorbemerkungen eine Gliederung in zwei Abschnitte vorgeschlagen:
— Fachorientierte Bewegungserziehung
— Situationsbezogene Lern- und Handlungsfelder.

Die Fachorientierte Bewegungserziehung ist in fünf Richtziele (Lern- und Übungsschwerpunkte) aufgefächert, die aufeinander aufbauend sich wechselseitig ergänzen:

— Körperwahrnehmung und Körperbeherrschung —
  Haltungs- und Bewegungsschulung am Ort
— Raum-/Geländeorientierung und Fortbewegung —
  Haltungs- und Bewegungsschulung frei im Raum und an Geräten
— Umgang mit beweglichen Spiel- und Sportgeräten —
  Bewegungsschulung mit Geräten
— Anpassung an Rhythmen —
  rhythmisch betonte Bewegungsschulung
— Anpassung an Partner und Kooperation mit Partnern —
  Bewegungsschulung mit Partner und Gruppe

Die Richtziele setzen an den Voraussetzungen der Schüler an und werden aus fachspezifischer Sicht als Grundlage für den situationsbezogenen Sport begründet. Die Lernziele sind so konkret gefaßt, daß sie zugleich als Lerninhalte gelten können, wobei sie unmittelbar das angestrebte Verhalten des Schülers im Lernprozeß und/oder das erhoffte Endverhalten als Lernertrag ausdrücken.

Der Sportunterricht im engeren Sinne ist nicht — wie üblich — nach Sportarten, sondern in sieben situationsbezogene Lern- und Handlungsfelder (= 7 Richtziele) gegliedert:

— Zielsituation: Spielgruppe, Familie, Spieltreff, Spielfest — Spielwiese, Spielhof, Spielraum, Spielhalle ...
— Zielsituation: Öffentlichkeit, Spielgruppe — Kinderspielplatz
— Zielsituation: Übungsgruppe, Wettkampf, Sportfest — Sportplatz, Sporthalle ...
— Zielsituation: Öffentlichkeit, Familie — Hallen-, Frei- und Seebäder
— Zielsituation: Öffentlichkeit, Familie, Spielgruppe — Wanderungen, Geländeläufe und -spiele — Wiesen, Wälder, Hügel, Berge, wechselnde klimatische Bedingungen
— Zielsituation: Öffentlichkeit, Familie, Spielgruppe — Schnee, Eis, wechselnde Geländeformen
— Zielsituation: Öffentlichkeit, Familie, Tanzgruppe — Tanzveranstaltungen, Tanzlokal, Fasching ...

Die ausgewählten, sportbezogenen Zielsituationen sind Realität im außerschulischen Freizeitbereich, sie können von Geistigbehinderten bewältigt, angenehm erlebt und gewollt werden, sie können zu einer wünschenswerten Begegnung mit Nichtbehinderten werden und damit eine Chance zur zwanglosen Integration in öffentliche Lebensbereiche bedeuten.
Mit „Zielsituationen" sind nicht Sportarten, sondern Spiel- und Sportgelegenheiten gemeint, die auch zu weniger anspruchsvollen Arten des Sporttreibens einladen. Die Beherrschung einer oder mehrerer Wettkampfsportarten mit den entsprechenden Anforderungen an das sportmotorische Fähigkeits- und Fertigkeitsniveau, das taktische und regelgerechte Verhalten usw. ist von Geistigbehinderten nur in seltenen Einzelfällen zu erwerben. Spiel- und Sportgelegenheiten sollen stets als Gesamtsituation zu Lern- und Handlungsgelegenheiten werden. Zur möglichst ganzheitlichen didaktischen Betrachtungsweise einer Zielsituation sind die entsprechenden Aktionsformen, wie z.B. Spielen, Klettern, Rutschen, Laufen, Springen, Werfen, Schwimmen, Tanzen, Finden und Erfinden, Kooperieren und Wetteifern, in ihrer Wechselbeziehung zu den sonstigen situativen Bedingungen, wie den Teilnahme- und Zugangsvoraussetzungen, den Gegebenheiten des Aktionsfeldes und -umfeldes, den Material- und Funktionseigenschaften der Sportanlagen und -geräte, den Witterungsbedingungen, den sozialen Bezügen und Interaktionsmöglichkeiten, zu sehen. So kann ein Geistigbehinderter z.B. die komplexe Situation „öffentliches Schwimmbad" nicht allein durch ausreichende Schwimmleistungen, die ihm in der isolierten „Schonsituation" eines Lehrschwimmbeckens vermittelt wurden, bewältigen. Badekleidung einpacken, Anfahrt zum Schwimmbad, Eintritt bezahlen, Umkleidekabinen benutzen, sich duschen, waschen und abtrocknen, sich im weitläufigen Schwimmbadgelände orientieren, viele Menschen und Gedränge tolerieren, Wartesituationen ertragen, Liegeplatz suchen und wiederfinden, Wassertiefe erkennen, ungewohnte Wassertemperatur und unruhige Wasseroberfläche tolerieren, keine Angst vor spielenden und spritzenden Kindern haben usw. sind weitere Anforderungen und situative Bedingungen, auf die der Geistigbehinderte vorbereitet sein muß.

Die Einbindung sportbezogener Aktivität in einen Handlungsrahmen wird mit den zu den sieben Richtzielen ausgewählten Lernzielen/Lerninhalten zumindest beispielhaft verdeutlicht. Die motorischen, kognitiven, sozialen und affektiven Komponenten der angestrebten (sportlichen) Handlungsfähigkeit sind auf niedriger Abstraktionsebene als zu vermittelndes, beobachtbares Verhalten ausgedrückt.

In beiden Lehrplanteilen, der „Fachorientierten Bewegungserziehung" und den „Situationsbezogenen Lern- und Handlungsfeldern", werden zu den Lernzielen/Lerninhalten als wichtige Ergänzung „Empfehlungen für Unterricht und Schulleben" beigefügt. Die Empfehlungen sind kein Ersatz für die Unterrichtsplanung des Lehrers, sie sollen an Beispielen aufzeigen, wie u.a. folgende pädagogisch-didaktischen Probleme bewältigt werden könnten:
— Aufbereitung der Lernziele/Lerninhalte im Unterricht
— Schaffung von Lernanlässen und -gelegenheiten
— Auswahl und Einsatz von Geräten und Medien
— Lernplanung und -steuerung
— Differenzierungsmöglichkeiten und Integration von Schwerstbehinderten
— Organisationsformen im Unterricht
— schulstufenspezifische Zuordnung der Lerninhalte
— Abbau von Angst, Aufbau von Sicherheit und (Selbst-)Vertrauen
— Möglichkeiten zur Entwicklung und Förderung der Eigenaktivität

- Lernverknüpfungen
- Lehrerverhalten
- Elternarbeit
- Schulleben und Unterrichtsprojekte
- Überprüfung der Lernerträge, Lernkontrollen

Im Rahmen dieses Beitrags muß auf die Zuordnung der „Empfehlungen für Unterricht und Schulleben" zu den Lernzielen/Lerninhalten verzichtet werden.

Fachorientierte Bewegungserziehung

1. Richtziel:
Bewegungen an und mit dem eigenen Körper bewußt steuern und koordinieren.

Bewegungshandlungen und Erlernen von sportbezogenen motorischen Fertigkeiten sind in ihrer Vielfalt und Qualität von der Fähigkeit des Menschen abhängig, über den eigenen Körper zu verfügen; Funktionstüchtigkeit des Bewegungsapparates, Bewußtheit in der Bewegungssteuerung und Bereitschaft zur Bewegung müssen zunächst auf einem basalen Bewegungsniveau entwickelt sein.

Lernziele/Lerninhalte

Bewegungsvorbilder aus dem Bereich der Gymnastik wahrnehmen, erkennen und nachahmen

- über Grundbegriffe zur Beschreibung einfacher motorischer Handlungen an und mit dem Körper verfügen und sie in Bewegung umsetzen
  . Ausgangspositionen
  . Seitigkeit
  . Bewegungsrichtungen
  . Bewegungsdynamik
  . Muskelspannung
  . Stellungen und Bewegungen der Gelenke
- zur Anstrengung, zum Üben und Durchhalten fähig und bereit sein
- sich an Bewegungen und am eigenen Bewegungsvermögen freuen
- Funktionsübungen zur Erhaltung und Förderung der Beweglichkeit im Bereich der
  . Handgelenke und Hände
  . Schultergelenke und Arme
  . Wirbelsäule und Kopf
  . Hüftgelenke und Beine
  . Fußgelenke und Füße
- Übungen zur Erlernung verschiedener Ausgangspositionen und Körperhaltungen
- Übungen zur Kräftigung
  . der Arm- und Schultermuskulatur
  . der Bein- und Fußmuskulatur
  . der Rumpfmuskulatur
- Übungen zur Steigerung der Reaktion und zur Verbesserung des Beschleunigungsvermögens
- Übungen zur Entwicklung und Verbesserung der Koordinationsfähigkeit

Bewegungsaufgaben aus dem Bereich der Gymnastik verstehen und nach einer Lösung suchen

- Problemstellung verstehen hinsichtlich
  . Körperbereich
  . Bewegungsabsicht
  . Eingrenzung des Bewegungsraumes
- zur Aufgabenlösung fähig und bereit sein
- gefundene Lösungen benennen und zeigen
- sich über Aufgabenlösungen freuen
- Aufgabenstellungen ohne Vorbild und Bewegungsbeschreibung

2. Richtziel:
Raum und Gelände überschauen, sich darin orientieren und vielfältig bewegen.

Die Erschließung des Raumes, die Fortbewegung in verschiedenen Geländeformen, das Überwinden von Hindernissen, sind alltägliche Anforderungen für den Schüler. Mit wachsender Orientierungsfähigkeit und Bewegungssicherheit kann der Schüler zunehmend aufgeschlossen für Bewegungsspiele und sportliches Handeln auch außerhalb der Schonräume in Wohnung, Heim und Schule werden.

Lernziele/Lerninhalte

Sich in einen geschlossenen oder eingegrenzten Raum auf ebenem Boden fortbewegen

- über die Grundbegriffe der Fortbewegungsarten verfügen und sie in Bewegung umsetzen
- Bewegungsrichtung, Raumwege und Bewegungsdynamik erkennen, sich merken und einhalten
- Fortbewegungsarten
  . Krabbeln, Gehen, Laufen
  . Vierfüßlergang, Hasen-, Froschhüpfen
  . Rutschen, Gleiten
  . Seitstell-, Nachstellschritt, Hopserlauf
  . Hüpfen, Springen
  . Wälzen, Rollen
- zur Anstrengung, zum Üben und Durchhalten fähig und bereit sein
- sich mit Freude im Raum bewegen

Sich aufgaben- und situationsgerecht in verschiedenen Geländearten bewegen

- Geländearten und Hindernisse wahrnehmen, erkennen und benennen
- Geländeeigenschaften beschreiben und zur Fortbewegung einschätzen
- sich von Geländearten und -formen zu selbstbestimmter Fortbewegung anregen lassen
- sich im Gelände sicher und mit Freude bewegen; Angsterlebnisse bewältigen
- Gefahren erkennen, beschreiben und beachten
- auf Mitschüler Rücksicht nehmen
- sich in geeigneter Weise in oder auf Geländearten, wie
  . Rasen, Waldboden, Sand, Steine
  . Weichboden – Schaumstoffmatte, Luftkissen

.   Schnee, Eis
.   Wasser — Lehrschwimmbecken
  fortbewegen
— sich an Geländeeigenschaften, wie
.   Steigung, Gefälle, Ebene, Berg, Stufen
.   glatt, rauh
.   weich, hart
.   trocken, naß
.   warm, kalt
  anpassen können
— Hindernisse in ihrer Überwindbarkeit einschätzen und bewältigen

3. Richtziel:
Spiel- und Sportgeräte in ihren Eigenschaften kennen und einsetzen.

Spiel und Sport bieten den Schülern vielfältige Handlungs- und Erlebnisgelegenheiten; geeignete Spiel- und Sportgeräte können durch ihren Aufforderungscharakter zum Erproben und Lernen von notwendigen Grundfertigkeiten anregen.

Lernziele/Lerninhalte

Spiel- und Sportgeräte in ihrem Aufforderungscharakter wahrnehmen und erproben

— sich von den Spiel- und Sportgeräten zum Spielen und Erproben anregen lassen
— Eigenschaften der Spiel- und Sportgeräte wahrnehmen, erkennen und beschreiben
— über die Bezeichnung der Spiel- und Sportgeräte verfügen
— Gefahren der Geräte erkennen, beschreiben und beachten
— Mitschüler nicht behindern oder gefährden
— Spiel- und Sportgeräte sachgerecht behandeln
— Angst vor Spiel- und Sportgeräten überwinden

Bewegungsvorbilder, -anweisungen und -anregungen zum Umgang mit Spiel- und Sportgeräten aufnehmen und im eigenen Handeln umsetzen

— sportorientierte Grundfertigkeiten im Umgang mit den Geräten lernen und in veränderten Situationen anwenden,
  wie die Geräte
.   Fassen, Festhalten, Tragen, Schwingen
.   Rollen, Prellen, Werfen, Stoßen
.   Fangen
.   Ziehen, Schieben
  oder auf und in Geräten
.   Liegen, Sitzen, Stehen
.   Rollen, Fahren
.   Gleiten, Hüpfen
  oder an Geräten
.   Schwingen, Schaukeln
.   Hängen, Stützen

. Rollen
  . Springen
- sich mit der Eigenbewegung der Bewegung des Spielgerätes bzw. den Eigenschaften des Sportgerätes anpassen
- Erfolgserlebnisse empfinden
- Spiel- und Sportgeräte ordnungsgemäß aufräumen

4. Richtziel:
Rhythmen aufnehmen, erkennen und in Eigenbewegungen umsetzen.

Die rhythmische Ansprechbarkeit ist in allen Altersstufen gegeben. Rhythmen und Musik wirken anregend auf die Stimmungslage der Schüler, können spontane Bewegungsäußerungen auslösen und ordnend die Motorik steuern.

Lernziele/Lerninhalte

Einfache Rhythmen und Taktformen wahrnehmen, kennen und wiedergeben

- körpereigene Rhythmen wahrnehmen und bewußt erleben
  . Atmung
  . Herzschlag
- Rhythmen eigener Bewegungen erfassen und wiedergeben
  . gehen, laufen, hüpfen
  . Ball prellen, seilspringen
- grundlegende Taktformen kennen, erkennen und wiedergeben
- körpereigene „Rhythmusinstrumente" finden und einsetzen
  . Lautgebung, sprechen, singen
  . mit den Händen klatschen, schlagen
  . mit den Fingern schnalzen
  . mit den Füßen stampfen
- einfache Rhythmenfolgen auf Instrumenten wie Triangel, Klanghölzer, Zimbeln, Trommeln spielen und die Bewegungen der Mitschüler begleiten
- Bewegungen metrisch gliedern und akzentuieren
- mit Hilfe metrisch gegliederter Bewegungen den Raum erschließen

Sich von Rhythmen in der Bewegung führen lassen

- den Rhythmus eines Sprechverses, eines Liedes oder einer Musik in sich aufnehmen und in vorgegebene Bewegung umsetzen
- bekannte Bewegungsmuster an einen vorgegebenen Rhythmus anpassen
- rhythmische Bewegungsfolgen lernen, sich merken und wiederholen
- den Rhythmus eines Partners aufnehmen
- mit einer Gruppe einen gemeinsamen Rhythmus finden und einhalten
- rhythmisches Bewegen bewußt erleben und sich daran freuen

Sich von Rhythmen zur Bewegung anregen lassen

— den Charakter und Rhythmus einer Musik erfassen
— zu einer Musik rhythmisch passende Bewegungen finden und zeigen
— Handgeräte, wie Ball, Reifen, Seil, Band, Keule, zur Musik passend einsetzen
— sich von Sprechversen und Liedern zu selbstgefundener Bewegung anregen lassen
— Gefühle durch Musik in Bewegung umsetzen

5. Richtziel:
Eigenbewegungen der Gruppe oder dem Partner anpassen und bei Bewegungsaufgaben mit Partnern kooperieren.

Bewegungserziehung und Sport sind in besonderer Weise zum Aufbau von Partner- und Gruppenbeziehungen geeignet. Für die gesamte Schulzeit gilt das Bemühen, die Schüler vom Nebeneinander zum Miteinander und Füreinander in ihrem Handeln zu führen.

Lernziele/Lerninhalte

Gruppe und Partner in der Bewegung folgen und in der Bewegung führen

— bei gleichzeitigem Üben in der Gruppe mitmachen
— auf Bewegungen der Mitschüler achten
— Reihenfolge einhalten und gegenseitig Rücksicht nehmen
— Bewegungsvorbilder nachahmen, sich von Mitschülern anregen lassen
— Bewegungsimpulse und Bewegungsvorbilder den Mitschülern geben
— Bewegungsideen als Lösung von Bewegungsaufgaben den Mitschülern vorstellen
— Mitschüler in der Bewegung führen
— gruppen- und partnerbezogene Übungen und Bewegungsaufgaben
  . am Ort und in der Fortbewegung
  . ohne Geräte
  . mit Kleingeräten, mit Spielgeräten
  . an Großgeräten, an Hindernissen
  . nach vorgegebenen Rhythmen
  . in verschiedenen Geländearten und -formen

Gruppen- und Partnerübungen bzw. -aufgaben gemeinsam lösen

— sich bei Gruppen- und Partnerübungen angesprochen fühlen und zum Mitmachen anregen lassen
— bei Gruppen- und Partneraufgaben nach Lösungen suchen
— Mitschüler in ihrem Bewegungsbemühen unterstützen
— Gruppen- und partnerverbindende Übungen oder Aufgaben, die
  . gemeinsam zu lösen sind
  . gegenseitige Rücksichtnahme, auch Hilfe erfordern
  . Spaß machen
— gelungene Gemeinschaftsleistungen erkennen und sich über den Erfolg freuen

Situationsbezogene Lern- und Handlungsfelder

1. Richtziel:
Sich an einfachen Kinder- und Freizeitspielen beteiligen

Zielsituation: Spielgruppe, Familie, Spieltreff, Spielfest – Spielwiese, Spielhof, Spielraum, Spielhalle ...

Lernziele/Lerninhalte

Lauf-, Sprung-, Fang- und Versteckspiele kennen und spielen

- Spielgedanken erfassen und Spielregeln einhalten
- Spiele wiedererkennen, Spielwünsche äußern
- Spieleifer und -freude entwickeln
- erworbene motorische Grundfertigkeiten situationsgerecht einsetzen
- sich in Spielgruppen integrieren und orientieren

Einfache Ballspiele kennen und spielen

- Roll-, Wurf-, Abwerf-, Fangspiele mit ihren Regeln erfassen und sie beim Spielen einhalten
- partner- und gruppenbezogen spielen
- Spiele wiedererkennen, Spielwünsche äußern
- Spieleifer und -freude entwickeln
- erworbene sportorientierte motorische Grundfertigkeiten im Spiel anwenden

Freizeitspiele kennen und spielen

- familiengerechte Spiele für den außerschulischen Freizeitbereich kennen
- notwendige motorische Fertigkeiten erwerben und spielgerecht anwenden
- Freude am gelungenen Spielen empfinden
- sich an Spielfesten beteiligen

2. Richtziel:
Auf öffentlichen Spielplätzen turnen und spielen

Zielsituation: Öffentlichkeit, Spielgruppe – Kinderspielplatz

Lernziele/Lerninhalte

Statische Spielplatzgeräte (z.B. Balancierbalken, Tunnelröhre, Klettergerüst, Rutschbahn) annehmen und an ihnen sicherheitsgerecht turnen

- Spielplatzgeräte erkennen und von ihnen zum Turnen angeregt sein
- Gefahren erkennen und sich angemessen verhalten
- erworbene Fähigkeiten auf die Spielplatzsituation übertragen
- auf andere Spielplatzbesucher achten und Rücksicht nehmen
- Angst überwinden
- Turn- und Spielformen als erlebnisreich empfinden

Mit beweglichen Spielplatzgeräten (z.B. Schaukel, Tau, Wippe, Karussell, Tret- oder Elektrofahrzeug) funktions- und sicherheitsgerecht turnen, spielen oder fahren

- die Spielgeräte erkennen und funktionsgerecht bewegen
- erworbene Fähigkeiten angstfrei anwenden
- die besonderen Gefahren erkennen und sich angemessen verhalten
- sich über die besonderen Erlebnisse beim Drehen, Schaukeln, Wippen oder Fahren freuen

Mit beweglichen Holz- oder Kunststoffelementen spielen und bauen

- Materialeigenschaften erkunden
- mit den Spielelementen bauen
- sich in eine Spielgruppe integrieren

3. Richtziel:
Sich um Leistungssteigerung bemühen und an Wettkämpfen teilnehmen
Zielsituation: Übungsgruppe, Wettkampf, Sportfest – Sportplatz, Sporthalle...

Lernziel/Lerninhalte

Sich um Leistungssteigerung in den leichtathletischen Grunddisziplinen (Lauf, Sprung, Wurf) bemühen

- sich auf sportliche Leistungen vorbereiten und im Übungsprozeß anstrengen
- motorische Grundfertigkeiten der Leichtathletik lernen und anwenden
- Wettkampfprinzipien verstehen und Wettkampfregeln beachten
- Leistungserfolge erkennen und anerkennen

Turnerische Grundformen an einigen Geräten (z.B. Boden, Ringe, Bock, Kasten, Trampolin) in Grobform können

- die Geräte sachgerecht auf- und abbauen
- turnerische Kunststücke lernen und sich über Lernerfolge freuen
- Angst bewältigen
- helfen und sich helfen lassen

Sportveranstaltungen beobachten und an Wettkämpfen teilnehmen

- sich auf die Teilnahme an einem Sportfest freuen
- Wetteifer entwickeln und sich anstrengen
- Leistungen der Mitschüler beachten und anerkennen
- öffentliche Sportveranstaltungen beobachten oder besuchen, das Kampfgeschehen verstehen

4. Richtziel:
Sich in öffentlichen Bädern orientieren, im Wasser spielen und schwimmen
Zielsituation: Öffentlichkeit, Familie – Hallen-, Frei- und Seebäder

Lernziele/Lerninhalte

Mit den Einrichtungen und Baderegeln eines öffentlichen Schwimmbades vertraut sein und sich weitgehend selbst versorgen

- sich umkleiden, duschen, waschen, abtrocknen, eincremen
- sanitäre Einrichtungen benutzen können
- Gefahren des Wassers erkennen, Baderegeln verstehen und einhalten
- anderen Badegästen nicht distanzlos begegnen, sie nicht belästigen oder gefährden

Angstfrei im Nichtschwimmerbereich baden und spielen

- Angst äußern und bewältigen
- selbständig in das Schwimmbecken steigen oder springen
- sich an Lauf-, Fang-, Tauch- oder Ballspielen im Wasser beteiligen
- Wasserwiderstand empfinden
- Freude an Spielen im Wasser empfinden

Mit und ohne Auftriebsmittel gleiten und schwimmen

- Auftriebsmittel, Auftriebshilfen annehmen und in ihrer Bedeutung schätzen
- Boden- und Wandkontakt aufgeben; in Bauch- und Rückenlage gleiten
- Tragfähigkeit des Wasser empfinden
- Schwimmen lernen wollen
- Schwimmbewegungen einüben und bis zur Tragfähigkeit entwickeln
- möglichst ohne Auftriebshilfen schwimmen

5. Richtziel:
Sich in offener Landschaft orientieren und Sport treiben (Frühjahr bis Herbst)
Zielsiutation: Öffentlichkeit, Familie, Spielgruppe — Wiesen, Wälder, Hügel, Berge, wechselnde klimatische Bedingungen ...

Lernziele/Lerninhalte

In wohnnaher offener Landschaft wandern, laufen oder mit dem Rad fahren

- die eigene Leistungsfähigkeit in verschiedenen Geländeformen erfahren und einschätzen
- sich in Abstimmung auf die klimatischen Gegebenheiten kleiden und belasten
- sich umweltschutzgerecht verhalten
- Gefahren erkennen und sich angemessen verhalten

Sich an Ausflügen in entferntere Wandergebiete beteiligen

- durch Wälder, an Gewässern entlang oder in den Bergen wandern
- das Zusammenwirken von Anstrengung und Naturgenuß empfinden
- auf Gefahren achten
- sich gruppenbewußt verhalten

Einfache Geländespiele verstehen und mitspielen

- Spielgedanken verstehen und Spielregeln einhalten
- Spielgrenzen beachten und auf Gefahren im Gelände achten
- die besonderen Anforderungen an die Leistungsfähigkeit im Gelände empfinden und einschätzen
- Spieleifer in der Gruppe entwickeln

6. Richtziel:
Sich in winterlicher Landschaft orientieren und Wintersport treiben

Zielsituation: Öffentlichkeit, Familie, Spielgruppe — Schnee, Eis, wechselnde Geländeformen, Loipe, Piste, Eisbahn

Lernziele/Lerninhalte

Sich im Schnee tummeln und am Spielen beteiligen

- sich für den Aufenthalt im Schnee angemessen kleiden
- Schnee als „Spielmaterial" entdecken, mit Schnee formen und bauen
- erlernte Spiele auf die Situation „Schneelandschaft" übertragen
- Hautkontakt mit Schnee tolerieren, Kälte aushalten

Sich auf Schlitten, Gleithilfen und Skiern in der Ebene und im hügeligen Gelände bewegen

- sich auf einer Gleitunterlage sitzend oder liegend ziehen und schieben lassen
- einen Schlitten bergaufziehen und auf ihm bergabfahren
- auf einer Schneebahn ohne und mit Gleitschuhen rutschen
- mit Skiern in der Ebene gleiten und wandern
- mit Skiern bergaufsteigen und abfahren
- Stürze tolerieren und aufstehen können
- Liftanlage benutzen

Auf Eis ohne und mit Gleithilfen rutschen und laufen

- in Einschätzung der Gefahren auf Eis gehen, rutschen oder mit Gleit-/Schlittschuhen laufen
- auf Stürze vorbereitet sein, aufstehen können
- sich auf öffentlichen Eislaufplätzen zurechtfinden

7. Richtziel:
Mit Freude tanzen und an Tanzveranstaltungen teilnehmen

Zielsituation: Öffentlichkeit, Familie, Tanzgruppe — Tanzveranstaltung, Tanzlokal, Fasching

Lernziel/Lerninhalte

Sich ohne Partner mit einfachen Tanzschritten zur Musik bewegen

- einfache Tanzschritte lernen und behalten aus den Bereichen
  . Folkloretänze
  . Standardtänze
  . moderne Tänze und Jazztanz
- die erlernten Schritte
  . verbinden
  . in Raum, Zeit, Dynamik, Akzentuierung variieren
  . zu verschiedenen Musikstücken anwenden
- selbständig Schritte zur Musik finden
- Tanz als Möglichkeit der Selbstdarstellung erfahren und Ausdrucksfähigkeit entwickeln
- Tanz als Möglichkeit der Freizeitgestaltung erleben

Sich an einfachen folkloristischen Gruppentänzen beteiligen

- die Rhythmen folkloristischer Tänze erfassen und in Bewegung ausdrücken
- einfache Tanzfiguren und Aufstellungsformen kennen, behalten und anwenden
- durch Tänze Volkstum der Heimat und fremder Länder erleben
- Hemmungen vor Körperkontakt verlieren
- sich in eine Gruppe einfügen
- mit der Gruppe tänzerisch gestalten

Mit einem Partner tanzen

- Tanz als Partnerbeziehung erfahren
- erlernte Tanzschritte mit dem Partner erproben
- sich gegenseitig anpassen
- mit dem Partner improvisieren und gestalten
- an schulischen und öffentlichen Tanzveranstaltungen teilnehmen

5. Hinweise zum Einsatz des Lehrplans und zur Unterrichtsgestaltung im Fachbereich „Bewegungserziehung/Sport"

Von einem Lehrplan muß erwartet werden, daß er als Planungs- und Steuerungsinstrument für den Unterricht eingesetzt werden kann. Ein Lehrplan für Geistigbehinderte läßt sich nur mit Einschränkungen als verbindlich erklären.

Die Leitidee „Entwicklung und Förderung einer möglichst lebenssituationsbezogenen sportlichen Handlungsfähigkeit", die der inhaltlichen Struktur des vorgelegten Lehrplans entspricht, und die Richtziele, die den beiden aufeinander aufbauenden Teilbereichen „Fachorientierte Bewegungserziehung" und „Situationsbezogene Lern- und Handlungsfelder" zugeordnet sind, bieten dem Lehrer den notwendigen Entscheidungsrahmen.

Die Voraussetzungen jedes einzelnen Schülers einer Klasse bzw. einer Unterrichtsgruppe sind mehr als die sonstigen Rahmenbedingungen (u.a. Spiel-, Sportstätten- und Geräteausstattung, lokale und regionale Freizeit-, Spiel- und Sportgelegenheiten) Bestimmungsfaktoren für die Auswahl der vorgesehenen Lerninhalte und für die Umsetzbarkeit der Lernziele. Unverbindlich — aber sicher als Anregung wertvoll — sind die „Empfehlungen für Unterricht und Schulleben".

Im Sinne einer ganzheitlichen Förderung und Erziehung der Schüler sollte die Einbeziehung der sportorientierten Lernerfolge in das schulische Leben, in familiäre und öffentliche Lebensbereiche gelingen.

Der Aufbau des Lehrplans, von basalen und elementaren Einübungs- und Lernprozessen zu handlungsorientierten Lernzielen, bedeutet nicht eine klassenstufen- oder altersbezogene Gliederung. Der Lehrer muß nach dem jeweiligen Entwicklungsstand, dem Lern- und Leistungsvermögen, den psychosozialen Voraussetzungen der Schüler entscheiden, an welcher Stelle des Lehrplans er in seiner Unterrichtsplanung ansetzt, wie lange ein Unterrichtsthema bestimmend bleibt, wann die nächsthöhere Anforderung versucht werden kann.

Bei einigen Lernzielen/Lerninhalten erfolgt in den „Empfehlungen für Unterricht und Schulleben" vor allem aus sozial-psychologischen Gründen eine Zuordnung zu bestimmten Schulstufen (Unter-, Mittel- oder Oberstufe).

Beispiel: Die Zielsituation „öffentlicher Kinderspielplatz" mit den entsprechenden notwendigen Fähigkeiten, Kenntnissen, Einsichten und Erlebnissen sollte für Geistigbehinderte im Jugendalter (Oberstufenklassen) nicht mehr zum Unterrichtsthema gewählt werden, da die Integration der behinderten Jugendlichen in die Realsituation kaum gelingen kann. Die Begrenzung des genannten Lernzieles auf die Unter- bis Mittelstufe (= Schüler überwiegend im Kindesalter) wird daher empfohlen.

Für die Unterrichtsplanung ist die Aufteilung des Schuljahres in Unterrichtsepochen mit jeweils eigenen thematischen Schwerpunkten (= Epochalunterricht) empfehlenswert, wobei nur wenige Lernziele bzw. Lerninhalte gleichzeitig zu einem Unterrichtsthema gebündelt werden. Mit dem Epochalunterricht sind Lern- und Leistungserfolge, Erfolgserlebnisse, Selbstsicherheit und selbständiges Handeln der Schüler zuverlässiger zu erreichen als in einem Sportunterricht mit häufig wechselnden Lernzielen und Lerninhalten.

Innerhalb einer Thematik ist Variabilität möglich und notwendig (⸺▶ Transferleistungen, z.B. bei wechselndem Geräteaufbau).

Beispiel: Zielsituation „öffentlicher Spielplatz" — Realisierung in 1 bis 3 Epochen zu je 4 bis 8 Wochen und in drei Niveaustufen.

1. Einübung basaler Funktionen (u.a. Hindernis wahrnehmen, sich festhalten, krabbeln, gehen, aufsteigen, absteigen) und Vermittlung elementarer sportmotorischer Grundfertigkeiten wie Balancieren, Klettern, Rutschen, Schaukeln.
2. Aktivierung und Förderung sportorientierter Handlungsfähigkeit in wirklichkeitsnahen Situationen innerhalb des Schulbereichs (spielplatzähnlicher Geräteaufbau in der Sporthalle, schuleigener Spielplatz), d.h., die Schüler sollen von sich aus an den Geräten turnen, wobei ihnen auf Wunsch Hilfe gewährt wird (wichtig: Hilfeleistung abbauen!).
3. Anwendung der erworbenen Fähigkeiten beim Besuch der Klasse bzw. der Unterrichtsgruppe eines öffentlichen Spielplatzes.

Lernprobleme, Verhaltensauffälligkeiten und vor allem Lernfortschritte sollten regelmäßig mit den Eltern besprochen werden, besser noch, von den Eltern als Besucher und Teilnehmer von Schulveranstaltungen miterlebt werden können. Lern-, Übungs- und Spielanregungen, die von den Eltern z.B. an Wochenenden und während der Ferien umgesetzt werden, sind äußerst wirksame „Hausaufgaben".

Zusammenfassend einige bewährte pädagogisch-didaktische Grundsätze für die Gestaltung der einzelnen, möglichst täglichen Unterrichtsstunden (möglichst keine Doppelstunden!):

— Ritualisierung und Strukturierung des Sportunterrichts sind eine wesentliche Orientierungshilfe für den Schüler und ein Beitrag zur Gewohnheitsbildung:
  . Ritualisierung des Stundenablaufs, des Lehrerverhaltens in Situationen der Informationsvermittlung, der Organisation, der Zuwendung und Konfliktbewältigung
  . Strukturierung des Stundenaufbaus, des Raumes und der Raumwege, des Geräteaufbaus und der Betriebsformen
  . Struktur einer Unterrichtseinheit

  Phase 1 (ca. 10 Min.):   Zur Einstimmung basale und elementare Bewegungsschulung
  Phase 2 (15—20 Min.):   Strukturierte, fordernde Lern- und Leistungssituation
                          = thematischer Schwerpunkt der Stunde ⸺▶ Epochalunterricht

  Phase 3 (ca. 10 Min.):   Freies Spiel — Einsatz von Spielgeräten mit hohem Aufforderungscharakter

— Für schwerstbehinderte Kinder müssen Sonderaufgaben bzw. kleinste Lernschritte vorbereitet sein. Scheinbar geringe Lernfortschritte müssen erkannt und als wichtiger Erfolg bewertet werden.
— Die Inhalte sind so zu wählen, daß elementare Material-, Raum- und Bewegungserfahrungen gesammelt werden können. Der individuellen Auseinandersetzung mit den Spiel-, Sport- und Turngeräten muß Gelegenheit gegeben werden.
— Erfolgserlebnisse sind für die Schüler die stärkste Motivation und Ermunterung; Lob, Verstärkung, Belohnung, Zeichen der Zuneigung und das notwendige Maß an Bewegungsunterstützung schaffen eine günstige Lernatmosphäre und entsprechen dem Sicherheitsbedürfnis und der Zuneigungsbedürftigkeit des behinderten Kindes.
— Die rhythmische Ansprechbarkeit ist bei den meisten Schülern noch nicht durch Hemmungen verdeckt. Sie sollte nicht nur in der rhythmisch-musikalischen Erziehung gefördert werden, sondern auch für motorische Lernprozesse genutzt werden.

- In jeder Stunde sollte der Schüler Gelegenheit zur selbständigen Aufgabenlösung im Sinne des Findens und Erfindens erhalten.
- Die Schüler sollen zur Äußerung von Wünschen, Fragen, Ideen, Empfindungen ermuntert werden.
- Die Informationsvermittlung durch den Lehrer muß dem Sprach- und Verständnisniveau der Kinder angepaßt sein und zugleich zu seiner Erweiterung beitragen. Die Verknüpfung verbaler, visueller und taktiler Informationen, die — in ihrem Gehalt einfach und auf Bekanntem aufbauend — vermittelt werden, erhöht den Lernerfolg.
- Begriffe zur Beschreibung der wahrnehmbaren Umwelt in Lernsituationen des Sportunterrichts und elementarer sportlicher Handlungen sind zu vermitteln; auf die Verfügbarkeit der Begriffe ist zu achten. (⟶ Beobachtungsaufgaben und — soweit möglich — Beobachtungsbeschreibungen).
- Zum Abbau gestörten Sozialverhaltens und zum Aufbau sozialer Kontakte und kooperativen Verhaltens ist der (Klein-)Gruppenunterricht besser geeignet als der Einzelunterricht, wobei Individualisierung in Zuwendung, Belastung und Lernhilfe zwingend erforderlich ist.

Literatur

GRÖSSING, St./KAPUSTIN, P.: Sportunterricht mit Problemkindern. In: ASPERGER, H./HAIDER, F. (Hrsge.): Kinderprobleme — Problemkinder. Salzburg 1979

KAPUSTIN, P.: Sportunterricht für geistigbehinderte Sonderschüler unter therapeutischen Aspekten. In Zeitschrift „Therapiewoche" 30 (1980) 5236—5241

ROBINSOHN, S.B.: Erziehung als Wissenschaft. Stuttgart 1973

SPECK, O.: Geistige Behinderung und Erziehung. München 1979

STUFFER, G.: Zum Aufbau und zur Struktur des Lehrplans für Geistigbehinderte. Referatmanuskript 1980

— Lernziele und Lerninhalte im Lehrplan der Schule für Geistigbehinderte. Referatmanuskript 1980

Peter Kapustin

Sportunterricht und Bewegungserziehung mit Geistigbehinderten im Bild

Fotos: Peter Kapustin

Stundenbeginn

Klettern, Steigen, Rutschen

Der große Ball als Turngerät

Schwimmen lernen

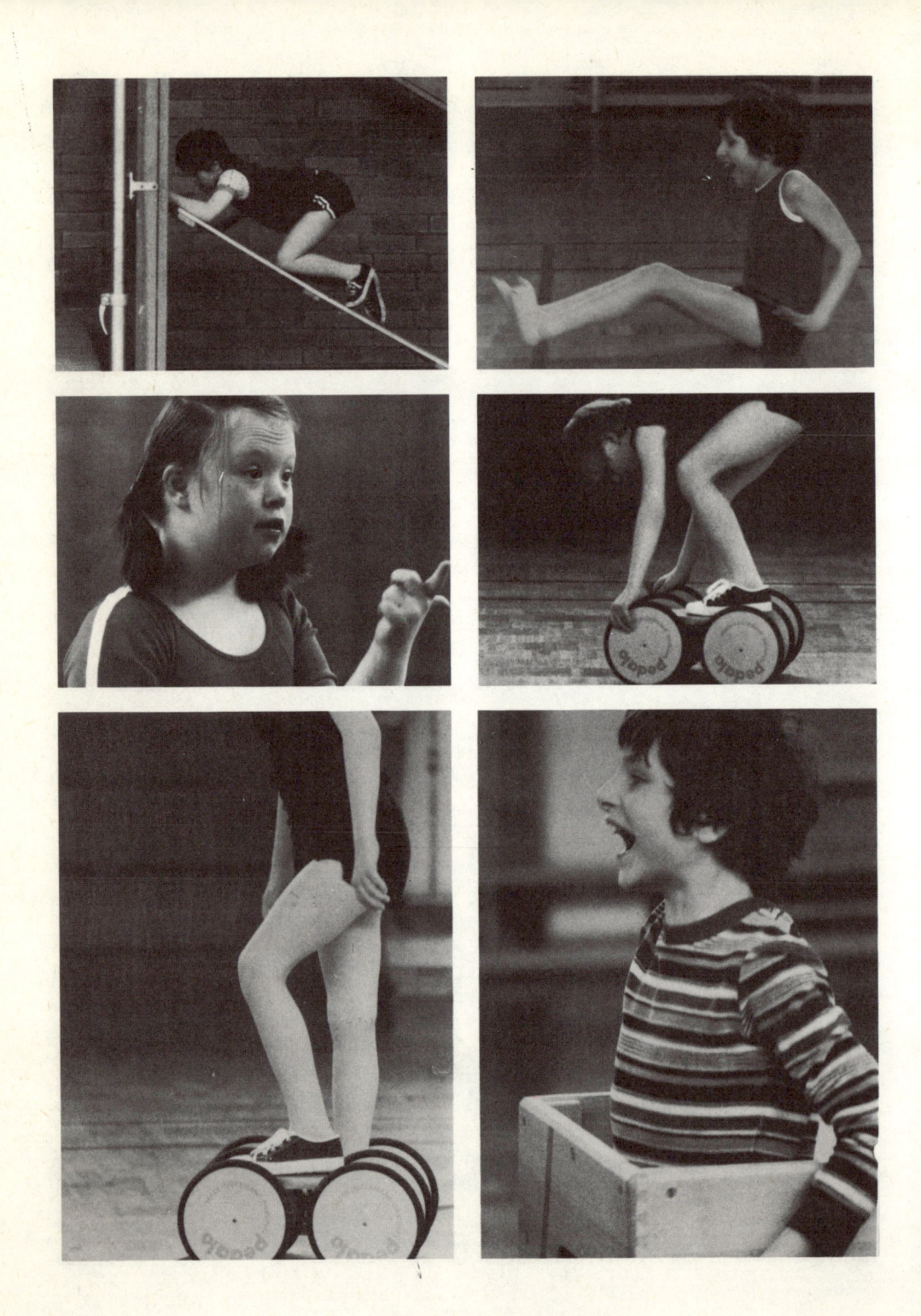

Bewegungsaufgaben lösen

Spielen im Wasser

Lehrer-Schüler-Beziehung

Partner und Gruppe

215

Heidi Bauer-Carlile

Rhythmik bei Geistigbehinderten

Inhaltsübersicht

1. Überblick über die historische Entwicklung der Rhythmisch-musikalischen Erziehung 219
2. Die Stellung der Rhythmik im Rahmen der Bewegungserziehung 221
2.1. Abgrenzung zum Sportunterricht 222
2.2. Abgrenzung zum Musikunterricht 223
2.3. Hinweise zur Methodik 224
3. Einsatz der Rhythmisch-musikalischen Erziehung bei Geistigbehinderten 226
4. Drei Unterrichtsbeispiele aus der praktischen Arbeit mit Geistigbehinderten ... 231
4.1. Unterstufe 231
4.2. Mittelstufe 239
4.3. Oberstufe 243
5. Zur Situation des Rhythmiklehrers im Schulbereich 249
6. Schlußbemerkung 251
Literatur 252

1. Überblick über die historische Entwicklung der Rhythmisch-musikalischen Erziehung

Die Frage, was unter „Rhythmisch-musikalischer Erziehung" zu verstehen sei, läßt sich in wenigen Worten nur schwer und ungenau beantworten, schon allein deshalb, weil sich dieser Begriff einerseits auf ein Unterrichtsfach bezieht, andererseits aber auch als allgemeines Erziehungsprinzip verstanden werden kann.

Die ersten systematischen Bemühungen, Musik, Rhythmus und Bewegung im Schulunterricht zu einer natürlichen Einheit zu integrieren, gehen auf den Anfang dieses Jahrhunderts zurück. Noch auf dem 3. Kunsterziehungstag in Hamburg im Jahre 1905 mit dem Thema „Musik und Gymnastik" scheiterte der Versuch einer sinnvollen Koordination, obwohl doch diese beiden Disziplinen „eine gemeinsame Wurzel in den von Gesang und Musik begleiteten rhythmischen Bewegungen des Tanzes oder Reigens haben und diese ihre uralte Verbindung für die Erziehung von sehr hoher und bisher noch nicht allgemein gewürdigter Bedeutung ist" (LICHTWARK, im Aufruf zum Hamburger Kunsterziehungstag).

Im gleichen Jahr machte auf dem Solothurner Kongreß für Schulmusik ein Lehrer des Genfer Konservatoriums mit ähnlichen Vorstellungen und praktischen Vorführungen mit seinen Schülern auf sich aufmerksam. Dieser, ein bis dahin kaum bekannter Lehrer für Harmonielehre, Emil JAQUES-DALCROZE, wurde damit zum Wegbereiter einer neuen Musikerziehung und der Begründer der (damals noch so genannten) *Rhythmischen Gymnastik*.

DALCROZE wurde 1865 in Wien geboren und kam schon als Kind in die Schweiz. Schon früh fiel er durch seine musikalische Begabung und sein absolutes Gehör auf. Nach Studienaufenthalten in Genf, Paris und Wien (u.a. als Schüler von BRUCKNER und DÉLIBES) arbeitete er als Lehrer, pädagogischer und wissenschaftlicher Schriftsteller, Dichter und Komponist. Auf Grund seiner Leistungen wurde er im Jahre 1892 an das Genfer Konservatorium berufen.

Als künstlerisch eigenwilliger Mensch mit ganz persönlichen Vorstellungen sah DALCROZE seine Aufgabe nicht in erster Linie darin, hervorragende Musiker oder Solisten heranzubilden, sondern *musikalische* Menschen. Hierbei kam dem Fach Gehörbildung eine Schlüsselstellung zu. Leider findet dieser Unterricht noch bis heute in der Regel im Sitzen statt; der Lehrer spielt oder klopft Melodien, Akkorde und Rhythmen, die von den Schülern erkannt und niedergeschrieben werden müssen. DALCROZE dagegen ließ in seinen Stunden die Schüler während des Singens rhythmische Taktbewegungen ausführen. Lehrer und Schüler erlebten dabei, wie mühelos und selbstverständlich sie die Musik auf diese Weise aufnahmen und wie die Rhythmen durch die Taktierbewegungen vom ganzen Körper erfaßt wurden. Anschließend ergab sich fast zwangsläufig das „faire les pas", d.h. „Schritte machen": die Rhythmen der gesungenen Melodien wurden schreitend bis in alle Einzelheiten sichtbar gemacht. Auch bei schwierigsten Aufgaben wirkten die Schüler körperlich entspannt, gelöst und frei in ihren Bewegungen. Aus diesen Übungen ergab sich eine Vielfalt von individuellen Bewegungsformen, von Bewegungsspielen mit Musik in Verbindung mit der Gruppe.

Trotz anfänglichen Widerständen der Konservatoriumsleitung gelang es DALCROZE, sich mit seinen Ideen durchzusetzen. Während von den Musikern eher der musikerzieherische

Wert dieser neuen Methode Beachtung fand, erkannten Pädagogen, Erzieher und Künstler die viel weiterreichende, allgemein-erzieherische Bedeutung dieser neuen „Rhythmischen Gymnastik".

1910 wurde DALCROZE von den Gebrüdern DOHRN nach Deutschland gerufen, wo er ab 1911 an der eigens für seine Arbeit eingerichteten *„Bildungsanstalt Hellerau"* bei Dresden die künstlerische Leitung übernehmen sollte.

Im Jahre 1912 legten bereits die ersten acht Studenten ihr Diplom als Lehrer für „Rhythmische Gymnastik nach DALCROZE" ab. Unter ihnen befand sich auch Mimi SCHEIBLAUER, die sich in späteren Jahren ganz besonders um den Einsatz der Rhythmisch-musikalischen Erziehung bei geistigbehinderten Kindern verdient gemacht hat. Zwei Jahre später studierten schon fast 500 Schüler aus 14 Nationen in Hellerau. Bei Kriegsausbruch wurde die Bildungsanstalt als Lazarett zur Verfügung gestellt, und DALCROZE kehrte nach Genf zurück. Auf die weitere Entwicklung seiner Methode in Deutschland hatte er persönlich keinen Einfluß mehr.

Deutsche Rhythmiklehrer gründeten 1915 den „Verein für Rhythmisch-musikalische Erziehung" zur Förderung der Idee von DALCROZE und zur Organisation der Lehrer, im Jahre 1923 fanden die ersten Prüfungen in Rhythmischer Erziehung durch den Reichsverband Deutscher Tonkünstler und Musiklehrer statt.

Nach den amtlichen Richtlinien von 1925 für die Einrichtung der Staatlichen Privatmusiklehrerprüfung gilt „Rhythmische Erziehung" als Hauptfach. An die Hochschulen und größeren Musiklehranstalten werden Rhythmikseminare angegliedert, an vielen Anstalten wird „Rhythmik" als Pflichtfach eingeführt. Rhythmische Erziehung gilt von jetzt ab als unauflöslicher Bestandteil der Musikerziehung (Zitate und Daten nach FEUDEL 1956, S. 89 ff.).

Da der Name „Rhythmische Gymnastik" immer wieder zu Verwechslungen oder zur Gleichstellung mit der üblichen Gymnastik führte, wurde er später in „Rhythmische Erziehung" oder „Rhythmisch-musikalische Erziehung" (kurz Rhythmik) abgeändert.

Trotzdem kommt es auch heute noch — besonders bei Nichtfachleuten — zu Verwechslungen bezüglich der Namengebung, gelegentlich auch bei der von Rudolf STEINER eingeführten Eurhythmie, einer durch die anthroposophische Weltanschauung geprägten Ausdruckskunst, in der ebenfalls Elemente von Sprache, Gesang und Bewegung vereinigt werden.

Die Ziele und Aufgaben der Rhythmik, wie sie in den folgenden Ausführungen dargestellt werden, sind bedingt durch die Erkenntnis, daß der Rhythmus als ein Erziehungsmittel angesehen werden kann, von dem wesentliche Bildungskräfte ausgehen. Gerade unter diesem Aspekt soll „Rhythmische Erziehung" hier verstanden werden.

2. Die Stellung der Rhythmik im Rahmen der Bewegungserziehung

„Bewegung ist aller Entwicklung, aller Erziehung, aller Bildung Anfang" (SCHEIBLAUER).
Bei Durchsicht der umfangreichen Rhythmikliteratur zeigt sich, daß es eine Vielzahl von Erklärungen und Deutungen dafür gibt, was unter dem Begriff „Rhythmisch-musikalische Erziehung" zu verstehen sei: Rhythmik als Musik-, Bewegungs- oder Kunsterziehung, als Erziehungsmethode, als Unterrichts-, Bildungs- oder Erziehungsprinzip und ähnliches. Dies mag anspruchsvoll oder auch verwirrend erscheinen, zeigt jedoch nur das Bemühen, die verschiedenen Inhalte der Rhythmik verständlich zu machen. Inhalte, die zwar andere Lernbereiche in den Unterricht mit einbeziehen, aber nicht ein bestimmtes Fach (wie Musik, Sport oder Kunst) voll umfassen. Das kann und will die Rhythmische Erziehung auch gar nicht. Sie arbeitet *fächerübergreifend* mit einer ihr eigenen Arbeitsweise. Den Versuch einer zusammenfassenden Definition macht VOGEL-STEINMANN. Rhythmik ist demnach:
1. Erziehungsgeschehen, das in einem bestimmten Unterrichtsfach — dem Rhythmikunterricht — oder innerhalb von üblichen Unterrichtsfächern — im Unterrichtsprinzip — erscheint.
2. Erziehungsgeschehen, das als besondere Arbeitsmittel Musik *und* Bewegung, Sprache und Geräte einsetzt.
3. Erziehungsgeschehen, das sich sowohl bestimmter Erziehungsprinzipien als auch bestimmter Arbeitsprinzipien innerhalb ihrer Arbeitsmittel bedient.
4. Erziehungsgeschehen, das sowohl musik- und bewegungserzieherische Ziele als auch allgemein-erzieherische Ziele anstrebt.
5. Erziehungsgeschehen, das menschliche Entwicklungsprozesse aktiviert, unterstützt, fördert, lenkt, korrigiert; d.h. als Erziehungsgeschehen, Erziehungsmaßnahme, die Erziehungshilfe leisten kann.
VOGEL-STEINMANN (1979, S. 86) spricht von Entwicklungsprozessen. Diese werden entscheidend bestimmt durch die Entwicklungsmöglichkeit der vorgegebenen Anlagen, durch die verschiedenen sinnlichen Wahrnehmungen und die Kontaktbereitschaft zur Umwelt. Prozesse benötigen Zeit. Im Rhythmikunterricht wird daher immer wieder neu, immer wieder anders gearbeitet und geübt werden müssen.
Dabei werden Fähigkeiten eingeübt, die den folgenden vier Bereichen zugeordnet werden können, wobei sich naturgemäß immer wieder Überschneidungen ergeben.
1) Der *soziale* Bereich:
Hier stehen Begriffe wie Gruppenfähigkeit, Anpassungs- und Durchsetzungsvermögen und Partnerbewußtsein im Vordergrund. Es geht darum, dem anderen zuhören, zuschauen zu können, ihn zu akzeptieren, sich mit ihm auseinanderzusetzen, zu helfen und sich helfen zu lassen.
Welche zentrale Bedeutung der Gruppe innerhalb des Rhythmikunterrichts zukommt, wird damit verständlich.
2) Der *individuelle* Bereich:
Wesentlicher Gesichtspunkt ist dabei die Entwicklung der Eigenständigkeit, der Eigenerfahrung und Selbsteinschätzung sowie der Spontaneität und des richtigen Einsatzes aller An-

triebskräfte. Hierher gehört auch das Wahrnehmen und Verwirklichen eigener Empfindungen und Vorstellungen.
3) Der *geistige* Bereich:
Er umfaßt das Sammeln und Umsetzen von Erfahrungen, das Üben der Orientierungs- und Kombinationsfähigkeit sowie die Entfaltung der Phantasie und der Fähigkeit zur Selbstkontrolle und Verantwortung.
4) Der *körperliche* Bereich:
Ganz entscheidend ist hier die Freude an der Bewegung, die zu einer Steigerung der Bewegungsfähigkeit sowie der körperlichen und manuellen Geschicklichkeit führen soll. Weitere Ziele wären die Verfeinerung der Sinneswahrnehmungen und die Stabilisierung des Gleichgewichts durch die Erfahrungen des eigenen Körpers.
All diese Fähigkeiten, die im Verlauf des Unterrichts und auch in jeder Stunde in Wechselbeziehung zueinander stehen, sollen in der Rhythmischen Erziehung angesprochen, hervorgelockt, gefördert und weitergebildet werden.

2.1. Abgrenzung zum Sportunterricht

Oben wurde darauf hingewiesen, daß *übend* gelernt wird, wobei die *Bewegung* die entscheidende Voraussetzung ist. Das ist nicht im Sinne einer allgemeinen Körperschulung oder eines speziellen Körpertrainings gemeint. Hierzu bemerkt SOMMER (1974, S. 5) „..., daß die körperliche Bewegung Grundlage und Voraussetzung rundweg aller körperlichen wie geistig-seelischen Fähigkeiten des Menschen ist. Phantasie, Gedächtnis, die Fähigkeit der Wahrnehmung, der Sprache, der Intelligenz und Kreativität bis hin zu höchsten Werten des Einzelnen und der menschlichen Gemeinschaft wie Selbstbestimmung und Freiheit, sie alle haben ihre Wurzeln in der Bewegung. Sie ist offenbar die Bedingung für die gesamte Entwicklung des jungen Menschen." „Wir wissen, daß das Kind im Spiel tätig ist, daß es handelt, sich bewegt und daß es dabei grundlegende Fähigkeiten entwickelt, sich selbst gewissermaßen aufbaut, sich Erkenntnisse verschafft, Kenntnisse aneignet, kurz: daß es lernt."
Wichtig erscheint in diesem Zusammenhang auch die Aussage von RÖTHIG (1972, S. 112): „Das rhythmische Ordnen, Gestalten und Formen der Bewegung zielt nicht auf deren Spezialisieren und Verfestigen, strebt nicht nach größtmöglichem Leistungseffekt, sondern nach Spielraum für Variation, Verschiedenartigkeit und Entfaltung der Bewegung. Damit scheint sich gerade für die kindliche und jugendliche Motorik, die vielfach durch zu einseitige Leistungsanforderungen eingeengt und verfestigt wird, ein Bereich aufzutun, der in der schulischen Leibeserziehung bislang zu wenig Beachtung gefunden hat und dessen Eigenständigkeit für Erlebnis und Erfahrung nicht genügend gesehen wurde."
Die folgende Übersicht soll einen Einblick vermitteln, welche Bewegungsbereiche im Rhythmikunterricht erarbeitet werden können. Die Gestaltung der einzelnen Aufgaben und Übungen richtet sich natürlich nach dem Alter oder der spezifischen Zusammensetzung der zu unterrichtenden Gruppen. Dies wird noch eingehender im praktischen Teil über die Arbeit mit Geistigbehinderten aufgezeigt.
Mögliche Übungsbereiche sind:
— Kennenlernen des eigenen Körpers (Körperschema)
— Sensibilisierung des Körpers und der Sinne
— Bewegungsmöglichkeiten des eigenen Körpers
— Grundbewegungen

- Bewegungserfahrung am Boden
- Raumerfahrung durch Bewegung
- Bewegungskoordination
- Gleichgewichtsaufgaben
- allgemeine Geschicklichkeit.

Dazu kommen Übungen zur Steigerung des Reaktionsvermögens und der Konzentrationsfähigkeit sowie eine Gehörschulung im weitesten Sinne, Aufgaben mit verschiedenen Formen, Farben und Materialien (Rhythmikmaterial) dienen zur Begriffsbildung mit und durch Bewegung. Diese Aufgaben werden entweder allein erarbeitet oder mit einem Partner, in kleinen Teilgruppen oder als Gruppe im ganzen; sie werden variiert, erleichtert oder erschwert durch Einbeziehung des Rhythmikmaterials, der Geräte und Instrumente aller Arten. Musik und Sprache sind unterstützende, führende und ordnende Elemente.

Gefragt wird dabei nicht nach der Höhe, Weite oder Schnelligkeit der meßbaren Leistung, sondern nach dem persönlichen Einsatz, der Lust am Probieren und dem Erkennen der eigenen Grenzen. Da im Rhythmikunterricht versucht wird, Bewegungsfreude zu vermitteln und elementare Bewegungsvorgänge zu erarbeiten, ist es sicher richtig, daß sich die Rhythmik auch im Vorfeld des Sports bewegt (fächerübergreifender Aspekt). Gerade Buben, die im Vor- und Grundschulalter Rhythmikunterricht besuchten, äußern dann oft im Alter von etwa 10–12 Jahren den Wunsch nach verstärkter körperlicher Betätigung, mehr Krafteinsatz und sportlichem Wettstreit, während die Mädchen meist noch eine längere Zeit Freude an der rhythmischen Musik- und Bewegungsarbeit finden, vor allem, wenn dabei auch tänzerische Momente berücksichtigt werden.

2.2. Abgrenzung zum Musikunterricht

Obwohl der Rhythmiklehrer (als ausgebildeter Musiklehrer) im allgemeinen auch den üblichen Musikunterricht geben könnte, und die Grenzen wie beim Sport fließend sind, ist die Zielsetzung und der Einsatz der musikalischen Mittel im Rhythmikunterricht grundsätzlich anders, da der *Weg* zur *Musik* hier primär über die *Bewegung* führt. Die Musik löst spontane Bewegungsreaktionen aus. Nach SCHEIBLAUER „setzt sich Musik aus verschiedenen Elementen zusammen, die von allen Seiten in den Menschen eindringen. Das Element Zeit wirkt auf das motorische Nervensystem und dadurch auf alle Bewegungen. Der Klang dringt in die Seele des Menschen, bewegt und beglückt sie. Die Dynamik weckt und gestaltet die Ausdruckskräfte. Die Form führt zur Disziplinierung im seelisch-geistigen Raum" (MATTMÜLLER-FRICK 1969, S. 5). FEUDEL (1956) sieht als Hauptanlagen für Musik diejenigen organischen Bedingungen im Menschen, die den drei Grundelementen der Musik entsprechen: *Klang* wird mit dem äußeren Ohr aufgenommen, während das Empfinden für *Rhythmus* im Unbewußten des Leibes, in Atmung und Blutkreislauf verankert ist und das Empfinden für *Dynamik* ebenfalls im Leiblichen wurzelt.

Diesen drei, im Leibseelischen beheimateten Anlagen stehen demnach andere, vorwiegend dem geistigen Leben zuzurechnende Fähigkeiten zur Seite, nämlich die *musikalische Phantasie*, das *musikalische Gedächtnis* sowie das Gefühl für *Phrasierung* und *Form*.

In diesen Zitaten wird schon das formende und ordnende Element der Musik angesprochen. Um gleich einem häufig auftretenden Irrtum vorzubeugen: die Musik ist in der Rhythmik nicht nur Begleitmittel, sondern wesentlicher Bestandteil des Unterrichts. Es würde hier zu

weit führen, auf alle Möglichkeiten und Ziele des Einsatzes der Musik einzugehen; deshalb seien nur die wichtigsten Elemente aufgeführt, die zum selbstverständlichen Arbeitsmaterial gehören und nach einem mehr oder weniger langen Zeitraum des zunächst unbewußten Hörens und Erlebens von den Schülern über die Bewegung aufgenommen, eingeübt und teilweise auch begrifflich verstanden werden:
— melodische und rhythmische Abläufe
— Metrum, Takt
— Tempo, Dynamik
— Takt- und Formlängen
— Körper und Stimme als Instrument
— Spiel mit Instrumenten (ORFF-Instrumentarium)
— Bewegungsbegleitung

Zuerst stehen einfache, improvisierte Bewegungsbegleitungen im Vordergrund, die den augenblicklichen Bewegungen der Schüler angepaßt sein müssen. Das *Improvisieren* ist deshalb so wichtig, weil nur ein *bewegungsgebundenes* Begleiten ein rhythmisches Erlebnis vermitteln kann. Daher sind Schallplatten und Tonbänder in der Regel durch ihre starre Festlegung ungeeignet, im Gegensatz zum Singen, rhythmischen Sprechen, dem Spiel mit Klavier, Gitarre oder anderen Melodieinstrumenten, während bei der Verwendung von Geräuschinstrumenten das Musikalische entfallen würde.

2.3. Hinweise zur Methodik

Nachdem die Entwicklung der Rhythmisch-musikalischen Erziehung und innerhalb dieser die vielseitige Bedeutung von Musik und Bewegung dargelegt worden ist, sollen im folgenden einige Hinweise zur *Methodik* der Rhythmik gegeben werden.

Wohl am auffälligsten ist im Rhythmikunterricht die Form der *Aufgabenstellung*. Es werden normalerweise keine Übungen vorgemacht, die die Schüler nachzumachen haben, sondern es werden *Grundaufgaben* gestellt, deren Lösungen die Schüler selber finden müssen. Dieser Weg des Lernens führt über das Probieren, das Sammeln von Erfahrungen, das Kombinieren und schöpferische Einfälle zur Eigenaktivität und zum selbständigen Handeln. Dadurch wird es auch dem schwächsten Schüler ermöglicht, eine ihm gemäße Lösung zu finden. „Die Art der Aufgabenstellung ist dabei entscheidend: Sie regt den Schüler dazu an, sich selbst Aufgaben zu erfinden. Das ist viel natürlicher, als dem Kind stets fertige Aufgaben vorzusetzen. Die Führung der Stunde und die Themenwahl bleiben trotzdem in der Hand des Lehrers. Die Lebendigkeit und der dem Kind angemessene Rhythmus sind dadurch gewährleistet, daß wir die Kinder tätig schöpferisch einzuschalten vermögen." (HOELLERING 1966, S. 11)

Jede die Grundaufgabe erfüllende Lösung ist eine Leistung. Hierzu VOGEL-STEINMANN (1979): „Die Bestätigung braucht das Kind nur in wenigen Fällen vom Erzieher, denn sie wird ihm durch die Tätigkeit selbst gegeben. Leistung bedeutet hier der individuelle Erfolg entsprechend den augenblicklichen Fähigkeiten. Eine Bewertung der Aktivitäten findet nicht statt. Das erhöht die Kreativität und läßt jeden Schüler in seiner Individualität zur Geltung kommen." Im Gegensatz zu dieser Feststellung sei schon hier darauf hingewiesen, daß bei der Arbeit mit geistigbehinderten Kindern das persönliche Lob und die Bestätigung durch den Lehrer eine entscheidende Rolle spielen.

Mit erstaunlicher Sicherheit und Selbstkritik beurteilen die Schüler ihre Ergebnisse und suchen sich gegebenenfalls entsprechende Erschwerungen oder Erleichterungen zur Lösung ihrer Aufgaben aus. Diese Möglichkeit zur Selbstkontrolle ist ein weiteres, wesentliches, sich gewissermaßen selbstverständlich ergebendes Prinzip der Rhythmik. Die Schüler lernen auf diese Weise auch, ihre eigenen Lösungen mit denen der anderen Teilnehmer zu vergleichen, bei Partner- und Gruppenaufnahmen gemeinsam zu Lösungen zu kommen, sich miteinander auseinanderzusetzen, sich gegenseitig anzuregen und auch einander zu helfen.

Für den oberflächlichen Beobachter scheint in der Vielzahl der möglichen Lösungsergebnisse oft kein sofort oder klar erkennbares Resultat zu liegen, denn jede Stunde verfolgt gleichzeitig mehrere Erziehungsziele, setzt unterschiedliche Schwerpunkte und beansprucht die Schüler vielseitig: Körpereinsatz, Wachheit der Sinne, Mitbeobachten, Mitdenken, Umdenken und die ständige Konfrontation mit der Gruppe sind Anforderungen, die jede Stunde stellt. Hieraus ergeben sich dann — je nach Verlauf der Stunde — die einzelnen Lernziele unter Verwendung des Rhythmikmaterials, der Geräte oder Instrumente unter Einbeziehung auch des Raumes.

„In welcher Richtung die Übung jeweils besonders wirksam wird, dies hängt vom einzelnen Kind, seinem Entwicklungsstand, seinen Interessen und Fähigkeiten ab" (SOMMER 1974, S. 10). Der Aufbau einer Stunde, der Schwierigkeitsgrad der Übungen richtet sich nach dem Alter und Können der Schüler. Der Rhythmiklehrer muß sich in erster Linie am Entwicklungsstand und der Gruppenfähigkeit der Schüler orientieren. Festgelegte Jahrgangslehrpläne oder vorprogrammierte Themen im Rhythmikunterricht widersprechen einem natürlichen Lernprozeß durch Erfahrung.

„Es liegt im Wesen der Rhythmik, ihren Bildungsstoff als unmittelbaren Erfahrungsstoff — als die sprichwörtliche Erfahrung am eigenen Leibe — anzubieten, von der Wahrnehmung über die Erfahrung zu Unterscheidungs- und Entscheidungsvermögen zu führen" (ERDMANN 1972, S. 6).

3. Einsatz der Rhythmisch-musikalischen Erziehung bei Geistigbehinderten

Der allgemeine erzieherische Aspekt der Rhythmik hat zur Folge, daß Rhythmiklehrer auf den verschiedensten Erziehungsgebieten tätig sind. Die besondere Bedeutung der Rhythmischen Erziehung im Rahmen der Heilpädagogik wurde schon sehr früh von Mimi SCHEIBLAUER und Charlotte PFEFFER erkannt und in die Praxis umgesetzt. Beide waren Schülerinnen von Emile JAQUES-DALCROZE und absolvierten ihr Examen noch in Hellerau. Nach jahrelanger Lehrtätigkeit in Deutschland ging Charlotte PFEFFER nach Rußland, Griechenland und später nach Italien, wo in Rom ihr Interesse auf die Heilpädagogik gerichtet wurde.

Mimi SCHEIBLAUER fand ein breites Arbeitsfeld und großzügige Unterstützung bei den Anstalten für Jugendpflege in Zürich. Die Ergebnisse ihrer Arbeit wurden von dem Arzt und Heilpädagogen HANSELMANN in seinem Werk „Einführung in die Heilpädagogik" (1946) aufgegriffen und damit der Öffentlichkeit bekannt gemacht. Allgemeines Interesse fand ihr beeindruckender (1970 auch im Deutschen Fernsehen gebrachter) Film „Ursula und das unwerte Leben", in dem ihre aufopfernde, mühevolle Arbeit mit schwerst Geistigbehinderten gezeigt wurde.

Gerade in der Arbeit mit Geistigbehinderten kommt die Anpassungsfähigkeit der Rhythmischen Erziehung mit ihrer spezifischen Arbeitsweise und der ihr eigenen Möglichkeit zur Rücksichtnahme auch auf die Schwäche des Menschen voll zur Geltung. Der Rhythmiklehrer ist nicht eingeengt durch bereits festgelegte und vorgefertigte Aufgaben, er muß sich stets neu auf die jeweils vorliegenden Behinderungen, Krankheitsbilder und Verhaltensschwierigkeiten der Schüler, bzw. der Gruppen einstellen. Dies macht die Aufgabe des Rhythmiklehrers keineswegs leichter, sondern fordert im Gegenteil von ihm großes Einfühlungsvermögen und ständige Flexibilität. Erfahrungsgemäß macht der Rhythmikunterricht den geistigbehinderten Kindern viel Freude; gerade darin findet der Rhythmik gebende Lehrer bei seiner nicht immer einfachen Arbeit ein hohes Maß an pädagogischer Befriedigung.

Obwohl jedem Pädagogen, der mit Geistigbehinderten tätig ist, die dabei auftretenden Problembereiche bekannt sind, sollen sie hier doch andeutungsweise aufgeführt werden, um die Einsatzmöglichkeiten der Rhythmik verständlich zu machen:

1) Im *sozialen* Bereich:
— Berührungsangst, Distanzlosigkeit
— Kontaktmangel, Kontaktlosigkeit
— Aggressivität, Unkontrolliertheit
— Angst vor der Gruppe, Verhaltensstörungen
— Schwierigkeiten oder Unvermögen beim Hinhören, Hinschauen, Warten, beim „Miteinander" im Spiel oder bei der Arbeit u.a.

Das geistigbehinderte Kind befindet sich eigentlich ständig in einer ihm vertrauten Umgebung: zu Hause, in der Vorschule, Schule oder Hort, später in der Behindertenwerkstatt. Die ihn umgebende Umwelt hat sich auf ihn mit seinen Behinderungen, Auffälligkeiten und besonderen Verhaltensweisen eingestellt. Natürlich muß der Geistigbehinderte auch in diesem

Rahmen lernen, sich einzuordnen, er muß sich an Regeln halten und er lernt dies auch mehr oder weniger, seinen Möglichkeiten entsprechend. Doch außerhalb dieses gewissermaßen „familiären" Bereiches stoßen Eltern, Lehrer und Erzieher immer wieder auf Unverständnis, Ablehnung oder falsch verstandenes Mitleid. Hier bietet die Rhythmik mit ihrer Fülle von Partner- und Gruppenaufgaben Erfahrungs- und Lernhilfen an, die diesen Kindern die Chance geben sollen, der Gefahr einer gesellschaftlichen Isolierung zu entgehen.

2) Im *kognitiven* Bereich:
Mängel oder Schwierigkeiten, die auftreten bezüglich:
— Verständnis, Sprache, Begriffsbildung
— Konzentration, Ausdauer, Lernbereitschaft
— Abstraktions-, Entschluß- und Kritikfähigkeit
— Vorstellungsvermögen und Phantasie u.a.

Über die Bewegung oder das Bewegungsspiel werden vorhandene intellektuelle Fähigkeiten und geistige Kräfte aktiviert und zwar über den Weg der *Bewegungserfahrung* zum *Erkennen* und *Benennen*. Arnold GEHLEN weist in seinem Buch „Der Mensch, seine Natur und seine Stellung in der Welt" auf den engen Zusammenhang von *Bewegung, Wahrnehmung und Sprache* hin und sieht die Bewegung als Grundlage des Denkens an. Antonius SOMMER schreibt in seinem Artikel „Die Bedeutung der Rhythmischen Erziehung für die Vor- und Grundschulpädagogik" im Sinne von A. GEHLEN „ ... Dazu gehören solche grundlegenden menschlichen Fähigkeiten und Leistungen wie Phantasie und Vorstellungsvermögen, kausal-finales Denken, Gedächtnis und Symbolverständnis, die alle ursprünglich aus der Bewegung heraus aufgebaut werden und eng mit ihr verbunden bleiben, wobei sich jeweils die Bildphantasie, das Bildgedächtnis aus dem Bewegungsgedächtnis, Bildsymbole aus Bewegungssymbolen heraus entwickeln und die optische Wahrnehmung mit Bewegungs- und Tasterfahrung allmählich „aufgeladen" wird" (SOMMER 1974, S. 3).

Dem Geistigbehinderten fehlt häufig der Bezug zu seiner dinglichen Umwelt. Er muß lernen, Gegenstände und Materialien zu erkennen, zu unterscheiden, ihre Anwendungsmöglichkeiten, auch eventuell damit verbundene Gefahrenquellen zu begreifen und sich mit ihnen handelnd auseinanderzusetzen. Daher kommt der *Begriffsbildung*, die in allen Stunden gewissermaßen „nebenbei" geübt wird, in der Rhythmik eine wichtige Bedeutung zu.

Zum besseren Verständnis seien einige Begriffsbereiche aufgeführt:
— *Begriffe, den eigenen Körper betreffend*
  („Fang den Ball mit der *rechten*, dann mit der *linken Hand*")
— *Räumliche und Bewegungsbegriffe*
  („*Wohin* ist die Kugel gerollt?" „Über *welches* Hindernis möchtest Du steigen: über das *hohe* oder das *niedrige*?")
— *Akustische, zeitliche und dynamische Begriffe*
  („*Welches Instrument* hast Du gehört?" „*Wie oft* mußt Du mitklatschen?" „*Wie fest* oder *vorsichtig* mußt Du die Kugel rollen?")
— *Begriffe, die sich auf Materialien beziehen*, wie Name, Farbe, Form, Beschaffenheit und Struktur
  („Bringe mit einen *Stab*, ein *rotes* Kissen, einen *kleinen* Klotz, etwa aus *Gummi*, etwas, das sich *rauh* anfühlt!")
— *Mengenbegriffe*
  („Suche Dir *zwei* Partner aus!" „Lege *drei* Seile in *einen* Reifen!")

Kurz gesagt dienen alle Gegenstände, die im Unterricht verwendet werden, gleichzeitig als Anschauungs- und Lernmaterial. Es gehört zu den Prinzipien der Rhythmik, Gegenstände und Begriffe nicht einfach verbal zu „erklären"; statt dessen bekommen die Schüler jedes Material, Gerät oder Instrument zuerst in die Hand. Sie sollen es anschauen, befühlen, beriechen, untersuchen und ausprobieren, was sie damit machen können. Sie werden neugierig, zeigen Interesse und setzen ganz spontan ihre Sinne ein; damit kommen sie über das *Greifen* und *Ergreifen* zum „*Begreifen*". Kognitives Lernen steht also im Rhythmikunterricht nicht isoliert, sondern im fließenden Übergang mit dem affektiven Lernen. In langjähriger Erfahrung in der Arbeit mit Geistigbehinderten konnte ich immer wieder feststellen, daß auch diese Kinder zu erstaunlichen kreativen Leistungen imstande sind.

3) Im *motorischen* Bereich:
Als häufig auftretende Störungen wären hier zu nennen:
— Bewegungsangst, Bewegungshemmung, Übermotorik
— Koordinationsschwäche, Steuerungsschwierigkeiten, falscher Krafteinsatz
— mangelndes Zusammenspiel von Sinneswahrnehmung und Bewegungsreaktion
— Gleichgewichtsstörungen u.a.

Im Rahmen eines sonderpädagogischen Lehrgangs am Sportzentrum der Technischen Universität München wurde von ärztlicher Seite festgestellt, daß Sport-, bzw. Bewegungsunterricht beim Geistigbehinderten nur dann wirklich sinnvoll ist, wenn er *täglich* mindestens *eine Stunde* so gefordert wird, daß dies zu einer körperlichen Beanspruchung führt. Diese Forderung wird in der Praxis leider kaum erfüllt. Auch gibt es bisher immer noch zu wenig „Spiel- und Bewegungsraum" speziell für Geistigbehinderte. Sie können aus verständlichen und berechtigten Gründen in der Regel draußen nicht so frei spielen und sich austoben wie andere Kinder; manche Eltern sind überängstlich, übervorsichtig mit ihren Kindern und lassen sie z.B. am Schwimmunterricht oder einem Landschulaufenthalt nicht teilnehmen. Leider fehlt einem Teil der Eltern auch wirklich die Zeit (oder die Lust), wenigstens am Wochenende mit ihren Kindern spazieren zu gehen, Spielplätze aufzusuchen oder ähnliches. Es wäre daher in vieler Hinsicht wünschenswert, wenn an Schulen und anderen Einrichtungen für Geistigbehinderte Rhythmikunterricht *neben* dem Sportunterricht zur Selbstverständlichkeit würde. Besonders wichtig wäre dies für die Unterstufe, gewisse Klassen der Mittelstufe und für die schwachen Gruppen der Oberstufe.

Ebenso wichtig wäre für diesen Zweck ein eigener und der Rhythmik entsprechend eingerichteter Raum mit dem dazugehörigen Rhythmikmaterial. Rhythmik bietet notwendige Bewegungshilfen an, die auch zur Unterstützung und Weiterentwicklung der Persönlichkeit für jeden einzelnen wertvoll sind.

4) Im Bereich der *Persönlichkeitsentwicklung*:
Immer wieder vorkommende Schwächen sind hier:
— nicht oder kaum vorhandenes Ich-Bewußtsein
— mangelndes Vertrauen und Selbstvertrauen
— fehlende Spontaneität oder Eigenaktivität
— allgemeine Ängstlichkeit, Scheu, Mißtrauen
— falsche Selbsteinschätzung im Positiven wie im Negativen u.a.

Das Prinzip der Rhythmik, Aufgaben in der Regel nicht vorzumachen, gilt — abgesehen von extrem schwachen Gruppen — grundsätzlich auch bei Geistigbehinderten. Im Gegensatz zum normalen Kind ergeben sich dabei anfangs jedoch Schwierigkeiten. Das Problem bei geistigbehinderten Schülern liegt unter anderem darin, daß sie normalerweise nicht gewöhnt sind, von sich aus aktiv werden zu müssen. Sie kennen sich bei dieser Art des Unterrichts zunächst nicht aus und werden daher unsicher. Die Praxis zeigt jedoch, daß nach kurzer Zeit die anfänglichen Schwierigkeiten überwunden sind und die Schüler selbst spüren und erleben, welche Möglichkeiten für sie in dieser andersartigen Form des Unterrichts liegen. Es ist für den Schüler ein nicht allzu häufiges Erlebnis, wenn er plötzlich feststellen kann „das war *meine* Idee", „das habe *ich* jetzt geschafft" oder ein stets ängstliches Kind von sich aus äußert „das *will ich* noch einmal versuchen" und bei der Ahnung eines Erfolges weiterprobieren möchte. Natürlich kann auch das Umgekehrte geschehen: so versagte ein Mädchen, das sich sonst in fast allen Bereichen als führend und schnell begreifend erfahren hatte, bei einer Übung völlig, in der es um Kombination von räumlichen Zusammenhängen ging; darin lag unter anderem ein Schwerpunkt ihrer Behinderung. Sie verließ die Stunde mit der Frage: „Warum habe *ich* denn das nicht begriffen?" Diese Konfrontation mit ihren Grenzen beschäftigte sie so sehr, daß sie und einige andere Mitschüler in der darauffolgenden Stunde ganz bewußt ein Gespräch über ihre individuellen Behinderungen und die damit verbundenen Probleme suchten.

Der Rhythmiklehrer muß demnach die Schüler zuerst kennenlernen und sondieren bezüglich ihres Auffassungsvermögens und ihres Sprachverständnisses; er muß seine Fragen und Anweisungen so formulieren, daß sie für die Schüler verständlich und umsetzbar sind. Er selbst benötigt viel Geduld und Gelassenheit, um die Schüler wirklich selbständig probieren und üben zu lassen. Wer lange genug warten kann, wird erleben, daß immer wenigstens ein Kind da ist, das die jeweilige Aufgabe erfaßt hat und dadurch in der Lage ist, die anregende, vormachende oder auch einmal führende Rolle zu übernehmen.

In der oben aufgeführten Zusammenstellung möglicher Schwierigkeiten wurde ganz bewußt auf die Angabe bestimmter Krankheiten oder Behinderungsarten verzichtet. Denn wie sieht es in der Praxis normalerweise aus? Der Rhythmiklehrer übernimmt (wie jede andere Lehrkraft) eine Klasse mit Schülern, die ganz verschiedene Krankheitsbilder aufweisen, wie: alle Arten von Hirnschädigungen, Spastiker, Erethiker, Torpide, Down-Syndrom, Pfaundler-Hurler-Syndrom und auch Mehrfachbehinderungen.

Der Lehrer steht nun vor der Aufgabe, all diese Kinder in den Unterricht zu integrieren und trotzdem — soweit dies möglich ist — auf jeden einzelnen Schüler einzugehen.

Die Rhythmische Erziehung erfaßt zwar viele Komplexe, greift in andere Fachbereiche über, aber der Rhythmiklehrer kann und soll auch nicht die Aufgabe des Fachspezialisten, des Sprachtherapeuten, der Krankengymnastin oder des Psychologen übernehmen. Wichtig ist dagegen die Zusammenarbeit mit den Sonderschullehrern, den heilpädagogischen Unterrichtshilfen (HPU) und sonstigen Bezugspersonen. Er muß darüber informiert sein, welche Kinder zu Anfällen neigen, unkontrolliert reagieren, weglaufen o.ä.

Auf Grund seiner Beobachtungen kann er auch feststellen, für welche Schüler eine besondere Behandlung durch Heilgymnastik oder die Teilnahme am Chor oder Orffunterricht sinnvoll wäre. Zweifellos hat der Rhythmikunterricht therapeutische Auswirkungen, aber es wird nicht an einem Symptom gearbeitet. Gerade darin liegt auch eine Chance: viele Schüler zeigen oder entwickeln im Rhythmikunterricht bisher kaum beachtete Fähigkeiten oder erbringen Leistungen auf anderen Gebieten, die als Ausgleich für ihr mangelndes Selbstwertgefühl von wesentlicher Bedeutung sein können. So erlebte z.B. ein schwer sprachbehinderter und scheuer Bub, der sich bis dahin kaum bemerkbar machen konnte, nachdem er in einer Stunde eine Menge von Einfällen bei der Lösung einer Bewegungsaufgabe hatte, daß er zum ersten Mal die Anerkennung und Beachtung seiner Gruppe fand: die Freude darüber war ihm am Gesicht abzulesen. Nicht selten sind Sonderschullehrer oder heilpädagogische Unterrichtshilfen, die bei ihrer Gruppe zuschauen oder hospitieren, erstaunt über das veränderte Verhalten mancher ihrer Schüler im Rhythmikunterricht; die dabei gemachten Beobachtungen können ihnen wichtige Hinweise und Anregungen für ihren eigenen Unterricht geben.

Körperkontaktübungen

4. Drei Unterrichtsbeispiele aus der praktischen Arbeit mit Geistigbehinderten

Im folgenden soll versucht werden, an Hand von Stundenbeispielen einen Einblick in die praktische Arbeit des Rhythmusunterrichts zu geben. Beginnend mit der Unterstufe wird ein möglicher Aufbau der einzelnen Übungen und der Einsatz verschiedener Rhythmikmaterialien bis hinauf in die Oberstufe veranschaulicht. Da es im Rahmen dieses Beitrags nicht möglich ist, nach besonders schwachen, bzw. besonders leistungsfähigen Gruppen zu differenzieren, wird von einer Durchschnittsklasse von Geistigbehinderten ausgegangen.

4.1. Unterstufe

Thema: Körper- und Bodenkontakt mit einfachen Bewegungsübungen
I) Begrüßung der Kinder
a) Der Lehrer hockt im Fersensitz; jeder Schüler kommt einzeln zu ihm und steigt zur Begrüßung auf seine Oberschenkel.
b) Wer begrüßt wurde, ruft oder zeigt denjenigen, der als nächster drankommt.
II) Freies „Durcheinanderlaufen"
Die ganze Gruppe bewegt sich frei im Raum, während der Lehrer am Klavier dazu ein bewegungsunterstützendes Begleittempo spielt.
III) Einfache Fortbewegungsmöglichkeiten erfinden oder nachmachen
Der Lehrer sitzt, hockt oder steht in einiger Entfernung vor der Gruppe und fragt: „Wer kann *krabbeln*?"
Vielleicht hat ein Schüler diese Frage schon verstanden und krabbelt zum Lehrer hin. Dies wird festgehalten: „Der Franz kann krabbeln!" Vielleicht ist der Begriff „krabbeln" jedoch unbekannt, aber die Schüler spüren den Aufforderungscharakter und so wird sicher irgendeiner losgehen, hüpfen oder auch rutschen. Dann wird dies benannt: „Du bist *gerutscht*; wer kommt jetzt *gekrabbelt*?"
Die Schüler werden manches probieren, bis plötzlich einer das Verlangte bringt. Dies wird dann bekräftigt: „Schaut einmal zu Petra, sie krabbelt jetzt! Das versuchen wir nun alle nacheinander."
Auf diese Weise werden die ersten elementaren Bewegungen und Bewegungsbegriffe erarbeitet. Oder es heißt: „Monika, Du bist vorhin *gerollt*. Zeig es uns noch einmal und dann machen es die anderen nach."
IV) „Durcheinanderlaufen", aber jetzt mit einer Variante
Zunächst bewegen sich nur die *Buben*, dann alle *Mädchen*.
V) Wählen zwischen zwei „Reitmöglichkeiten"
Der Lehrer hat im Vierfüßlerstand oder stehend einen Schüler auf seinem Rücken (Huckepack).
VI) „Durcheinanderlaufen" als Abschluß
Erläuterungen zu den *Zielen, Inhalten, Schwierigkeiten* und möglichen *Erschwerungen* der Aufgaben.

Körperkontakt- und Gleichgewichtsübungen

Zu I): Begrüßung

Der Rhythmiklehrer hat in der Regel eine Klasse höchstens zweimal wöchentlich jeweils eine Stunde. Darum ist die persönliche Zuwendung zu Beginn des Unterrichts für den Kontakt zwischen Schülern und Fachlehrer sehr wichtig. Die Schüler möchten sich auch mitteilen; einer hat Geburtstag, ein anderer ist stolz auf den neuen Pulli, der nächste will seinen Verband bewundert wissen. In dieser „Begrüßungsphase" vermittelt die Gruppe dem Lehrer auch ihre momentane Verfassung: Die Kinder sind unruhig, teilweise aggressiv, sehr angestrengt oder fröhlich, bewegungshungrig, aufgeschlossen usw. Diese Information kann für die Stundenführung von Bedeutung sein.

Besonders in den unteren Klassen wird die *Begrüßung* oft mit einer *Übung* verbunden. In unserem Fall werden zwei Ziele angesprochen:

1. Erhaltung des *Gleichgewichts*

Die Schüler stehen auf einer unsicheren Unterlage, den Oberschenkeln oder Knien des Lehrers; zunächst wird jedes Kind festgehalten.

Erschwerungen:
nur eine Hand festhalten
ganz loslassen
die Oberschenkel bewegen sich.

Sehr bald lehnen die ersten Kinder Hilfestellungen ab: „Ich will alleine, nicht festhalten!"

Diese Arbeit am Gleichgewicht über den Körperkontakt macht den Kindern Spaß, sie nimmt ihnen die Angst vor der Höhe und gibt ihnen Selbstvertrauen. Das ist eine wesentliche Voraussetzung für alle späteren Gleichgewichtsaufgaben.

2. Die *Bestimmung* des Nachfolgers

Das bedeutet:
— jeder muß sich der Gruppe zuwenden und Kontakt nehmen
— jeder muß sich sprachlich oder zeigend verständlich machen
— jeder muß sich entscheiden; hierbei werden sich manche Kinder sehr schnell ihrer Macht bewußt
— jeder muß konzentriert beobachten, um zu wissen, wer noch nicht drangewesen ist.

Selbstverständlich gibt der Lehrer eventuell die notwendigen Hilfen.

Weitere *Begrüßungsformen* können sein:

a) Wir begrüßen uns mit den Fußspitzen, den Knien, dem Rücken u.a.; wir üben dabei, die *Körperteile* zu benennen.

b) Jeder Schüler zieht den Lehrer mit Hilfe eines Seiles zu sich hin; wir üben dabei das *Greifen*, *Halten* und *Ziehen*.

Dies sind nur zwei Beispiele aus einer Fülle von Möglichkeiten.

Zu II): „Durcheinanderlaufen"

Weil die Schüler während des Begrüßens längere Zeit sitzen und warten mußten, brauchen sie *Bewegung* und äußern dies auch: „Jetzt laufen wir aber erst einmal herum." Für die Schüler bedeutet dieses Laufen, Gehen oder Hüpfen mit entsprechender Bewegungsbegleitung, daß sie sich frei bewegen dürfen, doch ist auch dieses wieder eine Aufgabe, die verschiedene Übungen umfaßt, die im Laufe der Zeit angesprochen und allmählich erschwert werden können.

Zunächst kommt es darauf an, daß niemand einen anderen anstößt. Schon hierbei zeigen sich die ersten Schwierigkeiten. Es gibt Kinder, die
— ungesteuert in ihrer Bewegung sind

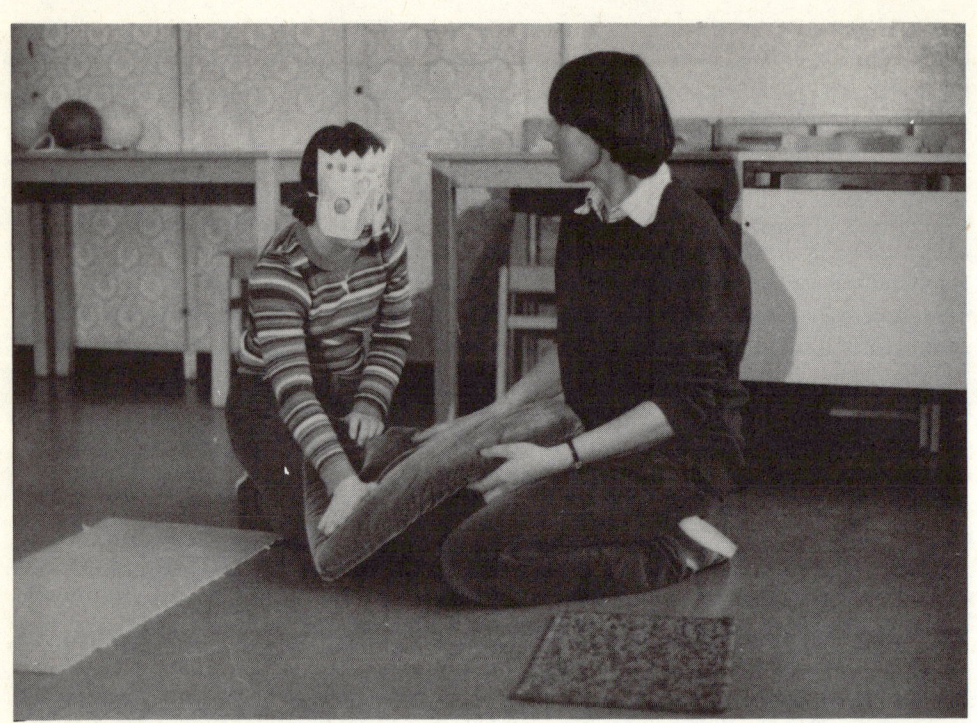

Tastübung (blind)
Greifübung

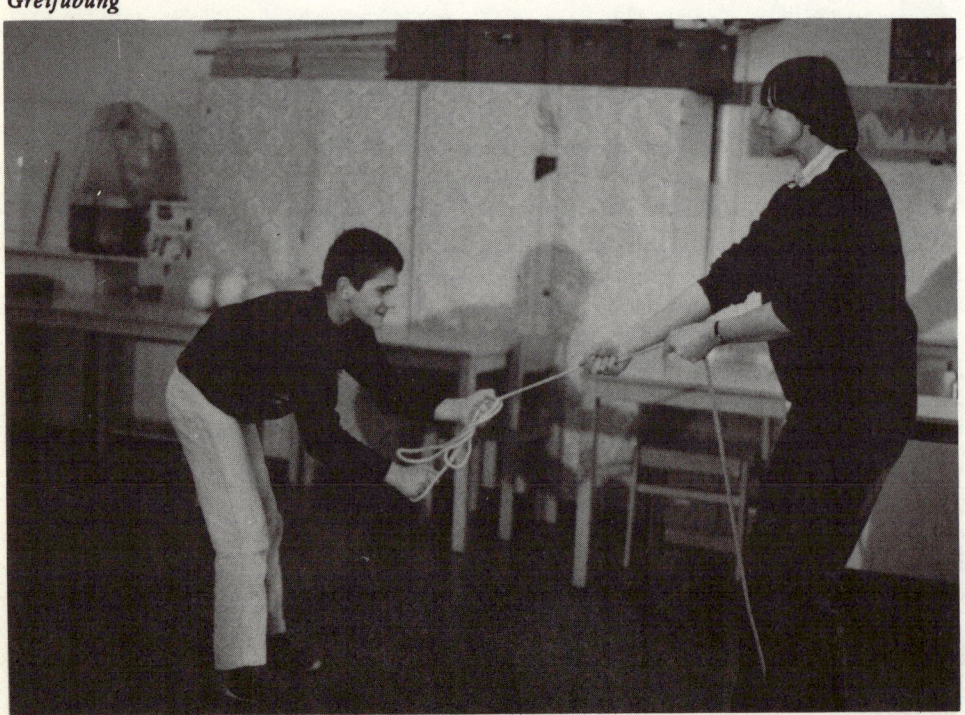

- Bewegung und Schauen mit schnellem Reagieren nicht koordinieren können
- ängstlich sind und durch ihre Unsicherheit die Mitschüler behindern
- bewußt rempeln u.ä.

In vielen Fällen zeigt sich auch, daß die Kinder immer nur hintereinander herlaufen und sich in Kreisform bewegen. Die besondere Schwierigkeit liegt darin, daß ihnen die Bedeutung von „anstoßen, berühren, durcheinander, kreuz und quer" usw. noch weitgehend unbekannt ist. Um den Schülern das Verständnis für diese *Begriffe* nahezubringen, gibt es eine Reihe von Körperkontaktübungen: „Wo habe ich Dich berührt, was fühlst Du in der Hand?"
Ebenso können Tastaufgaben, Übungen mit geschlossenen Augen unter Verwendung verschiedener Materialien eingesetzt werden.

Das sogenannte „Durcheinanderlaufen" wird immer neu variiert:
- es bewegen sich nur *zwei* Kinder
- ein *Teil* der Gruppe
- alle, die etwas *Rotes* anhaben
- die Schüler suchen sich *selber* Laufpartner aus u.a.

Hindernisse (Stühle, Kissen, Stäbe, Reifen, Dosen u.a.) sind im Raum verteilt, so daß Kurven, Wendungen und geschicktes Umlaufen bei der Bewegung durch das Material angeregt werden. Während sich die Schüler bewegen, werden sie *sprachlich-rhythmisch* oder mit genau entsprechender *improvisierter* Musik begleitet, bis sie sich unbewußt dem vorgegebenen Tempo anpassen.
Wenn die Begleitmusik stets eine bestimmte Anzahl von Takten, also eine einfache *musikalische Form* hat, erhält jeder Bewegungsablauf dadurch eine Ordnung. Bei entsprechender musikalischer Unterstützung (durch Dominante-Tonika) sind einige Schüler bald in der Lage, den kommenden *Musikschluß* vorauszuhören.

Erschwerungen:

Bereitet das „Durcheinanderlaufen" keine größeren Probleme mehr, bieten sich Variationen mit neuen Schwerpunkten an. Davon sollen hier nur zwei Möglichkeiten genannt werden:
1) Die Grundform bleibt die gleiche, aber jetzt kommen akustische oder optische *Signale* hinzu, auf die die Gruppe reagieren muß: durch schnelles Stehenbleiben, sich zu Paaren treffen, verschiedene Sitzmöglichkeiten erfinden u.a.
2) Ein Ball, Stab oder Reifen wird im freien Durcheinandergehen genau im Takt der Musik dem gerade Vorbeigehenden weitergegeben.

Zu III): Einfache Fortbewegungsmöglichkeiten erfinden oder nachmachen.
Dabei geht es zunächst nur darum, die Schüler zur Bewegung zu animieren. Sie sollen sich beteiligen und Freude durch ihr Tätigsein bekommen. Motivationsreize, besonders für die Kleinen, Ängstlichen und körperlich Schwachen, bieten die Arbeit am Boden und die Hinwendung der Lehrkraft zum einzelnen.
Was wird geübt?
- *Elementarste Bewegungen*, wie rollen, rutschen, robben, krabbeln, gehen, laufen, hüpfen.
- Die dazugehörigen *Begriffe* werden über das Schauen, das Hören und die eigene Bewegung unbewußt aufgenommen; sie prägen sich langsam ein, bis sie für einen Teil der Schüler zum selbstverständlichen Wissen werden.
- Die Schüler werden angeregt, *eigene Bewegungsvorstellungen* zu verwirklichen, sie werden aktiv *erfinderisch* und lernen, Bewegungen zu *unterscheiden* und zu *differenzieren*.

Dies alles sind Voraussetzungen für die aufbauende weitere Arbeit. Jedes Gerät oder Material fordert durch Form und Eigenbeweglichkeit zu immer andersartigen Bewegungsimpulsen und unterschiedlichen Schwierigkeiten heraus.
Ein Beispiel mit Holzreifen soll dies veranschaulichen. Die Grundaufgabe heißt: „Jeder probiert für sich aus, was er mit seinem Reifen alles machen kann."
Der Reifen wird
— gerollt
— gedreht
— um den Bauch getragen
— wie ein Lenkrad gehalten
— auf den Fingerspitzen hängend getragen.
Ein Schüler
— balanciert auf dem Reifenrand
— steigt in den Reifen hinein, zieht ihn über den Kopf und steigt erneut hinein
— dreht den Reifen, beobachtet ihn und springt irgendwann hinein
— probiert „Hulahupp"
— geht im inneren Reifenrand, der dadurch weitergerollt wird.
Sie üben Hand-, Fuß- und Körpergeschicklichkeit, Gleichgewicht und Steuerung. Daraus ergeben sich Aufgaben mit gezielten Schwerpunkten für die ganze Gruppe.
Ein weiteres Beispiel mit Vierkantstäben (ca. 1 m lang)
Die Stäbe liegen in einer Reihe nebeneinander mit ungefähr 60 cm Abstand. Die Grundaufgabe ist vorgegeben: „Jeder *erfindet* etwas *Eigenes* und *Neues* beim Hüpfen oder Springen durch diese Stabreihe." Die Einschränkung, daß hierbei nur gehüpft oder gesprungen werden darf, ist schon eine weitere Erschwerung.

In Gruppen, die längere Zeit Rhythmik hatten, ist es möglich, daß von 10 Kindern jedes eine Lösung findet, manche sogar noch zusätzliche. Natürlich werden einfallsschwache Kinder zuerst aufgerufen, um auch ihnen eine Chance zu geben:
— Schlußsprung
— Galoppsprung
— Drehsprung
— aus der Hocke hüpfend
— breitbeinig hüpfend
— rückwärts hüpfend
— auf einem Bein hüpfend
— immer *zwei* Stäbe überspringend
— im Wechsel einmal eng die Füße, einmal breitbeinig
— im Slalom zwischen den Abständen hindurchhüpfend
— im Zick-zack vom linken Stabende zum nächsten rechten Stabende.
Was beinhaltet diese Aufgabe?
— jeder muß sich etwas einfallen lassen
— jeder kann sich die Lösung suchen, die seinem Können angemessen ist
— jeder muß konzentriert zuschauen, um zu wissen, was schon gezeigt wurde und nötigenfalls umdenken, wenn seine erdachte Lösung bereits gebracht wurde.
Bei einer ähnlichen Aufgabe (die Stäbe waren zu einer durchlaufenden Linie aneinandergelegt) sollten die Schüler die von ihnen „erfundenen" Bewegungsabläufe *zeichnerisch* darstellen. Dabei kamen folgende Bilder zustande:

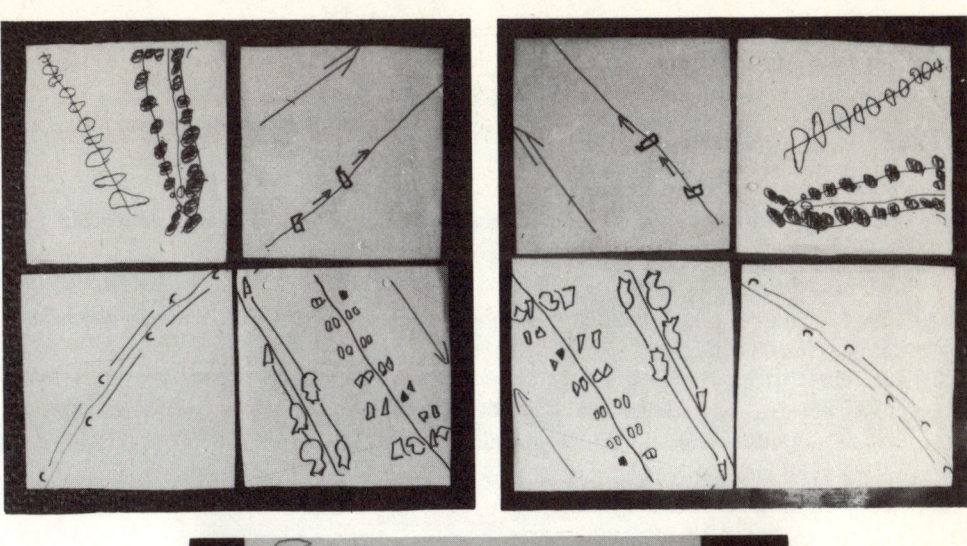

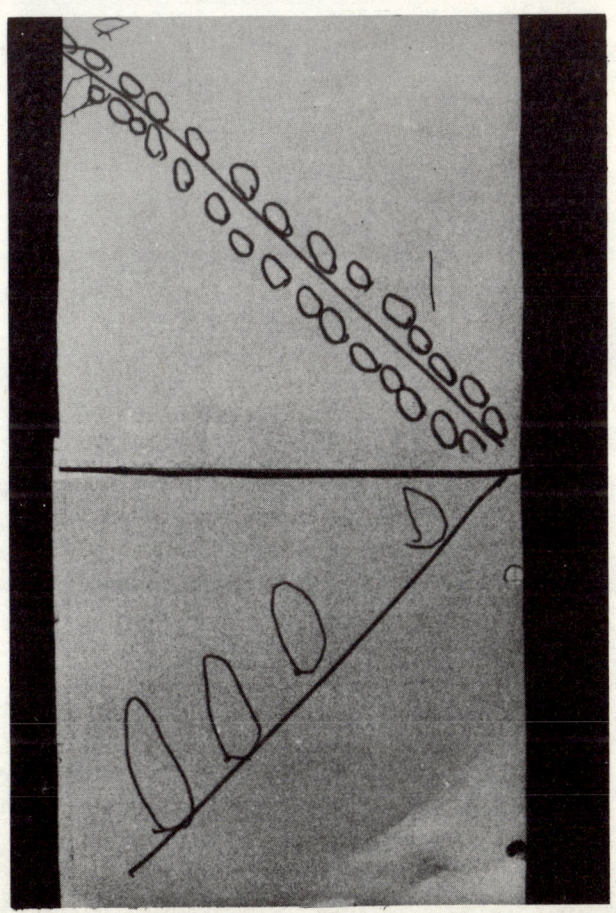

Jeder Schüler zeichnet die „Fußspuren" entlang einer Stablinie, die der von ihm gezeigten Lösung entsprechen

Zu IV: „Durcheinanderlaufen" mit einer Variante
Manche Kinder wissen noch nicht, ob sie zu den *Buben* oder zu den *Mädchen* gehören, die Unterscheidung ist ihnen keineswegs selbstverständlich. Diese Aufgabe bietet eine Möglichkeit, zum Verständnis entsprechender Unterschiede (Name, Kleider, Haare usw.) beizutragen.

Zu V: Wählen zwischen zwei „Reitmöglichkeiten"
Im Vordergrund steht dabei wieder der *Körperkontakt* und das *Vertrauen* vom Kind zum Lehrer und der Spaß, „reiten" zu können.
Bei dieser Aufgabe muß sich jeder Schüler zwischen zwei Möglichkeiten „großes oder kleines Pferd", bzw. groß-klein, hoch-niedrig, *entscheiden;* d.h. auch, daß jeder für sich *abschätzen* muß, was er sich zutraut.
Spürt der Lehrer an der ängstlichen Verkrampfung eines Kindes, daß dieses sich bei der Wahl des großen „Pferdes" überschätzt hat, kann der Lehrer schnell auf den Boden zurückgehen. Beim kleinen „Pferd" sollen die Schüler möglichst ohne Hilfe versuchen, auf den Rücken zu klettern. Während einige Kinder sich liegend-sitzend am Lehrer festhalten, versuchen andere schon, sich im Sitzen auszubalancieren.

Zu VI: „Durcheinanderlaufen"
Nachdem die Gruppe wieder einige Zeit sitzen und warten mußte, kommt ein letzter Schlußlauf mit Begleitmusik dem Bewegungsdrang der Kinder entgegen.

4.2. Mittelstufe

Thema: Arbeit mit Holzlegeteilen

I) Begrüßung der Gruppe
Die Schüler werden zum Lehrer gerufen durch das Spielen der Namen am Klavier in entsprechender Klangfolge.

II) „Durcheinanderlaufen"
Es sollen immer drei Schüler laufen, bis alle einmal dran waren; es werden jedoch keine Namen gerufen.

III) Üben der manuellen Geschicklichkeit mit einem Tennisball
Jeder Schüler kommt einzeln dran.

IV) Arbeit mit Holzlegeteilen
a) Das Material wird angeschaut und besprochen.
b) Jeder Schüler bekommt die gleichen 4 Holzteile.
c) Zu einer Musiklänge von 8 Takten sollen die Schüler im Wechsel immer wieder einmal mit ihren Holzteilen neue Bilder legen und einmal herumlaufen und sich dabei die Bilder der Mitschüler anschauen.
d) Gleiche Aufgabe, aber jetzt darf sich kein Bild mehr wiederholen; jeder hat sein eigenes Bild.
e) Alle Schüler schließen die Augen; *ein* Bild wird verändert. Frage: Wer weiß, welches Bild verändert wurde?
f) Ein einfaches Bild wird gemeinsam ausgesucht und dann von allen Schülern genau nachgelegt.
g) Nach einem Abschlußlauf der Gruppe sammelt jeder seine Holzteile ein und räumt sie auf.

Erläuterungen zu den einzelnen Aufgaben

Zu I: Begrüßung
Der Lehrer spielt auf dem Klavier (auch Flöte, Xylophon u.a.) einen Namen, z.B.: „Claudia" — *c c a*, „Hans-Peter" — *e g e*, „Elisabeth" — *c g g e*, „Franz" — *c*.
Die Namen unterscheiden sich auch im *Rhythmus:* „Claudia" — „Hans-Peter" — „Franz".
Wer seinen Namen *hört,* bzw. *erkennt* — ein Kind oder mehrere mit gleichklingenden Namen wie „Monika = Claudia, Franz = Paul" — gehen zur Begrüßung zum Lehrer. Ist ein Schüler nicht in der Lage, diese Aufgabe allein zu erfüllen, so hilft die Gruppe mit.

Geübt wird:
die Konzentrationsfähigkeit
das Gehör
das musikalische Gedächtnis.

Damit die Aufgabe in dieser Form gelingen kann, sind entsprechende *Vorarbeiten* erforderlich: jeder Name wird gemeinsam *rhythmisch* gesprochen, gesungen, geklatscht, mit Handinstrumenten selber begleitet, bis die Schüler die unterschiedlichen Tonfolgen auch ohne Worte erkennen.

Zu II: „Durcheinanderlaufen", jeweils 3 Schüler
Das Laufen, Gehen oder Hüpfen unter Beachtung der wechselnden Begleittempi und im geschickten Durcheinanderbewegen sollte mittlerweile keine größeren Probleme mehr bereiten.

Arbeit mit Holzlegeteilen

jeder probiert für sich

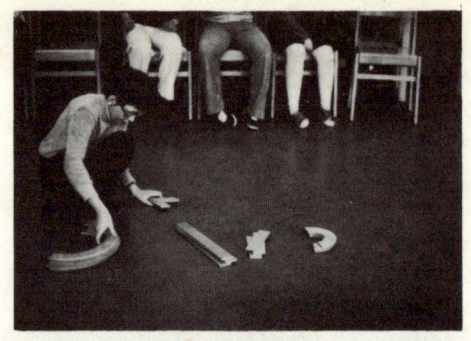

Ergebnisse

eine Form wird nachgelegt

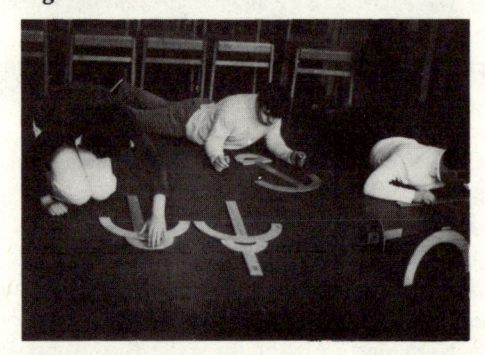

Ordnen der Holzlegeteile

Worin liegt in diesem Falle, gegenüber der vorherigen Stunde, die zusätzliche Übung?
Die Schüler werden *nicht vom Lehrer aufgerufen,* sondern sie müssen
— sich *selbständig entscheiden,* wann sie drankommen wollen bzw. können, da ja immer nur 3 Kinder in Bewegung sein dürfen
— darauf achten, daß jeder genau einmal drankommt (Gruppenübersicht)
— erkennen oder nachzuzählen, ob die laufende Gruppe tatsächlich aus *drei* Kindern besteht (Mengenverständnis).

Ist die Zahl der Schüler in der Gruppe nicht teilbar durch drei, so wird auch das aufgegriffen: „Einer fehlt uns; jetzt laufen eben nur zwei Kinder oder ein anderes darf noch einmal mitmachen."
Das Üben des *Mengenbegriffs* ergibt sich ständig innerhalb des Unterrichts, z.B.:
„Suche Dir *einen* Partner."
„Hole Dir *zwei* Stäbe."
„Wo liegen *drei* Sandsäckchen in einem Reifen?"
Zu III: Üben der manuellen Geschicklichkeit mit einem Tennisball
Geschicklichkeitsaufgaben verschiedenster Art können oft nur in Einzelarbeit sinnvoll durchgeführt werden.
Sie müssen auch nicht zwangsläufig mit dem weiteren Verlauf der Stunde im Zusammenhang stehen, sondern bilden eine kurze, aber intensive Übungseinheit im Unterricht.
In dieser Stunde wird das *Werfen* und *Fangen* mit einem Tennisball geübt. Je nach Vermögen des einzelnen wird mit *der rechten und linken Hand* gearbeitet. Haben Schüler noch Greifschwierigkeiten mit dem kleinen Ball, so nehmen sie zum Auffangen beide Hände zu Hilfe.

Das Fangen und Werfen bietet viele Schwierigkeiten. Die Schüler
— reagieren gar nicht
— halten den Ball nicht fest
— reagieren zu langsam
— können Sehen und Greifen nicht koordinieren
— können den Ball nicht loslassen, sie werfen ihn nicht weg
— werfen nicht, sondern lassen den Ball einfach fallen
— werfen ziellos
— werfen ungesteuert
— werfen aggressiv.

Wieder sind zahlreiche Vorübungen notwendig, bis das Fangen und Werfen realisiert werden kann: etwas ergreifen, halten, festhalten, abgeben, wegrollen usw.
Um den Schülern auch die Angst vor dem Zuwerfen zu nehmen, wird im Aufbau zunächst mit weichem Material gearbeitet (Kissen, Softbälle). Anschließend werden dann leichte oder schwere, große oder kleine Bälle verwendet. Da jedes Gerät durch seine Form und Qualität zu andersartigen Bewegungsabläufen und Reaktionen herausfordert, kommen auch dünne und dicke Ringe, Reifen und Stäbe zur Anwendung.
Ebenfalls geübt wird das Werfen in die *Weite*, in die *Höhe*, auf ein *Ziel* oder in einen *Zielpunkt* hinein. All diese Übungen werden auch für *Partner-* und *Gruppenaufgaben* benötigt.

Zu IV: Arbeit mit Holzlegeteilen
a) Jedes neue oder länger nicht verwendete *Material* wird zunächst *angeschaut, angefaßt und besprochen*. Auf diese Weise werden *Begriffe, Namen, Eigenschaften* und die *Verwendungsmöglichkeiten* ins Gedächtnis gerufen und allmählich eingeprägt.
In dieser Stunde sind es die Holzlegeteile. Wir stellen fest: die Teile sind aus *Holz*, manche sind *groß*, andere *klein*; die einen sind *halbrund*, die anderen *gerade*. Die Farbe ist *hell, holzfarben*. Jedes Teil hat *Ecken;* wir können sie *zählen*. Wir können damit etwas *legen, zusammensetzen, bauen,* auch *Worte* schreiben, die Teile mit geschlossenen Augen *ertasten*.
Das *Legen und Bauen* kann auch mit Seilen, Klötzen, Bechern, Dosen, Stäben und anderem geübt werden.
Natürlich wird immer nur soviel besprochen, wie es das Aufnahmeverständnis der Gruppe erlaubt.
b) Jeder Schüler holt sich beim Lehrer die gleiche Anzahl und die gleichen Formen von Holzlegeteilen, z.B. zwei halbrunde (groß und klein) und ebenso zwei gerade.
Geübt wird hierbei das *Erkennen der richtigen Teile* und der *Mengenbegriff vier*.
Anschließend sucht sich jeder einen Platz am Boden aus.

c) Zu einer Musiklänge wird gleichzeitig im Wechsel von jedem Schüler einmal ein Bild gelegt und einmal herumgelaufen. Was geschieht bei dieser Aufgabe?
1) Jeder Schüler soll für sich ausprobieren, was er mit seinen Holzteilen *legen* oder *bauen* kann. Dabei werden anfangs manche Kinder abwarten, weil sie noch nicht wissen, was sie tun sollen. Andere werden unsicher ihre Teile herumschieben oder ihrem Nachbarn nachlegen. Ein Teil wird sich durch die Form der Holzteile animieren lassen, wiederum andere haben sogar eine konkrete Vorstellung von dem, was sie legen möchten („ich mache einen Schirm").
2) Es besteht ein ständiger Wechsel zwischen *ruhigem Tun* und freier *Bewegung* im Raum.
3) Die *zeitliche Ordnung*, sowohl für die Bewegung als auch für das Legen, ist durch die immer gleiche *Musiklänge* (hier 8 Takte) gegeben.

Weil in fast allen Stunden auf verschiedene Weise am unbewußten Erfassen von Musikklängen geübt wird, hören die Schüler in der Regel rechtzeitig *den Schluß* voraus, sind *pünktlich* wieder bei ihren Holzteilen und probieren eine neue Bildform aus.
Während der Bewegung muß die Gruppe *vorsichtig* sein, damit keine Bilder zerstört werden, keiner einen anderen anstößt. Die Schüler müssen *die Musik beachten* (Tempo, Länge und Schluß) und *Bewegung mit Schauen koordinieren*, weil jedes Kind sich die Bilder der Mitschüler während des Herumgehens ansehen soll. Dadurch werden allmählich auch die unsicheren und einfallsschwachen Schüler zum selbständigen Tun angeregt.

d) Anschließend wird die im Prinzip gleiche Aufgabe *erschwert*, denn jetzt soll jeder sein *eigenes* Bild legen, keines darf sich wiederholen.
Voraussetzung ist hierbei, daß die Begriffe „etwas Eigenes, Neues, nicht das Gleiche" verständlich sind. Dann könnte folgendes geschehen:
— schwächere Kinder werden eine schon gelegte Form wiederholen
— ideenreiche Schüler finden spontan etwas Neues
— wache Schüler mit Übersicht sehen unter Umständen, daß ihr Nachbar ein gleiches oder ähnliches Bild legt, und werden ihres erneut verändern.

Weil bei dieser Aufgabe die zeitliche musikalische Ordnung durch ihre Kürze hinderlich sein kann — die Schüler müssen *sich umschauen, sich orientieren* und *eventuell ihr Bild verändern* — heißt es nun: „Wer mit seinem Bild fertig ist, geht auf seinen Stuhl zurück" (jeder Schüler hat während der Stunde seinen festen Platz).

e) Wenn alle fertig sind — eventuell mit Hilfestellung — und auf ihren Plätzen sitzen, muß jeder wissen, wo sein Bild liegt; dann werden alle Bilderformen gemeinsam angeschaut. Die Größe der Holzteile und ihre helle Farbe auf dem dunkleren Fußboden ermöglichen den Kindern eine gute Raumübersicht.
Dann schließen alle Kinder die Augen. An *einem* Bild *wird vom Lehrer durch Umlegen eines einzigen Stabes* eine *Veränderung* vorgenommen.
Die Aufgabe heißt nun: „Wer sieht, welches Bild verändert worden ist, also anders ausschaut als vorher?" Wer die Veränderung erkennt, bringt das Bild wieder in seine ursprüngliche Form. In den meisten Fällen wird der „Besitzer" des Bildes die Veränderung zuerst feststellen. Da der Reihe nach alle Bilder auf diese Weise verändert werden, hat jeder Schüler die Möglichkeit, aktiv zu werden.
Aufmerksame, gut beobachtende Schüler bemerken die Veränderung auch bei fremden Bildern, schwächere benötigen u.U. Hilfe durch die Mitschüler oder den Lehrer.
Geübt werden das *optische Gedächtnis* und das *Erkennen von Veränderungen*
Erleichterungen: Stellt sich heraus, daß diese Aufgabe für die Klasse noch zu schwer ist, werden nur 2 oder 3 Bilder liegengelassen und alle anderen weggenommen.

f) Ein gemeinsam ausgesuchtes Bild wird von allen *nachgemacht*. Das genaue *Nachlegen* und *Nachmachen* bereitet vielen Schülern Schwierigkeiten; sie haben kein *Formgefühl*. Auffallend ist, daß oft sehr einfallsreiche Schüler hierbei versagen. Das bedeutet nun, daß diese Aufgabe in einer anderen Stunde gesondert geübt werden muß. Dabei wird dann nur mit zwei Holzteilen beginnend gearbeitet, oder es werden ganz einfache Formen vorgelegt.
Gelingt die Aufgabe jedoch, dann *kontrolliert* die Gruppe gemeinsam, ob wirklich alle Bilder gleich sind; eventuelle *Korrekturen* werden miteinander vorgenommen.

g) Nach dem *konzentrierten* Arbeiten beim Nachlegen ist wieder *Bewegung* wichtig. Die Schüler äußern dies auch verbal oder durch entstehende Unruhe.

Anschließend an den Abschlußlauf räumt jeder Schüler seine Holzteile in die bereitgestellten Kästen. Auch geordnetes *Aufräumen* muß geübt werden.

Bemerkung zur Vielzahl der Aufgaben in dieser Stunde: Es sollte hier auf die Mannigfaltigkeit der Übungsmöglichkeiten hingewiesen werden. Selbstverständlich muß der Lehrer an der Konzentration, an der Ausführungsweise, am Verständnis bzw. Nichtverständnis und dem Verhalten der Schüler ablesen, wie intensiv er eine Aufgabe weiterverfolgen kann, ob sie variiert werden muß oder in dieser Stunde eine Überforderung für die Kinder darstellt.

4.3. Oberstufe

Thema: Gruppenarbeit mit Handgummibällen

I) Begrüßung der Gruppe
II) Jeweils 2 Schüler laufen, nachdem sie sich vorher auf *ein gemeinsames Tempo* geeinigt haben.
III) Tast- und Konzentrationsübung mit verschieden strukturierten Teppichfliesen.
IV) „Durcheinanderlaufen" der ganzen Gruppe
V) Gruppenarbeit mit Handgummibällen unter Beachtung einer musikalischen Form.
a) Freies Ausprobieren von verschiedenen Spielmöglichkeiten.
b) Jeder Schüler erhält in einem Kreis einen bestimmten Platz, der durch Teppichfliesen markiert ist.
c) 8 Takte lang bewegt sich die Gruppe frei im Raum; die Bälle liegen auf den Fliesen.
4 Takte lang spielt *ein Schüler* mit seinem Ball an seinem Platz etwas vor, 4 Takte lang wird dies von der *Gruppe* nachgespielt.
8 Takte lang wieder freie Bewegung.
Diese Übung wird solange wiederholt, bis jeder Schüler die von ihm „erfundene" Spielform gezeigt hat.
VI) Aufräumen der Bälle in einen Korb.
Wenn hier von einer Oberstufe gesprochen wird, so ist damit eine Gruppe gemeint, die schon ein gewisses Leistungsniveau erreicht hat. Nicht jede „Oberstufe" ist zu den Leistungen fähig, die unter Umständen schon in einer unteren Stufe erbracht werden können. Deutlich gemacht werden soll, wie durch *wachsendes Verständnis* für die Aufgaben, *permanentes Üben von körperlichen und kognitiven Fähigkeiten* und immer stärker werdendes *Gruppengefühl* gemeinsames Arbeiten möglich wird.
Erläuterungen zu den einzelnen Aufgaben:

Zu I: Begrüßung
Mit dem Älter- bzw. Erwachsenwerden der Schüler treten Begrüßungen in Verbindung mit Körperkontakt und in Form von Übungen immer mehr in den Hintergrund. Die Schüler müssen jetzt auch lernen, *Abstand* zu wahren, nicht auf jeden Menschen loszustürzen, ihn zu umarmen, anzuschubsen u.ä., wie es bei den Kleinen oft der Fall ist, sondern sich den üblichen *Umgangsformen* entsprechend zu verhalten. Daher findet die Kontaktaufnahme in einem kurzen *Begrüßungsgespräch* statt. Die Schüler wollen und sollen mitteilen, was sie bewegt, was sie erlebt haben. Wenn die Schüler erfahren, daß ihnen Interesse und Anteilnahme entgegengebracht wird, beginnen auch sie zu fragen oder aktiv Stellung zu nehmen: „Was hast denn Du in den Ferien gemacht? Warum bist Du nicht dagewesen? Warum haben Sie das verboten? Sie könnten aber auch einmal zum Friseur gehen!"

Arbeit mit Bällen

Jeder probiert für sich    *„Durcheinandergehen"*

Rollen des Balles

Um ein wirkliches Miteinander zu gewährleisten, ist es wichtig, daß *jeder zu Wort kommen kann* und *alle dabei zuhören*. Es ist erstaunlich, wie auch sprachunfähige Kinder in der Lage sind, sich auf Befragungen und mit Hilfe ihrer Mitschüler verständlich zu machen.
Zu II: Zwei Schüler laufen
Zwei Schüler sollen sich bewegen, wobei die Aufgabe heißt: „*Einigt* Euch auf ein *gemeinsames* Tempo: schnell, langsam oder hüpfend. Erst dann könnt Ihr begleitet werden."

Was kann geschehen?
— scheue, antriebsarme und willensschwache Kinder werden sich sofort dem Wunsch ihres Partners anpassen
— *Hilfestellung durch eine Veränderung:*
Bei einer neuen Aufgabenstellung wird der Lehrer einen solchen Schüler zuerst auffordern und ihm die Entscheidung überlassen: „Such Du Dir einen Partner aus und *bestimme* für Euch beide das Tempo!"
— eigensinnige oder auch bockige Schüler können durch ihr Verharren eine Einigungsmöglichkeit und damit eine sinnvolle Weiterarbeit verhindern.

Was ist zu tun?
In diesem Falle hilft oft nur eine Entscheidung durch den Lehrer: „Entweder könnt Ihr Euch jetzt einigen oder die Nächsten machen weiter und Ihr könnt dann nicht laufen." Meistens kommt dann sehr schnell eine Verständigung zustande.

Einmal benötigten zwei Schüler — Stefan und Michael — über fünf Minuten, bis sie sich einigen konnten. Da Michael, normalerweise ein völlig angepaßter Junge, sich zum ersten Male weigerte, Stefans Wunsch zu laufen, einfach zu akzeptieren, *mußte* den beiden soviel Zeit gelassen werden. Auch die wartende Gruppe war über Michaels Sicherheit überrascht und verfolgte gespannt das Ergebnis dieses „Zweikampfes". Es war schon fast ein Ereignis, als Stefan, sonst stets beherrschend, endlich meinte: „Also gut, dann hüpfen wir eben!"

Ziel dieser Aufgabe ist es, jedem Schüler Gelegenheit zu geben, *sich und seine Wünsche durchzusetzen,* nötigenfalls aber auch *zurücktreten zu können.*

Zu III: Tastübungen mit Fliesenteppichen
In dieser Stunde geht es darum, mit geschlossenen Augen verschieden strukturierte Teppichfliesen zu unterscheiden. Dies muß wieder in *Einzelarbeit* geschehen, um jedem Schüler eventuelle Hilfen zu geben und auch die *Lernkontrolle* zu gewährleisten.

Geübt wird:
Tastempfinden
Konzentration
Erfassen und Unterscheiden von Begriffen

Die Teppichfliesen wurden auch schon in früheren Stunden angeschaut, angefaßt und die Unterschiedlichkeiten von den Schülern festgestellt:
Der Borstenteppich ist *rauh, kratzig,* wenn man mit den Fingern drüberstreicht, *tut es weh.*
Der Wollteppich ist *weich, warm, wollig.*
Der Gummiteppich ist *glatt, kühl, dünn.*
Tastübungen werden an den verschiedensten Materialien ausgeführt; Unterschiede lassen sich auch *mit den Füßen* ertasten.

Zu IV: „Durcheinanderlaufen" der Gruppe
Die Gruppe mußte relativ lange warten, sich ruhig verhalten und der einzelne sich sehr konzentrieren. Die auftretende Unruhe macht das *Bewegungsbedürfnis* der Schüler deutlich.

Zu V: Gruppenarbeit mit Handgummibällen
a) Alle möglichen *Spieltechniken und -formen* sind mittlerweile so weit geübt worden, daß die Mitglieder der Gruppe spontan und ihren Bewegungswünschen entsprechend *auszuprobieren* beginnen. Die Schüler wissen,
— sie sollen verschiedene Spielarten versuchen
— sie müssen Rücksicht auf ihre Mitschüler nehmen
— sie müssen auf Lampen und Fenster achten

— sie dürfen zwar den Ball auch mit den Füßen geschickt durch den Raum führen, „Fußballspielen" mit festen Schüssen ist dagegen nicht erlaubt.

b) Nach genügend langer Zeit, während der alle frei spielen und ausprobieren konnten, geht die Gruppe auf ihre Sitzplätze zurück. Vom Lehrer werden Wollteppichfliesen in eine Kreisform gelegt, jedem Schüler wird ein bestimmter Platz zugewiesen.
Natürlich können die Schüler die Fliesen auch selbst legen, dabei würde *der Begriff „Kreisform"* und *das Legen in gleichen Abständen* geübt werden.

c) Jeder Schüler erhält einen Handgummiball und sucht sich seinen Teppichplatz. Um die Klasse auf die Aufgabe vorzubereiten, wird ihnen ein Musikstück mit der längst vertrauten achttaktigen Länge vorgespielt. Zur Kontrolle, ob alle konzentriert zuhören und die Form erfaßt haben, sollen die Schüler nur den *Schlußton* der Musik *mitklatschen*.

Dann wird die Aufgabe angegeben:
8 Takte lang freies Durcheinanderlaufen unter Beachtung des jeweiligen Tempos; mit dem letzten Ton ist jeder wieder rechtzeitig auf seinem Teppich, wo die Bälle liegengeblieben sind.
4 Takte lang zeigt *ein* Schüler die von ihm ausgedachte Spielform mit dem Ball; *4 Takte lang* spielt die *Gruppe* das Vorgeführte nach.
Die Beschränkung auf zweimal 4 Takte (anstelle von üblicherweise zweimal 8 Takten) ist bei einer größeren Zahl von Schülern nötig, damit die Aufgabe nicht zu lange dauert. Auch diese verkürzte Form mit deutlich gespieltem Schluß wird von den Schülern unbewußt richtig aufgenommen.
8 Takte lang freie Bewegung, die Bälle liegen auf den Teppichen.
Diese Übung (insgesamt 16 Takte) wird solange wiederholt, bis jeder seine Spielform gezeigt hat.

Welche Spielvariationen können gebracht werden?
a) bei stehenden Schülern:
— werfen des Balles über dem Kopf hin und her
— einmal auf den Boden prellen, einmal hochwerfen und dann auffangen
— auf den Boden prellen, in die Hände klatschen und auffangen
— im Wechsel mit der rechten und linken Hand den Ball prellen
— von recht nach links werfen, dann einmal hochwerfen und wieder auffangen

b) bei sitzenden Schülern:
— im Wechsel einmal mit der rechten und einmal mit der linken Hand den Ball am Boden drehen
— den Ball mit den Füßen halten, die Füße vorstrecken und zurücknehmen
— den Ball um sich herumrollen
— den Ball unter den angewinkelten Knien hin und her rollen
— mit den Fußspitzen auf den liegenden Ball tippen.

Bei Vorübungen für diese oder ähnliche Aufgaben ist die Bewegungsbegleitung nicht sofort möglich, oft auch hinderlich, da die Schüler in der Technik der Ballbehandlung unsicher sind oder ständig etwas anderes versuchen. Hierbei ist das *rhythmische Mitsprechen* oder *Mitsingen* viel hilfreicher, z.B.:

„ Er *prellt* und *klatscht* und *fängt*"
„Sie *tippt* mal *rechts*, dann *links* und *rechts*"
„Wirf *hin* und *her*, mal *rechts* mal *links*"
„Und *vor* und *rück* und *vor* und *rück*"

Auf diese Weise wird auch das *Verständnis für verschiedene Begriffe*, wie prellen — fangen — rechts — links u.a. *im Zusammenhang mit der Bewegung* vertieft.
Was ist der Sinn dieser Aufgabe?
Die *Gruppe* muß
— die Regeln im „Durcheinanderlaufen" beachten
— sich den Ablauf der einzelnen Phasen merken
— sich dem Tempo und der vorgegebenen Länge der Musik anpassen
— Raumübersicht gewinnen, um rechtzeitig die Plätze zu erreichen
— Gruppenübersicht haben, um zu wissen, auf wen sie jeweils zu achten haben.
Der *einzelne* muß
— wissen, wann er an der Reihe ist
— eigene Ideen haben
— seine Idee auch technisch ausführen können
— eventuell umdenken und sich erneut etwas überlegen, da jeder seine eigene Spielform finden soll
— schnell reagieren
— nachmachen können.
Dabei ergibt sich für jeden Teilnehmer ein ständiger *Wechsel* zwischen *großer Bewegung*, gezielter *Kleinbewegung* und *Ruhemomenten*.
Die *Musik führt* und *ordnet* den gesamten Ablauf.
Als *Variante* könnten im Verlauf der Stunde z.B. auch *Gehörübungen* eingeschaltet werden. Dazu ein Beispiel: Zwei oder auch drei Schüler zeigen gleichzeitig ihre Spielform mit dem Ball, dabei wird aber jeweils nur *ein Schüler* dem Bewegungsablauf entsprechend musikalisch begleitet. Die zuschauenden Mitschüler sollen *über das Hören und Beobachten* feststellen, bei *welchem Spieler* Musik und Bewegung übereinstimmen. Im allgemeinen wird dies vom begleiteten Kind selbst zuerst bemerkt, dies muß jedoch nicht der Fall sein.
Diese Übung ist aber nur in besonders guten Gruppen durchführbar.
Zu VI: Aufräumen der Bälle
Ein Korb wird in den Teppichkreis gestellt, allerdings nicht ins Zentrum, damit es *verschiedene Entfernungen* gibt.
Aufgabe: Jeder sucht sich den Teppich aus, von dem er in den Korb werfen möchte. Damit für alle die Kontrolle möglich ist, kommt jeder einzeln an die Reihe.

Was wird dabei geübt?
— Entscheidung über den Standort
— Abschätzen von Entfernungen
— Selbsteinschätzung des eigenen Könnnens
— gesteuertes Werfen (Kraftdosierung), denn der Ball soll möglichst nicht wieder hinaushüpfen
— zielgerichtetes Werfen.
Alle in den vorstehenden *Stundenbeispielen* dargestellten Aufgaben und Übungen lassen sich variieren durch andere Zielsetzung, Verlegung des Schwerpunkts und durch Verwendung von anderen Materialien. Der Ablauf der Stunden wird ebenso durch das Verhalten und auch durch die spontan eingebrachten Einfälle der Schüler mitbeeinflußt. Gezeigt werden konnte hier natürlich nur ein kleiner Ausschnitt aus der praktischen Arbeit der Rhythmisch-musikalischen Erziehung.

An dieser Stelle sei noch eine *Bemerkung zum freien Spiel* der Schüler angefügt. Im Verlauf einer Stunde ergibt sich zwar ohnehin immer wieder zwangsläufig ein Wechsel zwischen der Durchführung der vom Lehrer festgelegten Aufgaben und der Forderung an die Schüler, im Rahmen der Aufgabenstellung eigene Aktivität und eigene Ideen zu entwickeln; daneben sollte die Gruppe aber auch hin und wieder die Möglichkeit erhalten, sich ganz allein, d.h. ohne Führung zu betätigen. Das kann vor Beginn, am Ende einer Stunde stattfinden, gegebenenfalls auch einmal eine ganze Stunde beanspruchen. Gerade geistigbehinderte Kinder müssen lernen, sich selbst zu beschäftigen und im Spiel Erfahrungen zu sammeln. Nicht selten kommt es vor, daß Schüler im Ausprobieren ihrer Fähigkeiten, im Erproben von Geräten und Materialien und im spielerischen Tätigsein zu zweit oder in Gruppen Übungen erfinden, die als wertvolle Anregung vom Lehrer für die Weiterarbeit aufgegriffen werden können. Für den Lehrer ergibt sich dabei die Möglichkeit, sich nur auf die Beobachtung seiner Schüler zu konzentrieren. Er erhält dadurch Hinweise auf das Gruppenverhalten, auf unterschwellige Gruppenspannungen; er kann feststellen, welche Schüler sich durchsetzen oder stören, welche sich zurückziehen oder Kontakt suchen, wie sie mit dem Material umgehen und wie weit ihr Gespür für gefährliche Situationen reicht. Häufig wird ein solches Freispiel von den Schülern ausdrücklich gewünscht; diesem Bedürfnis sollte, wenn möglich, nachgegeben werden. Eigeninitiative und Aktivität innerhalb der Gruppe sind für den geistigbehinderten Menschen eine wichtige Hilfe auf seinem Weg zur größtmöglichen Selbständigkeit.

5. Zur Situation des Rhythmiklehrers im Schulbereich

Obwohl die Bedeutung der Rhythmischen Erziehung für die allgemeine Pädagogik und insbesondere innerhalb der Heilpädagogik erkannt und der Einsatz der Rhythmik im Schulbereich für Geistigbehinderte vorgesehen ist — in den neuen Lehrplänen kommt dies klar zum Ausdruck —, findet in der Regel keine Anstellung von hauptberuflichen Lehrern für Rhythmisch-musikalische Erziehung statt. Die Gründe dafür liegen in erster Linie darin, daß der Rhythmiklehrer, der an einer Musikhochschule oder an einer Fachakademie für Musik ausgebildet wurde, nicht dem vorgeschriebenen Berufsbild des Lehrers mit Lehramtsprüfung entspricht und daher nach den geltenden Bestimmungen z.B. nicht in den öffentlichen Dienst übernommen werden kann. Nur derjenige Lehrer (z.B. Grundschul- oder Sonderschullehrer), der nach dem Abschluß der beiden Staatsexamina ein Zusatzstudium für Rhythmische Erziehung absolviert hat, kann die dadurch erworbenen Kenntnisse in seinen normalen Unterricht einbauen. Eine andere Schwierigkeit besteht darin, daß der Rhythmiklehrer zwar eine weitgefächerte Ausbildung erfährt (Instrumentalunterricht, alle notwendigen musiktheoretischen Fächer, Bewegungslehre mit Anatomie, Theorie und Praxis der Rhythmischen Erziehung, Methodik, Pädagogik und Psychologie, um nur das Wichtigste zu nennen), doch für die Arbeit mit Geistigbehinderten keine entsprechende Vorbildung mitbringt, bzw. mitbringen kann. Aber auch eine zusätzliche heilpädagogische Ausbildung würde ihm eine Anstellung im Schuldienst nicht ohne weiteres ermöglichen.
Größere Chancen ergeben sich an Schulen, die von freien Trägern geführt werden. Aber auch hier kommt es in den wenigsten Fällen zu langfristigen Verträgen, durch die erst eine wirkliche Aufbauarbeit in Rhythmik gewährleistet würde. Diejenigen Rhythmiklehrer — seien es hauptberufliche oder Pädagogen mit dem Zusatzfach Rhythmik — die trotzdem auch an öffentlichen Schulen einen Lehrauftrag erhalten haben (leider sind es nur wenige), haben dies auf Grund einer Sondergenehmigung oder Ausnahmeregelung erreicht.
Da Rhythmik in einigen Bundesländern, wie z.B. in Bayern und Baden-Württemberg, Teil des Lehrplans für Geistigbehinderte ist, stellt sich nun die Frage, wer diesen Unterricht eigentlich geben soll.
Nach dem bisherigen Stand sind es in erster Linie die heilpädagogischen Unterrichtshilfen oder andere Lehrkräfte, wie Sonderschullehrer, Sport- oder Musiklehrer, die von der Notwendigkeit dieses „Faches" überzeugt sind und die Rhythmik in ihre Arbeit einbeziehen. Viele von diesen Lehrkräften haben sich ihre Erfahrungen und das notwendige Wissen in Lehrgängen oder berufsbegleitenden Fortbildungen erworben. Der größte Teil aber steht vor der berechtigten Frage, wie sie in einem Fach Unterricht geben sollen, das sie kaum oder gar nicht kennen. Sie sind auf die Literatur oder bei besonderem Interesse auf Kurzlehrgänge angewiesen; manche versuchen im Sinne der Rhythmik eine Verbindung von Bewegungs- und Musikunterricht zu erreichen. Zweifellos verdient das echte Bemühen dieser Lehrkräfte Anerkennung und die Qualität ihres Unterrichts soll nicht in Frage gestellt werden; trotzdem erscheint es zweifelhaft, daß auf diese Weise die Rhythmische Erziehung wirklich voll zur Geltung gelangen kann.

Erfreulich ist im Gegensatz dazu die immer stärker werdende Tendenz, in Rhythmik ausgebildete Lehrkräfte an die verschiedenen Ausbildungsstätten (Fachhochschulen, Fachakademien u.a.) zu berufen. Auch in den Fortbildungslehrgängen für Lehrkräfte an Sonderschulen für Geistigbehinderte wird die Rhythmische Erziehung immer häufiger von ausgebildeten Rhythmiklehrern vermittelt. Diese Lehrgänge sind deshalb sinnvoll und für die Praxis verwendbar, weil hier gezielt auf die besondere Problematik und entsprechende Anwendungsmöglichkeiten eingegangen werden kann.

Eine weitere Schwierigkeit des Rhythmikunterrichts an Schulen liegt darin begründet, daß in den meisten Fällen geeignete Räume dafür nicht zur Verfügung stehen. Das Klassenzimmer bietet nicht genügend Spielraum für die notwendige Bewegung; Stühle, Tische, Bilder, Lampen und ungeschützte Ecken oder Kanten behindern die Arbeit. Außerdem ist es unmöglich, in jedem Klassenzimmer das erforderliche, teilweise recht umfangreiche Rhythmikmaterial bereitzuhalten. Trotzdem lassen sich viele Elemente der Rhythmik auch im normalen Unterricht einbauen; viele Lehrkräfte machen sich auch die Mühe, durch Wegräumen von Tischen und Stühlen den erforderlichen Raum zu schaffen.

Die Turnhalle wiederum ist zu groß und auch zu laut; sie enthält außerdem anderes Material, durch das die Kinder abgelenkt werden können. Gerade die kleinen und ängstlichen Kinder benötigen einen Raum, der ihnen mehr Geborgenheit vermittelt.

Der Musikraum — manchmal irreführenderweise auch Rhythmikraum genannt — entspricht leider ebenfalls in den meisten Fällen nicht den wirklichen Bedürfnissen, da auch hier die Bewegungsfreiheit zu stark eingeschränkt ist. Die Einrichtung ist in erster Linie abgestellt auf den üblichen Musikunterricht oder das Spiel mit den Orffinstrumenten, die verhältnismäßig wenig Raum erfordern.

Wie sollte nun der „ideale" Rhythmikraum aussehen? Wünschenswert wäre eine Fläche von ca. 80 – 100 Quadratmetern und eine Höhe, die zwar das Fangen und Werfen oder Schwingen und Drehen von Reifen oder Seilen ermöglicht, andererseits nicht mehr als höchstens 4 m betragen sollte, damit kein Hallencharakter entsteht. Gerade für alle Gehöraufgaben ist dies von besonderer Bedeutung. Der Boden sollte weich und warm sein, aber nicht schwingen, weil dadurch die Arbeit mit bestimmten Rhythmikmaterialien erschwert wird. Fenster, Lampen und Heizungen müssen aus Sicherheitsgründen geschützt sein. Der Raum als ganzes sollte durch seine Farbgebung und Einrichtung Wärme und Geborgenheit ausstrahlen.

Die für den Rhythmikunterricht erforderlichen Materialien werden am besten in Wandschränken untergebracht; ungefährliche Geräte, wie Reifen, Bälle oder Kissen könnten an bestimmten Plätzen auch den Kindern zugänglich sein.

Wichtig ist weiterhin, daß eine ausreichend große Anzahl von Sitzmöglichkeiten für die Schüler zur Verfügung steht.

An anderer Stelle wurde schon darauf hingewiesen, daß Melodieinstrumente (Gitarre, Flöte u.a.) im Rhythmikunterricht eingesetzt werden können, weiterhin das Orffinstrumentarium; auch reine Rhythmusinstrumente (Handtrommeln, Bongos u.a.) sind für viele Augaben brauchbar. Ohne Zweifel aber bietet das Klavier die größte Vielfalt in bezug auf Rhythmus, Melodik, Klang und Mehrstimmigkeit. Es ist daher das ideale „Begleitinstrument" für den Rhythmiklehrer und gehört mit zur Grundausstattung eines guten Rhythmikraumes.

6. Schlußbemerkung

Wie die vorstehenden Ausführungen gezeigt haben, ist während der letzten Jahre vieles geschehen, um die Prinzipien der Rhythmisch-musikalischen Erziehung in weiten Kreisen bekannt zu machen und die entsprechenden Konsequenzen für die Praxis zu ziehen. Trotzdem bleiben noch manche Wünsche offen. Es wäre zu hoffen, daß durch verstärkten Einsatz der Rhythmik — gerade auch im Schulbereich — den geistigbehinderten Kindern auf diese Weise eine zusätzliche Möglichkeit zur Entfaltung ihrer Persönlichkeit und zur Eingliederung in die Gesellschaft geboten werden kann.

Literatur

BÜNNER, G./RÖTHIG, P.: Grundlagen und Methoden rhythmischer Erziehung. Stuttgart 1971
DALCROZE, E.-J.: Rhythmus, Musik und Erziehung, Basel 1923
ERDMANN, A.: Mehr Rhythmik – eine Forderung! Bonn 1972
FEUDEL, E.: a) Rhythmisch-musikalische Erziehung. Wolfenbüttel 1956
— b) Durchbruch zum Rhythmischen in der Erziehung. Stuttgart 1956
FROSTIG, M.: Bewegungserziehung – Neue Wege der Heilpädagogik. München 1975
GEHLEN, G.: Der Mensch, seine Natur und seine Stellung in der Welt. Frankfurt 1966
GLATHE, B.: Stundenbilder zur rhythmischen Erziehung. Wolfenbüttel 1972
HANSELMANN, H.: Einführung in die Heilpädagogik. Erlenbach-Zürich 1946
HOELLERING, A.: Zur Theorie und Praxis der rhythmischen Erziehung. Berlin-Charlottenburg 1966
HÜNNEKENS, H./KIPHARD, E.J.: Bewegung heilt. Gütersloh 1971
JACOB, K.: Musikerziehung durch Bewegung, Wolfenbüttel und Zürich 1964
JACOBS, D.: Die menschliche Bewegung. Ratingen 1962
JOSEF, K.: Musik als Hilfe in der Erziehung geistig Behinderter. Berlin 1974
KIPHARD, E.J./HUPPERTZ, H.: Erziehung durch Bewegung. Bonn-Bad Godesberg 1971
KONIETZKO, Chr.: Sing-, Kreis-, Finger- und Bewegungsspiele zur Förderung des entwicklungsgestörten und des behinderten Kindes. Ravensburg 1977
KONRAD, R.: Rhythmische Erziehung – Versuch einer Systematik. Wolfenbüttel 1968
KRIMM-von FISCHER, C.: Rhythmik und Sprachanbahnung zur Förderung des entwicklungsgestörten und des behinderten Kindes. Ravensburg 1979
— Musikalisch-rhythmische Erziehung. Freiburg i.Br. 1974
MATTMÜLLER-FRICK, F.: Rhythmik. Bern 1969
NEIKES, J.L.: Scheiblauer Rhythmik. Wuppertal 1969
ORFF, G.: Die Orff-Musiktherapie. München 1974
PFEFFER, Ch.: Bewegung – aller Erziehung Anfang. Zürich 1958
— Beschützende Werkstätten und Psychomotorik. In: Lebenshilfe 3/1965
PFISTERER, T.: Die Möglichkeiten der rhythmisch-musikalischen Erziehung. Berlin 1960
— Rhythmisch-musikalische Erziehung in Kindergarten und Schule. Zürich 1971
RECKLING, H.-J.: Rhythmisch-musikalische Erziehung in der Sprachheilschule. Berlin-Charlottenburg 1965
ROBINS, F.u.J.: Pädagogische Rhythmik für geistig und körperlich behinderte Kinder. Rappertswil/Schweiz
RÖTHIK, P.: Rhythmus und Bewegung. Schorndorf 1972
SCHEIBLAUER, M.: in „Lobpreisung der Musik", Zeitschrift – Hrsg. M. SCHEIBLAUER, Zürich ab Dezember 1969: „Rhythmik und Pädagogik", Spreitenbach
— Grundsätzliches zur Rhythmik bei behinderten Kindern. In: „Pro Infirmis" 1963
SIELER, R.: Lernen mit Musik und Bewegung. Selbstverlag, Stuttgart, Reinsburgstr. 71, 1968
SOMMER, A.: in: „Rhythmik in der Erziehung". Wolfenbüttel 1/74 und 2/74
TAUSCHER, H.: Praxis der rhythmisch-musikalischen Erziehung. Berlin 1969
— Die rhythmisch-musikalische Erziehung in der Heilpädagogik. Berlin 1971
VOGEL-STEINMANN, Br.: Was ist Rhythmik? Regensburg 1979

Rhythmik in der Erziehung, Vierteljahreszeitschrift. Verlag Georg Kallmeyer, Göttingen
Blätter zur Berufskunde Band 2 "Lehrer für rhythmisch-musikalische Erziehung" 2. Aufl. Bielefeld 1975

Fotos: F. STRAUB und L. van EGMOND

Thomas Buttendorf

Sportunterricht mit geistig behinderten Kindern und Jugendlichen in den USA

Inhaltsübersicht

1.	Allgemeine Bemerkungen zur Bedeutung amerikanischer Literatur und Forschungsergebnisse für die Arbeit mit Geistigbehinderten in Deutschland	255
2.	Die Population der Geistigbehinderten in den USA	257
2.1.	Definition und Begriffe von geistiger Behinderung	257
2.1.1.	Klassifikationssysteme für geistige Behinderung	258
3.	Theorien und Konzepte der Psycho-, Sensomotorik und des Sports für Behinderte	261
3.1.	Sensomotorische, psychomotorische und ideomotorische Theorien	261
3.2.	Der Begriff „Adapted Physical Education" und andere Begriffe im Bereich des Sports	265
3.3.	Entwicklungsorientierter Sportunterricht (developmental physical education)	266
4.	Besondere Merkmale des Sportunterrichts für Geistigbehinderte	269
4.1.	Der IEP — Individualisierter Erziehungs-Plan	269
4.2.	Tests und andere diagnostische Verfahren und deren Aussagekraft für die Lernzielbestimmung	271
4.3.	Gruppenbildung und Organisation des Unterrichts	276
5.	Curriculare Aspekte des Sportunterrichts mit Geistigbehinderten	278
5.1.	Grob- und Feinziele des Curriculums	279
5.1.1.	Motorische und Bewegungsfertigkeiten	279
5.1.2.	Spiel- und Freizeitfertigkeiten	280
5.1.3.	Entwicklung rhythmischer Fertigkeiten	280
5.1.4.	Erwerb von Schwimmfertigkeiten	280
5.1.5.	Die Entwicklung von Fitness	281
6.	Zur Sportlehrerausbildung für Sondergruppen in den USA	282
7.	Zusammenfassung	285
Literatur		286

1. Allgemeine Bemerkungen zur Bedeutung amerikanischer Literatur und Forschungsergebnisse für die Arbeit mit Geistigbehinderten in Deutschland

HEESE (1977) nennt in seinem Aufsatz „Vergleichende Methoden in der Sonderpädagogik" drei verschiedene Verfahrensweisen, die in der allgemeinen Sonderpädagogik angewendet werden:
„a) die historisch-vergleichende Methode
b) die Methode des internationalen oder intranationalen System- oder Theorievergleichs und
c) die Methode des interdisziplinären Vergleichs" (HEESE 1977, S. 186);
er weist weiter darauf hin, daß die genannten Methoden allein und in Kombination in der Sonderpädagogik häufig Anwendung finden. Diese Aussage trifft besonders für den Bereich der Geistigbehindertenpädagogik zu, die für beinahe jeden Teilaspekt ihres Bezugsfeldes amerikanische Literatur verarbeitet hat (als Beispiele seien genannt: Theorien zur geistigen Behinderung; Verhaltenstherapie, Lernforschung, Diagnostik, Organisationsformen der Erwachsenenbetreuung); stellvertretend für eine solche Vorgehensweise kann ADAM (1978 a, b) genannt werden, die den Versuch unternommen hat, amerikanische Systeme auf die Bundesrepublik anzuwenden. Eine Darstellung des amerikanischen Systems des Sportunterrichts für Geistigbehinderte würde so vordergründig legitim erscheinen; die Forderungen, die HEESE für die historisch-vergleichende Methode aufstellt, können für die übrigen vergleichenden Methoden verallgemeinert werden:
„Zum Beispiel müssen behindertenpädagogische Fakten, Tendenzen, Aussagen usw., ..., stets vor dem Hintergrund
— der Lage des gesamten Bildungswesens,
— diese vor dem Kräftespiel der (Bildungs-)Politik, und
— diese wieder vor den sozio-ökonomischen Verhältnissen gesehen werden (von vielen weiteren Bedingungen einmal abgesehen)" (HEESE 1977, S. 188).
Dem Leser der folgenden Darstellung des Sportunterrichts für Geistigbehinderte muß abverlangt werden, diesen Forderungen selbständig nachzukommen und vor einer vorschnellen Übertragung des Modells eine Analyse der deutschen Bildungssituation vorzunehmen.
Das amerikanische System wird an dieser Stelle vorgestellt, weil es eine Reihe von Besonderheiten besitzt, die den Sportunterricht in den USA effektiver und effizienter machen als in der Bundesrepublik:
— das System ist durchstrukturiert und vollständig organisiert;
— es basiert auf einer beispielhaften Gesetzgebung;
— es bezieht Theorien aus der Entwicklungspsychologie, der Neurophysiologie, der Motorikforschung und aus der Lernpsychologie mit ein und berücksichtigt gleichzeitig die sozio-ökonomischen Verhältnisse der amerikanischen Gesellschaft;
— das System des Sportunterrichts für Geistigbehinderte ist integraler Bestandteil des Gesamtbildungssystems für *alle* Bürger!
Die historische Entwicklung des Sports und des Sportunterrichts mit Behinderten folgte ähnlichen Gesetzen wie der allgemeine Sport, der nach anfänglich fremdbestimmter Entwicklung (Nachvollzug europäischer Strömungen) eigengesetzlich seine Ausprägung nahm. Ausgehend

von medizinisch indizierter Bewegungsschulung für Körperbehinderte (vor allem Veteranen und Kriegsversehrte der von Amerika geführten Kriege) über die Entwicklung von Bewegungs-, Sport-, Spiel- und Freizeitprogrammen zur Beeinflussung der Intelligenz und Schulleistungen bis hin zur gesellschaftlichen Frage der sozialen Integration der Behinderten gab es permanente Um- und Neugestaltungsprozesse des Sports und Sportunterrichts. Man kann verallgemeinernd sagen, daß die Bereitschaft für Veränderungen und die Flexibilität die amerikanische Gesellschaft von der in Deutschland unterscheidet. Dieser Unterschied ist sicherlich Grund dafür, daß Amerika ein sehr umfangreiches und fortschrittliches Sportsystem für Behinderte besitzt. Dies gilt in besonderem Maße für die Geistigbehinderten (vgl. DECKER in diesem Buch), und zwar für die gesetzliche Regelung des Sports, die Programmplanung und -gestaltung, Curriculum-Konstruktion, Ausbildung von Personal und Bereitstellung und Zugänglichkeit von Anlagen und Sportstätten, Konstruktion von adaptierten Sportgeräten sowie die Schulorganisation des Sportunterrichts. So basiert der Sportunterricht in den Sonderschulen für Geistigbehinderte beispielsweise auf Curricula, die von den Schulämtern für den Bereich Sport (neben allen anderen Unterrichtsbereichen) aufgestellt und von den Praktikern in den Schulen auf ihre Population umgelegt werden; der Sportunterricht wird in der Regel von besonders ausgebildeten Sportlehrern durchgeführt und ergänzt durch eine Reihe von Therapieformen, die sich ebenfalls der Bewegung bedienen.

Die folgende Darstellung soll dem Leser Einblick geben in die Population der Geistigbehinderten in den USA, in einige ausgewählte Theorien, die beim Sportunterricht berücksichtigt sind, in die gesetzlichen Grundlagen des Sportunterrichts, in die Curriculum-Planung für den Sportunterricht und in die Besonderheiten des Sportunterrichts aus amerikanischer Sicht. Exemplarisch soll schließlich ein Ausbildungsgang zum Sportlehrer für Sondergruppen (adapted physical education teacher) dargestellt werden.

2. Die Population der Geistigbehinderten in den USA

Geistige Behinderung stellt sich heute vor allem dar als soziologisches bzw. soziales Problem: als geistigbehindert klassifizierte Personen weisen Rückstände in der Entwicklung im Vergleich zu nichtbehinderten Personen auf, die besonders deutlich im Kleinkind-, Kindes- und Jugendalter auftreten; auch die Lernfähigkeit und bestimmte Persönlichkeitsmerkmale werden bei Geistigbehinderten anders dargestellt als bei den Nichtbehinderten; die Behinderten werden auch im Erwachsenenalter nicht in der Lage sein, bestimmte soziale Grundlagen zu erreichen, z.B. sich wirtschaftlich und finanziell selbst zu versorgen. Dadurch wird es gesellschaftlich notwendig, für die Behinderten Einrichtungen zu schaffen, die solche nicht vorhandenen Fähigkeiten ausgleichen helfen und so für die Geistigbehinderten einen Lebensraum innerhalb des gesellschaftlichen Gefüges darstellen. Zu solchen Einrichtungen gehören auch die den Bedürfnissen der Behinderten angepaßten medizinischen, pädagogischen und beruflichen Betreuungseinrichtungen.

Die historische Entwicklung der Geistigbehindertenfürsorge zeigt, daß der soziale Aspekt zwar immer erkannt, häufig jedoch anderen, scheinbar wichtigeren Aspekten (z.B. Intelligenz, Schulleistung) untergeordnet wurde. Die Medizin und vor allem die Psychologie haben sich ausführlich der Geistigbehinderten angenommen und Begriffe und Ausdrücke geprägt, die Eingang in andere Wissenschaftsbereiche gefunden und dazu beigetragen haben, daß sich bestimmte Stereotype bis heute in der Bevölkerung halten konnten.

Die Population der Geistigbehinderten in Amerika ist nicht vollständig identisch mit der in Deutschland; ADAM (1978), WENDELER (1976) und andere schließen aus Gegenüberstellungen, daß die amerikanische Gruppe der „trainable mentally retarded" (TMR), die mit dem früher im deutschen Sprachgebrauch eingebürgerten Begriff der praktisch Bildbaren übersetzt werden kann, den in Deutschland als geistigbehindert klassifizierten Personen am ähnlichsten ist. Diese Aussage besitzt um so größere Bedeutung, da amerikanische Literatur immer wieder allgemein zitiert und zur theoretischen Fundierung und Orientierung deutscher Studien und Forschungsarbeiten herangezogen wird, ohne die Unterschiede zu berücksichtigen.

2.1. Definition und Begriffe von geistiger Behinderung

Die im amerikanischen Sprachgebrauch verbindliche Definition von geistiger Behinderung wurde 1973 von der AAMD (American Association of Mental Deficiency, übersetzbar mit: Amerikanische Gesellschaft für geistige Behinderung) aufgestellt:
„Mental Retardation refers to significantly subaverage general intellectual functioning existing concurrently with deficits in adaptive behavior, and manifested during the developmental period" (GROSSMAN 1973, S. 11).
Übersetzung: Geistige Behinderung bezeichnet eine signifikant unterdurchschnittliche Allgemeinintelligenz, die mit Mängeln im adaptiven Verhalten einhergeht und während der Entwicklungsperiode in Erscheinung tritt.

Wesentliche Elemente dieser Definition sind die signifikant unterdurchschnittliche Allgemeinintelligenz, Mängel im adaptiven Verhalten und das Auftreten während der Entwicklungsperiode. GROSSMAN führt als zeitlichen Bezug für diese Periode das Alter von Geburt bis zum 18. Lebensjahr an. Das zweifaktorielle Definitionssystem bestimmt entscheidend auch die Konstruktion von Testverfahren und Diagnostikinstrumenten zur Feststellung von geistiger Behinderung: die AAMD empfiehlt, die Intelligenz mit einem oder mehreren Intelligenztestverfahren zu überprüfen; geistige Behinderung beginnt unterhalb von zwei Standardabweichungen (bei den zur Zeit gebräuchlichsten Verfahren liegt diese Grenze bei IQ 70 bzw. 68).

Als adaptives Verhalten wird bezeichnet:

„Mit adaptivem Verhalten bezeichnet man die Fähigkeit des Individuums, sich den alters- und sozialschichtorientierten gesellschaftlichen Normen der wirtschaftlichen Unabhängigkeit und sozialen Verantwortung zu einem gewissen Grad anzupassen" (GROSSMAN 1973, S. 11).

Diese noch sehr allgemein gehaltene Beschreibung wird weiter spezifiziert; die AAMD zählt jene Bereiche auf, in denen Defizite im adaptiven Verhalten auftreten können.

Während des Säuglings- und frühen Kindesalters sind dies:

1. Sensomotorische Fähigkeiten
2. Kommunikation (Sprechvermögen und Sprache)
3. Lebenspraktische Fertigkeiten (Self help skills)
4. Sozialisation (Erwerb der Interaktionsfähigkeit)

Im späten Kindesalter und in der Pubertät:

5. Anwendung der Kulturtechniken auf alltägliche Situationen
6. Beurteilungsfähigkeit und Einschätzungsvermögen bei der Meisterung der Umweltanforderungen
7. Sozialverhalten (Verhalten in der Gruppe, interpersonelle Beziehung)

Im Jugend- und Erwachsenenalter:

8. Verantwortungsvolles Verhalten im Beruf und in der Gemeinschaft (vgl. GROSSMAN 1973, S, 12).

Obgleich die AAMD-Definition allgemein anerkannt und als Grundlage für die psychologische und pädagogische Arbeit gebraucht wird, ist sie nicht unkritisiert geblieben. Vor allem die starke Berücksichtigung der Intelligenz führt zu einer Kopflastigkeit der Definition, zumal der zweite Faktor, adaptives Verhalten, relativ problematisch zu messen ist; die Schaffung von Normen in diesem Bereich nivelliert gesellschaftlich, sozial, ethnisch und wirtschaftlich verursachte Verhaltensunterschiede. Das dichotome Modell (siehe Tab. 1) stellt dennoch eine praktikable Lösung dar, da es erst eine geistige Behinderung festschreibt, wenn das betroffene Individuum sowohl intellektuell als auch verhaltensmäßig unterhalb der Normen bleibt. Weiterhin sagt es nichts Bindendes über Ursachen und Verlaufsformen aus, was zu einer schicksalhaften Festschreibung führen könnte.

2.1.1. Klassifikationssysteme für geistige Behinderung

KOCH und KOCH (1975) verweisen bei der Beschreibung von geistiger Behinderung auf zwei wichtige Faktoren: zum einen ist geistige Behinderung nicht eine bestimmte Störung, sondern ein Syndrom mit einer Vielzahl möglicher Störungen; weiterhin stellen sie fest, daß bei fast allen Ursachenklassen geistiger Behinderung verschiedenartige Ausprägungen vorliegen können. Dies erschwert die Aufgabe, eine allgemeingültige Definition zu operationalisieren,

	INTELLEKTUELLE FÄHIGKEIT	
	behindert	nichtbehindert
behindert	GEISTIG BEHINDERT	nicht geistig behindert
nichtbehindert	nicht geistig behindert	nicht geistig behindert

Tab. 1: Zwei-Faktoren-Modell der geistigen Behinderung

beträchtlich; so haben sich historisch bedingt für jeden Arbeitsbereich in Wissenschaft und Praxis eigene Klassifikationssysteme herausgebildet:
Psychologen unterteilen geistige Behinderung in eine schwache (mild), mittlere (moderate), schwere (severe) und eine schwerste (profound) Stufe und ordnen bestimmte IQ-Grenzwerte zu (vgl. WENDELER 1976); die Medizin schuf Begriffe wie moron, imbezill und idiotisch, um die Schwere der geistigen Behinderung auszudrücken; Pädagogen schließlich orientierten sich an den Erziehungs- und Bildungsmöglichkeiten, als sie in die Klassen ,,educable mentally retarded'' (EMR), etwa vergleichbar mit den Grenzfallkindern zur Lernbehinderung in Deutschland; ,,trainable mentally retarded'' (TMR), die in Deutschland in der Vergangenheit lebenspraktisch oder praktisch bildbar genannt wurden; ,,custodial'' oder ,,dependent'', auch als schwerstbehindert oder pflegebedürftig bezeichnet. In Tab. 2 sind die im anglo-amerikanischen Bereich gebräuchlichsten Systeme zusammenhängend dargestellt und zum Intelligenzquotienten in Beziehung gesetzt.

Der Vergleich der Populationen Geistigbehinderter in Amerika und Deutschland läßt folgende grobe Zuordnung zu: EMR-Kinder sind Grenzfälle zur Lernbehinderung bzw. Lernbehinderte; TMR-Kinder und Jugendliche entsprechen der deutschen Population der Geistigbehinderten, wie sie sich in Schulen und Einrichtungen darstellt. Während es in den Vereinigten Staaten seit geraumer Zeit Abteilungen für Schwerstbehinderte in den öffentlichen Schulen gibt, finden in Deutschland die schwerst Geistigbehinderten erst in neuerer Zeit vermehrt Zugang zu Schulen und Werkstätten.

Im folgenden Text wird die pädagogische Klassifizierung beibehalten, da der Sportunterricht in den Schulen im Vordergrund der Betrachtungen stehen soll.

Vereinigungen/Gesellschaften	Intelligenz-Werte (85 — 0)				
AMERICAN ASSOCIATION FOR THE STUDY OF THE FEEBLEMINDED (Amerikanische Gesellschaft zur Erforschung des Schwachsinns)	moron (ca. 70–50)		imbecill (ca. 50–25)		idiot (ca. 25–0)
WORLD HEALTH ORGANIZATION (Welt-Gesundheits-Organisation)	mild (schwach) (ca. 70–50)		moderate (mittlere) (ca. 50–25)		severe (schwer) (ca. 25–0)
AMERICAN PSYCHIATRIC ASSOCIATION (Amerikanische Gesellschaft für Psychiatrie)	mild or slightly mild (leicht) (ca. 85–70)	moderate (mittlere) (ca. 70–50)	severe (schwer) (ca. 50–0)		
AMERICAN ASSOCIATION ON MENTAL DEFICIENCY (Amerikanische Gesellschaft für geistige Behinderung = AAMD)	borderline-mentally retarded (Grenzfall)	mild (schwach)	moderate (mittlere)	severe (schwer)	profound (schwerst)
AAMD-Definition 1973, gemessen mit dem HAWIK (s = 15)		mild (70–55)	moderate (55–40)	severe (40–25)	profound (25–0)
AAMD-Definition 1973, gemessen mit CATTELL, STANFORD-BINET (s = 16)		mild (68–52)	moderate (52–36)	severe (36–20)	profound (20–0)
AMERICAN EDUCATORS (Amerikanische Pädagogen-Vereinigung) zit. nach SMITH 1971	dull-normal (lernbehindert) (90–75)	educable (EMR) bildbar (75–50)	trainable (TMR) praktisch bildbar (50–25)		custodial, dependent low grade (DCH) (25–0)

Tab. 2: *Klassifikationssysteme und Begriffe zur geistigen Behinderung in Beziehung zu IQ-Werten (nach: MACMILLAN 1977, S. 46)*

3. Theorien und Konzepte der Psycho-, Sensomotorik und des Sports für Behinderte

Sportunterricht für Geistigbehinderte in den Vereinigten Staaten kann durch zwei hervorragende Faktoren beschrieben werden:
1. den Lehrplänen für Sport liegt das Prinzip der Entwicklungsgemäßheit zugrunde;
2. innerhalb dieses Entwicklungskonzepts durchlaufen die Geistigbehinderten sensomotorische und psychomotorische Entwicklungsphasen.

Es hat in den USA eine Reihe von Wissenschaftlern auf den oben aufgeführten Gebieten gegeben, die entscheidende Beiträge zu den Theorien oder gar die Theorien selbst geliefert haben. Einer Auswahl von ihnen soll an dieser Stelle kurz vorgestellt werden.

3.1. Sensomotorische, psychomotorische und ideomotorische Theorien

Alle in der Überschrift zu diesem Kapitel aufgeführten Begriffe werden im deutschen Sprachgebrauch differenziert verwendet (vgl. KIPHARD 1980, UNGERER 1971, RÖTHIG 1972); in der amerikanischen Literatur hingegen findet man die Begriffe häufig synonym gebraucht. Wenn die Begriffe im folgenden Text in der in Amerika gebräuchlichen Weise verwendet werden, so ist sich der Autor der graduellen und theoretischen Unterschiede bewußt. Allen Begriffen ist gemeinsam:
— sie basieren auf der Tatsache, daß Bewegung oder motorisches Verhalten ein Wechselprozeß von Wahrnehmung und Muskelaktion ist;
— die höheren Nervenzentren spielen eine bedeutende Rolle bei der Steuerung dieses Prozesses;
— die hinter den Begriffen stehenden Theorien implizieren, daß durch sensomotorische Prozesse die intellektuellen Fähigkeiten positiv beeinflußt werden können;
— die sensomotorischen Übungen werden zur Beseitigung oder Verbesserung von Behinderungszuständen herangezogen;
— sensomotorische Fähigkeiten sind die Grundlage für das Erlernen von komplexen motorischen Fertigkeiten, z.B. sportartspezifische Techniken.

CRATTY stellt eine umfassende Liste von Voraussetzungen auf, die als Grundlage für sensomotorische Theorien gelten kann:
„1. Die normale Entwicklung der Sinne hängt von explorativem Verhalten ab, das wiederum intakte Bewegungsfähigkeit voraussetzt.
2. Die Verbesserung mangelhafter motorischer Fähigkeit kann sensomotorische Funktionen verbessern...
3. Förderprogramme mit speziellen Bewegungserfahrungen verbessern wahrscheinlich auch die Schulreife.
4. Kinder, denen es an geeigneten Möglichkeiten zum Sammeln von Bewegungserfahrungen fehlt, werden wahrscheinlich Lernschwierigkeiten bei Schuleintritt haben" (CRATTY 1975, S. 37).

Die exemplarische Darstellung der Wirkungsweise sensomotorischer Programme macht ersichtlich, daß sie häufig darauf abgezielt waren, bei gestörten oder verzögerten Entwicklungsabläufen eine Verbesserung hin zur Normalität zu erzielen.
KEPHART, GETMAN, FROSTIG, AYRES und BARSCH gehören zu den bekanntesten Vertretern der sensomotorischen Theorie; sie haben eine Vielzahl von Begriffen zur Beschreibung sensomotorischer Funktionsstörungen und Funktionsbereiche definiert, die aus den Bereichen der Bewegungslehre, Medizin, Psychologie für die entsprechenden Therapieprogramme ausgewählt oder zum Teil auch neu kreiert wurden. Es ist im Bereich der Senso- und Psychomotorik zuweilen schwierig, die Systeme klar voneinander abzugrenzen; MOORE beschreibt den Menschen als ein „sensorisches Integrations-Motorik-Sensorik-Feedback-System" (original: sensori-integrative-motor-sensory feedback-system), um die Vielschichtigkeit der Funktionsweise zu dokumentieren, die in zweifaktoriellen Beschreibungen (senso-motorisch, psycho-motorisch) nicht genügend berücksichtigt wird. Wie die oben aufgeführten Autoren den Begriff Sensomotorik operationalisieren, wird aus Tab. 3 deutlich.

ROACH/KEPHART (1966)	GETMAN (1965)	FROSTIG (1966)	BARSCH (1967)	AYRES (1965–1969)
1. Gleichgewicht und Haltung 2. Körperbild und Differenzierung 3. Sensomotorische Passung 4. Visuelle Kontrolle 5. Formwahrnehmung	1. Allgemeine Bewegungsmuster 2. Spezielle Handlungsmuster der Bewegung 3. Entwicklung von Augenbewegungen 4. Kommunikationsmuster als Nachfolger von Bewegungsmustern 5. Entwicklung visueller Vorstellungsmuster 6. Ausbildung sensomotorischer Organisationsfähigkeit	1. Visumotorische Koordination 2. Figur-Grund-Wahrnehmung 3. Formkonstanz 4. Raumlage 5. Räumliche Beziehungen	1. Muskelkraft 2. Dynamisches Gleichgewicht 3. Raumwahrnehmung 4. Körperwahrnehmung 5. Dynamische visuelle Verarbeitung 6. Dynamische auditive Verarbeitung 7. Dynamische taktile Verarbeitung 8. Bilateralität 9. Rhythmus 10. Beweglichkeit 11. motor. Planen	1. Nachahmung von Körperhaltungen 2. Kreuzen der Körpermittellinie 3. Bilaterale Bewegungskoordination 4. Rechts-links-Diskriminierung 5. Statisches Gleichgewicht mit offenen Augen 6. Statisches Gleichgewicht mit geschlossenen Augen

Tab. 3: Die Begriffe ausgewählter sensomotorischer Theorien

Der Vergleich der unterschiedlichen Ansätze läßt erkennen, daß die Autoren unterschiedliche Schwerpunkte für ihre Theorien wählten: während KEPHART und FROSTIG dem Sehen eine prominente Rolle im sensomotorischen System zuordnen, mischt BARSCH Begriffe aus der Sensomotorik und der Bewegungslehre zu einem Curriculum; AYRES betont mehr die sensomotorische Integration, motorisches Planen und die Lateralität, während GETMAN von der Basis der Bewegung zu Sehen und Kommunikation tendiert.
J. AYRES entwickelte sich von der Beschäftigungstherapie her hin zu einer neurologisch begründeten Bewegungstherapie, die nach Ergebnissen aus eigens entwickelten Tests geplant und durchgeführt wird. Mit dem SC-SIT (Southern California Sensory Integration Test) überprüft sie die Funktionsbereiche der visuellen Raumwahrnehmung (space visualization), Figur-Grund-Wahrnehmung, Raumlage, Abzeichnen geometrischer Figuren und Muster, motorische Genauigkeit, Finger-Identifikation, Graphesthesie, manuelle Formwahrnehmung, Kinästhesie, Lokalisation taktiler Reize, Wahrnehmung taktiler Doppelreize, Nachahmung von Körperhaltungen, Kreuzen der Körpermittellinie, bilaterale Bewegungskoordination, Links-Rechts-Diskriminierung und statisches Gleichgewicht bei offenen und geschlossenen Augen.

Die Autorin gibt vor, mit diesem Test alle relevanten sensorischen und motorischen Funktionssysteme abzudecken.

Ihr auf Testdaten aufgebautes Therapieprogramm ist mehr klinisch ausgerichtet und eignet sich weniger für den Schulgebrauch, obgleich die einzelnen Übungen auch für den Unterricht mit geistigbehinderten Kindern und Jugendlichen angepaßt werden können.

Wenn nicht besondere Gründe dagegen sprechen, sollten die Übungen bedarfsmäßig eingesetzt werden, weil sie einen hohen Aufforderungscharakter besitzen und alle sensorischen Bereiche planvoll, gezielt und kontrolliert stimulieren.

CRATTY, und vor ihm schon HUMPHREY, LE BOULCH, MOSSTON und MONTESSORI vertreten einen ideomotorischen Ansatz, der kurz umrissen besagt, daß durch Bewegungsspiele und Einsatz von Bewegung intellektuelle Fähigkeiten verbessert werden können. Diese bis heute umstrittene Annahme würde bedeuten, daß Sport nicht eigenständig unterrichtet, sondern in den aktuellen Erziehungs- und Unterrichtsprozeß direkt, situationsbezogen, lebenspraktisch und mit Gebrauchswert besitzenden Inhalten einbezogen werden muß. Der Prozeß der Spezialisierung in der Lehrerausbildung, vor allem in der Bundesrepublik, wirkt dieser Forderung entgegen; auch ist die Literatur zur Methodik und Didaktik sowie zur Theorie der Bewegung stark spezialisiert ausgerichtet und erschwert so dieses Vorhaben. Wie ein ganzheitlicher Unterricht im Rahmen des Sportunterrichts gestaltet werden kann, wird u.a. von LAWRENCE und HACKETT (1975) für den Bereich des Schwimmens eindrucksvoll demonstriert.

Verschiedene Autoren haben sich daran versucht, sensomotorische Theorien in ein Entwicklungsmodell einzubetten und damit eine Richtschnur für pädagogisches Vorgehen zu geben; ARNHEIM, AUXTER und CROWE (1977) stellten ein entwicklungsorientiertes Modell der visumotorischen Reifung vor (siehe Tab. 4), während SEAMAN und DEPAUW ein Strukturmodell der Sensomotorik entwicklungsorientiert organisierten (siehe Tab. 5).

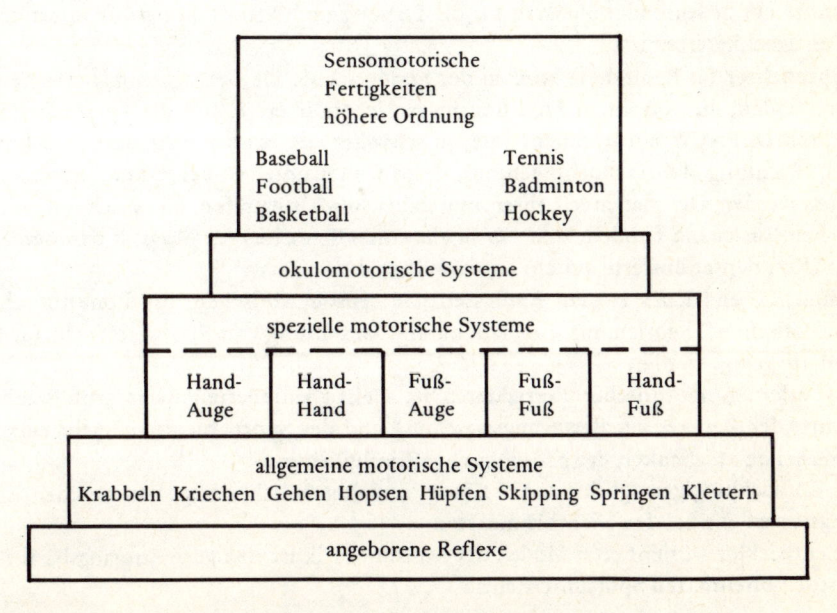

```
                    Sensomotorische
                    Fertigkeiten
                    höhere Ordnung

              Baseball           Tennis
              Football           Badminton
              Basketball         Hockey
            ─────────────────────────────
                 okulomotorische Systeme
            ─────────────────────────────
                 spezielle motorische Systeme

        Hand-   Hand-   Fuß-   Fuß-   Hand-
        Auge    Hand    Auge   Fuß    Fuß
      ─────────────────────────────────────
              allgemeine motorische Systeme
       Krabbeln Kriechen Gehen Hopsen Hüpfen Skipping Springen Klettern
    ─────────────────────────────────────────────
                    angeborene Reflexe
```

Tab. 4: Entwicklungsorientiertes Modell der visumotorischen Reifung
(ARNHEIM, AUXTER/CROWE 1977, S. 59)

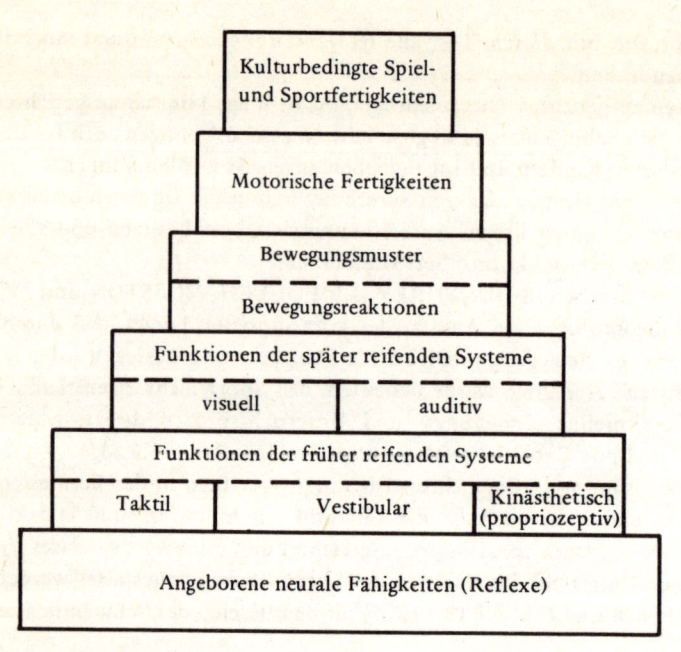

```
        ┌─────────────────────────┐
        │  Kulturbedingte Spiel-  │
        │   und Sportfertigkeiten │
     ┌──┴─────────────────────────┴──┐
     │    Motorische Fertigkeiten    │
  ┌──┴───────────────────────────────┴──┐
  │          Bewegungsmuster            │
  │─ ─ ─ ─ ─ ─ ─ ─ ─ ─ ─ ─ ─ ─ ─ ─ ─ ─ ─│
  │        Bewegungsreaktionen          │
┌─┴─────────────────────────────────────┴─┐
│   Funktionen der später reifenden Systeme │
│        visuell    │    auditiv          │
├─────────────────────────────────────────┤
│   Funktionen der früher reifenden Systeme │
│  Taktil  │  Vestibular  │ Kinästhetisch │
│          │              │ (propriozeptiv)│
├─────────────────────────────────────────┤
│  Angeborene neurale Fähigkeiten (Reflexe) │
└─────────────────────────────────────────┘
```

Tab. 5: Strukturmodell der Sensomotorik
(SEAMAN/DEPAUW 1978, S. 44)

Obgleich beide Modelle an der „normalen" Entwicklung ausgerichtet sind, müssen sie für alle Behinderungsarten gleichermaßen gelten: es wird bei beiden Darstellungen auf die Normen-Zeitleiste verzichtet, so daß einzig die Stufen- oder Sequenzfolge bestimmter Entwicklungsabschnitte ein bedeutender Maßstab für die Planung und Weiterführung von Sportunterricht mit Geistigbehinderten ist.

Der Sportlehrer für Behinderte wird in der Sonderschule für Geistigbehinderte eine Population vorfinden, die von ihrem Funktionsniveau in die obere Hälfte der Pyramide von SEAMAN und DEPAUW einzuordnen wäre; je schwerer die Kinder behindert sind (vor allem auch in Richtung Mehrfachbehinderung), desto weiter unten in der Pyramide müssen sie angesiedelt werden. Der planende Lehrer muß dabei sorgfältig prüfen, ob es sich um einen ganzheitlichen Rückstand handelt, oder ob in einzelnen Bereichen der Motorik besondere Fertigkeiten (Kompensationsfertigkeiten) entwickelt sind.

Zusammenfassend kann zu den Einflüssen von sensomotorischen, psychomotorischen und ideomotorischen Theorien auf die Planung und Gestaltung von Sportunterricht für Geistigbehinderte gesagt werden:

— das Erlernen motorischer Fertigkeiten ist Geistigbehinderten nicht grundsätzlich verwehrt; der Bereich der Bewegungserziehung und des Sports bietet vielmehr eine vielversprechende Möglichkeit der pädagogischen Einflußnahme;

— die Entwicklung geistigbehinderter Kinder und Jugendlicher folgt den gleichen Entwicklungsstufen wie bei den Nichtbehinderten;

— ein entwicklungsorientiertes Modell der Sensomotorik ist eine gute Ausgangsbasis für diagnostisch orientierten Sportunterricht.

3.2. Der Begriff „Adapted Physical Education" und andere Begriffe im Bereich des Sports

Bereits 1952 stellte die Arbeitsgruppe Behindertensport der American Association of Health, Physical Education and Recreation (Amerikanische Gesellschaft für Sport, Gesundheit und Freizeit) den Versuch an, mittels einer allgemeinen Begriffsdefinition von Behindertensport die Begriffsvielfalt zu ordnen und Klarheit zu schaffen. Sie prägte den Begriff „adapted physical education", der in der Folge mit Behindertensport übersetzt werden soll, obgleich eine genaue Übersetzung „angepaßte Leibeserziehung" bedeutet; es sei darauf verwiesen, daß der Begriff Leibeserziehung in unserem Sprachgebrauch eindeutig historisch begründet und durch neuere Entwicklungen (etwa auf dem Sektor der Curriculumdiskussion) überholt ist. Die Arbeitsgruppe definierte Behindertensport wie folgt:
„Behindertensport ist ... ein vielfältiges Programm entwicklungsorientierter Übungen, Spiele, Sport- und Rhythmikaktivitäten, das den Neigungen, Fähigkeiten und Beschränkungen von behinderten Schülern angepaßt ist, die nicht sicher und erfolgreich an den regulären Sportstunden teilnehmen können" (COMMITTEE ON ADAPTED PHYSICAL EDUCATION 1952, S. 15).
Entscheidende Faktoren dieser Definition sind zum einen die Neigungen und Fähigkeiten der behinderten Schüler, die die Anpassung der Sporttätigkeiten an die behinderungsbedingten Einschränkungen beeinflussen; zum anderen wird das angepaßte Sportprogramm nur dort angewendet, wo der behinderte Schüler nicht sicher und erfolgreich am regulären Sportunterricht teilhaben kann. Schwimmen und Tanz sind zwar nicht als eigenständige Bereiche aufgeführt, doch kann man sie unter die Begriffe der Sport- und Rhythmiktätigkeiten fassen.
Trotz dieses sehr frühen Versuchs einer einheitlichen Begriffsbildung existieren heute auf dem Gebiet des Behindertensports noch andere Begriffe, die im eigentlichen Sinne das gleiche aussagen, jedoch mit unterschiedlichem Vokabular arbeiten. Ob sie nun Schulsonderturnen (corrective physical education), Sporttherapie (therapeutic physical education) oder prophylaktischer Gesundheitssport heißen, ihr Hauptziel ist die Prävention, Heilung oder Besserung medizinisch angezeigter Schwächen und Schäden. Trotz der Unterschiedlichkeit der theoretischen Positionen haben sie eines gemeinsam: sie wollen dem behinderten Schüler helfen, einen sinnvollen und adäquaten Ausbildungsstand auf dem Gebiet der Psychomotorik und des Sports zu bekommen. Daher kann SHERRILL (1977) zugestimmt werden, die alle Begriffe synonym verwendet, da sie identische Ziele haben und der Gesamtpopulation der Behinderten dienen.

Sowohl FAIT als auch DANIELS und DAVIES beschreiben einen wesentlichen Grundsatz für den Behindertensport:
„Adapted physical education ist Sportunterricht, der für behinderte Schüler geplant und angepaßt ist. Er beinhaltet alle Aspekte des regulären Sportprogramms jedoch ausgewählt für und angepaßt an die Entwicklung der Fähigkeiten jedes einzelnen Schülers" (DANIELS/DAVIES 1975, S. 1).

Dieser Grundsatz gewinnt zunehmend an Bedeutung, vor allem unter dem Aspekt des „mainstreaming" oder der Normalisierung, die auch für Geistigbehinderte in den USA zunehmend gefordert wird. Dabei wird davon ausgegangen, daß eine Reihe von Behinderten in Regelschulen besser untergebracht sind als in Sonderschulen, vorausgesetzt, die Regelschule bietet für die besonderen Problembereiche eine besondere Förderung; auf die Frage des „mainstreaming" wird im folgenden noch eingegangen.

Die Bewegung als Hauptmedium des Sportunterrichts wird auch von anderen Berufsgruppen eingesetzt. Diese Berufsbilder treten häufig an die Stelle von Sportunterricht, vor allem in Verbindung mit bestimmten Behinderungsarten. ARNHEIM, AUXTER und CROWE (1977) bezeichneten diese Sparten als Bewegungstherapien und führen sie unter habilitativen und rehabilitativen Diensten auf, die vornehmlich in Krankenhäusern, Sondereinrichtungen (Heimen) und anderen klinischen Einrichtungen für die Patienten bereit gehalten werden. Zu diesen Therapieformen gehören:

,,– physical therapy (Physiotherapie oder Krankengymnastik)
– occupational therapy (Beschäftigungstherapie)
– recreation therapy (Freizeittherapie)
– dance therapy (Tanztherapie)
– corrective therapy (therapeutisches Turnen, Schulsonderturnen)
– motor therapy (Mototherapie, auch sensomotorische oder psychomotorische Therapie).

Grundlegende Gemeinsamkeiten dieser Therapieformen sind:
– medizinisch indiziert und verschrieben,
– vornehmlich individuell (in Einzelbehandlung) durchgeführt,
– Heilung oder Wiederherstellung wird angestrebt:
    ... der Invalide soll auf eine effektive Stufe körperlicher, seelischer und geistiger Gesundheit zurückgeführt werden..., ... und dem Invaliden soll geholfen werden, so effektiv wie möglich mit seiner Behinderung zu leben ..." (ARNHEIM/AUXTER/CROWE 1977, S. 10);
– therapeutische Verfahren sind immer defekt- oder defizitorientiert; es wird angestrebt, den Zustand zu heilen oder funktionell zu verbessern.

Der eigentliche Unterschied zwischen Sportunterricht für Behinderte und den verschiedenen Bewegungstherapien wird durch das Bundesgesetz PL 94-142 verdeutlicht, das noch näher beschrieben werden wird: Sportunterricht wird in dem Gesetz als pädagogische Maßnahme klassifiziert, d.h., die Kinder und Jugendlichen *lernen* im Bereich der Motorik (sie haben also ein Recht auf diesen Unterricht); Bewegungstherapie dagegen wird vom Gesetz zu den Hilfsmaßnahmen gezählt, die je nach Bedarf und nach wirtschaftlicher oder organisatorischer Vertretbarkeit und Machbarkeit von den Schulen und anderen pädagogischen Einrichtungen angeboten werden können.

3.3. Entwicklungsorientierter Sportunterricht (developmental physical education)

Eine Reihe von Autoren schließt ,,entwicklungsorientiert" in ihre Definition von Sportunterricht für Sondergruppen ein. ARNHEIM, AUXTER und CROWE schreiben, daß dieser Begriff ,, ... immer häufiger gebraucht wird, vor allem im Zusammenhang mit dem leistungsschwachen Schüler, und daß er wegen seiner positiven Bedeutung allgemein anerkannt wird" (1977, S. 28). CLARKE und CLARKE sehen die Funktion eines entwicklungsgemäßen Sportunterrichts in der ,, ... Verbesserung des körperlichen Leistungsvermögens von Schwachen und Kranken durch individuelle Übungspläne mit steigender Belastung" (1978, S. 28). FAIT sagt über den Begriff aus: entwicklungsgemäßer Sportunterricht ,, ... betont die Entwicklung von motorischen Fähigkeiten und körperlicher Fitness, die unterhalb eines erwünschten Standes sind ..." (1978, S. 4).
SEAMAN und DEPAUW stellen eine sehr funktionelle Definition des entwicklungsgemäßen Sportunterrichts für Sondergruppen auf:

„Der an der Entwicklung orientierte Ansatz bedient sich einer Vielzahl von systematischen und vorbestimmten Methoden und Techniken, um das Wachstum und die Entwicklung von Personen mit Leistungsstörungen zu unterstützen, damit sie der Norm näher kommen und ihre größtmögliche Leistungsfähigkeit erreichen können" (SEAMAN/DEPAUW 1978, S. 2).

Das Hauptaugenmerk bei dieser Definition liegt auf der Methodik und Organisation des Sportunterrichts: systematische methodische und didaktische Planung des Unterrichts, am Lernfortschritt ausgerichteter zunehmender Schwierigkeitsgrad, Aufbauen des Unterrichts auf dem aktuellen individuellen Leistungsstand eines jeden einzelnen Schülers — bedürfnisorientierter Unterricht.
Dieser sportpädagogische Grundsatz gilt eigentlich für jeden Sportunterricht und nicht allein für Sondergruppen; der in Tab. 6 dargestellte Vergleich von Lernzielkatalogen für Grund-, Haupt- und Sonderschulen birgt ein beträchtliches Maß an Übereinstimmung und Ähnlichkeiten: Sportunterricht allgemein ist entwicklungsorientiert, Methoden und Prinzipien unterscheiden sich nicht grundlegend voneinander, der Sport sollte bedürfnisorientiert sein. SHERRILL zieht aus dieser Sicht ein Fazit: „In gewissem Sinn ist jeder gute Sportunterricht ein Sondersportunterricht" (SHERRILL 1977, S. 10).
Diese Aussage läßt ein eigenständiges Konzept von Sportunterricht für Sondergruppen eigentlich unnötig erscheinen; dennoch existieren verschiedene Faktoren, die *für* ein solches Konzept sprechen:
— der Sportunterricht mit Nichtbehinderten geht von biologischen und motorischen Niveaus aus, die dem chronologischen Alter entsprechen; dies gilt nicht für jeden geistigbehinderten Schüler, bei dem der aktuelle Entwicklungsstand individuell mit entsprechenden Diagnostikinstrumenten bestimmt werden muß;
— der Einfluß der Behinderung auf so wichtige Bereiche wie Lernen, Aufgabenverständnis, Aktivitätsniveau, aber auch eventuell Mehrfachbehinderungen (vor allem Körperbehinderungen) muß bei der Planung und Organisation von Sportunterricht besonders berücksichtigt werden;
— Auswirkungen der Behinderung auf Wahrnehmung, Informationsverarbeitung und Sozialverhalten machen ein selbstkontrolliertes und planvolles Lehrerverhalten im Sportunterricht notwendig.
Für den Sportunterricht in Schulen für geistigbehinderte Kinder und Jugendliche in den USA gelten die Grundsätze der Entwicklungsorientiertheit und der Angepaßtheit der Inhalte an die besonderen Merkmale der Population uneingeschränkt; das führt zu bestimmten Besonderheiten des Sportunterrichts mit Behinderten, die am Beispiel der Geistigbehinderten dargestellt werden sollen.

SHERRILL (1977, S. 32)	DAUER/PANGRAZI (1979, S. 12)	VANNIER/GALLAHUE (1978, S. 6)	FAIT (1978, S. 57)
Eine sportlich erzogene Person kennt ihren Körper und kann ihn gebrauchen.	Lernen, seinen Körper zu beherrschen und sich sportliche Fertigkeiten mit Gebrauchswert aneignen.	Die Entwicklung neuromuskulärer Fertigkeiten und sensomotorische Entwicklung.	Die Entwicklung grundlegender Bewegungsfähigkeit, Verbesserung der Körperwahrnehmung, das Ausbilden eines dauernden Wunsches nach körperlicher Betätigung.
Sportunterricht ist Gesundheitsversicherung.	Die Entwicklung und Erhaltung eines angemessenen Standes körperlicher Fitness, die Aneignung notwendiger Fertigkeiten und Gewohnheiten zur eigenen Sicherheit.	Die Entwicklung motorischer und körperlicher Fitness.	Die Entwicklung einer optimalen körperlichen Fitness.
Sportunterricht kann schulische Leistungen fördern.	Sportprogramme sollen sich positiv auf die Erziehung auswirken.	Die Verbesserung allgemeinen Wissens.	
Ein guter Sportunterricht fördert ein positives Selbstkonzept.	Die Schaffung eines positiven Selbstkonzepts und Selbstbildes.	Entwicklung des Selbstkonzeptes.	Sportunterricht soll dem einzelnen ein Gefühl des Wertes und der Würde vermitteln, ohne Ansehen der Behinderung; es soll dem Schüler die Ausprägung seiner Behinderung und die Einschränkungen verständlich machen, dabei aber die Fähigkeit zu zukünftiger Entwicklung hervorheben.
Ein guter Sportunterricht verhilft dem Schüler zu sozialen Verhaltensweisen.	Die Vermittlung wünschenswerter sozialer Verhaltensweisen und ethischer Konzepte.		
	Der Erwerb vielfältiger sportlicher Fertigkeiten.	Anbahnung sinnvoller Freizeitfähigkeiten.	Die Ausbildung einer Vielzahl sportlicher Fertigkeiten für den Freizeitsport.

Tab. 6: Lernziele des Sportunterrichts in amerikanischen Schulen (SHERRILL und FAIT gelten für den Behindertensport)

4. Besondere Merkmale des Sportunterrichts für Geistigbehinderte

Wie in anderen Staaten der Welt auch, so wurden in den USA in der Vergangenheit nicht alle Behinderten im schulpflichtigen Alter auch öffentlich beschult; eine Reihe von Klagen und Urteilen, die die Aufnahme bestimmter behinderter Kinder und Jugendlicher in öffentlichen Schulen zum Inhalt hatten, bereiteten den Boden für ein Bundesgesetz (PL 94-142), das 1975 verabschiedet wurde. Dieser „Education of All Handicapped Children's Act of 1975" (Gesetz zur Erziehung aller behinderten Kinder von 1975) verlangt von allen Staaten die Sicherstellung einer kostenlosen, angemessenen Ausbildung aller behinderten Kinder und Jugendlichen im Alter von 6 bis 18 Jahren in öffentlichen Schulen; das Gesetz sieht weiterhin eine Erweiterung des Rechts auf Ausbildung für das 3. bis 21. Lebensjahr vor. Dieses Bundesgesetz, das in den einzelnen Bundesstaaten zu verschiedenen Zeiten in Kraft getreten ist, stellt die Schulverwaltungsbehörden vor organisatorische Probleme, mußten sie doch für eine Reihe von Behinderungsarten neue Schulen errichten bzw. die Eingliederung dieser Behinderten in bestehende Schulen vornehmen; im Bereich der geistigen Behinderung bedeutete dies eine Öffnung der Schulen für die schwerst Geistigbehinderten und Mehrfachbehinderten, die zuvor in Heimen und anderen Einrichtungen untergebracht waren. Eine weitere Kernforderung des Gesetzes galt der Unterbringung der Kinder in „the least restrictive environment" (Einweisung in die Schulart, die den Betroffenen am wenigsten einschränkt); daraus entstand das Schlagwort des „mainstreaming", des Zurücks der behinderten Kinder und Jugendlichen in die Normalschulen, sofern diese die Behinderten nicht überfordern. Diese Forderung galt zwar allgemein, sollte aber für jeden Unterrichtsbereich erneut geprüft werden: so war vorstellbar, daß geistigbehinderte Kinder in Kunst, Musik und Sport mit Nichtbehinderten zusammen unterrichtet werden sollten, in den übrigen Bereichen aber nicht. Um eine solche Prüfung möglich zu machen und um die Verantwortlichkeit für die angemessene Erziehung und Bildung jedes einzelnen behinderten Kindes zu gewährleisten, führte das Gesetz den IEP, den Individualisierten Erziehungs-Plan ein.

4.1. Der IEP — Individualisierter Erziehungs-Plan

Jedes Kind, das in einem sonderpädagogischen Programm unterrichtet und erzogen wird, wird nach einem Individualisierten Erziehungs-Plan unterrichtet; dieser Plan wird in Zusammenarbeit mit allen am Erziehungsprozeß innerhalb der Schule beteiligten Personen und mit den Eltern (ggf. auch mit dem Schüler) gemeinsam abgestimmt und festgeschrieben. Der IEP soll enthalten:
— eine Analyse und Darstellung des derzeitigen Wissens- und Entwicklungsstandes des einzelnen Kindes,
— pädagogische Jahresziele für die einzelnen Unterrichtsbereiche sowie die Grob- und Feinlernziele jedes einzelnen Bereichs,
— Aussagen über sonderpädagogische und andere therapeutische Maßnahmen sowie darüber, in welchem Rahmen das Kind am Unterricht in Normalklassen teilnehmen kann;

— Festlegung der Dauer des IEP und der darin aufgeführten Maßnahmen;
— Verfahren zur Lernzielkontrolle.

Der IEP wird einmal jährlich überprüft und gegebenenfalls überarbeitet, um auf dem aktuellen Entwicklungsstand aufzubauen. Damit ist weiterhin gegeben, daß auch die Plazierungsentscheidung regelmäßig überprüft wird, so daß eine eventuelle Umschulung bzw. eine Erweiterung der Unterrichtung in Normalklassen möglich sind. Das ganze System des IEP entspricht wohl allgemein der in der deutschen Sonderpädagogik besonders für den Bereich der Geistigbehindertenpädagogik geforderten unterrichtsbegleitenden Diagnostik, wobei das amerikanische System bei weitem besser operationalisiert und organisiert ist; so legt ein Team von Personen (SAT – School Appraisal Team), das sich zusammensetzt aus dem Klassenlehrer, dem Sportlehrer, dem Schulpsychologen, einem Vertreter der Schulverwaltung, in der Regel der Rektor oder Konrektor der Schule, bei Bedarf der Krankengymnastin oder der Schulkrankenschwester, den Eltern und wenn möglich dem Schüler, die pädagogischen Maßnahmen für ein Jahr fest; jeder der beteiligten Pädagogen oder Therapeuten hat bis zur Erstellung des IEP für jeweils seinen Bereich mit Hilfe von Anamnese, Tests, Beobachtungsverfahren sowie den Schulakten den momentanen Leistungsstand des Schülers festgestellt; dabei kann der gesamte Eingangsdiagnose-Vorgang auch vom Lehrer allein durchgeführt werden, je nach dem, wie stark dieser Schüler behindert ist. Welche Methoden vor allem für den Sportbereich von den Lehrern herangezogen werden können, wird im nächsten Kapitel dargestellt. HARING beschreibt die Bereiche, für die unbedingt das Ausgangsniveau festgestellt und Lernziele aufgestellt werden sollen:
— grobmotorische Fertigkeiten (allgemeine Mobilität und Fortbewegung),
— feinmotorische Fertigkeiten (mit besonderer Berücksichtigung schul- und berufsvorbereitender Fertigkeiten),
— Sprache,
— lebenspraktische Fertigkeiten zur Selbstversorgung,
— soziale Fertigkeiten (Interaktion mit anderen, Erwerb von Freizeittechniken)
(vgl. HARING 1977, S. 23–24).

Diese Darstellung von Lernbereichen für Geistigbehinderte ähnelt den Darstellungen, die von ADAM (1978), LITTON (1978), MACMILLAN (1978) u.a. verwendet werden. Die Lernbereiche bestimmen bei einer konsequenten Vorgehensweise im Sinne des IEP auch die verwendeten Testverfahren und Diagnoseinstrumente: so wird Motorik vor allem durch Tests zur Fein- und Grobmotorik überprüft werden, wenn man HARINGs Einteilung für verbindlich hält. Welche Bereiche letztendlich überprüft werden, hängt auch von der Gliederung des Curriculums ab, das für die entsprechende Schule gültig ist.

Der IEP als Grundlage jedes sonderpädagogischen Unterrichts stellt eigentlich die konsequenteste Form des Unterrichtsprinzips der Differenzierung dar; allerdings erfordert er vom Lehrer einen beträchtlichen Arbeitsaufwand sowie ein Umdenken in pädagogischer Sicht. Individuelle Lernzielplanung bedeutet nicht gleichzeitig Individualunterricht oder Einzelbetreuung: Klassen, eines der wesentlichsten Kennzeichen von Schule und Unterricht in Deutschland, bestehen nach wie vor und werden auch gemeinsam unterrichtet; einschneidend wirkt der IEP auf den Lehrenden bzw. auf dessen Wahrnehmung von Lernen und Schülerverhalten. Die im IEP aufgeführten Jahreslernziele helfen dem Lehrer, die Bedürfnisse des einzelnen besser im Auge zu behalten und bei der weiteren Planung zu berücksichtigen.

Für die Bewegungserziehung und den Sport hat in Deutschland bislang IRMISCHER (1980) das Prinzip des IEP in einem weiteren Sinn aufgegriffen und verarbeitet: für motopädagogische Unterrichtsverfahren stellt er die Feststellung des motorischen Ausgangsniveaus als ersten Schritt dar; allerdings kann er nur eine geringe Zahl von (vor allem standardisierten) Testverfahren nennen, die für diese Aufgabe herangezogen werden können, und die nur bestimmte Teilaspekte der Motorik erfassen.

4.2. Tests und andere diagnostische Verfahren und deren Aussagekraft für die Lernzielbestimmung

Wie bereits zuvor erwähnt, orientieren sich Lehrer und Diagnostiker bei der Feststellung des Leistungsniveaus ihrer geistigbehinderten Kinder zum einen an der Entwicklung, zum anderen an den Curricula für den Unterricht. Beide Prinzipien beeinflussen ihrerseits die Konstruktion von Test- und anderen Diagnostikverfahren; Entwicklungsraster und -beobachtungsbögen spiegeln immer die normale Entwicklung für solche Bereiche wie Motorik, Sprache, Sozialverhalten, Persönlichkeit usw. wider. Curricular orientierte Tests beinhalten als Großbereiche in der Regel die Richtziele. In den Tabellen 7, 8 und 9 werden die augenblicklich auf dem amerikanischen Markt gängigen Verfahren vorgestellt; nicht beinhaltet sind allerdings diejenigen Verfahren, die von den einzelnen Schulämtern für ihren jeweiligen Bereich erstellt wurden.
Bei den einzelnen Verfahren muß man unterscheiden in allgemeine, d.h., sie gelten für alle Schüler (behindert und nichtbehindert), und in besondere Verfahren für Geistigbehinderte. Drei große Gruppen decken bestimmte Teilaspekte der Motorik ab:
— die Entwicklungsgitter beinhalten neben der Motorik noch alle anderen Aspekte der menschlichen Entwicklung;
— die Testverfahren zur Überprüfung motorischer Fähigkeiten, sensomotorischer und psychomotorischer Entwicklung sind auf die wesentlichen Komponenten der Motorik ausgerichtet;
— Fitness-Tests prüfen ein Konstrukt, das sich aus einer Reihe von verschiedenen Faktoren (Schnelligkeit, Kraft, Ausdauer, Gewandtheit, Gleichgewicht und Koordination) zusammensetzt. Auch hier werden allgemeine und spezielle Tests für besondere Populationen unterschieden, die unterschiedliche Testübungen und vor allem unterschiedliche Normen aufweisen.

Neben den in den Tabellen 7 — 9 aufgeführten Verfahren, die von kommerziellen Gesellschaften vertrieben werden und die standardisiert sind, kann der Lehrer bei der Überprüfung des Eingangsniveaus jedes ihm zugängliche Testverfahren anwenden, sofern er die Anwendung begründen kann; für bestimmte Fragestellungen wird der Lehrer selbst einen eigenen Test zusammenstellen müssen; dabei sind Normen und standardisierte Methoden von sekundärer Bedeutung, da es sich um eine für einen Schüler individuelle Fragestellung handelt.
Testergebnisse, zusammen mit Ergebnissen aus medizinischer, psychologischer Überprüfung und aus Verhaltensbeobachtungen liefern das Datenmaterial, aus dem die Lernziele für den betreffenden Schüler für ein Schuljahr abgeleitet werden. Bei der Evaluation der Ergebnisse aus der Eingangsüberprüfung stellt der Lehrer nicht nur die Schwächen, sondern auch die Stärken in Form eines Berichts dar.
Im Rahmen der Schulpraxis ergibt sich eine weitere Besonderheit: der Klassenlehrer erstellt (gesetzlich vorgeschrieben) den IEP, auch für den Motorikbereich; die an den Schulen tätigen Sportlehrer ihrerseits erstellen für den Bereich Bewegungserziehung (psychomotorische Erziehung) und Sport ebenfalls einen IEP. Um hier nicht aneinander vorbeizuarbeiten, ist eine

Name des Tests \ geprüfte Bereiche	optisches Verfolgen	optische Diskriminierung Formreproduktion	optische Diskriminierung rhythmische Formreproduktion	dynamisches Gleichgewicht	statisches Gleichgewicht	Lagewahrnehmung des Körpers im Raum	Gewandtheit	Bewegungsgrundmuster	Grobmotorische Koordination Auge–Fuß	Grobmotorische Koordination Auge–Hand	Feinmotorische Koordination	taktile Diskriminierung	Akustische Funktion
Perceptual Test Battery			x										x
Physical Ability Rating Scale	x	x		x	x	x		x		x	x		
Motor Development Activities for the Mentally Retarded	x			x	x		x	x	x	x			
A Psychoeducation. Inventory of Basic Learning	x	x	x	x	x	x	x	x	x	x	x	x	x
Indiv. Motor Achievement Guided Education			x		x	x		x	x		x		
Kindergarten Auditory Screening Test													x
A Movigenic Curriculum	x	x	x	x	x	x	x	x	x	x	x	x	x
Movement Pattern Checklist								x					
Move-Grow-Learn	x			x	x	x	x	x	x	x			
Teaching Res. Motor Devel. Scale f. Moderately and Severely Retard. Ch.	x			x	x			x		x	x		
MVP Motor Free Visual Perception Test	x	x				x							
Perceptual Motor Attributes of Ment. Retard. Ch. a. Youth	x				x	x	x	x		x			
3-D Test for Visualization Skills	x	x											
Perceptual Motor Survey	x			x	x			x		x			
Frostig Development. Test of Visual Perception	x	x				x				x			
Oseretsky Tests of Motor Proficiency	x				x			x	x	x	x		
Purdue Perceptual Motor Survey	x	x	x		x		x						
Early Detection Inventory	x	x			x			x	x	x	x		x
Doman Delacato Developmental Mobility Scale								x					
Basic Motor Fitness	x		x	x	x			x	x				
Basic Concept Inventory		x				x							

Fortsetzung 273

Name des Tests / geprüfte Bereiche	optisches Verfolgen	optische Diskriminierung Formreproduktion	optische Diskriminierung rhythmische Formreproduktion	dynamisches Gleichgewicht	statisches Gleichgewicht	Lagewahrnehmung des Körpers im Raum	Gewandtheit	Bewegungsgrundmuster	Grobmotorische Koordination Auge–Fuß	Grobmotorische Koordination Auge–Hand	Feinmotorische Koordination	taktile Diskriminierung	Akustische Funktion
Evanston Early Identification Scale		x				x							
Developm. Tests of Visual-Motor Integration		x											
Rail Walking Test				x									
Florida State U. Diagnostic Battery of Recreative Functioning for TMR	x	x	x	x	x				x	x	x		
Hughes Basic Gross Motor Assessment				x	x				x	x	x		
Functional Neurological Evaluation	x	x	x	x					x	x	x	x	x
Bruininks-Oseretsky Test of Motor Proficieny				x	x	x	x		x	x	x		
U. of Connecticut and Mansfield Training School Motor Skills Test				x					x	x	x		
Adams County Checklist for Perceptual-Motor Deficiency		x							x	x	x		x
Southern California Perceptual Motor Tests					x	x	x			x	x		
Perceptual Forms Tests	x	x											
Southern California Sensory Integration Test	x	x			x	x			x	x	x	x	

Tab. 7: *Testverfahren zur Überprüfung motorischer Fähigkeiten, sensomotorischer und psychomotorischer Entwicklung (modifiziert aus: AAHPER 1978, S. 42–43)*

geprüfte Bereiche / Name des Tests	Kardiopulmonale Ausdauer	Gewandtheit	Beweglichkeit	Gleichgewicht	lokale Muskelausdauer: Arm/Schultern	lokale Muskelausdauer: Bauchmuskeln	Maximalkraft	Schnellkraft der Beine	Schnellkraft der Arme/Schultern	Koordination
Centennial Athletic Programme Testing Program	x			x		x		x		
Fitness Screening Test		x	x		x	x				
Kraus-Weber Test of Minimum Muscular Fitness			x			x				
Physical Fitness of the Mentally Ret.	x		x		x			x	x	
Physical Fitness Test Battery for Ment. Ret. Children	x	x		x	x	x		x		
Elementary School Physical Fitness Test for Boys and Girls Ages 6 to 12					x	x		x		
Mr. Peanut's Guide to Physical Fitness	x		x		x	x		x	x	
Special Fitness Test for the Ment. Ret.	x	x			x	x		x	x	
Youth Fitness Test	x	x			x			x	x	
Texas Physical Fitness-Motor Ability Test	x	x			x	x		x		
Peabody Test of Physical Fitness	x	x							x	
Basic Motor Abilities Test for Retardates			x	x			x	x		
AAU Physical Fitness and Proficiency Test	x	x			x	x		x	x	x
Basic Motor Fitness	x	x	x	x		x	x	x	x	x

Tab. 8: Fitness-Tests für Behinderte (aus: AAHPER 1978, S. 24)

Geprüfte Bereiche Name des Tests	Großmotorik	Feinmotorik	Persönlich-soziale Entwicklung	Selbstversorgung	Kommunikation/ Sprache	Grundkenntnisse	Lebenspraktische Fertigkeiten	Adaptives Verhalten	Visuelle Wahrnehmung
Denver Developmental Screening Test	x	x	x		x			x	
Developmental Screening Inventory from 4 weeks to 18 months	x	x	x		x			x	
Meeting Street School Screening Test	x	x			x				
TMR Performance Profile	x	x	x	x	x	x	x		
Thorpe Developmental Profile	x	x	x	x	x				
Evaluation Test for Trainable Mentally Retarded Children	x	x	x	x	x	x	x	x	
Sensory-Motor Training of the Profoundly Retarded	x	x						x	
Peabody Developmental Motor Scales	x	x							
Carolina Developmental Profile	x	x			x	x			x
Koontz Child Developmental Program Checklist	x	x	x	x					
Fairview Development Scale	x	x	x	x	x				x

Tab. 9: *Entwicklungsgitter und Entwicklungsskalen (aus: AAHPER 1978, S. 74)*

Kooperation unabdinglich. Zusammengearbeitet wird dabei nicht nur auf der planerischen Ebene, sondern auch im Sportunterricht selbst: der Klassenlehrer bzw. der Gruppenleiter begleiten die Klasse in den Sportunterricht und arbeiten häufig mit dem Sportlehrer zusammen mit der Klasse.
Zusammenfassend kann gesagt werden, daß für die Durchführung der gesetzlichen Bestimmungen bezüglich individueller Erziehungsplanung für den Sport- und Bewegungsbereich eine Vielzahl von Verfahren und Instrumenten zur Verfügung stehen, die dem Lehrer Hinweise auf die Stärken und Schwächen des Schülers geben.
Ein Problem bei der Durchführung von Sportunterricht nach diesem Konzept bleibt die Gruppen- und Klassenzusammensetzung.

4.3. Gruppenbildung und Organisation des Unterrichts

Wie in Deutschland, so sind die Geistigbehinderten in den Schulen nach anderen als motorischen Gesichtspunkten gruppiert: auf der einen Seite herrschen verhaltensorientierte Gliederungsmerkmale vor (z.B. Klassen mit autistischen Kindern, Gruppen mit verhaltensauffälligen Kindern), in der Regel jedoch sind die Klassen nach den pädagogischen Kriterien (EMR, TMR, Schwerstbehinderte) zusammengestellt und somit äußerst heterogen. Die Heterogenität der Gruppe läßt das Verfahren individueller Erziehungsplanung sinnvoll erscheinen, sie erschwert jedoch dann den Sportunterricht, wenn Gruppenhandlungen (z.B. kleine und große Sportspiele) vermittelt werden sollen. Es haben sich in der Praxis des Sportunterrichts mit Geistigbehinderten unterschiedliche Vorgehensweisen eingebürgert.
Eine Vorgehensweise bedient sich einer dreigeteilten Stundenplanung:
— Einleitend wird mit der Gruppe ein gemeinsames Spiel oder gemeinsame Lockerungs- und Gymnastikübungen durchgeführt, wobei der mit anwesende Klassenlehrer die stärker behinderten Kinder besonders betreut;
— im Hauptteil der Stunde bietet der Sportlehrer ein großes Materialangebot an (in Form von Hindernisparcours, psychomotorische Geräte, Spielgeräte); während er selbst mit einzelnen Schülern an bestimmten Fertigkeiten arbeitet, beschäftigen sich die anderen Schüler selbst unter Supervision durch den Klassenlehrer oder Helfer mit den einzelnen Geräten, bis sie an der Reihe sind;
— zum Abschluß der Stunde arbeitet der Sportlehrer dann wieder mit der gesamten Gruppe, vor allem werden hier Spielfertigkeiten vermittelt.
Eine andere Vorgehensweise bedient sich homogener Gruppen in Form von „Neigungsgruppen"; bei diesen Sportstunden steht die sportinhärente Methodik im Vordergrund, die sich vor allem auf Sportspiele und einzelne Disziplinen erstreckt; gleiches gilt für Training und Übung für Sonderveranstaltungen wie z.B. Schulvergleichskämpfe oder die „Special Olympics". Je nach der Personalsituation kann es dabei vorkommen, daß nicht mehr der Sportlehrer, sondern Freizeitspezialisten die Arbeit übernehmen.
Die inhaltliche Gestaltung der Sportstunden wird ebenfalls durch die Gruppencharakteristik mitbestimmt: während die EMR-Kinder (vgl. Tab. 2) in der Regel die gleichen Inhalte wie nichtbehinderte Kinder vermittelt bekommen, liegt der Schwerpunkt bei den TMR-Kindern mehr auf sensomotorischem Training und der Vermittlung und Ausbildung grundlegender Bewegungsmuster und motorischer Fertigkeiten sowie dem Erwerb körperlicher Fitness; auch Freizeitfertigkeiten werden vermittelt (z.B. Bowling, Baseball). Die Schwerstbehinderten erhalten einen Unterricht, der auf sensomotorische Stimulation und die Vermittlung grundlegender Bewegungsfertigkeiten ausgerichtet ist.

Die besonderen Lernmerkmale und die Gruppengröße beim Sportunterricht mit Geistigbehinderten erfordern eine Anpassung von Material und Räumlichkeiten; während bei den Materialien die Reizwirkung im Vordergrund steht (z.B. Farbe, Form, Größe, Materialbeschaffenheit), die zusammen mit dem eigentlichen Funktionswert des Gerätes multidimensional auf den Schüler wirken, geht es bei den Räumlichkeiten vornehmlich um den Platzbedarf und um die Gestaltung des Raumes. CRATTY schlägt für die einzelnen pädagogischen Gruppierungen innerhalb der Population der Geistigbehinderten unterschiedliche Gruppengrößen und auch ein unterschiedliches Raumangebot vor (siehe Tab. 10).

Beim Unterricht sollte darauf geachtet werden, daß nur diejenigen Geräte in der Halle sind, die im Augenblick gebraucht werden; alle übrigen Geräte (z.T. auch hallenfeste Geräte!) können störend und ablenkend wirken. Andere Autoren schlagen im Gegensatz dazu vor, die Sporthallen mit hallenfesten Geräten wie Spiegel, Horizontalleiter, Hängeleiter, Tafel, Filztafel und anderen Geräten auszustatten.

Die zeitliche Gestaltung des Unterrichts muß ebenfalls sorgfältig erwogen werden; in der wissenschaftlichen Literatur wird von Sportprogrammen zwischen 20 Minuten und zwei Stunden täglich berichtet. DANIELS und DAVIES setzen mit ihrer Aussage eine Orientierungsmarke: „Wenn immer es dem Behinderten nützt, sollte er täglich Sportunterricht haben" (1975, S. 340).

Dabei erscheint die Dauer von einer Stunde für die weniger schwer behinderten Kinder angebracht, um methodische Aspekte des Sportunterrichts auch angemessen berücksichtigen zu können; bei fortschreitender Schwere der geistigen Behinderung sind mehrere kleinere Zeiteinheiten pro Tag zu empfehlen, da verteiltes Üben einen größeren Lern- und vor allem Behaltenseffekt erzielt als massiertes Lernen.

Sportunterricht in den Sonderschulen für Geistigbehinderte in den USA zeichnet sich aus durch ein hohes Maß an Technisierung und Operationalisierung: Sportgeräte wie kleine und mittlere Air-Tramps, Matten verschiedenster Dicke und Form, adaptierte Geräte wie Hilfsvorrichtungen für Bowling, Tischtennis und Baseball und Kleingeräte finden wie selbstverständlich Einzug in den Unterricht. Die Operationalisierung ist vor allem bestimmt durch die Form der individuellen Lernzielplanung.

Alter	Gruppe	Maximale Gruppengröße	empfohlene Raumgröße (max.)
2– 6	EMR	4– 6	7x 7 m
7–10	EMR	8–10	32x32 m
11–15	EMR	10–16	32x32 m oder größer für Freiluftspiele
16–20	EMR	10–20	entsprechend den Sportarten
2– 6	TMR	4– 6	5x 5 m
7–10	TMR	6– 8	10x10 m
11–15	TMR	10–12	10x10 m
16–20	TMR	10–12	16x16 m
alle Altersgruppen	schwer/schwerstbehindert	1– 8, je nach Schwere der Behinderung	eine der oben aufgeführten Größen, je nach Mobilität und Übungscharakter

Tab. 10: Empfohlene Gruppengröße und Raumbedarf für den Sportunterricht mit geistigbehinderten Kindern (CRATTY 1974, S. 62; vom Verfasser modifiziert)

5. Curriculare Aspekte des Sportunterrichts mit Geistigbehinderten

Grundsätzlich sind die Richtziele der Sportcurricula für nichtbehinderte und behinderte Schüler gleich; während allerdings das Sport-Curriculum für den allgemeinen Sportunterricht Gruppen von Kindern anspricht, die nach Alter, Schulart, Neigung und Leistung gruppiert sind, werden Curricula für den Behindertensport so dargeboten, daß der Benutzer für die individualisierte Form der Lernzielplanung auch die entsprechenden Lernziele finden kann. Das grundlegende Prinzip der Berücksichtigung der Merkmale jedes einzelnen Kindes findet sich allerdings auch in den allgemeinen Lehrplänen:
„Aufbauend auf den besonderen Merkmalen jedes einzelnen Kindes müssen dessen Bedürfnisse genau analysiert und dann berücksichtigt werden, um dem Kind die größtmögliche Hilfe für Wachstum, Entwicklung und Lernen zu geben" (CALIFORNIA STATE DEPARTMENT OF EDUCATION 1973, S. 9).
Betrachtet man die allgemeine Funktion eines Curriculums, nämlich „ . . . den Lehrern als Richtlinie für ihre pädagogische Arbeit mit einer besonderen Gruppe von Schülern zu dienen" (BAIN 1978, S. 25), dann erkennt man, wie ein Curriculum den Sportunterricht beeinflussen kann: seine Form, sein Aufbau, seine Übersichtlichkeit, seine Verbindlichkeit und sein Inhalt, zusammen mit den Einstellungen der Lehrer gegenüber dem Curriculum und dem Sport allgemein bestimmen die Auswahl der Lernziele, die Zusammenstellung von Unterrichtsprogrammen und so den Unterricht allgemein.
Eine auf dem Sektor des Behindertensports häufig vorzufindende Form des Curriculums orientiert sich an Entwicklungsstufen unter besonderer Berücksichtigung sensorischer und psychomotorischer Entwicklung. Da eine ganze Reihe von Behinderungsbildern durch Entwicklungsrückstände charakterisiert werden können, eignet sich ein solcher Ansatz besonders für die Arbeit mit Behinderten. Diese Curricula sollten weiterhin enthalten:
„Kriterienbezogene Meßinstrumente bzw. -werte für die Feststellung der Stärken und Bedürfnisse der Schüler, für die Lernzielkontrolle, als Hilfe für die Gruppenzusammenstellung und die Veränderung von Gruppen.
Diagnostisch ausgerichtete Übungsvorschläge. Verhaltensmaßregeln für das Lehrerverhalten, die gleichzeitig modellhaft die Unterrichtsverfahren für einen diagnostisch orientierten therapeutischen Unterricht darstellen" (WESSEL 1975, S. 50—51).
Somit enthält ein entwicklungsorientiertes Curriculum alle Informationen, die der Lehrer für seinen Unterricht braucht: Methoden zur Feststellung des momentanen Leistungsstandes des einzelnen Schülers, Lernziele, geeignete Übungsvorschläge für jedes Lernziel, Methoden und Hinweise zur Lernzielkontrolle sowie Beispiele für Lehrerverhaltensweisen und Unterrichtsverfahren.
Der für jeden Schüler zu erstellende IEP enthält Lernziele (Grob- und Feinziele, Minimal- und Maximalziele) für den Sportunterricht. Nach HARING sollten diese Lernziele „ . . . in Form von beobachtbarem Schülerverhalten und mit bestimmten Erfolgskriterien dargestellt werden" (1977, S. 18). Die meisten Curricula für Sport mit Behinderten stellen Lernziele in operationalisierter From dar und erleichtern damit die Arbeit des Lehrers beträchtlich.

Im folgenden soll beispielhaft der Lehrplan des Los Angeles Unified School District vorgestellt werden, der die oben aufgeführten Forderungen fast vollständig erfüllt.
Dieser Lehrplan dient allen Sonderschulen des Schulamtsbereichs. Er wurde als Ergebnis einer vierjährigen Forschungsarbeit zusammengestellt, die zum Ziel hatte",.
ein umfassendes Sportprogramm aus geordneten, aufeinander abgestimmten und sequentiell angeordneten Übungen, dazu Richtlinien für die Lehrer, zu erstellen, das für behinderte Kinder von Vorschule bis Gymnasium geeignet ist"(LOS ANGELES UNIFIED SCHOOL DISTRICT 1973, S. 1).
Das Curriculum ist in fünf Abschnitte unterteilt, die die großen Richtzielbereiche des Sportunterrichts repräsentieren. Jeder Abschnitt beginnt mit einer einleitenden Bemerkung, gefolgt von den Grob- und den Feinzielen; die Lernziele sind sequentiell vom Einfachen zum Schwierigen angeordnet und beinhalten die Lernkriterien. Fünf Spalten unterteilen die Informationen weiterhin in: Schwierigkeitsniveaus, Lernschritte, Vorschläge zur Unterrichtsgestaltung, Quellenangaben für Materialien und Code-Zahlen. In jedem Abschnitt werden Testübungen oder -instrumente genannt, die zur Lernzielkontrolle herangezogen werden können. Am Ende des Curriculums sind Vorschläge zu Materialien und Geräten aufgeführt, die im Unterricht eingesetzt werden können.

5.1. Grob- und Feinlernziele des Curriculums

Der Lehrplan nennt folgende Grobzielbereiche:
1. Entwicklung von motorischen und Bewegungsfertigkeiten
2. Entwicklung von Spiel- und Freizeitfertigkeiten
3. Entwicklung von rhythmischen Fertigkeiten
4. Entwicklung von Schwimmfertigkeiten
5. Entwicklung von Fitness.
Die Grobzielbereiche sind untergliedert in Feinziele, die im folgenden dargestellt werden:

5.1.1. Motorische und Bewegungsfertigkeiten

1. Körper- und Raumwahrnehmung:
— Identifizierung von Körperteilen und Körperflächen
— Lateralität
— Direktionalität
2. Bewegungsgrundmuster
— Bewegungen am Ort
— statisches und dynamisches Gleichgewicht
— Bewegungen im Raum: krabbeln, kriechen, drehen um die Körperlängsachse, gehen, laufen, springen, galoppieren, seitwärts galoppieren, hüpfen, Seilspringen
— Kombinationsbewegungen: springen und landen, sich auf der Stelle drehen, sich mit schnellen Richtungsänderungen vorwärts bewegen, loslaufen und anhalten
— Gebrauch von Kleingeräten: Ballrollen, Ball prellen, Ball fangen, werfen, kicken, schlagen; Seilspringen, gehen auf dem Balancierbalken, Benutzen von Reifen, Sprungbretter, Fallschirm, Stäbe, Klettertaue, Trampolin.

5.1.2. Spiel- und Freizeitfertigkeiten

1. Erfahrungen mit sozial erwünschtem Verhalten
— sich einordnen und für die Ausrüstung sorgen
— Selbstvertrauen erwerben
— führen und folgen
— Regeln anerkennen und befolgen
— Körper- und Gesundheitspflege in Beziehung zur jeweiligen Sportart.

2. Erlernen von Bewegungsrepertoires durch Übungen, Spiele und Sport
— Erweiterung des Bewegungsrepertoires, Lernen von Sport- und Spielregeln
— Gebrauch von Spielzeug und Bewegungsexploration mit Geräten
— einfache Spiele (Linien-, Fang- und kleine Spiele)
— große Sportspiele (Basketball, Football, Fußball, Schlagball, Volleyball, Badminton, Bowling, Golf, Bogenschießen, Leichtathletik, Ringen, Turnen, Tischspiele, stille Spiele, Freizeitspiele und andere Sportarten)

3. Fertigkeiten im Zusammenhang mit Sport und Spiel
— das Kind lernt, den Sport als Zuschauer zu erleben, durch die Kenntnis von Regeln, Spielgedanke und Zählweise.

5.1.3. Entwicklung rhythmischer Fertigkeiten

1. Grundbewegungsmuster mit rhythmischer Begleitung
— Bewegen nach Elementen der Musik, des Rhythmus, Tempo, Tonhöhe, Dynamik, Form; Einhalten der Zeit bei der Bewegungsbegleitung
— Bewegen im Raum und Schritthalten mit der Bewegungsbegleitung
— Bewegen am Platz im Rhythmus: drehen und wenden, beugen und strecken, groß und klein werden, schwingen und schwanken
— rhythmische Bewegungskombinationen am Ort und in der Bewegung
— Ausdruck kreativen Empfindens durch Bewegung.

2. Erlernen grundlegender Schritte und von Schrittkombinationen im Tanz
— die Kinder lernen: Marsch, step-hop, step-swing, Quick-step, Schottische, Walzer, Polka
— Volkstanzschritte aneinander reihen können
— Beherrschen von grundlegenden Square-dance-Schritten.

3. Rhythmisches Handhaben von Gegenständen und Geräten
— **B**allfertigkeiten
— Seilspringen
— Reifen.

5.1.4. Erwerb von Schwimmfertigkeiten

1. Wassergewöhnung
— Einsteigen ins Wasser und Ausführung kleiner Aufgaben
— Auftriebsübungen
— Mobilität im Wasser.

2. Bewegung im Wasser
— Fortbewegung über kurze Strecken
— Koordination von Arm- und Beinbewegungen

3. Die Stilarten
— Kraul, Rücken, Brust, Seitschwimmen, Delphin
4. Bewegen im tiefen Wasser
— Wassertreten
— Springen ins Wasser
— Tauchen.
5. Variable Verfügbarkeit der Schwimmfertigkeiten
— Wasserspiele
— Staffeln und Rennen
— persönliche Leistung durch Wettbewerb.

5.1.5. *Die Entwicklung von Fitness*

1. Teilnahme an Übungen zur Steigerung und Verbesserung einzelner Fitness-Parameter
— kardio-respiratorische und lokale Muskelausdauer
— Maximalkraft und Schnellkraft
— Beweglichkeit
— Gewandtheit, Koordination, Schnelligkeit, Gleichgewicht.
2. Übungen zur Entwicklung eines richtigen Verständnisses und einer richtigen Einstellung zur Fitness
— selbständige Überprüfung der eigenen Fitness
— Lernen der Bedeutung von Erwerb, Erhaltung und Beschaffenheit der Fitness.

Dieses Curriculum setzt bei den Bewegungsfertigkeiten an, die in der menschlichen Entwicklung aber wiederum auf einer Reihe von Voraussetzungen beruhen; andere Lehrpläne differenzieren den darunter liegenden Bereich noch weiter (z.B. basale sensorische Stimulation, sensomotorische Stimulation, Ausprägung erster Koordinationsschemata) und werden so eher den Schwerstbehinderten gerecht, die seit der neuen Gesetzesregelung in der Sonderschule für Geistigbehinderte vermehrt aufgenommen werden. Die Darstellung eines Curriculums sollte deutlich machen, auf welchem Stand der Unterrichtsplanung und -gestaltung die amerikanische Sonderschule steht; ein anderes Verständnis von Curriculum und die Operationalisierung der Lernziele führen dazu, daß die Curricula dem Lehrer Richtschnur und Anregungskatalog zugleich sind. Ein effektiver Sportunterricht wird dann durchaus selbstverständlich, wenn die Sportlehrer die Kompetenz erwerben, solche Lehrpläne zu nutzen und in Unterricht umzusetzen.

6. Zur Sportlehrerausbildung für Sondergruppen in den USA

Die Lehrerausbildung ist ein bedeutender Einflußfaktor für den Sportunterricht in Sonderschulen und Einrichtungen: während der Lehrerausbildung werden Einstellungen geprägt, Fertigkeiten vermittelt, theoretische Orientierungsrichtungen geprägt. Die Qualität und Güte dieser Lehrerausbildung hängt entscheidend ab vom Kursangebot, von den Praktikumsanforderungen und der Breite des übrigen, interdisziplinären Studienangebots. Die Einführung des Sportlehrers für Sondergruppen in Sonderschulen wurde notwendig, weil es in den vergangenen Jahrzehnten eine immer stärkere Spezialisierung in der Pädagogik gegeben hatte. Besonders der Sonderschullehrer war überfordert, denn er trug die Verantwortung für die Gesamterziehung seiner Schüler und damit auch für den Sportunterricht, für den er nicht ausgebildet war; WINNICK leitete daraus dann auch die Forderung ab, daß „... Sportlehrer und Sonderschullehrer die Gelegenheit bekommen sollten, Kurse belegen zu können, die ihnen helfen würden, den Sportunterricht effektiver zu gestalten" (WINNICK 1972, S. 76). Diese Sonderkurse zum Thema Sport für Behinderte sollten
„sich auf die individuellen Bedürfnisse, Interessen und Fähigkeiten der Schüler beziehen; im Sportunterricht die für die Gesamterziehung relevanten und sinnvollen Erfahrungen besonders hervorheben; im Zusammenhang und Einklang mit den anderen Disziplinen geplant und entwickelt werden, besonders mit Sonderpädagogik; so organisiert sein, daß sie allen Behinderten im Bereich von leichter bis schwerster Behinderung gleichermaßen dienen" (WINNICK 1972, S. 76).
Der Sportlehrer für Geistigbehinderte muß sich also genaue Kenntnisse über die Merkmale der Population aneignen; er muß wissen, welche Inhalte in welcher Form für Grenzfallkinder oder für Schwerstbehinderte angeboten werden können; er muß die neuesten gesetzlichen Vorschriften im Unterricht umsetzen, so wie in Amerika das Gesetz PL 94-142, das *allen* Behinderten Zugang zu öffentlichen Schulen zusichert, und zwar in der Form der am wenigsten einschränkenden Umgebung für die Erziehung. Die für die amerikanische Situation charakteristischen und wesentlichen Begriffe sind „the least restrictive environment" (die am wenigsten einschränkende Umgebung) und „mainstreaming" (die Rückführung der Behinderten in den „Hauptstrom" des Lebens, praktisch, in die Regelschulen zur möglichst ständigen Unterrichtung zusammen mit den nichtbehinderten Schülern). Diese gesetzlichen Verordnungen wirken sich natürlich auch auf die Regelschulen aus; JANSMA nennt die Konsequenzen: „Alle Lehrer in Regelschulen werden in Zukunft mit der Tatsache konfrontiert sein, behinderte Kinder in ihren Klassen unterrichten zu müssen. Dabei sind Sport, Musik und Kunst wohl die ersten Bereiche, die dafür zuerst in Frage kommen" (JANSMA 1977, S. 16).
Daraus leitet sich die logische Forderung ab, daß der Sportlehrer für Sondergruppen auch in Regelschulen eingesetzt werden muß, um den Unterricht beratend oder eigenverantwortlich durchzuführen. Die beiden oben aufgeführten Begriffe bedeuten natürlich nicht, daß alle Sonderschulen abgeschafft werden, da „the least restrictive environment" für einen Schwerstbehinderten eben die Sonderschule sein wird, da er in der Regelschule nicht mehr optimal gefördert werden könnte.

Der Sportlehrer als eigenständiges Berufsbild wird also einmal *der* Sportlehrer an Sonderschulen sein, wo er Einzel-, Gruppen- und Klassenunterricht erteilt und den Klassenlehrern bei der Vorbereitung und Durchführung von sportlichen Aktivitäten im normalen Unterrichtsgeschehen beratend zur Seite steht; weiterhin wird er in Regelschulen tätig sein, wobei der Schwerpunkt seiner Handlungen etwas verlagert ist: die beratende Tätigkeit und die Unterstützung des Klassenlehrers und Sportlehrers der Schule wird prozentual mehr Zeit in Anspruch nehmen als eigenständiger Unterricht in Sondergruppen.

Die Sportlehrerausbildung an den Hochschulen Amerikas ist sehr vielschichtig; bedingt durch die unterschiedlichen Bildungsvoraussetzungen, die zur Zulassung führen, wird jedem Studenten der Studiengang „auf den Leib" zugeschnitten. Einheitliche Richtlinien bestehen für diese Sportlehreraus- und auch -weiterbildung nicht; bedingt durch die weitere Möglichkeit der Quereinstiege (Sonderpädagogen oder Sportlehrer können die Ausbildung zum Sportlehrer für Sondergruppen (adapted physical education teacher) beginnen, dabei werden Seminare, Kurse etc. aus dem Erststudium angerechnet), wird die Kursauswahl jedes einzelnen Studenten individuell geplant und aufgebaut.

Allerdings gibt es in der Ausbildung dann eine Reihe von spezifischen Veranstaltungen, die zum Teil als Pflichtveranstaltung bezeichnet werden können; dazu gehört in vorderster Linie das Praktikum in der Art Sonderschule, in der man später schwerpunktmäßig einmal unterrichten wird. Eine Untersuchung von BUTTENDORF (1978) in den USA über die Praktikumsanforderungen für das Studium des Behindertensports erbrachte einen Durchschnitt von 178 Stunden, allerdings mit einer Streuung von 3 (!) bis 600 Stunden. Die untere Grenze wird allerdings auf einen methodischen Fehler bei der Umfrage zurückgeführt: es kann angenommen werden, daß hier nicht die Gesamtstundenzahl für das Studium, sondern Semesterwochenstunden angegeben wurden. An gleicher Stelle wurde auch untersucht, welches Vorlesungs-, Übungs- und Seminarangebot an den Universitäten und Hochschulen gemacht wird, die Sportlehrer für Sondergruppen ausbilden. Tab. 12 zeigt die ermittelten Kursangebote, Tab. 11 die eigens auf die geistige Behinderung ausgerichteten Kurse. Wichtige Inhalte aus der Entwicklungspsychologie, der Pädiatrie und der Sonderpädagogik können in den als Gesamthochschulen konzipierten Universitäten in den entsprechenden Fachbereichen studiert werden.

Titel der Veranstaltung	Häufigkeit der Nennungen
Sportunterricht mit Geistigbehinderten	6
Sportunterricht für Schwerstbehinderte	1
Sportunterricht für TMR-Kinder und für Mehrfachbehinderte	1
Die sensomotorische Erziehung von Geistigbehinderten	1
Methoden des Sportunterrichts mit Geistigbehinderten und Verhaltensgestörten	1
Diagnostisch orientierter und therapeutischer Sportunterricht für Schwerstbehinderte	1
Die Eingliederung leicht Geistigbehinderter in den regulären Sportunterricht	1
Die motorische Entwicklung Geistigbehinderter	1

Tab. 11: Veranstaltungsangebote für den Sportunterricht mit Geistigbehinderten

Titel der Veranstaltung	Anzahl der Nennungen
Behindertensport (adapted physical education)	15
Sportunterricht für atypische, besondere und behinderte Personen	12
Sportunterricht für Körperbehinderte	10
Seminar für Behindertensport	7
Therapeutischer Sport, angewandte Therapie	7
Oberseminar in Behindertensport	6
Schwimmen mit Behinderten	6
Sensomotorische Probleme bei atypischen, behinderten, besonderen und Sorgenkindern	6
Planung und Durchführung von Sportunterricht und Sportprogrammen mit Behinderten	6
Anwendung motorischer Testverfahren bei Behinderten (darin eingeschlossen: Probleme der Organisation und Durchführung von Behindertensportunterricht)	5
Tanzen mit Behinderten	3
Sportunterricht für Lernbehinderte	3
Dimensionen des Sportunterrichts für behinderte Kinder	2
Die Rolle des Sportlehrers im Behindertensport	2
Ein interdisziplinärer Ansatz des Sportunterrichts für behinderte Kinder	1
Seminar: Probleme des Behindertensportunterrichts	1
Bewegungsfähigkeit, Lebenspraxis und Selbsthilfe	1
Medizinische Probleme behinderter Kinder	1
Entwicklungsorientierter Behindertensportunterricht	1
Schulsonderturnen und orthopädischer Sportunterricht	1
Angepaßter Sport und Freizeit	1
Die Beseitigung von Entwicklungsrückständen	1
Probleme der motorischen Leistung bei Kindern mit chronischen oder dauernden Behinderungen	1
Leichtathletik und Special Olympics für Behinderte	1
Sportunterricht mit Verhaltensgestörten	1
Die körperliche Entwicklung Behinderter	1
Theorien der Sensomotorik	1
Fortgeschrittenes Seminar über Sensomotorik	1

Tab. 12: Veranstaltungsangebote zum Behindertensport (ohne geistige Behinderung)

Man kann sagen, daß die Sportlehrer für Sondergruppen, die nach ihrer Ausbildung an den Sonderschulen für geistigbehinderte Kinder und Jugendliche unterrichten, besonders und umfassend für diese Aufgabe vorbereitet sind. Der Sportlehrer ist in dem Gesetz PL 94-142 als Mitglied des pädagogischen Personals verankert, hat also einen angestammten Platz in der Sonderschule inne.

7. Zusammenfassung

Die vorliegende Arbeit sollte die amerikanische Situation des Sportunterrichts mit geistigbehinderten Kindern und Jugendlichen vorstellen. Von Bedeutung war die genaue Beschreibung der Population der Geistigbehinderten in den USA, einmal in der theoretischen Definition, zum anderen in den gebräuchlichsten Klassifikations- und Gruppierungssystemen. Untrennbar mit dem Behindertensport verbundene Theorien zur Psychomotorik und zum Sport sollten kurz skizziert, der Begriff „adapted physical education" als der Arbeitsbegriff vorgestellt werden. Als besondere Merkmale des Sportunterrichts mit Geistigbehinderten wurden genannt: der Individualisierte Erziehungs-Plan, mit dem eng verbunden alle Testverfahren und Diagnostikinstrumente gesehen werden müssen, die in einer Übersicht dargeboten wurden.

Ebenfalls eng verbunden mit dem Behindertensport sind die Curricula für den Sportunterricht, die auf der Ebene der Schulämter entwicklungsorientiert für alle behinderten Schüler gelten; besonders ausgebildete Sportlehrer finden nicht nur in den Sonderschulen Einlaß, sondern werden auch in zunehmendem Maß in die Regelschulen einziehen, nachdem durch das Gesetz PL 94-142 die Forderung nach Unterbringung der behinderten Kinder in der für sie am wenigsten eingeschränkten Umgebung aufgestellt wurde und so eine Öffnung der Regelschulen für Behinderte notwendig wurde.

Dem Leser dieser Arbeit seien die Aussagen von HEESE zu Beginn noch einmal in Erinnerung gerufen; sicherlich ist ein solches System nicht in unsere Gesellschaftsform zu übernehmen. Denkanstöße aus der amerikanischen „Szene" könnten aber dazu führen, daß dem Sport in den Sonderschulen für Geistigbehinderte — und anderswo — ein breiterer Raum eingeräumt wird.

Literatur

ADAM, H.: Curriculum-Konstruktion für Geistigbehinderte. Oberbiel 1978
- Arbeitsplan für den Unterricht mit Geistigbehinderten. Limburg 1978
AMERICAN ALLIANCE FOR HEALTH, PHYSICAL EDUCATION AND RECREATION (Hrsg.): Testing for Impaired, Disabled and Handicapped Individuals. Washington D.C. 1975
- /BUREAU OF EDUCATION FOR THE HANDICAPPED: Guidelines for Professional Preparation Programs for Personnel Involved in Physical Education and Recreation for the Handicapped. Washington D.C. 1973
AMERICAN NATIONAL RED CROSS: Adapted Aquatics. New York 1977
ARNHEIM, D., AUXTER, D., CROWE, W.C.: Principles and Methods of Adapted Physical Education. St. Louis 1977
AUXTER, D.: Integration of the Mentally Retarded with Normals in Physical and Motor Fitness Programs. In: Journal of Health, Physical Education and Recreation 41 (1970), S. 61–62
AYRES, J.: Sensory Integration and Learning Disorders. Los Angeles ^{5}1977
BALLARD, J., ZETTEL, J.: Public Law 94-142 and Section 504: What They Say About Rights and Protections. In: Exceptional Children, 44 (1977), S. 177–184
BARSCH, R.H.: Achieving Perceptual-Motor Efficiency Approach to Learning. Seattle 1967
BUREAU OF SPECIAL EDUCATION, PENNSYLVANIA: Challenge to Change Guidelines in Physical Education for the Mentally Retarded. Harrisburg 1972
BÜRLI, A. (Hrsg.): Sonderpädagogische Theoriebildung – Vergleichende Sonderpädagogik. Luzern 1977
BUTTENDORF, Th.: Motopädagogische Förderung geistig Behinderter in den USA – Analyse neuerer Literatur, Curriculum-Vergleich, Programme für die Ausbildung von Behindertensportlehrern. Wissenschaftliche Arbeit zur ersten Staatsprüfung für das Lehramt an Sonderschulen. Heidelberg 1980
CALIFORNIA STATE DEPARTMENT OF EDUCATION: Physical Education Framework for California Public Schools – Kindergarten Through Grade 12. Sacramento 1973
CHASEY, W.C., WYRICK, W.: Effects of a Physical Developmental Program on Psycho-motor Ability of Retarded Children. In: American Journal of Mental Deficiency 75 (1971), S. 566–570
CLARKE, H., CLARKE, D.: Developmental and Adapted Physical Education. Englewood Cliffs ^{2}1978
COMMITTEE ON ADAPTED PHYSICAL EDUCATION: Guiding Principles for Adapted Physical Education. In: Journal of the National Association for Health, Physical Education, Recreation 23 (1952) S. 15
CRATTY, B.J.: Remedial Motor Activities for Children. Philadelphia 1975
DANIELS, A., DAVIES, E.: Adapted Physical Education. New York, San Francisco, London ^{3}1975
DROWATZKY, J.: Physical Education for the Mentally Retarded. Philadelphia 1971
ERSING, W.F.: The Nature of Physical Education Programming for the Mentally Retarded and Physically Handicapped. In: Journal of Health, Physical Education and Recreation 45 (1974), S. 89–91
ERSING, W.F., WHEELER, R.: The Status of Professional Preparation in Adapted Physical Education. In: American Corrective Therapy 25 (1971), S. 111–118
FAIT, H.F.: Special Physical Education (Adapted, Corrective, Developmental). Philadelphia ^{2}1978
FROSTIG, M., MASLOW, P.: Movement Education: Theory and Practice. Chicago 1970
GEDDES, D.: Physical Activities for Individuals with Handicapping Conditions. St. Louis ^{2}1978
GETMAN, G.N.: The Visumotor Complex in the Acquisition of Learning Skills. In: HELLMUTH, J.: Learning Disorders, Vol. I, Seattle 1965, S. 49–76
GROSSMAN, H.J. (Ed.): Manual of Terminology and Classification in Mental Retardation. Baltimore 1973
HARING, N.G.: Developing Effective I.E.P.s for Severely Handicapped Children and Youth. Washington D.C. 1977
HEESE, G.: Vergleichende Methoden in der Sonderpädagogik. In: BÜRLI, A. (Hrsg.): Sonderpädagogische Theoriebildung – Vergleichende Sonderpädagogik. Luzern 1977, S. 185–194
IRMISCHER, T.: Motopädagogik bei Geistigbehinderten. Schorndorf 1980
JANSMA, D.: Get Ready for Mainstreaming. In: Journal of Physical Education and Recreation 48 (1977) S. 15–16

KAHN, J.V.: Relationship of Piaget's Sensorimotor Period to Language Acquisition of Profoundly Retarded Children. In: American Journal of Mental Deficiency 79 (1975), S. 640—643
— Utility of the Uzgiris and Hunt Scales of Sensorimotor Development with Severely and Profoundly Retarded Children. In: American Journal of Mental Deficiency 80 (1976), S. 663—665
KEPHART, N.C.: The Slow Learner in the Classroom. Columbus 1960
KOCH, R., KOCH, K.: Understanding the Mentally Retarded. New York 1974
LAWRENCE, C.C., HACKETT, L.C.: Waterlearning: A New Adventure. Palo Palo Alto 1975
LITTON, F.W.: Education of the Trainable Mentally Retarded-Curriculum, Methods, Materials, St. Louis 1978
LOS ANGELES UNIFIED SCHOOL DISTRICT· A Sequenced Instructional Program in Physical Education for the Handicapped Phase III, Los Angeles 1973
MACMILLAN, D.L.: Mental Retardation in School and Society. Boston 1977
MCCLENEGHAN, B.A., GALLAHUE, D.L.: Fundamental Movement: A Developmental and Remedial Approach. Philadelphia 1978
MIRA, M.: Tracking the Motor Behavior Development of Multihandicapped Infants. In: Mental Retardation 1977, S. 32—37
MORAN, J., KALAKIAN, L.: Movement Experiences for the Mentally Retarded or Emotionally Disturbed Child. Minneapolis 1977
MOORE, J.C.: Concepts from the Neurobiological Sciences. Dubuque 1973
RARICK, G.L., DOBBINS, D.A., BROADHEAD, G.G.: The Motor Domain and its Correlates in Educationally Handicapped Children. Englewood Cliffs 1976
SEAMAN, J.A., DEPAUW, K.P.: Adapted Physical Education: A Developmental Approach. Unveröffentlichtes Manuskript. Los Angeles 1978
SHERRILL, C.: Adapted Physical Education and Recreation — A Multidisciplinary Approach. Dubuque 1977
WEAVER, L.A., RAVARIS, C.L.: Psychomotoric Tests and Rates of Functional Impairment of Mentally Retarded. In· Perceptual Motor Skills 38 (1974), S. 437—490
WEBB, R.C.· Sensory-Motor Training of the Profoundly Retarded. In: American Journal of Mental Deficiency 74 (1969), S. 283—295
WEBB, R.C., KOLLER, J.: Effects of Sensorimotor Training on Intellectual and Adaptive Skills of Profoundly Retarded Adults. In: American Journal of Mental Deficiency 83 (1979), S. 490—496
WENDELER, J.: Psychologische Analysen geistiger Behinderung. Weinheim, Basel 1976
WESSEL, J.A.: I Can — Curriculum Project. In: Journal of Physical Education and Recreation 46 (1975) S. 50—55
WINNICK, J.· Issues and Trends in Training Adapted Physical Education Personnel. In: Journal of Health, Physical Education and Recreation 43 (1972), S. 75—78
ZWIREN, M.L.: Mental Retardation: How Can We Help. In: Journal of Health, Physical Education and Recreation 43 (1972), S. 79—81

Robert Decker

Ursprung, Entwicklung und aktueller Stand des Sports und des Sportunterrichts für geistig behinderte Kinder und Jugendliche im internationalen Raum

Inhaltsübersicht

Einführung: Sport, ein Privileg der Elite — Sport für alle 291
1. Bewegung, Spiel und Sport in der Schule, vergleichende Analyse
   der Entwicklung in Westeuropa 294
1.1. Vom Schulturnen zum Sport — Die Systematiker im romanischen Bereich 294
1.2. Die „Psychomotoriker" — ihr Einfluß auf die Erzieherhaltung 295
1.3. Aufgaben einer zeitgemäßen Bewegungs- und Leibeserziehung 296
2. Schulen und Bildung für Geistigbehinderte 297
3. Sport und Sportunterricht für Geistigbehinderte 299
3.1. Die „Special Olympics" 299
3.1.1. Einige wichtige Meilensteine der „Special Olympics" 299
3.1.2. Speziale Olympische Spiele — Für wen? Warum? Wie? 300
3.2. Didaktisch-methodische Erfassungsversuche der Leibeserziehung und des
   Sports für Geistigbehinderte 303
3.2.1. Begriffserläuterungen 304
3.2.2. Theoretische Ansätze im internationalen Raum 304
3.2.3. Systematisierungsversuche der Inhalte und Ziele 306
3.3. Qualifikationen der mit dem Sport und dem Sportunterricht für
   Geistigbehinderte betrauten Lehrer und Erzieher 307
4. Der Sport und der Sportunterricht für Geistigbehinderte in Westeuropa:
   Beiträge, Diskussionen, Empfehlungen des europäischen Seminars über
   Sport für Geistigbehinderte in Brüssel vom 27.5.–30.5.1980 309
4.1. Allgemeine Merkmale der Geistigbehinderten 309
4.2. Motorische Entwicklung der Geistigbehinderten 311
4.3. Rolle und Funktionen des Geistigbehindertensports 311
4.4. Fördermaßnahmen 313
4.5. Ausbildung von Übungsleitern, Lehrern und Erziehern 315
5. Ausblick 318
Literatur 319

Einführung: Sport, ein Privileg der Elite — Sport für alle

Zu allen Zeiten war Sport, waren sportliche Betätigungen ein Privileg der Jugend, der Jungen und neuerdings auch der Mädchen, die im Vollbesitz ihrer körperlichen und geistigen Kräfte miteinander und vor allem gegeneinander laufen, springen, werfen, schwimmen, ringen, fechten... spielen und kämpfen konnten. Schon in der Antike, aber auch im Mittelalter gab es sowohl auf lokaler als auch auf regionaler, nationaler und auch internationaler Ebene solche „körperlichen" Wettkämpfe, bei denen eine Auswahl junger, kräftiger, durchtrainierter Knaben und Männer gegeneinander antraten, um den Besten, den Stärksten, den Erfolgreichsten unter ihnen als Sieger zu bestimmen. Dieser wurde besonders geehrt und mit Preisen mancherlei Art bedacht.

In Frankreich z.B. wurde das eigentliche sportliche Training erst nach 1880 „erfunden". Ärzte und Physiologen legten das Hauptgewicht dieses Trainings auf eine Verbesserung des Herz-Kreislauf- und Atmungssystems und nicht mehr ausschließlich auf die Verbesserung der Körperkraft, auf die Morphologie, auf eine ausgeglichene, harmonische Muskulatur. Ende des 19. Jahrhunderts wurde der Sport zu einem Regenerationsmittel, zu einem Weg, das Gesellschaftsleben zu „entschlacken" und zu säubern. Die Erneuerung der Olympischen Spiele 1896, einem Fest der Jugend, der Lebenskraft, der Freude, des Strebens nach immer höheren Leistungen trug dazu bei, daß der Sport der Elite vorbehalten blieb. Diese Elite sollte allerdings nicht nur die Aristokratie umgreifen. Vielmehr war der Sport in den Augen eines Pierre de COUBERTIN oder eines Georges de SAINT-CLAIR (EHRENBERG 1980) ein hervorragendes Mittel, diese Elite zu erweitern, indem die oberen Schichten der Bourgeoisie sich mit der Aristokratie verbinden konnten. Diese neue, durch den Sport mitgeprägte erweiterte Oberschicht sollte die führenden Männer in Verwaltung, Handel und Politik der neuen, sich schnell wandelnden Gesellschaft liefern.

Für den Rest der Bevölkerung wurde der Sport erst um die Jahrhundertwende zu einem Anziehungsfaktor. Vorwiegend als Zuschauer am Sport interessiert, kamen die Massen der männlichen Bevölkerung zuerst zum Fußball. In Frankreich wurde um 1900 auch das Radfahren in der Mittelschicht beliebt. Für die übrige Bevölkerung aber blieb der Sport vor allem Schauspiel, Spektakel. Während der Sport die Eliten der Bevölkerung erneuern bzw. regenerieren sollte, waren Turnen und Gymnastik dazu bestimmt, das Volk zu kräftigen und zu disziplinieren. Körperertüchtigung und Wehrertüchtigung waren eingestandenermaßen oberste Ziele. Das Kind als Turner war der Vorläufer des Bürgers als Soldat. Dies wurde besonders im Schulturnen offensichtlich, und mehr noch als in Deutschland war das Schulturnen in Frankreich Sache des Militärs. Es kontrollierte und reglementierte die physische Erziehung, stellte die Lehrer und machte aus dem turnenden Frankreich ein militärisches Frankreich. Ob Sport oder Turnen, Sozialerziehung oder Körperertüchtigung, der Sport war ein Privileg der Gesunden, der Jugend, der aktiven männlichen Bevölkerung, vor allem der Ober- und Mittelschicht.

Erst in den letzten Jahren und Jahrzehnten, je nach Land, Entwicklung und Kultur etwas früher oder später, mit der wachsenden Freizeit, dem größeren Wohlstand, den gesetzlich geregelten Ferien, hat sich der „Sport für Alle" entwickelt, zusammen oder parallel zur Industrialisierung, zur Mechanisierung, zur Parzellisierung der Arbeit, zur Verstädterung usw. In Europa haben die skandinavischen Länder wohl als erste die Notwendigkeit und die vielseitigen gesundheitlichen, sozialen und menschlichen Werte des Breiten- und Massensports erkannt. Auch die Bundesrepublik Deutschland hat relativ früh den Zweiten Weg im Sport entdeckt und nach Mitteln und Wegen gesucht, in freiheitlicher Konzeption den aktiven Sport in mannigfaltigsten Formen möglichst vielen Menschen aller Altersstufen und Bevölkerungsschichten zugänglich zu machen. Nachdem 1966 die Idee des „Sports für Alle" als Langzeitziel in das Programm des Europarates aufgenommen und 1968 eine Planungsgruppe damit beauftragt worden war, die Inhalte der Idee des „Sports für Alle" genauer zu definieren, haben sämtliche Mitgliedsländer des Europarates 1975 in Brüssel die „Prinzipien für eine Politik des Sports für Alle" anläßlich der 1. Konferenz der europäischen Sportminister unterzeichnet. Diese Prinzipien sind unter der Bezeichnung „Europäische Charta des Sports für Alle" bekannt geworden (Conseil de l'Europe 1977), in einer Acht-Punkte-Erklärung wird hier festgehalten, daß „jeder das Recht hat, Sport zu treiben, daß der Sport als wichtiger Faktor der gesamtmenschlichen Entwicklung angemessen durch die öffentliche Hand zu fördern ist, daß der Sport als einer der Aspekte der kulturellen und gesellschaftlichen Entwicklung auf lokaler, regionaler und nationaler Ebene in Verbindung mit anderen Bereichen, wie Erziehung, Gesundheits- und Sozialwesen, Raumplanung, Naturschutz, Kunst und Freizeit, in denen allgemeine politische Beschlüsse und Planung notwendig sind, behandelt werden muß. Weiterhin werden die einzelnen Regierungen aufgefordert, eine effektive Zusammenarbeit zwischen den staatlichen Einrichtungen und den privaten Organisationen und Vereinigungen zu fördern und die Schaffung von nationalen Strukturen zur Entwicklung und Koordination des Sports für Alle zu unterstützen. Ferner sollen Maßnahmen getroffen werden, um den Sport und die Sportler vor jeder Entfremdung zu politischen, wirtschaftlichen, finanziellen Zwecken und vor der Einflußnahme von Rausch- und Suchtmitteln zu schützen. Die öffentliche Hand soll weiter für die Planung, den Bau, den Unterhalt und die optimale Benützung vielseitiger Sportstätten sorgen, wobei den lokalen, regionalen und nationalen Bedürfnissen Rechnung zu tragen ist. Auch werden entsprechende Maßnahmen gefordert, um den freien Zugang zur Natur zu Freizeitzwecken zu sichern. Schließlich wird festgestellt, daß auf allen Ebenen der technischen und administrativen Führung ausreichende, gut ausgebildete Fachkräfte zur Entwicklung des Sports unumgänglich sind.

Anläßlich der 2. Konferenz der Europäischen Sportminister im April 1978 in London wurde die Verwirklichung des Sports für Alle in Europa seit der 1. Europäischen Sportministerkonferenz 1975 untersucht. Dabei konnte festgestellt werden, daß in den meisten europäischen Ländern der aktive Sport für immer mehr Menschen aller Altersstufen und Bevölkerungsschichten Wirklichkeit geworden ist. Nunmehr schien der Zeitpunkt gekommen, dem Sport für sogenannte Randgruppen der Bevölkerung, wie Senioren, *Behinderte*, Einwanderer und Fremdarbeiter und für die Menschen der großen Ballungsgebiete besondere Aufmerksamkeit zu schenken. Auf Vorschlag der Bundesrepublik Deutschland hat die 3. Europäische Sportministerkonferenz 1981 in Spanien den Sport für unterprivilegierte Schichten, für die Randgruppen der Gesellschaft, zu einem ihrer Hauptberatungsthemen gemacht.

Ursache und Hauptmotiv dieser rasanten Entwicklung des Sports in unserer industriellen und postindustriellen Gesellschaft ist ohne Zweifel die Erkenntnis, daß Bewegung, Spiel und Sport aus anthropologischen Überlegungen zum Wesen und zu den Grundbedürfnissen des Menschen gehören und unabdingbarer Bestandteil jeder Bildung, Erziehung und Kultur sind.

Dazu kommt, daß der Sport, in angemessener Form betrieben, nicht nur in der Erziehung der Kinder und Jugendlichen, sondern auch für die Erwachsenen, die Älteren, die Schwachen, die Kranken und die Behinderten ein wichtiges Mittel der gesamten Persönlichkeitsentfaltung und -erhaltung, der Freude und Erholung, der Prophylaxe, der Rehabilitation und der Therapie sein kann.

1. Bewegung, Spiel und Sport in der Schule, vergleichende Analyse der Entwicklung in Westeuropa

1.1. Vom Schulturnen zum Sport — Die Systematiker im romanischen Bereich

In den allgemeinbildenden Schulen wurde über einen Zeitraum von vielen Jahren und Jahrzehnten nicht Sport getrieben oder gespielt, sondern streng nach Kommando geturnt. Ganz gleich, ob es sich dabei, je nach Ländern und Sprache, um „Schulturnen", um „school gymnastics" oder „gymnastique scolaire" handelte, überregional waren damit sogenannte allgemeinbildende stereotype Übungen gemeint, die von den Schülern, schön ordentlich in Reihe und Glied aufgestellt, nach Kommando und Pfeife, entsprechend dem Vorbild des Vorturners oder der Demonstration durch den Lehrer auszuführen waren.

Erst viel später, in einigen Ländern schon in den dreißiger Jahren, in anderen, vor allem den romanischen Ländern, erst in den fünfziger und den sechziger Jahren, fand der Sport in den heute bekannten Formen seinen Einzug in die Schulen. Bei dieser Entwicklung des Schulsports, die auch die Inhalte, die Ziele und Methoden des Sports mit Behinderten beeinflußt hat, können zwei große regionale Strömungen oder Richtungen unterschieden werden, die sich in den letzten Jahren immer mehr zu einer einzigen vereinigt haben.

Auf der einen Seite sind die angelsächsischen und die deutschsprachigen Länder, zu denen die skandinavischen Staaten und Holland in diesem Zusammenhang gehören, zusammengefaßt. Auf der anderen Seite befinden sich die romanischen Länder, Frankreich, Belgien, Italien, Spanien, Portugal und die Länder des romanischen Sprachbereichs. In den ersteren errang der Sport neben dem Schulturnen und den „educational gymnastics", die schon relativ früh aufgegeben wurden, sehr schnell eine Hauptstellung in der schulischen Leibeserziehung. So wurden in den Schulen, vor allem im Sekundarbereich, die auch bei den Erwachsenen gut bekannten und meist verbreiteten Sportarten intensiv gelehrt und gepflegt. Lange Zeit hindurch beschränkte sich der Schulsport auf die Vermittlung und die praktische Durchführung der traditionellen Sportarten, teils als Wettkampfform, teils in abgewandelten, vereinfachten Formen. Dazu kamen in den letzten Jahren die sogenannten „life-time-Sportarten", die „Er-und-Sie-Sportarten", die „Trimm-Tätigkeiten" und die vielen nicht genormten Spiele ohne und mit Kleingeräten, Schlägern usw. Diese sollen sich besser dazu eignen, den Sport für Alle, den Breiten- und Massensport zu fördern und zu popularisieren, als dies bei den traditionellen Sportarten der Fall ist.

In den romanischen Ländern dagegen gab es lange Zeit dieses Selbstverständnis des Sports und der Leibesübungen nicht. Zur Rechtfertigung des Faches mußten hier die jeweils bekannten und beachteten Grundlagenwissenschaften oder -theorien (lies Doktrinen) bemüht werden. So war in Frankreich unter dem Einfluß der Militärs (AMOROS, Ecole de Joinville-le-Pont) die physische Erziehung zuerst eine militärische und später, um die Jahrhundertwende, eine vorwiegend medizinisch-hygienische Angelegenheit geworden. DEMENY, der Gründer der sogenannten „école francaise", war Physiologe. TISSIE, FOURNIE, CHAILLEY-BERT, MERKLEN waren Mediziner. Unter dem vorherrschenden Einfluß der Mediziner und medizinisch- und biomechanisch orientierten Leibeserzieher kam nicht nur in Frankreich, sondern auch in Belgien — L. DEHOUX: gymnastique formative éducative, BOTTU:

scandinave dynamique –, in Portugal und auch in England das „schwedische Turnen", die vorwiegend anatomisch-physiologisch orientierte Gymnastik LINGscher Prägung im nachhinein zu Ehren und wird bis heute in manchen Ländern im sogenannten Korrektiv- oder Haltungsturnen auch im Sonderschulbereich noch angewandt. Vor allem in Frankreich und in einigen anderen romanischen Ländern blieb das „schwedische Turnen" lange Jahre hindurch Arbeitsgrundlage im sonderpädagogischen Bereich. Als weitere, eigenständigen Inhalte oder „Methoden" der schulischen Leibeserziehung in diesen Ländern seien hier die „méthode naturelle" des Marineoffiziers Georges HEBERT in den 40er Jahren, die „méthode sportive" von Justin TESSIE in den 50er Jahren, die „méthode psychocinétique" des Arztes und Leibeserziehers Jean LE BOULCH sowie die „méthode psychomotrice" von VAYER, LAPIERRE, AUCOUTURIER, der Anhänger der „Sociéte francaise d'éducation et de rééducation psychomotrice" in den 60er und noch anfangs der 70er Jahre erwähnt. Die ersten waren ausschließlich um eine möglichst komplette physisch/körperliche und motorische Ausbildung bemüht. Dagegen haben die „Psychomotoriker" im Kontakt und in Zusammenarbeit mit Kinderärzten, Psychiatern, Psychologen und Heilpädagogen erkannt, daß der Mensch, daß vor allem das bewegungsbeeinträchtigte, gehemmte und behinderte Kind nicht sektoriell angegangen werden kann. Sie sahen, daß das Kind, vor allem das behinderte, in seiner psychosomatischen Einheit einerseits den engagierten, liebevollen Erzieher braucht, daß andererseits das Spiel, die „psychomotorischen" Aufgaben, der Sport in vereinfachten Formen, ein wesentlicher Schrittmacher nicht nur der physischen, sondern auch und vor allem der psycho-sozialen Entwicklung und Förderung sein kann. Auf der Suche nach einer allgemeingültigen *Methode* oder Systematik, einer körperlichen und motorischen Grundausbildung, haben nach den „Swedisten", den „Hebertisten" und den „Sportlern" auch die „Psychomotoriker" ihre eigene Systematik mit eigenen Inhalten und Strukturen entwickelt. Diese aus dem berechtigten und notwendigen Streben nach wissenschaftlichen Grundlagen und Rechtfertigungen entstandenen eigenen „Methoden" oder Systematiken waren, ähnlich dem Schulturnen und den „educational gymnastics", nicht nur einseitig, sondern auch langweilig und für die Schüler im höchsten Maße frustrierend (DECKER 1979).

1.2. Die „Psychomotoriker" – ihr Einfluß auf die Erzieherhaltung

Von den „Psychomotorikern" sind jedoch auch und vor allem eine Reihe sehr positiver, die gesamte Leibeserziehung und vor allem die Bewegungserziehung mit Behinderten, den Sportförderunterricht im Sonderschulbereich stark bereichernde Einflüsse ausgegangen. So haben die direkten Kontakte und das Studium der Schriften von WALLON, PIAGET, GUILMAN, AJURIAGUERRA, der Entwicklungspsychologie, der Kinderpsychiatrie und der Heilpädagogik zu einer wesentlichen Erweiterung und Bereicherung der gesamten Bewegungserziehung über die Perspektive der körperlichen Gesundheit und der motorischen Fähigkeiten hinaus, in den weiten Bereich der Wahrnehmungsfähigkeit und der Erfahrung geführt. (DECKER ^{3}1976, 1975) Heute weiß man, daß die Bewegung, die motorische Entwicklung in der Gesamtentwicklung, nicht isoliert gesehen werden kann und vor allem in der pädagogischen und heilpädagogischen Praxis nicht getrennt angegangen werden kann. Für das Kind zählt nicht so sehr die einzelne Bewegung, als vielmehr das sinnvolle, möglichst erfolgreiche Tun und Handeln. In und durch Bewegen und konkretes, sinnvolles Handeln entwickelt das Kind gleichzeitig sich selbst, seinen Körper, seine Motorik, seine Orientierung in Raum und Zeit, seine gesamte Umwelterfahrung, seine psychomotorischen und psychosozialen Qualifikationen, seine Kognition, seine affektiv-emotionale und soziale Persönlichkeit.

Zur Förderung dieser integralen Entwicklung sind nicht so sehr bestimmte, gezielte Inhalte nötig, als vielmehr eine sehr differenzierte, individualisierende Methodik, wie sie von den Psychomotorikern in Anlehnung an die nicht-direktiven Verfahren der Verhaltenstherapie und der Spieltherapie entwickelt worden ist (DECKER ³1976, 1980). An erster Stelle steht das Engagement, die ständige Disponibilität, die zugleich sekurisierende, helfende, unterstützende, beruhigende, ermunternde Haltung und Einstellung des Erziehers den Kindern gegenüber. Die induktive, entwickelnde oder sokratische Lehrweise ist hier viel besser am Platz als der sowohl im Sport als auch in der traditionellen Lernschule vorherrschende einseitige Führungsstil. Zuerst muß jeder Erzieher und Betreuer lernen, den individuellen kindlichen Entwicklungsstand und -rückstand, die möglichen Entwicklungsdefizite und die physischen und psychischen Auffälligkeiten und Störungen zu erkennen. Er muß die Bewegungs- und Verhaltensmöglichkeiten jedes einzelnen Kindes im besonderen und das Verhalten in der Gruppe beobachten und kennenlernen, um sie entsprechend den jeweiligen Lernsituationen ausnützen zu können. Dabei soll er eine warme, freundliche Beziehung zum Kinde aufnehmen, die so bald wie möglich zu einem guten Kontakt führen soll. Auch muß er das Kind so nehmen, wie es ist, und das einzelne Kind in den Mittelpunkt seiner Interessen stellen. Seine Beziehung zum Kinde gründet eher auf einer Atmosphäre des Gewährenlassens als des Herumkommandierens. Besonders das kleine Kind und auch das behinderte Kind sollen eine neue Art des Zusammenlebens und der menschlichen Beziehungen erfahren, wobei der Erzieher sich nicht als Machtträger aufspielt, sondern sich bemüht, durch Unterstützung und Organisationsvorschläge zu helfen. Diese von den Psychomotorikern in der täglichen Arbeit mit behinderten Kindern und in engem Kontakt mit den Erziehungswissenschaften entwickelten Verfahren und Bezugsformen haben die gesamte Methodik der Leibeserziehung wesentlich bereichert und differenziert.

1.3. Aufgaben einer zeitgemäßen Bewegungs- und Leibeserziehung
Insgesamt betrachtet, darf festgestellt werden, daß sowohl in den deutsch- und englischsprachigen Ländern, in Skandinavien und in Holland einerseits als auch in den romanischen Ländern andererseits, der Sport in der Schule zuerst in den Gymnasien, die der Ober- und Mittelschicht vorbehalten waren, Platz gefaßt und sich entwickelt hat. Erst viel später wurde der Sport als Unterrichtsfach in kindgemäßen Formen auch in den Primar- und in den Elementarbereich hineingetragen. Heute gehören Bewegung, Spiel und Sport in den Schulen aller Länder, zum einen als Strukturprinzip jeden Unterrichts, zum anderen als eigenständiges Fach, zum festen Bestandteil jeder Bildung und Erziehung. Dabei fällt dem Sportunterricht insbesondere die Aufgabe zu, den Kindern und den jungen Menschen ein für ihr körperliches und seelisch-soziales Wohlergehen notwendiges Mindestmaß an Bewegung, an körperlicher und sportlicher Aktivität zu vermitteln, sie mit den einzelnen Sportarten bekannt zu machen und sie die verschiedenen gängigen sportlichen Grundfertigkeiten zu lehren. Weiter brauchen Kinder und junge Menschen bestimmte Grunderfahrungen, die sie vor allem über Bewegung und Sport machen können. Schließlich brauchen junge Menschen Wissen über das gesellschaftliche Phänomen Sport, seine Strukturen, Regeln, Möglichkeiten und Grenzen für den einzelnen und für die Gesellschaft (GRUPE 1980). Diese allgemeinen Ziele und Aufgaben des Sports in der Schule sind nicht nur für die „normalen" Kinder und jungen Menschen zutreffend. Auch behinderte Kinder und Jugendliche brauchen Bewegung, Spiel und sportliche Tätigkeiten für ihre Gesamtentwicklung und Förderung. Nur benötigen sie mehr an Bewegung, mehr Spiel, mehr konkrete körperliche Tätigkeiten, um ihre Restpotenzen optimal zu entwickeln und reifen zu lassen.

2. Schulen und Bildung für Geistigbehinderte

Bis vor wenigen Jahrzehnten wurden mittel und schwer geistigbehinderte Kinder überhaupt nicht zur Schule und zur Bildung zugelassen. Sie waren einfach nicht schulreif und mußten ein Kümmerdasein in ihren Familien führen oder wurden in Pflegeheime abgeschoben. Ihre Lebenserwartung lag bisher viel niedriger als die der Durchschnittsbevölkerung.
Zwar sind von dem Ende des 18. Jahrhunderts an sporadisch unternommene Versuche bekannt geworden, die belegen, daß bei seelischen, geistigen oder körperlichen Entwicklungshemmungen der Einsatz bestimmter pädagogischer Verfahren von erheblichem Nutzen sein kann: Schwachsinnige wurden durch besondere pädagogische Einwirkung zu einfachen geistigen Leistungen befähigt, obgleich sie zuvor im gewöhnlichen Unterricht völlig versagt hatten oder erst gar nicht aufgenommen worden waren. Auch erkannte man relativ früh, daß der Gesamthabitus des Schwachsinnigen keinesfalls nur im Geistigen, sondern in vielen Tätigkeitsbereichen auffällige Merkmale geringerer Differenzierung zeigte. Zunächst entstanden in Europa schon um 1800 vereinzelt Internatsschulen für taube und blinde Kinder. Im deutschen Sprachgebiet z.B. konnten blinde und taube Kinder infolge ihrer relativ kleinen Zahl bis etwa 1900 zum größten Teil in Blinden- und Gehörlosenschulen erfaßt werden. Zwischen 1800 und 1860 waren mehrere Nachhilfeklassen, ‚Notschulen' u.ä. Einrichtungen gegründet worden, die außer geistigbehinderten vor allem umweltgeschädigte Kinder aufnahmen. Erst um 1870 und danach wurden Schulen eigens für schwachbefähigte Kinder errichtet, die sich unter dem Namen ,,Hilfsschule" bald ausbreiteten. Diese Form der Hilfsschule hatte schon um 1900 feste Konturen angenommen. Nachdem während des Dritten Reiches die Entwicklung des gesamten Sonderschulwesens stagniert hatte, wandte sich die Hilfsschule in den fünfziger Jahren den nicht eigentlich schwachsinnigen Schulversagern zu und damit zugleich auch von den mittelschwachsinnigen Kindern ab. Daraus erwuchs das Bedürfnis nach einer Schule für solche schwachsinnigen Kinder, die nicht mehr hilfsschulfähig, aber noch lebenspraktisch bildbar sind. In Deutschland z.B. wurden die ersten öffentlichen Schulen für diese Kinder um 1960 eröffnet. Dieser nicht nur in Deutschland ganz junge Sonderschulzweig ist noch immer dabei, seine unterrichtlichen und erzieherischen Formen zu entwickeln. Hier sind die Förderung der Motorik, die Betonung des Musischen (Gesang, Malen, Werken) und die Hinführung zu manueller Arbeit wichtiger Bestandteil der Erziehung, die vorwiegend auf das Konkrete, auf das Praktische, auf Grundtätigkeiten in verschiedenen Lebensbereichen zentriert ist (GROOTHOFF 1979). Was den Sport und den Sportunterricht in diesen Sonderschuleinrichtungen betrifft, so beschränkte er sich notgedrungen mangels geeigneter Fachkräfte — der Sonderschullehrer als Klassenlehrer war und ist auch für die Leibeserziehung zuständig — auf das gängige Schulturnen, auf einen, wie KIPHARD und HUPPERTZ (1977, S. 24) schreiben, ,,stumpfsinnigen, freudlosen Sportunterricht, in dem die Kinder gedrillte, marionettengleich funktionierende Wesen ohne Individualität, ohne Innenleben zu sein scheinen". Erst mit der heilpädagogischen Rhythmik, mit der psychomotorischen Übungsbehandlung, mit der psychomotorischen Erziehung, mit der Bewegungserziehung und dem Sport als Therapie sind in den letzten zwei Jahrzehnten in diesem Bereich wesentliche Er-

neuerungen und Verbesserungen erzielt worden. — Eine ähnliche Entwicklung erfolgte zu etwa dem gleichen Zeitpunkt auch in anderen europäischen Ländern, wobei die skandinavischen Länder, Holland, England, Belgien, Frankreich, die Schweiz, Österreich und auch Luxemburg in etwa auf einer Zeitepoche liegen dürften, mit einem Vorsprung von 10—20 Jahren für die skandinavischen Länder und Holland.

3. Sport und Sportunterricht für Geistigbehinderte

Aus dem amerikanischen Schrifttum wissen wir, daß sich schon relativ früh, während und nach den 40er Jahren, eine Anzahl von Eltern- und Erziehervereinigungen um die Interessen der Geistigbehinderten bemüht haben. So hat die 1940 gegründete „National Association for Retarded Children" große Anstrengungen zur Förderung der Fähigkeiten der Geistigbehinderten unternommen und wurde zu einer mächtigen Lobby für die Geistigbehinderten. Daneben arbeitete „The President's Panel on Mental Retardation" Empfehlungen für die Probleme der Geistigbehinderten aus. In den 50er Jahren wurde die „Joseph P. KENNEDY Jr. Foundation" gegründet, um Möglichkeiten zur Prävention und Elimination der Behinderung zu erforschen. Leibeserziehung und „Recreations"-programme wurden inntensiv von der „KENNEDY Foundation" unterstützt, wie z.B. Zeltlagerprogramme für geistigbehinderte Kinder und Jugendliche.

3.1. Die Bemühungen dieser Gesellschaft haben u.a. auch zu den *„Special Olympics"* geführt.

3.1.1. Hier einige wichtige Meilensteine in der Geschichte dieser heute auf Weltebene für den Geistigbehindertensport wesentlichen und richtungweisenden Initiative:
1963: Die KENNEDY Foundation und die American Association for Health, Physical Education and Recreation entwickeln ein gemeinsames Programm für „physical fitness", für gute Körperkondition und stiften Preise für die besten Angebote.
Juli 1968: Senator KENNEDY kündigt die Durchführung der „Special Olympics" an. Die „National Association for Retarded Citizens" garantiert Unterstützung auf Bundesebene.
Januar 1970: Sämmtliche 50 Bundesstaaten, der Distrikt von Kolumbia und Kanada haben Organisationen zur Veranstaltung von „Special Olympics" sowie Bundesdirektoren. 50 000 Sportler machen mit.
März 1970: Das Präsidium des amerikanischen Hockeysportverbandes übernimmt die Patenschaft über die Hockeyprogramme im Rahmen der „Special Olympics".
Juni 1970: 550 junge Sportler nehmen an den ersten Sonderolympischen Spielen in Frankreich teil. Diese von der F.A.V.A., der „Association Franco-Americaine de Volontaires au service des handicapes Mentaux", deren Gründerin und jetzige Ehrenpräsidentin Frau Eunice SHRIVER-KENNEDY ist, gegründeten und veranstalteten Spiele sind die ersten Spiele dieser Art außerhalb der Vereinigten Staaten von Amerika.
August 1970: 150 000 Sportler und 65 000 freiwillige Helfer nehmen an über 1400 lokalen und regionalen Treffen der „Special Olympics" teil. Sämtliche Bundesstaaten der USA veranstalten „Special Olympics".
August 1970: Die 1. Internationalen „Special Olympics" finden, allerdings vor leeren Zuschauerrängen, aber mit 2000 Athleten aus den 50 Bundesstaaten, dem Distrikt von Columbia, Kanada, Frankreich und Puerto Rico, in Chicago statt.
Dezember 1971: Das Nationale Olympische Komitee der USA gibt der Vereinigung der „Special Olympics" ihre offizielle Zustimmung, als eine von nur zwei Vereinigungen die Bezeichnung „Olympics" zu verwenden.

Juni 1972: Jean-Claude KILLY, Olympiasieger und Weltmeister im alpinen Ski, begrüßt 1500 junge französische Sportler, die an den französischen „Special Olympics" teilnehmen.
August 1972: Die 2. Internationalen Spiele für Geistigbehinderte finden auf dem Campus der Universität von Kalifornien in Los Angeles statt. 2500 Sportler nehmen daran teil.
Juni 1973: Pierre MAZEAU, französischer Sportminister, besucht die französischen Olympischen Spiele für Geistigbehinderte.
Januar 1973: Über 300 000 Kinder sind das ganze Jahr hindurch aktiv an den „Special Olympics" beteiligt, die anläßlich von 15 000 lokalen Treffen und Spielen durchgeführt werden.
Juli 1974: 400 000 Athleten bestreiten das Programm der „Special Olympics".
April 1975: Mexikanische Sportler sind zum ersten Mal an Special Olympics in Nogales, Arizona aktiv.
August 1975: 3200 Sportler aus 10 Ländern finden sich vor 25 000 Zuschauern an den 3. internationalen „Special Olympics" auf dem Gelände der zentralen Universität von Michigan zusammen. Erstmals werden Teile dieser Spiele vom Fernsehen im Rahmen der Sportsendungen des CBS übertragen.
Februar 1977: Die 1. internationalen Olympischen Winterspiele für Geistigbehinderte finden in Steamboat Springs, Colorado, statt: Mehr als 550 geistigbehinderte Sportler betreiben Ski- und Eislauf.
Juli 1977: Mehr als 700 000 geistigbehinderte Sportler, davon eine größere Zahl von Erwachsenen, nehmen an „Special Olympics" teil. 19 Länder haben jetzt ihre eigenen „Special Olympics".
September 1977: „Special Olympics" starten ein weltweites Fußballprogramm mit Hilfe des Fußballverbandes der USA und mit PELE als Cheftrainer.
Juli 1978: Mehr als eine Million geistigbehinderter Sportler sind in den verschiedenen Bundesstaaten der USA und in vielen anderen Ländern an den Wettkämpfen der „Special Olympics" beteiligt.
August 1979: Die 4. internationalen „Special Olympics" werden mit fast weltweiter Beteiligung auf dem Gelände der Staatsuniversität in Brockport, New York, durchgeführt.

3.1.2. Speziale Olympische Spiele – Für wen? Warum? Wie?

Auf diese drei Fragen gibt die F.A.V.A. in einer ihrer vielen Veröffentlichungen kurz folgende Antworten:
Seit 1974 veranstaltet die F.A.V.A. jedes Jahr die Pariser „Special Olympics". Im ersten Jahr nahmen etwa 500 geistigbehinderte Sportler an diesen Spielen teil. Ende der 70er Jahre waren es über 1200.
Seit der Gründung dieser Spiele haben die Sportprogramme für Geistigbehinderte sich nicht nur in Paris, sondern auch über ganz Frankreich verbreitet. In anderen französischen Städten, wie Limoges, Straßburg, Rouen, Saint-Quentin wurden seither Spiele nach dem Pariser Vorbild veranstaltet.
Allgemein darf festgestellt werden, daß Geistigbehinderte körperlich weniger entwickelt und weniger geschickt sind, als normale Kinder vom gleichen Alter. Dies ist einerseits auf mangelnde körperliche Betätigung zurückzuführen und hängt andererseits zusammen mit motorischen Störungen in Verbindung mit der geistigen Behinderung. Demnach gilt es, diesen Kindern eine normale morphologische Entwicklung zu garantieren und etwaige psychomotori-

sche Rückstände auszugleichen, zu beheben. Zur Verwirklichung dieser Ziele sollen Körpertätigkeiten und Sport im Leben der Geistigbehinderten einen großen Platz einnehmen.
Dazu kommt, daß auch Geistigbehinderte ein in verschiedenen Ländern schon gesetzlich verbrieftes Recht auf Sport haben, und damit an der aktiven Teilnahme an einem allgemein anerkannten Gesellschafts- und Kulturphänomen. Mit und durch Sport können auch sie ihr Leben intensiver, voller, sinnvoller machen, zu einem positiveren Selbstbild gelangen und auch ihren Mitmenschen zu einem positiveren Bild der Behinderten verhelfen. Im Sport werden die erzielten Fortschritte schnell wahrgenommen und der Erfolg bei motorischen Tätigkeiten gibt den jungen Menschen Vertrauen zu sich selbst und befähigt sie auch zu anderen Tätigkeiten auf den Bereichen der Freizeit und der Berufswelt.
Was den Wert, respektiv die Gefahren des sportlichen Wettkampfes anbetrifft, so hängt das ganz davon ab, in welcher Form dieser durchgeführt wird. Der Wettkampf zeigt, daß im Sport wie auch im täglichen Leben nicht jeder Sieger sein kann. Wenn aber die jungen Sportler ihr Bestes gegeben haben, werden ihre Anstrengungen von der Gemeinschaft anerkannt, und die warme Atmosphäre gibt ihnen ein Gefühl des Erfolges.
In der Vorbereitung auf den sportlichen Wettkampf muß der Sportler lernen, zu verlieren und zu gewinnen.
So sind die „Special Olympics" ein den Geistigbehinderten angepaßter sportlicher Wettkampf.
Warum die Bezeichnung „Special Olympics" — „Jeux Olympiques Spéciaux" — „besondere Olmypische Spiele"? Es scheint wesentlich zu sein, diesem Tag einen offiziellen Charakter zu geben, indem man ihn von den verschiedenen, im Laufe des Jahres stattfindenden Freundschaftstreffen unterscheidet. Aus diesem Grunde ist die Eröffnungsfeier von großer Bedeutung. Sie wird nach dem traditionellen olympischen Ritus durchgeführt. Für die meisten Teilnehmer ist die alleinige Teilnahme an diesen „Special Olympics" an sich schon ein Sieg.
Ziel der Veranstalter ist, die Teilnehmer in homogene Gruppen aufzuteilen, um ihnen so gleiche Chancen zu geben. Es ist nicht beabsichtigt, ein Klassement auf Grund des intellektuellen Könnens (I.Q.) zu treffen. Die Aufteilung erfolgt auf der Grundlage der sportlichen Leistungen. So werden die Teilnehmer für jeden Wettkampf in bestimmte Kategorien entsprechend ihrem Alter und ihren jeweiligen Leistungen aufgeteilt. Jeder, auch der Schwächste, kann auf diese Weise auf einen Ehrenplatz kommen.
Für jeden Teilnehmer müssen 45 Tage vor Beginn der Spiele die Leistungen vorliegen, die er in den verschiedenen Wettkämpfen, an denen er teilnimmt, bisher erzielt hat. Für jeden einzelnen Wettkampf können pro Altersstufe maximal 5 Kategorien bestehen.
Theoretisch ermöglicht dieses System, in jedem Wettkampf nur Teilnehmer zu vereinigen, die fast die gleichen Leistungen vollbringen können. In der Praxis stellen sich allerdings einige Probleme. So fragt man sich, ob die zu bringenden Leistungen genau chiffriert sein müssen, was nicht immer der Fall ist. Auch verbessern verschiedene Kinder am Tag der Spiele unter emotionalem Einfluß ihre Leistungen, andere dagegen bringen dann nur mehr schlechtere Leistungen zustande.

Wer kann an den „Special Olympics" teilnehmen? Selbstverständlich können nicht alle Geistigbehinderten an diesen Spielen teilnehmen. Darüber sollen die Personen befinden, die die Kinder am besten kennen und wissen, was solche Spiele jedem einzelnen Kind geben können. Theoretisch können alle Geistigbehinderten teilnehmen, die in einem Zentrum oder in einem Sportklub für Geistigbehinderte sind und mehr als 8 Jahre alt sind. Es wird keinerlei minimale intellektuelle oder motorische Leistung verlangt.

Manchmal wurde festgestellt, daß die verantwortlichen Erzieher von leicht Geistigbehinderten Bedenken hatten, ihre Kinder mit mittelschwer Geistigbehinderten konkurrieren zu lassen, respektiv überhaupt ihre Kinder an Spielen für Geistigbehinderte teilnehmen zu lassen. Diese Reaktion ist verständlich. Diese Erzieher sind der Meinung, ihre Kinder sollten bei sportlichen Wettkampfprogrammen für normale Kinder integriert sein. Mit dieser Überlegung sind die Verantwortlichen einverstanden, unter der Bedingung, daß solche Programme auch wirklich jenen Kindern offen sind und diese auch tatsächlich die Möglichkeit darin haben, zu gewinnen. Vor allem müssen die Kinder emotional und sozial einen normalen Wettkampf durchstehen können.

Die „Special Olympics" haben demnach eine doppelte Zielsetzung: Sie sollen zum einen den Sport fördern, Wetteifer schaffen und das Entstehen neuer Sportprogramme herbeiführen. Zum anderen sollen sie den Geistigbehinderten ermöglichen, sich selbst aufzuwerten, indem sie wie die anderen an einer großen, einmaligen, sportlichen Veranstaltung teilnehmen.

Jeder Teilnehmer darf an den Spielen der F.A.V.A. an zwei Leichtathletikwettkämpfen sowie einer Leichtathletikstaffel und an zwei Schwimmwettbewerben sowie einer Schwimm- oder Leichtathletikstaffel teilnehmen. Hier die für die einzelnen Altersstufen möglichen Wettkämpfe:

8—9- und 10jährige: 60 m Lauf
Ballwerfen
Weitsprung mit Anlauf—Weitsprung ohne Anlauf

11- und 12jährige: 60 m Lauf
Ballwerfen
Weitsprung mit Anlauf—Weitsprung ohne Anlauf

13- und 14jährige: 60 m Lauf
Ballwerfen
Weitsprung mit Anlauf—Weitsprung ohne Anlauf
Hochsprung

15- und 16jährige: 60 m und 300 m Lauf
Ballwerfen   Hochsprung
Kugelstoßen (4 kg für die Jungen — 2 kg für die Mädchen)
Präzisionswurf
Weitsprung ohne Anlauf — Weitsprung mit Anlauf

17- und 18jährige: 60 m — 300 m Lauf
Ballwerfen — Hochsprung
Kugelstoßen (4 kg für die Jungen — 2 kg für die Mächen)
Präzisionswurf
Weitsprung ohne Anlauf — Weitsprung mit Anlauf

19jährige und Ältere: 60 m — 300 m Lauf
Ballwerfen — Hochsprung
Kugelstoßen (4 kg für die Männer — 2 kg für die Frauen)
Präzisionswurf
Weitsprung mit Anlauf
Weitsprung ohne Anlauf

Jede Gruppe darf sich maximal für 4 Leichtathletikstaffeln einschreiben: drei Altersklassen: 8—12 Jahre, 13—16 Jahre, 17 Jahre und älter.
Leichtathletik:
a) in Bahnen laufen: 4 x 60 m (Knaben oder Mädchen)
b) Pendelstaffel: 8 x 50 m (gemischt — Knaben und Mädchen)
Schwimmen: 4 x 25 m (Knaben oder Mädchen).
Für die einzelnen Wettkämpfe gibt es ähnlich wie bei Olympischen Spielen genaue Wettkampfbestimmungen und ein strikt einzuhaltendes Reglement.

3.2. Didaktisch-methodische Erfassungsversuche der Leibeserziehung und des Sports für Geistigbehinderte

Neben den „Special Olympics" als besondere Veranstaltung haben die Bemühungen der „Joseph P. KENNEDY Jr. Foundation" und der „American Association for Health, Physical Education and Recreation" durch Schwerpunktarbeiten oder „Projects on Recreation and Fitness for the Mentally Retarded and Lifetime Sports Education" sowohl eine didaktisch-methodische Auswahl von Inhalten, von Programmen als auch von konkreten Arbeitsvorschlägen ausgearbeitet und veröffentlicht (A.A.P.E.R. 1968). Wie an anderer Stelle dieses Handbuches (vgl. BUTTENDORF in diesem Buch) im Detail ersichtlich ist, bestehen diese Programme zum einen aus senso-motorischen oder psychomotorischen Übungen und Spielen aus dem Bereich der Elementarerziehung, zum anderen aus einzelnen sportlichen Tätigkeiten in ihren vielfältigsten Formen, wobei diese durch Elementarisierung, Reduzierung und Vereinfachung den jeweiligen Möglichkeiten und dem jeweiligen Könnens- und Interessenstand des einzelnen geistigbehinderten Kindes, Jugendlichen und Erwachsenen angepaßt werden sollen. Ausgangspunkt dieser schnellen, weltweiten, durch die Medien geförderten Entwicklung ist die schnell anwachsende Ausweitung des Sport mit seinen vielseitigen Formen des Freizeit-, Erholungs- und Breitensports. Auch die ständig wachsende Popularität des „Sports für Alle", sowohl für die guten Sportler als auch für alle anderen, weniger Begabten und die Schwachen, also auch für die Behinderten. Diese schnell wachsende Beliebtheit des Sports wird weiter gefördert und unterstützt durch die neueren Erkenntnisse der Medizin, der Nervenheilkunde, der Psychologie und der Heilpädagogik. Im Rahmen der Bestrebungen, die gesellschaftliche Integration der Geistigbehinderten mit Hilfe einer Verbesserung bzw. optimalen Ausnützung der vorhandenen Fähigkeiten voranzutreiben, wird der Entwicklung der Motorik und durch die Motorik große Bedeutung zuerkannt. Die Bewegung, die motorischen Tätigkeiten haben sich als diagnostisches, therapeutisches und vor allem als pädagogisches Mittel beim „normalen" und behinderten Kind bewährt. Heute sind alle Arten der Bewegung, des (Bewegungs-)Spiels und des Sports ein wichtiger Bestandteil der Therapie und Erziehung geworden.
Die Verhaltens- und die Erziehungswissenschaften haben in den letzten 3—4 Jahrzehnten weltweit den menschlichen Körper, die menschliche Bewegung, die motorischen Tätigkeiten als Ausdrucks- bzw. Kommunikations- und damit als Entwicklungs- und Erziehungsmittel wiederentdeckt und fruchtbar gemacht. Gleichzeitig haben sich im Bereich der Therapie eine Vielzahl von „thérapies à médiation corporelle", die das Medium Leib und die Bewegung benützen, entwickelt.

3.2.1. Begriffserläuterungen

In den englischsprachigen Ländern wird der so umrissene Bereich unter den Bezeichnungen „remedial physical education", oder „special/adapted physical education" oder „motor activities in the education of retardates" (CRATTY 1969) oder auch ganz einfach „physical education for special needs" (GROVES, L. 1979), „physical activities for the mentally retarded" (UPTON, G. 1979) geführt. Im französischen Sprachgebrauch spricht man von „rééducation physique" (LAPIERRE, A. 1968), oder „éducation physique spécialisée", „éducation et rééducation psycho-motrice" (LAPIERRE 1968, VAYER 1970), „thérapie psychomotrice" (SOUBIRAN, G.B./MAZO, P. 1971), „rééducation corporelle" (GANTHERET 1965), oder auch von „exercices, jeux et activités sportives adaptés/destinés aux handicapés mentaux" (D. LAPIERRE, Veröffentlichungen der F.A.V.A.). Wie im deutschsprachigen Raum, wo nach Begriffen wie „psychomotorische Übungsbehandlung", „psychomotorische Elementarerziehung", „Bewegungstherapie", „psychomotorisches Training", einfachere Bezeichnungen, wie „Bewegungserziehung für Geistigbehinderte", „Sportunterricht/Sportförderunterricht für Geistigbehinderte" immer häufiger werden, weist dieser Trend auch in anderen Sprachen darauf hin, daß die Bewegung, das Spiel und der Sport auch für Geistigbehinderte zu etwas „Natürlichem", Einfachem, Unkompliziertem, Selbstverständlichem geworden sind und nicht mehr länger komplizierte, wissenschaftliche Bezeichnungen benötigen, um anerkannt zu werden.

All diesen Begriffen und Bezeichnungen ist eines gemeinsam: die Bewegung, das Spiel, vielseitige motorische und sportliche Betätigungen, Aufgaben, Übungen, die in sehr einfachen, oft lustbetonten Formen zu heilpädagogischen Zwecken verwendet werden und die den Bereichen der Elementarerziehung, der rhythmischen Erziehung, der Reigen und Tänze, der Spiele und des Sports in seinen vielseitigen Formen entnommen sind (R. DECKER 1976). Die verschiedenen Aufgaben und Tätigkeiten werden dem Kinde und auch dem Jugendlichen in interessanten, gefälligen, motivierenden Formen angeboten. Dabei kommen die didaktisch-methodischen Prinzipien der modernen Pädagogik, der Heilpädagogik, der Psychotherapie, der Verhaltens- und der Spieltherapie zur Anwendung (cf. z.B. GOETZE, H./JAEDE, W. 1974). Die Beziehungen, die Interaktionen Lehrer–Schüler, Erzieher–Kind, Heilpädagoge–Behinderter geschehen in einer Atmosphäre emotionaler Wärme, ohne jeden Streß, in einer freien, gelösten Form, die den Kindern Sicherheit und Selbstvertrauen gibt (KIPHARD 1975).

Diese sekurisierende Atmosphäre gegenseitigen Vertrauens und Achtung ermöglicht und fördert den spontanen Ausdruck, die Kommunikation. Besonders im Anfang jeder Erziehungs- und Therapiebehandlung bekommt das Kind nur leichte Aufgaben gestellt. Im Laufe der Behandlung wird es so lange positiv verstärkt, bis es genügend Selbstvertrauen, Sicherheit, Selbständigkeit und Verhaltensinitiative erworben hat, um größere Durststellen (KIPHARD) ohne Schaden überstehen zu können.

3.2.2. Theoretische Ansätze im internationalen Raum

Die wesentliche Rolle der Leibesübungen in der Entwicklung körperlicher und geistiger Fähigkeiten von Behinderten konnte u.a. 1971 bei Gelegenheit der Studientage über „Leibesübungen und Behinderte" in Paris unterstrichen werden (ENSEPS 1972). Dabei wurde festgehalten, daß die leibeserzieherische Betreuung bei Behinderten in pädagogischer und sozialer Perspektive zu geschehen hat, ohne daß weder die Grenzen der normalen Pädagogik überschritten werden, noch spezielle Techniken angewandt werden. Auch sollten die Programme für Behinderte prinzipiell nicht von denen normaler Kinder und Jugendlicher getrennt oder verschieden sein, um auf diese Weise zu einer besseren Integration von Schwächeren in die Gesellschaft durch Anregen von Kompensationsmechanismen beizutragen. Ebenfalls wurde im Laufe dieser Tage daran erinnert, daß das Problem des Leibes ein ganz zentrales ist, ganz gleich, um welche Behinderungen es sich handelt, und daß das einfache Funktionieren des Leibes affektive Resonanzen hat, die die verschiedenen fundamentalen Elemente unseres Sozialverhaltens erschüttern und durcheinanderbringen können. Darüber hinaus wurde der große Reichtum der Leibesübungen und des Sports in ihren dynamischen, affektiven und sozialen Möglichkeiten beschrieben und gleichzeitig daran erinnert, daß Behinderte, ganz gleich, um welche Behinderungen im Bereich der Motorik, der Sinne, der Intelligenz, des Sozialverhaltens usw. es sich handelt, meistens auch unter einem Mangel an materialen und sozialen Reizen leiden, die ihrerseits die schon mangelhafte Umweltanpassung noch erschweren.

Aufgabe des Sportunterrichts soll demnach sein, den Behinderten eine Vielzahl von Reizen mittels der großen Situationsverschiedenheiten im Sport anzubieten. Die hervorgerufenen Reaktionen tragen zu einer Verbesserung und Verfeinerung des statischen und des dynamischen Gleichgewichts bei, zu einer besseren Anpassung an die verschiedenen Umweltanforderungen – Wasser, Eis, Schnee, Gelände usw. – und zu einer Integration in die verschiedenen Gruppentätigkeiten (AZEMAR, G. enseps, 1972).

Dazu kommt, daß das Erlernen, das Einüben der verschiedenen Bewegungen, Handlungen und Sportarten, die auch von den „Normalen" erlernt und betrieben werden, auch wenn dies unter stark erleichterten, vereinfachten, angepaßten Formen erfolgt, dem Behinderten ein neues Selbstwertgefühl, eine neue Selbstachtung, Motivationen, Interessen ... eine vollere Entwicklung und Entfaltung verleiht. Dazu kommen die erlernten Fertigkeiten, das neue, wertvolle Können, das ja ein fester Bestandteil unserer Kultur, unserer Art und Weise, auf der Welt zu sein ist, und das all jenen fehlt, die Abseits gehalten werden, die passiv bleiben (müssen), die nicht selbst handeln, sich nicht ausdrücken können... eben weil sie es nie gelernt haben. Die so verstandenen Bewegungen, Spiele und sportlichen Fertigkeiten sind nicht nur Erziehungs‚mittel', sie sind selbst eigenständige Erziehungs‚inhalte'.

Beim gegenwärtigen Stand der Forschung und vor allem angesichts der ausgezeichneten Ergebnisse in der Praxis verschiedener Pioniere auf diesem Gebiet darf ohne Übertreibung gesagt werden, daß dank einer gezielten, konsequenten Therapie oder Rehabilitation mittels Bewegung, Spiel und Sport eindeutig erkennbare Verbesserungen im Bereich der Bewegungen und der sportlichen Fertigkeiten selbst, aber auch im Bereich des Gesamtverhaltens und, in verschiedenen Fällen, der kognitiven Funktionen erzielt werden konnten. Was die erzielten Ergebnisse der heilpädagogischen Praxis anbetrifft, so muß allerdings vermerkt werden, daß eine wissenschaftliche Überprüfung in verschiedenen Fällen noch aussteht. So weiß man u.a. nicht genau, ob es genügt, ein sehr breites und sehr abwechslungsreiches Angebot aus dem Bereich der Elementarerziehung, der Rhythmik, der psychomotorischen Übungsbehandlung, der Bewegungsspiele, der verschiedenen konkreten Leibesübungen und Sportarten in Formen, die den verschiedenen Behinderungen angepaßt sind, anzubieten, um sozusagen automatisch die gewünschten Ergebnisse zu erzielen, oder ob die angewandte Methodik vorrangig ist für den Therapieerfolg, oder ob es genügt, irgend etwas Konkretes, Angenehmes, Interessantes, Motivierendes zu tun, die Behinderten zu aktivieren? Weiter gilt es, die Rolle und die Bedeutung des Erziehers, des Therapeuten in diesem vielschichtigen Interaktionsprozeß genau zu bestimmen.

3.2.3. Systematisierungsversuche der Inhalte und Ziele

Bei den meisten französischen und romanischsprachigen Autoren erfolgt die Aufzählung oder Beschreibung der verschiedenen Inhalte, des Übungsstoffs, der verschiedenen „psychomotorischen Übungen" entsprechend den angestrebten Erziehungszielen. So soll eine bestimmte Übung, eine bestimmte Bewegungsaufgabe, eine bestimmte Bewegungshandlung vorwiegend die Wahrnehmung, die Raum- und Zeitbeherrschung oder auch die Koordination, das Gleichgewicht oder Balance, die Lateralisierung fördern. Hier wird alles so dargestellt, als ob diese komplexen situations- oder tätigkeitsspezifischen motorischen Verhaltensweisen ebenso einfach geübt und entwickelt werden könnten, wie dies bei der Kräftigung oder der Lockerung der Bauch-, Arm- oder Beinmuskulatur der Fall ist! Hier scheint der Glaube an einen allgemeinen, positiven Transfer von Fertigkeiten, Fähigkeiten, Verhaltens- und Einstellungsformen „Vater" des Gedankens zu sein.

Für die deutschsprachigen Autoren, wie KIPHARD, RIEDER, FLOSDORF, oder für englischsprachige Autoren, wie OLIVER, CRATTY, DROWATSKI, HAYDEN u.v.a.m., gibt es diesen automatischen Transfer nicht. Für diese Autoren haben die verschiedenen Übungen, Spiele und sportlichen Tätigkeiten an erster Stelle einen Eigenwert. Das normale und auch das behinderte Kind lernt primär gehen, laufen, springen, werfen, mit dem Ball spielen, schwimmen, skilaufen ... so, wie es lesen, schreiben und sich in einer korrekten Sprache ausdrücken lernt. Die Beherrschung der Gesten, der elementaren Bewegungen, die Sinnes- und Wahrnehmungsbeherrschung, die Erfahrung des eigenen Körpers, der Bewegungen und der Dinge erfolgt in einfachen, konkreten, bedeutungsvollen, motivierenden, abwechslungsreichen und vielseitigen Situationen. Die Anpassung an den Partner und an die Kleingruppe, das Verhalten in den kleinen und großen Spielen mit ihren Rollenaufgaben, Haltungen und den jeweils spezifischen Fertigkeiten erfolgt in eben diesen Situationen, Spielen, gängigen Tätigkeiten, die notwendig sind, um dem Kinde die Möglichkeiten zu geben, zu lernen, sich in diesen verschiedenen Spielen, Aufgaben und Tätigkeiten anzupassen. Für diese Autoren sind die sportlichen Tätigkeiten darüber hinaus ein privilegierter Bereich, in dem es möglich ist, für die verschiedenen Behinderungen Mittel zu finden, die es dem Erzieher/Therapeuten ermöglichen, auf die Behinderung zu wirken, diese zu reduzieren oder zu neutralisieren. Die verschiedenen Tätigkeiten werden entweder in ihren gängigen Formen gelernt und betrieben, oder in vereinfachten, veränderten, angepaßten Formen. So finden wir als mögliche Sportarten für behinderte Kinder und Jugendliche sowohl die gängigen Sportarten, wie Leichtathletik, kleine und große Spiele, Mannschaftssportarten, Schwimmen, Kampfsportarten wie Judo, sodann rhythmische Gymnastik, Turnen im Sinne von Hindernisturnen, Circuit-Training, Fitness-Training in vielseitigen Formen, Volkstänze, moderne Tänze und Gesellschaftstanz, Trampolinspringen, Stemmen und Gewichtheben, Skilaufen, Bootsfahren, Reiten u.v.a.m.

Durch eine angepaßte Praxis dieser Sportarten wird eine Bereicherung der Persönlichkeit auf allen Ebenen, ein volleres, reicheres Leben, eine allgemeine Aktivierung (van der SCHOOT) und auch eine bessere Integration in die Welt der „Normalen" angestrebt.

Als Ziele und Wirkungen des Sports bei Behinderten werden sowohl biologische Werte, Gesundheit, höheres organisches Leistungsvermögen usw., als auch Leistungsverbesserungen im Bereich der Motorik, vor allem aber pädagogische, psychologische und soziale Ziele genannt. Insgesamt wird als Endziel eine Lebenshilfe, eine bessere Lebensbewältigung (DZIEDZIC) genannt.

Bei den Geistigbehinderten wird mittels psychomotorischer Übungsprogramme, mittels „motor activities" (CRATTY) nicht nur eine Entwicklung der Motorik, sondern auch eine Verbesserung, respektiv eine optimale Ausnützung der Restpotenzen und -fähigkeiten angestrebt. So konnten wesentliche Verbesserungen auch im emotionalen, affektiven und im kognitiven Bereich durch motorische, sportliche Tätigkeiten festgestellt werden (VAYER, LAPIERRE, KIPHARD, OLIVER, van der SCHOOT, CRATTY). Bei hirngeschädigten Kindern ist die Erziehung im Sinne einer Anregung, einer Förderung der geistigen Potenzen, besonders bei kleinen Kindern, im Vorschulalter, praktisch identisch mit der psychomotorischen Erziehung (VAYER, LAPIERRE 1975, DECKER 1976), oder mit der rhythmischen Erziehung, der heilpädagogischen Rhythmik der SCHEIBLAUER, FEUDEL, PFEFFER und deren Schüler. CRATTY beschreibt eine ganze Reihe von intellektuellen Verhaltensweisen, die mittels motorischer Tätigkeiten und gezielten Strategien gefördert werden können (CRATTY 1973). Ganze Stoffsammlungen von Übungen, Spielen und Tätigkeiten für geistigbehinderte und für ungeschickte Kinder sind von KIPHARD und HUPPERTZ (1975, 1977) zusammengestellt worden. Ähnliche Übungszusammenstellungen finden wir bei LAPIERRE, VAYER, BUCHER, LAGRANGE und auch bei CRATTY, FROSTIG (1973).

3.3. Qualifikationen der mit dem Sport und dem Sportunterricht für Geistigbehinderte beauftragten Lehrer und Erzieher

In England z.B. unterstanden die Sonderschulen und Trainingszentren für Geistigbehinderte dem Gesundheitswesen und wurden erst 1971 in das Erziehungswesen eingegliedert. Das Personal war größtenteils schlecht oder nicht ausgebildetes Pflegepersonal. Nachdem Mitte der 60er Jahre die Notwendigkeit einer Erneuerung und Intensivierung der Geistigbehindertenerziehung von den Vereinigten Staaten aus in viele Länder getragen worden war, änderten sich diese Mißstände. Die pädagogische Verwahrlosung in diesem weiten Bereich wurde weitgehend behoben. Dies geschah vor allem durch den Einsatz von Grundschullehrern mit zusätzlicher Spezialausbildung für die Sonderschulen für Geistigbehinderte. Durch die Ausarbeitung neuer, integrierter Lernprogramme, in denen die körperlichen, manuellen, musischen und kreativen Tätigkeiten sowie die sensomotorischen Lernverfahren einen Hauptplatz erhalten haben, konnte die fundamentale Bedeutung der Bewegung für jedes Lernen deutlich herausgestellt und auch besser angewendet werden. Neben den Grundschullehrern mit Zusatzausbildung, einer besseren Entlohnung und durch eine gezielte Besetzung der Stellen durch Erzieher, Therapeuten, Psychologen, Krankengymnasten und Sportlehrer, d.h. durch gut ausgebildete Fachkräfte, hat der Bereich der Geistigbehindertenpädagogik eine Verbesserung der Erziehungsbedingungen erfahren.

So scheint sich allmählich die Erkenntnis durchzusetzen, daß nicht nur der begabte Gymnasialschüler einen gut ausgebildeten Lehrer braucht, sondern daß auch und vor allem die weniger Begabten, die Schwachen, die Behinderten, vollausgebildete, hoch motivierte und stark engagierte Lehrkräfte benötigen. Noch bleibt vieles zu tun. Es ist bekannt, daß der im Geistigbehindertenbereich tätige Pädagoge erst in den wenigsten Ländern eine vollakademische Ausbildung erhält, in der auch die sensomotorischen, körperlichen, kreativen und musischen Tätigkeiten in einer integrativen Form gelehrt werden. Was die bisher in vielen Ländern gängige Ausbildung der Grundschullehrer im Fache Leibeserziehung anbetrifft, so sei daran erinnert, daß z.Zt. in den meisten westeuropäischen Ländern der Grundschul- oder Primarstufenlehrer nur eine zweijährige (Belgien, Luxemburg), respektiv 2 1/2 jährige (Schweden) oder dreijährige (Dänemark, Norwegen, Frankreich, Großbritannien, Holland) Hochschulausbildung erhält, in der Leibeserziehung und Sport mit etwa 2—4 Wochenstunden während der gesamten Ausbildung (z.B. Belgien, Frankreich, Luxemburg) oder 140 „Stunden" (Dänemark, Schweden) insgesamt, nur relativ schwach vertreten sind. Nur Finnland und die Bundesrepublik Deutschland haben eine vierjährige, vollakademische Ausbildung auch für die Grundschullehrer! Auch in den neuen Ausbildungsgängen der Sonderschulpädagogik und in den Zusatzausbildungen für Sonderschullehrer wird noch immer nach neuen Programmen, neuen Inhalten und vor allem neuen Methoden gesucht. Im übrigen stellt sich die Frage, ob der Sport und der Sportunterricht von Spezialisten, oder, was in einer integrativen Sicht des gesamten Unterrichts und aus praktischen Erwägungen vorteilhafter zu sein scheint, von einem gut ausgebildeten Generalisten — Lehrer und/oder Erzieher — durchgeführt werden soll.

4. Der Sport und der Sportunterricht für Geistigbehinderte in Europa:
Beiträge, Diskussionen, Empfehlungen des europäischen Expertenseminars über Sport für Geistigbehinderte in Brüssel vom 27. 5.–30. 5. 1980

Im Rahmen der Vorbereitungsarbeiten des Europarates – Komitee für die Entwicklung des Sports – der 3. Sportministerkonferenz 1981 in Spanien, untersuchten vom 27. bis zum 30. Mai 1980 in Brüssel Experten aus neun europäischen Ländern die aktuelle Lage des Geistigbehindertensports in Westeuropa. Folgende Punkte wurden dabei diskutiert: körperliche Merkmale und motorisches Lernen, Funktionen und Rolle des Sports und der Körpertätigkeiten bei Geistigbehinderten, Mittel und Wege zur Förderung des Geistigbehindertensports und Ausbildung von qualifiziertem Personal. Zu jedem dieser Punkte wurden konkrete Schlußfolgerungen und Empfehlungen ausgearbeitet. Im nachfolgenden haben wir die wesentlichen Punkte dieser Feststellungen und Empfehlungen ins Deutsche übertragen. Dazu kommen einige „statements" von Vertretern aus Holland, Großbritannien und Norwegen, die für den deutschsprachigen Leser von besonderem Interesse sein dürften.

4.1. Allgemeine Merkmale der Geistigbehinderten

In den einzelnen Mitgliedsländern des Europarates stellen die Geistigbehinderten glücklicherweise nur einen kleinen Teil der Bevölkerung: von den etwa 8 % Behinderten, d.h. Personen, deren geistigen und körperlichen Funktionen zu 30% oder mehr beeinträchtigt sind, sind 1 bis 2% Geistigbehinderte. Davon leiden die meisten nur an leichten Hirnstörungen. Die Geistigbehinderten machen demnach nur einen kleinen Teil der Gesellschaft aus. Trotzdem verdienen und brauchen sie eine Reihe von Sondermaßnahmen im Rahmen einer gezielten Fürsorgepolitik. Zu diesen gehört auch der Sport. Die Maßnahmen im Bereich des Sports sind für Geistigbehinderte sehr wichtig, weil gerade der Sport eine wesentliche Rolle bei der Überwindung dieser Behinderung spielt. Zum einen trägt er zur allgemeinen Entwicklung und Entfaltung bei, zum anderen hilft er, große Hindernisse auf dem Wege zu einem normalen Leben zu überwinden.

Die Arbeiten dieser Tagung waren vorwiegend den leicht und mittelschwer Geistigbehinderten vorbehalten. (Leicht geistigbehindert = educationally sub-normal – moderate – I.Q.: 50–75 – Seminardefinition: MILD; mittelschwer geistigbehindert = educationally sub-normal – severe – I.Q.: 30–50 – Seminardefinition MODERATE). Für die schwer Geistigbehinderten (I.Q. unter 30) treffen die verschiedenen Schlußfolgerungen, z.B. die Integration betreffend, nicht zu.

Unter dem Sammelbegriff „Geistigbehindertensport" sind eine Vielzahl von körperlichen Tätigkeiten – physical activities – und Sportarten zu verstehen, die dem einzelnen und seinen individuellen Möglichkeiten und Fähigkeiten angepaßt sind. In diesem Zusammenhang beinhaltet er die motorische Entwicklung, die Leibeserziehung oder Sportunterricht und auch sämtliche Formen des Sports, der Leibesübungen und der Freizeittätigkeiten in der freien Natur. In bestimmten Fällen werden die motorischen Tätigkeiten mit Musik und Tanz kombiniert oder zusammen durchgeführt.

Die Seminarteilnehmer stellten eingehend fest, daß sie nicht der Meinung sind, daß eine Diagnose auf geistige Behinderung notgedrungen lebenslang sein muß. Der Zustand von geistiger Behinderung kann sich oft verbessern. Mittels einer angepaßten Umwelt und gezielter Maßnahmen, zu denen der Sport, wie hier definiert, als ein sehr wichtiges Element gehört, können die Geistigbehinderten wesentliche Verbesserungen erhoffen und auch verwirklichen, und oft ein fast normales Leben führen.

Was die äußeren Merkmale der Geistigbehinderten anbetrifft, so erinnerte der Norweger Jahn HALDORSEN an die von der Dänischen Physiotherapistin Britta HOLLE durchgeführte Untersuchung „Normal and retarded children's motor development" (1976). Diese Arbeit habe klar gezeigt, daß es keine Geistigbehinderten gibt, die nicht zugleich auch motorische Defekte aufweisen, d.h. auch körperlich behindert sind.

Die motorische Entwicklung Geistigbehinderter verläuft entsprechend in denselben Phasen oder Stufen wie bei anderen Menschen, nur brauchen die Geistigbehinderten nach HOLLE (1976) mehr Zeit auf jeder einzelnen Entwicklungsstufe. Frühkindliche Bewegungsmuster sind auch bei älteren Kindern und sogar noch bei Erwachsenen anzutreffen. Auch kommen Geistigbehinderte in ihrer motorischen Entwicklung nicht immer so weit wie dies bei Nichtbehinderten der Fall ist, ganz gleich wie lange und wie intensiv sie trainieren.

Die Gruppe der Geistigbehinderten ist weiter sehr wenig homogen. Die Beschreibung der motorischen Störungen kann deshalb nicht mehr sein, als eine Aufzählung der verschiedenen (möglichen) motorischen Behinderungen:

— Angeborene Reflexe sind oft nicht vorhanden, oder es ist notwendig, Maßnahmen zu treffen, um übermäßigen Reflexen entgegenzuwirken.
— Der Muskeltonus kann entweder stark reduziert sein, oder das Gegenteil kann zutreffen.
— Verschiedenartige Lähmungen können auftreten.
— Die individuellen Sinnesbereiche, wie z.B. der Muskelsinn, können nicht normal entwickelt sein.
— Störungen des Bewegungsapparates, als Folge von Hirnschäden — cerebral palsy — sind am häufigsten.
— Bei Down-Syndrome-Mongoloiden-Fällen sind Herz- und Kreislaufschwächen häufig.

Dazu kommt bei einzelnen Personen eine extreme Beweglichkeit der Gelenke. Auch sind Mißbildungen, schwere Krankheiten, geringe Kondition durch Übergewicht, Fußschwächen, mangelhafte Koordinierung der Bewegungen beim Greifen, Gehen, Kriechen, Mängel im Zusammenspiel von Auge-Hand und Raumlagesinn, fehlende Koordination bei komplexeren Bewegungen wie Balancieren, Werfen, Klettern oft anzutreffen. Dazu kommen psychische Faktoren, wie Angst, fehlendes Selbstvertrauen, Neurosen, soziale Faktoren, wie kein Regelverständnis, mangelhaftes Verhalten in der Gruppe.

Der Brite WILLIAMSON fragte in diesem Zusammenhang, ob die festgestellte geringere Körpergröße und vor allem die Fettleibigkeit umwelt- oder/und hormonal bedingt sind, ob es sich nur um ein verzögertes Wachstum oder ob es sich dabei um eine dauernde Reduktion der Wachstumshormone handelt. Eine Antwort auf diese Frage liegt z.Zt. noch im Bereich der Spekulation.

Was die sub-normalen motorischen Grundleistungen betrifft, so fragt WILLIAMSON, ob beim Erwerb von motorischen Fertigkeiten mangelnde Kondition, geringeres Reaktionsvermögen und geringere Schnelligkeit nicht einen weit höheren einschränkenden Effekt haben können, als dies für Bewegungs- und Entfernungswahrnehmung, visuelle Reaktionszeit und Einschätzung der Geschwindigkeit-Schnelligkeit der Fall ist (MORRIS 1978). So gesehen hätte die gute Körperkondition, die Fitness für Geistigbehinderte tatsächlich eine Reihe von zusätzlichen, positiven Effekten im Bereich des Bewegungsverhaltens. WILLIAMSON ist der Meinung, daß noch zu klären bleibt, ob das typische Bewegungsverhalten von Geistigbehinderten entwicklungsbedingt ist, oder damit zusammenhängt, daß Geistigbehinderte auf einer bestimmten, tieferen Entwicklungsstufe als normale stehenbleiben, oder ob sie unfähig sind, von einer Erfahrung zur nächsten zu lernen, oder aber ob dies vielleicht einen effektiven, von uns nicht anerkannten Urteilsgrad reflektiert, der darin besteht, daß sie ihr optimales Funktionieren feststellen (assess) können.

4.2. Motorische Entwicklung

Je nach Schwere seiner Behinderung weist das geistigbehinderte Kind, was seine motorischen Fertigkeiten anbetrifft, im allgemeinen einen Entwicklungsrückstand von 2—4 Jahren im Verhältnis zu einem normalen Kind gleichen Alters auf. Ein gezieltes Training und Reizstimulierung, z.B. enger Körperkontakt mit den Eltern und den Erziehern während den ersten Lebensjahren sowie später der Behinderung angepaßte Tätigkeiten sind erforderlich, um motorische Störungen (im Bereich der Motorik, des Gleichgewichts, der Balance, der Kraft, der Beweglichkeit und Geschicklichkeit) zu überwinden und um die Entwicklung der einzelnen Fähigkeiten, Eigenschaften und Sinne zu fördern.

Ein geeignetes Training in diesem Zusammenhang zielt — wie der Sport im allgemeinen — darauf, den vier folgenden wesentlichen Bedürfnissen zu entsprechen:
— Bewegungserziehung und -bildung
— Verbesserung der Körperkondition, der Gesundheit
— sozialer Fortschritt
— affektiv-emotionale Entwicklung und Persönlichkeitsförderung mittels der vielseitigen Freizeittätigkeiten in einem freudvollen Klima.

Diese Tätigkeiten befähigen den Geistigbehinderten, sich besser mit seinem Körper, mit seiner Persönlichkeit und mit seinen Mitmenschen zu identifizieren.

Zur Erreichung dieser Ziele müssen besondere Maßnahmen getroffen werden, damit Sportförderunterricht, Sport und angepaßte Freizeittätigkeiten in den Schulen und Institutionen für Geistigbehinderte im Vorschul-, Schul- und Erwachsenenalter geschaffen und ausgebaut werden. Im einzelnen soll dafür gesorgt werden, daß:
— der Sportunterricht als Pflichtfach in den Schulen und Trainingszentren (mit wenigstens 4 bis 6 Wochenstunden) durchgeführt wird;
— entsprechend qualifizierte Sportlehrer zur Verfügung gestellt werden;
— eine den Bedürfnissen entsprechende materielle Infrastruktur geschaffen wird;
— der Sport und die körperlichen Tätigkeiten in den Institutionen für erwachsene Geistigbehinderte, vor allem in den geschützten Werkstätten, entsprechend angepaßt werden.

4.3. Rolle und Funktionen des Geistigbehindertensports

Seit der Schaffung und Entwicklung des „Sports für Alle" (1966), umgreift der Geistigbehindertensport sämtliche den Bedürfnissen der Geistigbehinderten angepaßten Formen des Sports und der Körpertätigkeiten. Ein breites Angebot von Tätigkeiten wird schon jetzt betrieben: Turnen, Schwimmen, Ski, Judo, viele Ballspiele, sowohl in Mannschaften als auch individuell, Leichtathletik, Reiten usw.

Jede Tätigkeit sollte sorgfältig von einem Helfer überwacht werden und gezielt sein; sie sollte jedenfalls danach streben, einen oder mehrere der oben genannten Ziele zu erfüllen; weiter sollten die angebotenen Tätigkeiten variiert und regelmäßig evaluiert werden.

Die verschiedenen Tätigkeiten müssen aus diesen Gründen vielseitig sein und eine Steigerung darstellen und vor allem freudvoll sein. Dabei ist der Spaß an der Betätigung ein wesentlicher Erziehungsfaktor, weil gerade durch das Freud- und Lustbetonte in dem Geistigbehinderten ein Sicherheitsgefühl aufgebaut wird, das wesentlich zu seiner Zufriedenheit und Glückseligkeit beiträgt. Ferien- und Erholungslager im Freien eignen sich sehr gut, um diese Ziele zu erreichen.

Was den Stellenwert des Wettkampfsports für Geistigbehinderte anbetrifft, so waren die Brüsseler Seminarteilnehmer der Meinung, daß:

1) reiner Wettkampfsport die Konkurrenten einem übermäßigen Stress aussetzen kann;
2) demnach die Zahl der Wettkämpfe sehr beschränkt bleiben soll;
3) die großen Veranstaltungen, wie z.B. die „Special Olympics" durch entspannende und erholsame Rahmenveranstaltungen aufgelockert werden sollen;
4) bei einer entsprechend guten Organisation auch solche Wettkämpfe lohnende und bereichernde Erfahrungen darstellen können.

Allerdings waren die Seminarteilnehmer sich einig, daß in allen Fällen den Wettkämpfen und dem dazu gehörenden Training nur ein kleiner Teil der für den Sport insgesamt zur Verfügung stehenden Zeit geopfert werden sollte. Für die Geistigbehinderten besteht in allen Fällen der Wettkampf mehr darin, die eigenen Rekorde zu verbessern, als zu siegen. Die Belohnungen für persönliche gute Leistungen sind ein wesentlicher psychologischer Gesichtspunkt. Ein weiterer wichtiger Grund, den Sport bei den Geistigbehinderten zu fördern, liegt darin, daß der Geistigbehinderte den Sport außerhalb der Schule mit seinen Eltern und seiner Familie betreiben kann. Die Bedeutung der Teilnahme der Eltern und Geschwister liegt vor allem in dem Beitrag, den gerade der Sport in der Familie leisten kann, um die ganze Familie zusammen zu bringen und so die in der Schule und in den spezialisierten Institutionen eingeleitete Förderung und Kommunikation weiter zu führen.

Rein organisatorisch gesehen, werden Sport und Körpertätigkeiten in drei verschiedenen Bereichen angeboten: in den (Sonder-)Schulen, in den sozialen und medizinischen Institutionen sowie in den freiwilligen Sportvereinigungen für Geistigbehinderte, die in den letzten Jahren und Jahrzehnten in verschiedenen europäischen Ländern gegründet wurden. Schulen und andere sonderpädagogische Einrichtungen arbeiten in der Regel miteinander und sind sich bewußt, daß in der Leibeserziehung und im Sport neue, zusätzliche Dimensionen erkannt werden müssen. Im Gegensatz zu Nichtbehinderten brauchen Geistigbehinderte ein Spezialtraining und ein Mehr an Reizen. In vielen Fällen muß hier auf einer sehr niedrigen, elementaren motorischen Stufe gearbeitet werden, so daß die traditionellen Leibesübungen nicht ausreichen. Zusätzlich empfehlen z.B. englische Fachleute Sonderverfahren, wie die Verbindung von Bewegung und Elementargymnastik für die Sprachentwicklung, indem z.B. nach BARNES Handlung und verbale Begriffe gezielt miteinander verbunden werden. Weiter müssen Körperwahrnehmung, Körperbewußtsein, sensomotorische Fähigkeiten, Muskelsinn, die psychomotorischen Grunddimensionen, Raum, Zeit, Richtung, Form und Kraft mittels gezielter Übungen „trainiert" werden. Auch sollen vielseitige Gleichgewichtsaufgaben in dieses Bewegungs- und Körpertraining eingebaut werden. Bei allen Übungen und Spielen steht nicht so sehr die Fertigkeits- und Fähigkeitsvermittlung im Zentrum, als vielmehr Haltung, Selbstvertrauen, Erfolgserlebnis, aktive Teilnahme, zuerst nichtverbale Körperkommunikation, danach immer differenziertere verbale Kommunikation, Freude, Spaß, Erfüllung und Zufriedenheit. Veronica SHERBOURNE z.B. hat hier neue Methoden entwickelt, um die Entwicklung des Selbstbewußtseins mittels Sinneswahrnehmung, Beziehungen und Bewußtsein von und zu anderen zu entwickeln (SHERBORNE 1979, in: L. GROVES 1979; SHERBOURNE 1979, in: G. UPTON 1979).

4.4. Fördermaßnahmen

Das Brüsseler Experten-Seminar stellte fest, daß bisher nur zwei oder drei Mitgliedsstaaten eine zusammenhängende, rationelle Regierungspolitik im Bereich des Geistigbehindertensports durchgesetzt haben.
Das Komitee für die Sportförderung (CDDS) des Europarates wird demnach gebeten, die Regierungen der Mitgliedsländer aufzufordern:
1. ganz klar ihre Ziele in diesem Bereich zu definieren;
2. die zur Erreichung dieser Ziele erforderlichen Voraussetzungen zu schaffen (Infrastruktur, qualifiziertes Personal);
3. den Vereinigungen für Geistigbehinderte mit Personal und Einrichtungen zu helfen, diese Ziele in die Praxis umzusetzen;
4. alle Interessierten zu sensibilisieren und zu unterstützen;
5. andere Instanzen und Institutionen (Erziehungswesen, Gemeindeautoritäten, Schulen, Sportvereinigungen) aufzufordern, ihre jeweiligen Aufgaben in diesem Bereich zu erfüllen.
Jede Regierung wird dabei selbst ihre globalen Ziele und Objekte in diesem Bereich bestimmen müssen. Es sollen z.B.:
— auf lange Sicht die Spezialvereinigungen verschwinden und wenigstens die leicht Geistighinderten in die normalen Sportklubs integriert werden;
— die Geistigbehinderten ermutigt werden, die öffentlichen Sportstätten zu den gleichen Zeiten wie die anderen Teilnehmer zu benützen oder in Gruppen zu besonderen Zeitpunkten;
— eine Integration zwischen den Geistigbehinderten und den Körperbehinderten gefördert werden.
Die Erfahrung zeigt, daß es wünschenswert ist, eine nichtstaatliche nationale Vereinigung mit lokalen und regionalen Zweigen zu schaffen, und diese mit der Koordination der freiwilligen Bewegung einerseits sowie den Regierungsinstanzen andererseits und den internationalen Beziehungen zu betrauen.
Das Seminar vertritt die Auffassung, daß das Prinzip der Zusammenarbeit zwischen Regierungen und Freiwilligenorganisationen im Bereich des Geistigbehindertensports ebenso anzuwenden ist wie im normalen Sportwesen. Hauptaufgabe der Regierungen wäre es, dafür Sorge zu tragen, ein möglichst günstiges Klima und den Rahmen zu schaffen, um diese Entwicklung zu fördern: politische Grundsatzerklärung, Förderung, Entwicklung und Schaffung sowie Vervielfältigung der Integrationsmöglichkeiten.
In verschiedenen Ländern könnten großangelegte Meisterschaften, wie die „Special Olympics", sich als sehr nützlich erweisen, um sowohl das allgemeine als auch das spezielle Interesse zu wecken und um andere Finanzierungsquellen aufzudecken.
In Holland z.B., wo im Rahmen des „Sports für Alle" auch gezielte Maßnahmen zur Förderung des Geistigbehindertensports getroffen werden, sind die Rollen wie folgt verteilt: Der Staat, in diesem Fall das holländische Ministerium für Kultur, Erholung und Sozialwesen,

arbeitet eng zusammen mit dem nationalen Verband für Geistigbehindertensport (Nederlandse Sportbond voor Geestelijk Gehandicapten) und übernimmt die finanzielle und materielle Unterstützung. Die praktische Arbeit, die Animation, Beratung, Koordination und Kooperation, die Ausarbeitung von Inhalten und Methoden, die Leiteraus- und -fortbildung, die Veranstaltung von Seminaren, Arbeitstagungen usw, wird seit etwa 1965 vom Verband in 70 Klubs mit ungefähr 7000 geistigbehinderten Sportlern durchgeführt. Dabei wird zwischen „movement recreation" – Bewegungserholung – mit z.B. Wandern, Eislaufen, Radfahren, Ballspielen einerseits, und „recreational sport" – d.h. regelmäßigem sportlichen Training in einer bestimmten Sportart andererseits, mit entweder besonderen, angepaßten Regeln oder mit normalen Regeln und Techniken unterschieden. Der Niederländische Geistigbehinderten-Sportverband ist nicht nur einer der ältesten und strukturiertesten Geistigbehindertensportverbände in Europa, er verfügt auch über sehr viel praktische Erfahrung und „Know-how" in diesem Bereich.

In Norwegen arbeiten Schulen und sozialmedizinische Institutionen eng zusammen. Der eigentliche Sport auf freiwilliger Basis für Geistigbehinderte wird vom „Norges Handicapidrettsforbund (Norwegischer Behindertensportverband – Hauger Skolevei 1, 1351 RUD) organisiert. Allerdings machen die Geistigbehinderten z.Zt. nur einen geringen Prozentsatz der aktiven Mitglieder dieses Verbandes aus, dessen meiste Sportler körperbehindert oder blind sind. Besonders aus dem Gebiet des Sports für Bewegungsgehemmte oder -behinderte sind aus Norwegen zwei Veröffentlichungen zu nennen:
— Gunnar MATHIESEN: Skiing – aids and techniques for the physically handicapped, Hrsg. Kultus- und Unterrichtsministerium, Oslo 1979
— Inga Friis MOGENSEN, Mona SANDOE: Hjelpemidler til fysisk aktivitet for funksjonshemmende. Kultus- und Unterrichtsministerium, Oslo 1979. In dieser gut aufgemachten und stark illustrierten Veröffentlichung findet der interessierte Leser viele wichtige Anschriften und Hinweise bezüglich des Behindertensportes in den skandinavischen Ländern (siehe Bibliographie Skandinavien).

In Großbritannien sind im Bereich des Geistigbehindertensports die Schulen, Trainingszentren, medizinischen Einrichtungen und im Freizeitbereich die GATEWAY CLUBS zuständig. Allgemein beklagten sich die Briten über mangelhafte Koordination zwischen den einzelnen Partnern, Fehlen einer allgemein akzeptierten Politik auf diesem Bereich, mangelhafte Beziehungen zueinander und damit keine Kontinuität sowie Mangel an Informationen über die zur Verfügung stehenden Mittel und Möglichkeiten.
Staatliche Hilfen bekommt die „British Association for the Disabled" (BSAD) über den „Sports Council". Die BSAD hat vor kurzem ihre Struktur und ihre Satzungen geändert, um die neugegründete „U.K. Sports Association for People with mental handicap" aufnehmen zu können. Die Aufgabe dieser neuen britischen Vereinigung für den Geistigbehindertensport besteht darin,
— ein Bindeglied zwischen staatlichen Instanzen, Lokalautoritäten und den nationalen Organisationen für Geistigbehinderte zu sein;
— eine bessere Verteilung und Zur-Verfügung-Stellung der bestehenden und zu schaffenden Einrichtungen im ganzen Lande durch Sensibilisierung der öffentlichen Meinung für die Bedürfnisse des Geistigbehindertensports zu gewährleisten;
— den Informations- und Erfahrungsaustausch mit anderen Ländern zu fördern sowie internationale Sporttreffen und Tagungen zu veranstalten.

In Frankreich wird der Geistigbehindertensport von der „Fédération francaise d'Education par le Sport des Personnes handicapées mentales" organisiert. Dieser 1971 gegründete, 1975 vom Sportministerium anerkannte und 1977 vom Staat habilitierte Verband ist damit beauftragt, sämtliche Personen zu erfassen, die zur Förderung des Geistigbehindertensports beitragen, gegenüber den staatlichen Institutionen die Vereinigungen des Geistigbehindertensports zu vertreten, auf nationaler Ebene die Rechte der Geistigbehinderten auf Sport und Leibesübungen zu verteidigen sowie allen Vereinigungen (Schulen, Heimen, Erziehern, Eltern, freiwilligen Helfern), die die Bedeutung des Sports für Geistigbehinderte erkennen, zu helfen. Die Aufgabe dieses Verbandes besteht darin, die sportlichen Betätigungen für Geistigbehinderte in ganz Frankreich zu fördern,
— sportliche Veranstaltungen und Treffen zu organisieren,
— eine diesbezügliche Dokumentation zu schaffen und zu entwickeln,
— qualifizierte Leiter aus- und fortzubilden,
— die Forschung auf diesem Gebiet voranzutreiben und zu fördern. Diese umgreift pädagogische und organisatorische Aspekte des Geistigbehindertensports sowie medizinische Gesichtspunkte, medizinische Überwachung der Sportler, Untersuchung der körperlichen und motorischen Fähigkeiten der Geistigbehinderten, Hilfestellung für die Erzieher und Leiter in der täglichen Praxis.

In Belgien organisieren die „Fédération spéciale belge omnisports" im französischsprachigen Teil und die NASSO-MIVA, die „Naschoolse Sport en Ontspanning Minder-Validen" im flämischsprachigen Teil des Landes den außer- und nachschulischen Sport für Geistigbehinderte. Staatlicherseits bestimmt ein Gesetz vom 16.11.1977 die Bedingungen und Modalitäten der Bezuschussung des Geistigbehindertensports.
In Spanien ist die A.N.D.E. — Asociacion Nacional de Deportes para Minusvalidos Psiquitos — seit 1974 für den Sport für Geistigbehinderte verantwortlich. Diese nationale Vereinigung hat schon 1975—76 Sporttage für Geistigbehinderte veranstaltet und 1978 die ersten internationalen Spezial-Olympischen Spiele in Spanien durchgeführt.
In Luxemburg wurde im Februar 1979 die „Association luxembourgeoise pour la pratique des activités physiques et sportives des personnes inadaptées" (A.L.P.A.P.S. — Sport mit Sorgenkindern) gegründet. Auch diese nationale Vereinigung hat ähnliche Ziele wie ihre Schwestervereinigungen in anderen europäischen Ländern.
Auf europäischer Ebene schließlich sind die hier aufgezählten nationalen Vereinigungen in der „Fédération européenne pour l'Education physique et le Sport des Handicapés mentaux" zusammengeschlossen. Diese ist 1979 in Luxemburg gegründet worden und zählte 1980 sieben nationale europäische Vereinigungen und Verbände für Geistigbehindertensport (Belgien, Frankreich, Großbritannien, Luxemburg, Norwegen, Portugal, Spanien).

4.5. Ausbildung von Übungsleitern, Lehrern und Erziehern

Die Sonderschulen und die spezialisierten Einrichtungen, wie Heime, Tagesstätten, beschützende Werkstätten, benötigen ein Fachpersonal, dessen Ausbildung den Bedürfnissen der Schüler entsprechen soll. Außerhalb der Schulen sollen die einzelnen Tätigkeiten unter der Aufsicht von Personen weitergeführt werden, die allerdings keine hochspezialisierten Fachkenntnisse benötigen.

In Anbetracht ihrer besonderen Verantwortung und in Ermangelung an offiziellen Ausbildungsmöglichkeiten und -strukturen, die es in vielen europäischen Ländern noch nicht gibt, sollten diese Übungsleiter, Lehrer und Erzieher ein Sonderstatut erhalten, das dieser Sonderstellung Rechnung trägt. Auch müßten die einzelnen Regierungen den freiwilligen Vereinigungen bei der Ausbildung der ehren- und nebenamtlichen Helfer und Erzieher behilflich sein. Ihrerseits sollten die Vereinigungen dafür sorgen, daß gut koordinierte und zusammenhängende Programme für die Aus- und Weiterbildung durchgeführt werden. Nur wenige europäischen Länder verfügen schon über solche Ausbildungsstrukturen und Berufsbilder für Erzieher, Lehrer und Betreuer in den Schulen, Heimen und anderen spezialisierten Institutionen für Geistigbehinderte sowie für Übungsleiter, Betreuer und Organisationsleiter im Bereich der Sportvereinigungen und Verbände des Geistigbehindertensports.

Wie es der Norweger HALDERSEN formuliert hat, ist zum einen die Arbeit — von der mehr passiven Aufsicht und Pflege bis hin zum aktiven Training und Stimulieren — noch relativ neu. Erst im Laufe der letzten zwei bis drei Jahrzehnte hat die Gesellschaft solchen Arbeiten einige Priorität gegeben. Da Schulen im allgemeinen eher konservativ sind und sehr wenig offen für Veränderungen, ist es für ihn nicht erstaunlich, daß dem Thema „geistige Behinderung" in der Ausbildung des diesbezüglichen Personals wenig Aufmerksamkeit zugestanden wird.

Welcher Personenkreis hat beruflich mit Geistigbehinderten zu tun? Erhalten diese Leute eine genügende Grund- und weiterführende Ausbildung, die sie dazu befähigt, mit Geistigbehinderten als Zielgruppe zu arbeiten?

Auf der Suche nach Hilfe haben betroffene Eltern zuerst mit Kinderärzten, Säuglingsschwestern, Ammen, Krankenschwestern, Kindergärtnerinnen usw. zu tun. Dazu kommen gegebenenfalls Krankengymnasten, Physiotherapeuten und Beschäftigungstherapeuten. Hier stellt sich die Frage, ob diese Fachkräfte auch im Hinblick auf geistige Behinderung genügend ausgebildet sind, ob sie über sensomotorisches Lernen und andere Formen der Frühförderung geistigbehinderter Kinder Bescheid wissen und ob sie über die konkreten Möglichkeiten, Inhalte und Methoden des motorischen Trainings, der Bewegungserziehung und des Sports informiert sind.

Was die Lehrerausbildung betrifft, so müssen die Lehrer auf ihre neuen Aufgaben im Rahmen der in vielen Ländern angestrebten Integration von Behinderten in den normalen Unterricht besser vorbereitet werden. Wenn auch keine schulische Integration der mittel- und schwer geistigbehinderten Kinder in den normalen Schulbetrieb angestrebt wird, so sollten doch alle Lehrer auch über diese Gruppe von Behinderten besser informiert sein. Für die Sonderschullehrer aber hat der Geistigbehindertenbereich mit den jeweiligen sensomotorischen, psychomotorischen und sportpädagogischen Fördermaßnahmen einen wesentlichen Platz einzunehmen. Dies geschieht in der zusätzlichen einjährigen Weiter- und Fortbildung im Fache Sport von Grundschullehrern in verschiedenen europäischen Ländern, wie z.B. in Norwegen an der Sporthochschule in Oslo.

Was die Ausbildung von ehren- und nebenamtlichen Übungsleitern und Trainern für den Geistigbehindertensport betrifft, so konnte R.A.D. JEURSEN vom holländischen Sportbund für Geistigbehinderte von einer gut funktionierenden, mehrstufigen Ausbildung für ehren- und nebenamtliche Leiter berichten. Diese enthält zuerst einen Helferkursus von 15 Stunden für Leute, die im Geistigbehindertensport helfen wollen, aber weder im Sport noch in Sachen geistige Behinderung irgendwelche Kenntnisse haben. In diesem Lehrgang werden nur sehr grundsätzliche Aspekte des Trainings und der Betreuung Geistigbehinderter behandelt. Für Freiwillige, die mehr über rekreative sportliche Tätigkeiten im allgemeinen wissen wollen, gibt es den Lehrgang für Freizeitsportleiter. Er umfaßt 70 Stunden und befähigt, kleine Teilnehmergruppen bei Sport- und Spieltagen anzuleiten. Dieser Lehrgang wird nicht vom Geistigbehindertensportbund selber angeboten, aber besonders empfohlen. Der Geistigbehindertensportbund selbst bietet einen Lehrgang von 40 Stunden mit etwa 25 Stunden Praxis mit Geistigbehinderten für „Freizeitsportleiter für Geistigbehinderte" an.

Ein weiterer Lehrgang von 110 Stunden über ein Jahr für „Sportleiter für Geistigbehinderte" ist dazu bestimmt, Sportlehrer und Übungsleiter im Bereich Geistigbehindertensport und Betreuung der freiwilligen Helfer auszubilden. Zulassungsbedingungen für diesen Lehrgang ist eine Ausbildung in Leibeserziehung oder/und als Sportleiter. Dazu kommen Wochenendlehrgänge zur Aus- und Fortbildung für Lehrer für die oben genannten Lehrgänge.

Insgesamt ist die Situation im Bereich des Geistigbehindertensports im günstigen Fall in etwa so: sehr wenige diplomierte Sportlehrer sind im Sonderschulwesen tätig. Auch für diese gibt es z.Zt. wenige oder gar keine spezialisierte Ausbildungsmöglichkeiten im Geistigbehindertensport.

Weitgehend sind hier Grundschullehrer, z.T. mit Zusatzausbildung in Sonderpädagogik tätig. In dieser Ausbildung wird z.Zt. versucht, die elementaren Lebenstechniken, die sensomotorischen und psychomotorischen Fördermaßnahmen, die nichtverbalen, manuellen, motorischen Ausdrucks- und Kommunikationstechniken, die Körpertätigkeiten und den Sport als Entwicklungs- und Förderungsmittel einzubauen.

Hinzu kommen je nach Land, Erzieher, Therapeuten, Betreuer sowie Psychologen, Ärzte, Krankengymnasten und Spezialisten der individuellen Therapie und Rehabilitation entsprechend den jeweiligen Behinderungen. Im Bereich der Erzieher und Betreuer scheint sich der gut ausgebildete Generalist sowohl in den Heimen, Tagesstätten, beschützenden Werkstätten als auch in den Sonderschulen für mittel und schwer Geistigbehinderte am besten zu bewähren. Dieser Erzieher braucht, wie es in Luxemburg der Fall ist, eine Fachausbildung, die in etwa der des Elementar- und Primarstufenlehrers gleichgestellt ist, nur eben mit anderen, spezifischen Inhalten. Auch seine berufliche Laufbahn sollte der des Lehrers entsprechen, mit ähnlichen Weiter- und Fortbildungsmöglichkeiten. Als wesentliche Elemente dieser Fachausbildung gehören selbstverständlich neben dem unumgänglichen Grundwissen in den Human-, Sozial- und Erziehungswissenschaften, neben Sonder- und Heilpädagogik auch Bewegung, Spiel und Sport sowie andere Ausdrucks-, Kommunikations-, Therapie- und Rehabilitationsmittel und Techniken.

5. Ausblick

Dieser sehr unvollständige und subjektive Blick auf Entstehen, Entwicklung und aktuellen Stand des Sports und des Sportunterrichts für Geistigbehinderte im internationalen und vor allem im europäischen Raum soll weitergeführt werden. Er zeigt eindeutig, daß es noch verfrüht wäre, Schlußfolgerungen zu ziehen oder allgemeingültige Prinzipien abzuleiten.
Im Unterschied zum Leistungssport ist der Geistigbehindertensport wie der gesamte Freizeitsport noch sehr jung und damit noch sehr stark entwicklungsbedürftig. Erst in den letzten Jahren und Jahrzehnten wurde in verschiedenen Ländern und von unterschiedlichen Ansätzen her die Bewegung, das Spiel und der Sport in seinen vielseitigen Formen als wichtiges Medium der gesamten Persönlichkeitsentwicklung, -förderung und -entfaltung erkannt und auch praktisch eingesetzt. Dabei stehen auch in den hochentwickelten Industrieländern die Bemühungen erst ganz am Anfang, sind oft noch mangelhaft oder schlecht koordiniert und strukturiert. Damit bietet sich hier sowohl für den Forscher, als auch für den Praktiker ein weites Arbeitsfeld an, das es zu bestellen, zu bearbeiten und zu vollem Ertrag zu bringen gilt. Für viele bisher sträflich vernachlässigte leicht und mittelschwer geistigbehinderte Kinder, Jugendliche und Erwachsene scheinen Bewegung, Spiel und Sport ein allzu wenig genutztes Mittel zu sein, um zu mehr Menschsein, zu mehr Freude, Erfüllung und Glück zu gelangen. Auch über den Geistigbehindertenbereich hinaus können durch die Bemühungen und Anstrengungen, das Suchen und Erproben von neuen Inhalten, Lehr- und Lernverfahren neue, wertvolle Erkenntnisse für die gesamte Pädagogik und darüber hinaus für die Sozial- und Humanwissenschaften, für das Wissen über den Menschen, für mehr Lebensqualität und lebenswürdigere Bedingungen und Verhältnisse für alle, auch für die Behinderten, erworben werden.

Literatur

A.A.H.P.E.R. (American Association for Health, Physical Education and Recreation) (Ed.): Programing for the Mentally Retarded, report of a national conference, Octobre 31 – November 2, 1966, Washington 1968

AJURIAGUERRA, J. de/SOUBIRAN, G.: Indications et techniques de rééducation psychomotrice en psychiatrie infantile. In: Psychiat. Enf. (1959) 2, 2

AJURIAGUERRA, J. de: Manuel de psychiatrie de l'enfant. Paris 1970

AZEMAR, G.: L'exercice physique et les handicapés, introduction. In: ENSEPS (Hrsg.): L'exercice physique et les handicapés, Chatenay-Malabry 1972

BARNES, K.H.: Language and the Mentally Handicapped. North Berks. Soc. for Ment. Hand.

BENOS, J.: L'enfance inadaptée et l'éducation psychomotrice, Paris 1969

– Conseil de l'Europe: Charte européenne du Sport pour Tous, texte et observations. Strasbourg 1977

BUCHER, H.: Troubles psychomoteurs chez l'enfant, pratique de la rééducation psychomotrice. Paris 1970

CRATTY, B.J.: Motor activity and the education of retardates. Philadelphia 1969

– Körperliche Aktivitäten und Erziehungsprogramme für geistig Behinderte. In: GRUPE u.a. (Hrsg.): Sport in unserer Welt – Chancen und Probleme. München 1973, 292–296

DECKER, R.: Bewegungserziehung mit geistig behinderten Kindern. In: GRUPE u.a. (Hrsg.): Sport in unserer Welt – Chancen und Probleme. München 1973, 300–301

– Praxis und Theorie der psychomotorischen Erziehung bei behinderten und normalen Kindern in Frankreich. In: EGGERT/KIPHARD (Hrsg.): Die Bedeutung der Motorik für die Entwicklung normaler und behinderter Kinder. Schorndorf ^{4}1980

– Die psychomotorische Erziehung im Kindes- und Jugendalter. In: HAHN, E. (Red.): Die menschliche Bewegung. Schorndorf 1975

– Sport in der Sonderpädagogik. In: Sportunterricht 1976, 4, 110–114

– Der Schulsport in der Bundesrepublik Deutschland im internationalen Vergleich. In: KRÜGER, A./NIEDLICH, D. (Hrsg.): Ursachen der Schulsportmisere in Deutschland. London 1979, 111-120

– Psychomotorische Erziehung im Vor- und Grundschulalter. In: Motorik 1980, 1, 17–23

DSB (Hrsg.): Sport für geistig behinderte Kinder, 8. Werkwoche DSB-EKD-KKD, 20.-24.9.1976 in München. Frankfurt 1977

EHRENBERG, A.: Les aristocrates sur les stades. In: Le Monde Dimanche, 8.6.1980, XVII

E.N.S.E.P.: L'exercice physique et les handicapés. Chatenay-Malabry 1972

F.A.V.A. = Association Franco-Américaine de Volontaires au Service des Handicapés Mentaux, 28, Boulevard du Temple, 75011 Paris: Les Jeux Olympiques Spéciaux sowie Bulletin: La Lucarne

FLOSDORF, P.: Sporttherapie bei verhaltensgestörten Kindern. In: GRUPE u.a. (Hrsg.): Sport in unserer Welt – Chancen und Probleme. München 1973, 310–311

FROSTIG, M.: Bewegungserziehung. München 1973

GANTHERET, F./SILVADON, P.: La rééducation corporelle des fonctions mentales. Paris 1965

GOETZE, H./JAEDE, W.: Die nicht-direktive Spieltherapie. München ^{2}1974

GROOTHOFF, H.H. (Hrsg.): Kapitel Sonderpädagogik (Heilpädagogik). In: Pädagogik, Fischer-Bücherei, Frankfurt 1973

GROVES, Lilian: Physical Education for Special Needs. Cambridge, London 1979

GUILMAIN, E. et G.: Activité psychomotrice de l'enfant de 3 a 12 ans. Paris 1971

GRUPE, O.: Bewegung, Spiel und Sport in der Erziehung – Ziele und Aufgaben. In: GRUPE, O. (Hrsg.): Einführung in die Theorie der Leibeserziehung und des Sports. Schorndorf ^{5}1980, 216–243

HAYDEN, F.J.: Physical Fitness for the Mentally Retarded. London, Ontario 1969

HOLLE, B.: Normale of retarderede borns motoriske udvikling. Kopenhagen 1976

HUNNEKENS, H./KIPHARD, E.J.: Bewegung heilt. Psychomotorische Übungsbehandlung bei entwicklungsrückständigen Kindern. Gütersloh ^{3}1975

KIPHARD, E.J./HUPPERT, H.: Erziehung durch Bewegung. Bad Godesberg ^{4}1977

KIPHARD, E.J./LEGER, A.: Psychomotorische Elementarerziehung, ein Bildbericht. Gütersloh 1975

KIPHARD, E.J.: Motopädagogik. Dortmund 1980

LAPIERRE, A.: La rééducation physique. Paris ⁵1968
- 500 exercices avec petit matériel adaptés aux handicapés mentaux, − Initiation sportive: athlétisme, natation, gymnastique sportive, jeux et sports collectifs, hockey sur parquet, tchouckball, frisbee, déstines aux handicapes mentaux. F.A.V.A.

LAGRANGE, G.: L'éducation globale. Paris 1974 (34 bis, rue Vignon, 75009 Paris)

MAIGRE, A./DESTROOPER, J.: L'éducation psychomotrice. PUF, Paris 1975

SOUBIRAN, G.B./MAZO, P.: La readaptation scolaire des enfants intelligents par l'éducation psychomotrice. Paris 1971

UPTON, Graham: Physical and Creative Activitiés for the mentally handicapped. Univ. Press, Cambridge, London 1979

VAN DER SCHOOT, P.: Aktivierungstheoretische Perspektiven als wissenschaftliche Grundlegung für den Sportunterricht mit geistig behinderten Kindern. Schorndorf 1976

VAYER, P.; Education psychomotrice et arriération mentale. Paris ⁵1968

Ausgewählte fremdsprachige Literatur
(zusammengestellt von R. DECKER)

a) englischsprachige Länder

BALL, T.S., ITARD, SEGUIN and KEPHART: Sensory Education – A Learning Interpretation. Charles E. Merrill, Ohio 1971

BARNES, K.H.: Language and the Mentally Handicapped. North Berks. Soc. for Ment. Hand.

BARSCH: R.H.: Achieving Perceptual-Motor Efficiency. Special Child Publications, Seattle 1967

BLACKMAN, L.S. & HEINTZ, P.: The mentally retarded. Review of Educational Research, 1966, 36, 5–36

BROWN, L.: Instructional programs for trainable-level retarded students. In: The First Review of Special Education, vol. 2, ed. L. Mann & D.A. Sabatino 1973, pp. 103–36. JSE Press, Philadelphia

BSAD Results of Questionnaire on Physical Activities in Schools for the Severely Educationally Sub-Normal Child. Nov. 1977

DUNN, L.M.: Exceptional Children in the Schools. Holt, Rinehart & Winston, New York 1973

FELLOWS, M.S.: Projects for Schools. Museum Press, London 1965

FROSTIG, M. & HORNE, D.: The Frostig Program for the Development of Visual Perception. Follett Publication Co., Chicago 1964

GETMAN, G.N.: The visuomotor complex in the acquisition of learning skills. In: Learning Disorders, vo. 1, ed. J. HELLMUTH, 1965, pp. 49–76. Special Child Publications, Seattle

GOLDBERG, I.I. & ROOKE, M.L.: Research and educational practices with mentally deficient children. In: Methods in Special Education, ed. N.G. HARING & R.L. SCHIEFELBUSCH, 1967, pp. 112–36, McGraw-Hill, New York

GOODMAN, L. & HAMMILL, D.: The effectiveness of the Kephart-Getman activities in developing perceptual-motor and cognitive skills. Focus on Exceptional Children, 1973, 4(9), 1–10

GULLIFORD, R.: Special Educational Needs. Routledge & Kegan Paul, London 1971

HAMMILL, D. & WIEDERHOLT, J.L. ; Review of the Frostig visual perception test and the related training program. In: The First Review of Special Education, vol 1, ed. L. MANN & D. A. SABATINO, 1973, pp. 33–48. JSE Press, Philadelphia

HARVEY, A., YEP, B. & SELLIN, D.: Developmental achievement of trainable mentally retarded children. Training School Bulletin, 1966, 63, 100–8

HOBBS, N.: Issues in the Classification of Children, vols. 1 and 2. Jossey-Bass, San Francisco 1975

HOLT, K. (ed.): Movement and Child Development. Spastics International Medical Publications, London 1975

HUDSON, M.: Identification and Evaluation of Methods for Teaching Mentally Retarded (Trainable) Children. George Peabody College for Teachers, Tennessee 1961

HUGHES, J.M.: The educational needs of the mentally handicapped. Educational Research, 1975, 17(3), 228–33

ITARD, J.M.G.: The Wild Boy of Aveyron. Prentice-Hall, Englewood Cliffs, New Jersey 1962

JORDAN, D.: Childhood and Movement. Basil Blackwell, Oxford 1966

KEPHART, N.C.: The Slow Learner in the Classroom. Charles E. Merrill, Ohio 1960

KIRK, S.A.: Educating Exceptional Children. Houghton Mifflin, Boston 1972

LERNER, J.W.: Children with Learning Disabilities. Houghton Mifflin, Boston 1971

LINDSLEY, O.R.: Direct measurement and prosthesis of retarded behaviour. Journal of Education, 1964, 147, 62–81

LLOYD, F.: Education the Sub-normal Child. Methuen & Co., London 1953

LYLE, J.G.: The effect of an institutionalised environment upon the verbal development of imbecile children. III. The Brooklands Residential family unit. Journal of Mental Deficiency Research, 1960, 4(14), 14—22
MANN, L., BURGER, R.M. & PROGER, B.B.: Physical education intervention with the exceptional child. In: The Second Review of Special Education, ed. L. MANN & D.A. SABATINO, 1974, pp. 193—250. JSE Press, Philadelphia
MARSHALL, A. : The Abilities and Attainments of Children Leaving Junior Training Centres. National Association for Mental Health, London 1967
McMASTER, J. McG.: Toward an Educational Theory for the Mentally Handicapped. Edward Arnold, London 1973
MICHIELUTTE, R.: The use of music with exceptional children. In: The Second Review of Special Education, ed. L. MANN & D.A. SABATINO, 1974, pp. 251—71. JSE Press, Philadelphia
MORRIS, P.R.: Abilities and Performance in Ball Skills. British Journal of Physical Education, Vol. 9, No. 1, January 1978
MORRIS, P.P. & WHITING: Motor Impairment
LONDEREE, B.R. and JOHNSON, L.E.: Motor Fitness of tmr vs emr and normal children. In: Science in Sports, Vol. 6, No. 4, 1974
MOSHER, R.: Effectiveness of perceptual-motor programs. Journal of Leisurability, 1974, 1(4), 10—17
NEALE, M.D. & CAMPBELL, W.: The Education of the Intellectually Limited Child and Adolescent Novak, Sydney 1963
OLIVER, J.N.: The effect of systematic physical conditioning on the Growth of Educationally Subnormal Boys. The Medical Officer. January 1957
PECK, J.R. & SEXTON, C.L.: Effect of various settings on trainable children's progress. American Journal of Mental Deficiency, 1961, 66, 62—8
PRICE, D. & WILLIAMS, M.: Modern Educational Dance with the Mentally Handicapped Child. City of Cardiff College of Education, Cardiff 1974
ROBINSON, N.M. & ROBINSON, H.B.: The Mentally Retarded Child. McGraw-Hill, New York 1976
ROBINSON, C.M., HARRISON, J. & GRINDLY, J.: Physical Activity in the Education of Slow Learning Children. Arnold 1970
RUSSELL, J.: Creative Dance in the Primary School. Macdonald & Evans, London 1965
RUTTER, M., TIZARD, J. & WHITMORE, K.: Education, Health and Behaviour. Longman, Harlow 1970
SHERBORNE, V.: Movement for retarded and disturbed children. In: Creative Therapy, ed. S. JENNINGS, 1975, pp. 68—90, Pitman, London
SHERBORNE, V.: Movement for the developmentally retarded children. In: Physical Education for Special Needs, Ed. GROVES, L., Cambridge Univ. Press 1979
SIMPSON, P.F.: Training centres — a challenge. Special Education 1967, 56, 4—8
STEAD, R.C.M.: Physical Growth Patterns of ESN Boys, Nottingham M.Phil. Study University of Nottingham 1971
STEIN, J.U.: Motor Function and Physical Fitness of the Mentally Retarded. In: Rehabitulation Literature Vol. 24, No. 8, August 1963
STEVENS, M.: The Educational Needs of Severely Subnormal Children. Edward Arnold, London 1971
TANNER, J.M. and WHITEHOUSE, R.H.: Growth and Development Records: Height and Weight Charts. Creasays Ltd., Hertford 1975
TANNER, D.M.: Personal Communication. 1977
TIZARD, J.: Community Services for the Mentally Handicapped. Oxford University Press, London 1964
WETHERED, A.G.: Drama and Movement in Therapy. Macdonald & Evans, London 1973

Specific handicaps

ANDERSON, E.: The Disabled School Child. Methuen, 1973
ANDERSON, E. and SPAIN, B.: The Child with Spina Bifida. Methuen, 1977
COMMITTEE of Enquiry: The Education of the Visually Handicapped. HMSO, 1972
FIELD, A.: The Challenge of Spina Bifida. Heinemann Health Books, 1970
LEVITT, S.: Treatment of Cerebral Palsy and Motor Delay. Blackwell Scientific Publications, Oxford 1977

LORING, J.: Teaching the Cerebral Palsied Child. Spastic Society/Heinemann, 1965
SMITH, V.H. and James, F.E.: Eyes and Education. Heinemann, 1968
Spastic Society of Great Britain, The Early Years. London 1967
— The Hemiplegic Child. London 1967
— Facts about Cerebral Palsy. London 1967
WEDELL, K.: Learning and Perceptive Motor Disabilities in Children. J. Wiley & Sons, 1973

Perceptual motor training

ARNHEIM, D.D. and SINCLAIR, W.A.: The Clumsy Child. A programme of Motor Therapy. C.V. Mosby Co., St. Louis 1975
CRATTY, B.J.: Motor Activity and the Education of Retardates. Lee and Fabiger, Philadelphia, and Henry Kimpton, London 1969
DROWATZKY, J.N.: Physical Education for the Mentally Retarded. Lee and Fabiger Philadelphia, and Henry Kimpton, London 1972
FROSTIG, M. and MASLOW, P.: Movement Education: Theory and Practice. Follett, Chicago 1970
MORRIS, P.R. and WHITING, H.: Motor Impairment and Compensatory Education. Bell & Sons 1971
WILLIAMSON, D.C.: Item Exploration. IRUC Briefing

Dance and movement

CANNER, N. and KLEBANOFF, H. ... And a Time to Dance. (Relates to ESN (S)). Beacon Press, Boston 1968
COLLINS, C.: Practical Modern Educational Dance. Macdonald & Evans, 1969
Department of Education and Science (DES): Movement: Physical Education in the Primary Years. HMSO, 1972
MASON, K.C. ed.: 'Dance Therapy', in Focus on Dance, VII. American Association of Health, Physical Education and Recreation, Washington, DC 1973
NORTH, M.: Movement Education. Temple Smith, 1973
ROBINSON, C.M., HARRISON, J., and GRINDLEY, J.: Physical Activity in the Education of Slow-Learning Children. (Relates to ESN (S)). Arnold, 1970

Poetry for dance

BALDWIN, F. and WHITEHEAD, M.: That Way and This: Poetry for Creative Dance. Chatto & Windus, 1972
STOKES, E.M.: World Pictures as a Stimulus for Creative Dance. Macdonald & Evans, 1970

Games and athletics

BARCLAY, V.: The Adaptation of Recreational Activities. Bell & Sons, 1956
DES, Physical Education for the Physically Handicapped. HMSO, 1971
Disabled Living Foundation. Sport and Physical Recreation for the Disabled. London 1970
FORESHAW, O. in COOPER, D. ed.: Physical Education for Handicapped Children. PEA, 1975 (optainable from L. GROVES)
GUTTMAN, Sir Ludwig: Textbook of Sport for the Disabled. H.M. and M. Publishers, 1976
‚Know the Games' series, Educational Productions Ltd, Wakefield, Yorkshire (books printed in collaboration with national governing bodies of sport which give rules and basic principles)
MORGAN, R.E. and ADAMSON, G.T.: Circuit-Training. Bell, 1961 (2nd edn)
  NOTE: The Amateur Athletics Association and Women's Amateur Athletic Association of Great Britain produce their own booklets and wall charts on individual events.

Adventure activities

ANDERSON, J.R.L.: The Ulysses Factor. Hodder & Stoughton, 1970
CROUCHER, N.: Outdoor pursuits for disabled People. Disabled Living Foundation, 1974
Cumbria LEA. ‚Safety Out-of-Doors' (pamphlet; consult latest issue)
DES. Safety in Outdoor Pursuits. Safety Series No. 1. HMSO, 1972
Duke of Edinburgh Award Schemes Office. Guidance for the Use of Operating Authorities in Entering and Training Physically Disabled Boys and Girls in the Duke of Edingburgh Scheme
HENRICH and KNEGEL, eds.: Experiments in Survival. Association for Aid to Crippled Children. New York 1961
JACKSON: Special Education in England and Wales. Oxford 1969
National Association for Outdoor Education. ‚Safety in Outdoor Education', Mar. 1972 – present (consult latest issue)
PARKER, T.M. and MELDRUM, K.I.: Outdoor Education. Dent, 1973
Sports Council Advisory Panel on Water Sports for the Disabled: Water Sports for the Disabled. Distributed by Royal Yacht Association, Seamanship Foundation (Victoria Way, Woking, Surrey) 1977

Swimming

Amateur Swimming Association. ‚The Teaching of Swimming' (handbook; consult latest edition)
ELKINGTON, H.: Swimming: A Handbook for Teachers. Cambridge 1978
HOLMYARD, T. and ELKINGTON, H.: Better Swimming for Boys and Girls. Kaye & Ward, 1967; repr. 1972
NEWMAN, V.H.: Swimming and Teaching an Infant to Swim. Angus & Robertson (UK) Ltd, 1967
HICKLING, P., WILLIAMSON, D.C.: Swimming Educational Model for ESN (S) Schools. B.J.P.E. Vol. 9, No. 4, July 1978
WILLIAMSON, D.C.: Swimming Slalom. Swimming Times. April 1980

Integration

CROUCHER, N. Joining In: Integrated Sport and Leisure for Disabled People. Disabled Living Foundation, Arundel, Disabilities Study Unit, 1977
Report of the Snowdon Working Party. Integrating the Disabled. Surrey Fine Arts Press Ltd., 1977
WARNOCK, M.: Special Educational Needs: Report of the Committee of Enquiry into the Education of Handicapped Children and Young People. HMSO Command Paper 7212, 1978

Films by Veronica Sherborne
In Touch Movement for the mentally handicapped. Student teachers explore movement relationships, and then work with one mentally handicapped child each.
Explorations A group of drama students learning the art of movement. They explore awareness of their own bodies, gravity, weight, and interaction with others in movement.
A Sense of Movement Shows six- and fifteen-year-old mentally handicapped children taking movement lessons. Progress in physical and mental development is shown and also how the children can develop a greater awareness and control of their bodies, and increase their capacity to make relationships through activities which are enjoyable as well as beneficial.
These films are available in Britain from Concord Films Council, 201 Felixstowe Road, Ipswich, Suffolk.

b) Frankreich

Diese Bibliographie in vier Teilen wurde von der „Fédération Française d'Education par le sport des personnes handicapées mentales" zusammengestellt.

1) Allgemeine Bibliographie über die geistige Behinderung. Antworten auf die Frage: Was ist eine geistige Behinderung?

BISSONNIER, H.: L'adulte handicapé mental. Ed. Fleurus 77
KOHLER (C): Jeunes déficients mentaux. Ed. Charles Dessart, Bruxelles 1967
KOHLER (C): Les déficiences intellectuelles chez l'enfant. Ed. Presses Universitaires de France, 1968
LEVINSON, A.: L'enfant mentalement retardé. Ed. Le Centurion – Sciences Humaines 68
EGG, M.: L'éducation de l'enfant retardé. Ed. Delachaux et Niestlé 67
MISES (R): L'enfant déficient mental. Ed. Presses Universitaires de France, Paris 1975
NOT, L.: L'éducation des débiles mentaux. Ed. Privat 1973
PAISSE, J.M.: L'univers symbolique de l'enfant arriéré mental. Ed. Dessart et Mardaga, Bruxelles 1975
Revue Esprit – Enfance handicapeé – Novembre 1965
REY, A.: Arriération mentale et premiers exercices éducatifs. Ed. Delachaux et Niestle, Neuchatel 1963
ROUQUES (D): Psychopédagogie des débiles profonds. Ed. Fleurus, Paris 1967
SALBREUX (R. et O.): Les handicapés mentaux, les autres et nous. Ed. de l'UNAPEI, Mai 1976
SIMON (J): La débilité mentale chez l'enfant. Ed. Privat 1964
TOSQUELLES (P): La rééducation des débiles mentaux. Ed. Privat Toulouse 1975
ZAZZO (R): Les débilités mentales. Ed. Collin, Paris 1969

2) Körperliche Tätigkeiten und Sport für Geistigbehinderte
2.1 Bücher

Activités physiques et sportives pour arriérés mentaux – Université libre de Bruxelles – Journée d'étude du 27 mars 1976
American association for health: Activitées physiques pour les arriérés; idees d'instrction. National association, Washington 1968
Documents édités par la F.F.E.S.P.H.M. (Fédération Francaise d'éducation par le sport des personnes handicapées mentales).
Fédération de judo: Handicapés et judo. FFJDA 1976

Ligue internationale des associations d'aide aux handicapés mentaux: Activités physiques et recréatives pour le déficient mental. Ed. Ligue Inter. des assoc. d'aide aux Hand. Ment. 12, rue Forestière, Bruxelles 1050 (traduction texte américain)
PITTILONI, F.: A propos d'une expérience en vue de l'insertion des handicapés mentaux à partir du judo. Ed. par l'O.M.S. de la ville de Bourges et le C.D.D.P. 1979
ROBINS (F. et J.): Rhythmique éducative pour enfants mentalement et physiquement handicapés. Ed. Delachaux et Niestlé 1970

2.2 Aufsätze aus Fachzeitschriften

a) Revue réadaptation – 10, rue des Sèvres – 75007 Paris
L'éducation physique des enfants handicapes – No. 165
Les loisirs des handicapés mentaux – No. 144
Le mouvement actif en rééducation et en thérapeutique – par le Dr CAVEL – L'éducation physique No. 40
L'éducation physique pour handicapés – par FAIT N. – L'éd. Phy. No. 55
L'éducation physique et la rééducation chez les handicapés mentaux – par LECLERC B. – L'éd. Phy. No. 35
Activités physiques pour handicapés – par VADALEINCQ – L'éd. Phy. No. 58
Activités physiques pour handicapés – supplément à L'éd. Phy. No. 57

b) Revue Eponouir – Revue éditée par l'U.N.A.P.E.I. (Union Nationale des Associations de Parents d'Enfants Inadaptés) 15, rue Coysevox – 75018 Paris)
Le mouvement et l'intellect – Pr. J. CATTRY – No. 31, p. 16
Le mouvement et l'intellect – Pr. J. CATTRY – No. 32
Des champions eux aussi, pourquoi pas? – No. 33, p. 4
Le Hatha Yoga, à l'aide des déficients mentaux – No. 33, p. 9
Nos premiéres Olympiades – No. 36, p. 10
Une expérience de natation – Asnierès (J.C. JEANIN) – No. 36, p. 11

Carrefour sur les jeux sportifs — Mme. BRUHNES — No. 39, p. 20
Des débiles profonds en classe de neige — Tous à cheval, pourquoi pas? — No. 42, p. 4
L'éducation sportive est-elle bien partie? — No. 44, p. 13
Special sports et loisirs — No. 53, p. 2-8-13-15-17
A Tours, des handicapés sont initiés à la natation — No. 55
Enquête pratique de la natation dans les centres — No. 55, p. 20
Le développement de la pratique du foot-ball — No. 62, p. 18
Le hockey sur parquet — No. 69, p. 24
La F.F.E.S.P.H.M. — No. 71, p. 8
Le sport en Basse Normandie — No. 73, p. 13
Des filles handicapées font du judo — No. 79, p. 13
Sport et handicap — No. 82, p. 8
Le ski, facteur d'autonomie pour les handicapés — No. 82, p. 11
Les jeux du stade — No. 89, p. 7
Premier tournoi national de judo pour handicapés mentaux — No. 89, p. 11
Deux grandes associations complementaires au service du sport: la F.A.V.A. et la F.F.E.S.P.H.M. — No. 104, p. 3 a 7

c) Revue jeunesse handicapée — (A.P.A.J.H. — Association de placement et d'aide pour jeunes handicapés — 18—20, rue Ferrus — 75014 Paris)
Nos jeunes et le sport; loisirs ou activités éducatives — par G. LIEBLANG — No. 61, p. 4 a 10

d) Revue Epanouir, spécial Paris — A;P.E.I. de Paris (Association de Parents d'Enfants Inadaptés — 28, Place St. Georges — 75009 Paris)
Club sportif rive gauche — par H. MIAU — No. 43, p. 21 a 23

e) Revue éducation physique et sport — 11, av. du Tremblay — 75012 Paris
Du sport pour les handicapés mentaux — R. JAM, P. MYLLEVILLE — No. 98, p. 95
Education motrice et psychologique dans l'insertion sociale des enfants debiles — P. VAYER, Y. CAMUS — No. 99, p. 19
Le ski de fond au service des déficients mentaux — P. GALLET, F. CURTELIN — No. 106, p. 46
Le dialogue corporel, base de l'éducation des enfants debiles profonds — P. VAYER — No. 109, p. 69
Natation des cas difficiles — J. BOULIN — No. 119, p. 41 a 45
Observation et rééducation de l'adulte en milieu psychiatrique — P. VAYER — No. 122, p. 57
Une expérience de judo avec des enfants inadaptés — G. PELLETIER — No. 131, p 73

3) Bibliographie über Leibeserziehung und Sport: Bücher und Aufsätze aus Fachzeitschriften über theoretische und praktische, didaktisch-methodische Themen und Ansätze, die im Sportunterricht für Geistigbehinderte von Nutzen sein können.

3.1. Bücher

Amicale de l'ENSEPS — L'activité physique de l'enfant. Ed. Revue EPS 1977
BERGER, Y.: Vivre son corps; pour une pédagogie du mouvement. Ed. du Seuil, Paris 1975
BROSETA, A., DUTEAU, B.: L'éducation physique et les jeux d'équipe de 6 à 12 ans. Hachette, Paris 1974
DEMARBRE, A.: 200 jeux, 200 variantes. Paris Berger Levrault 1965
LEVY, J.: L'éveil du tout petit — Gymnastique du 1er âge. Ed. du Seuil, Paris 1972
VADEPIED, A.: Laisser l'eau faire. Ed. CEMEA
— Les eaux troublées. Ed. CEMEA

3.2 Aufsätze aus Fachzeitschriften

AZEMAR, G.: Plaidoyer pour l'aventure motrice. Revue Esprit (mai 1975) p. 768 a 783
L'activite ludique dans le développement psychomoteur et social des enfants — Vers l'éducation nouvelle — Paris CEMEA 1973

PARLEBAS, P.: Activités physiques et éducation motrice. Ed. Revue EPS
Revue EPS — articles du no. 149, p. 18 a 40 — L'enfant et l'eau: vers la natation
ROBERT, M.F.: „Rééducation ou éducation motrice — Revue EPS 1977 — No. 145, p. 49
WALLON: Importance du mouvement dans le développement psychologique de l'enfant — Revue Enfance no. spécial — Mai 1959 — 63

4) Psychomotorische Erziehung und Rehabilitation der Geistigbehinderten. Veröffentlichungen über die psychomotorische Erfassung der Therapie von normalen und geistigbehinderten Kindern

4.1. Bücher

BENOS, J.: L'enfance inadaptée et l'éducation psychomotrice. Ed. Malaine, Paris 1972
BUCHER, H.: Les troubles psychomoteurs chez l'enfant. Ed. Masson, Paris 1970
GANTHERET, F., SIVADON, P.: La rééducation corporelle des fonctions mentales. Ed. Sociales Francaises, 1965
DEFONTAINE, J.: Manuel de rééducation psychomotrice. Ed. Malaine Paris 1976
DELCHET, R., PICQ: Education psychomotrice et arriération mentale. Ed. Delchaux et Niestlé, Neuchatel 1970
GUILMAIN Activité psychomotrice de l'enfant de 3 à 12 ans. Ed. Vigne, Paris 1971
LE BOULCH, J.: L'éducation par le mouvement. Ed. ESF 1971
PICQ, L. et VAYER, P.: Education psychomotrice et arriération mentale. Ed. Doin, Paris 1968
VAYER, P.: Le dialogue corporel. Ed. DOUIN, 1971

4.2. Zeitschriften
Sämtliche Nummern der Fachzeitschrift:
Revue thérapie psychomotrice: 7, rue Godot de Mauroy — 75009 Paris

c) Holland

Allgemeine Literatur über Geistigbehinderte

HANNAM, Ch.: Ouders en hun geestelijk gehandicapte kind. Uitgeverij Kosmos, Amsterdam-Antwerpen 1976
GENNEP, A.T.G. van: Zwakzinnigheid als maatschappelijk probleem. Uitgeverij Boom, Meppel 1974
VREUGDENHIL-VERHAVE, P.S.: Dwalen door de doolhof. Uitgeverij Callenbach, Nijkerk 1973
OUDENHOVEN, dr. N.J.A.: Debielen zijn gewone mensen. Uitgeverij Swets en Zeitlinger, Amsterdam 1976
JONGEPIER, J. en VEENINGA, D.: Wij worden altijd voor de gek gehouden. Ambo boeken, Baarn 1978
DUNGEN, M.G.M., van den en Kars, H.: Werken in samenspel. Uitgeverij von Gorcum en Co., Assen 1974

Didaktisch-methodische Veröffentlichungen zur Arbeit mit Geistigbehinderten

Gieles, drs. Fr.: Groepsleider ... een vak apart. Uitgeverij Samsom, Alphen a/d Rijn, 1978
FENNIS, drs. J.P.M.: Spelen met het zorgenkind. Uitgeverij Malmberg, 's Hertogenbosch 1972
KOOIJ, dr. R. van der: Spelen met spel. Uitgegeven door Vermande Zonen Onderwijs B.V., IJmuiden
MOUSTAKAS, Clark: Speltherapie. Uitgeverij Lemniscaat, Rotterdam 1977
KRENZER, R.: Spelen mit gehandicapte kinderen. Uitgeverij Callenbach, Nijkerk 1977
AHRENS, M. en STOTT, G.: Bezig zijn met geestelijk gehandicapte kinderen. Uitgeverij Callenbach, Nijkerk

VLIETSTRA, N.Y. e.a.: De onderwijskundige en sociale zorg voor gehandicapte jeugd in Nederland. Uitgeverij Samsom, Alphen a/d Rijn 1974
FOCKEMA, Andraea, L. en STEENHUIS, K.: Muziek en therapie. Uitgeverij Sociale Bibliotheek Van Loghum Slaterus, 1977

AERNOUT, J.R.: Arbeidstherapie, een agogische actie. Uitgeverij Vuga, 's Gravenhage 1974
SCHUTT, J.: Arbeitstherapie. Uitgeverij De Toorts, Haarlem 1972
LARGE-OREMUS, W.J.C. le: Om zo te leren spreken. Uitgeverij Van Loghum Slaterus, Deventer 1975
SPETH, Br. drs. Leo en HOVEN, Zr. drs. MARIELLA: Spreken met het lichaam. Uitgeverij De Tijdstroom, Lochem 1975

Aufsätze aus Fachzeitschriften
Theorie

Advies inzake de medische sportbegeleiding. Tijdschrift Geneeskunde en Sport, 1975, nr. 3
De betekenis van judo voor geestelijk gehandicapten. Tijdschrift voor Ziekenverpleging. A. J. C. van Hal, 1969, nr. 1
Judoles aan zwakzinnigen, een stukje pedagogiek. Zorgenkind, uitg. van de Katholieke Oudervereniging „Voor het Zorgenkind", 1971, nr. 72
A philosophy of leisure. K. Solly, National Society for Mentally Handicapped Children, 1974
Sport leert gehandicapten sociaal te zijn. W.E.M. Schreurer, Samivox, uitg. van de Stichting Samivoz, 1972, Nr. 2
Sportmanifestatie in Den Haag. A.v.d. Wildenberg, Zorgenkind, uitg. van de Katholieke Oudervereniging „Voor het Zorgenkind", 1973, Nr. 83
Dolle ijspret voor geestelijk gehandicapten. A.v.d. Wildenberg, Zorgenkind, uitg. van de Katholieke Oudervereniging „Voor het Zorgenkind", 1975, nr. 91
Nederlands Sportbond voor Geestelijk Gehandicapten. Philadelphia, uitg. van de Prot.-Christ. Oudervereniging ‚Philadelphia', 1974, nr. 57
Hoofdstad wil niet achterblijven bij Hofstad. Onze Taak, uitg. van de Oudervereniging ‚Helpt elkander', 1974, nr. 92
Sport is spelen met elkaar. Klik, maandblad voor zwakzinnigenzorg, uitg. van het Nationaal Orgaan Zwakzinnigenzorg, 1973, nr. 4

Praxis des Sports

Badminton in de recreative sfeer. Nerlandse Sportbond voor Geestelijk Gehandicapten, 1974
Bewegen. A.J. C. van Hal, Stichting Sportbelang Gehandicapte Kind, 1972
Oefenstof voor judo-onderricht aan geestelijk gehandicapten. A.J.C. van Hal, S.G.K., 1972
Methodiek schuifhockey. P.B. Wiesenhaan, N.S.G., 1974
Richtlijnen voor hulpkrachten bij de zweminstructie aan geestelijk gehandicapten. N.S.G., 1974
Zweminstructie. Gooise Sport en Recreatie Stichting voor Geestelijk Gehandicapten, 1975
Zwemonderricht aan kinderdagverblijfpupillen. S.G.K., 1971
Wie is er zwakzinnis, oligofreen of geestelijk gehandicapt? N.S.G., 1974
Inhoudsbeschrijving film Jan Vrijman ‚Mensen in beweging', de functie van sport voor kinderen en volwassenen met ontwikkelingsachterstand. S.G.K., 1973
Wenken ten behoeve van de organisatie voor de prichting van een sportclub voor geestelijk gehandicapten. N.S.G., 1973
Loek VAN HAL - Willem KLEIN: Heb je al gewonnen? Ja, want ik doe mee − sport voor geestelijk gehandicapten, Callenbach, Nijkerk
Door een pony gedragen. Joostje F.M. van Donselaar-Boel, Ank D. Hoevenagel en Ank G.A. Stouten, De Tijdstroom, 1973
Judo als pedagogisch spel. Drs. A.J. Kuis, Van Loghum Slaterus, 1974
Vast in het zadel. K. van Driel, Nederlandse Sportfederatie, 1970

Filme

Movements and relations, judo-oefeningen voor gehandicapten en niet-gehandicapten. 16 mm, kleur, magnetisch geluid, 12 minuten
Mensen in beweging, sportfilm van Jan Vrijman. 16 mm, kleur, optisch geluid, 40 minuten

Auszüge aus Berichten, Veröffentlichungen

5th International Congress, International League of Societies for the Mentally Handicapped, 1972
Building Olympic champions. Frank J. Haydn
Judo for the mentally retarded. A.J. C. van Hal
Physical education, sports and recreation for the retarded. K. Solly
The value of physical education and recreation for the retarded. James F. Lavell
Judo for the mentally retarded, lezing gehouden voor studenten van het kingston upon Hull College of Education, te Hull, Engeland 1973. A.J. C. van Hal, S.G.K.
De vrijetijdsbehoefte van geestelijk gehandicapten, symposion in 1973, Londen, onder auspicien van de International League of Societies for the Mentally Handicapped. Nederlandse vertaling, N.S.G., 1975
Enkele aantekeningen bij de film ‚Mensen in beweging'. Prof. Dr. D.J. Zuithoff en Dr. A. Th. van Gennep, S.G.K., 1975

Für weitere Informationen sich wenden an:
Koninginnegracht 101, Den Haag
Nerlandse Sportbond voor Geestelijk Gehandicapten en Stichting Sportbelang Gehandicapte Kind.
Telefoon: 070-63 79 39 (N.S.G.) en 070-63 79 38 (S.G.K.)

d) Skandinavische Länder, vor allem Norwegen

Helsesport for utviklingshemmede. The State Office for Youth and Sports in Norway (STUI) 1966. (An investigation on physical activities among mentally retarded. How to practise sport in institutions.)
Leiker og ballspill for funksjonshemmede. (STUI) 1976. (Games for the handicapped.)
Svommeopplaering for funksjonshemmede. (STUI) 1974. (About „The Halliwick method" – how to learn the handicapped to swim.)
Fysisk aktivitet for funksjonshemmede. (STUI) 1978. (Report from a medical conference on „physically activities for the handicapped".)
Ski – Hjelpemidler og teknikk for funksjonshemmede. (STUI) 1979. (NB: English version: Skiing – aids and techniques for the physically handicapped.)
Begrepstrening gjennom bevegelse. Else Marie Brenden, 1979. (Conception training through movements.)
Hjelpemidler for bevegelseshemmede skolebarn. Grunnskoleradet, 1978. (A list on special technical aims for physically handicapped.)
Hjelpemidler til fysisk aktivitet for funksjonshemmede. (STUI) 1979. (A list on technical aims for handicapped – and how to use them in physical activities.)
Rapport fra forskjellige kurs innen andssvakeomsorgen. (STUI) (Reports from different seminars. Target group: The mentally retarded.)
a) Idrett for eldre psykisk utviklingshemmede. 1972. (Sport for the elderly.)
b) Bevegelsestrening for psykisk utviklingshemmede forskolebarn. 1972. (Physical training for the youngest. – Younger than 7 –)
c) Primaer motorisk trening. 1974. (Primary motoric training.)
d) Primaer motorisk trening. 1974. (Primary motoric training.)
e) Grunntreningskurs. 1975. (Basic training.)
f) Kurs i friluftskliv. 1975. (Seminar on open air activities.)
g) Norske og internasjonale folkedanser. 1978. (Norwegian and international folkdances.)
h) Svommeinstruktorkurs. 1978. (Seminar for swim coaches.)
i) Vinteraktivitetskurs. 1979. (Winter activities.)
j) Grunntreningskurs. 1979. (Basic training.)
Rapporter fra idrettslederkonferansene. (1971–1978) Idrettspersonell innen andssvakeomsorgen. (Reports from conferences for personell working with physical activities among mentally retarded in school and institution. (9 reports) (1971–1978) Each conference tries to contribute for better understanding of mentally retarded/physical activities.)

ADAMS, R.: Games, Sports and Exercises for the Physically Handicapped. Philadelphia, USA 1972
Assistance-foreningen for synshemmede barns sak: Synshemmede barn og unge-handbok
Forbrukerradet: Tekniske hjelpemidler og leker for bevegelseshemmede barn. Oslo 1978
Grunnskoleradet: Hjelpemidler for bevegelseshemmede skolebarn. Oslo 1978
Einaplassen-guppen: Vurdering av Britta Holles undersokelsesskjema og laeremiddelbehovet for psykisk utviklingshemmede. Desember 1978
Skoledirektoren i Nord-Trondelag: Utvikling/utproving av hjelpemidler til grovmotorisk trening av alvorlig psykisk utviklingshemmede. 1978
GUBIC, Ljubomir: Lek, spel och rorelse i särskolan. Umea 1978
Handicapinstitutet i Sverige: Rapport nr. 5, december 1973: „Simhallar, rörelseshindrades funksjonskrav"
HOLLE, Britta: Normale of retarderede borns motoriske udvikling. Kobenhavn 1976
HOLST, Anita: Tipskatalog i gymnastik. Umea 1978
SOSNE, Michael: Handbook of Adapted Psysical Education Equipment and Its Use. Springfield, USA 1973
STUI: Rapport fra den 9. idrettslederkonference, 1978, side 40—45
— Ski — hjelpemidler og teknikk for funksjonshemmede. Oslo 1979
STAHLBERG, Ulla: Handicappad Ryttare. Information fran Ridfrämjandets Ungdom. Stockholm 1978
SVENDSEN, Henning: Exempel pa övningar och läromedel i gymnastik. Göteborg 1975
Svenska Handicapidrottsförbundet: Redskap — Filmer — Ovrigt materiell

Autoren

BAUER-CARLILE, Heidi, geb. 1941, Studium der Rhythmisch-musikalischen Erziehung am Ausbildungsseminar des „Rhythmikon" und am Richard Strauss Konservatorium in München. Mehrere Jahre Lehrtätigkeit am „Rhythmikon" und am Richard Strauss Konservatorium (Fachakademie für Musik). Seit 1969 Fachlehrerin für Rhythmisch-musikalische Erziehung an der Staatlichen Sonderschule für Geistigbehinderte in München; außerdem Referententätigkeit in der Staatlichen Sonderpädagogischen Zusatzausbildung für das Personal der heilpädagogischen Unterrichtshilfen und an verschiedenen Fortbildungslehrgängen im Rahmen der Arbeit mit Geistigbehinderten.
Veröffentlichungen: Heilpädagogische Arbeit mit Rhythmus und Musik. In: Schulreport 6 (1975). Zusammen mit Zieroff, U.F.: Rhythmisch-musikalische Bewegungserziehung in der Sonderschule. Stuttgart 1976 (Unterricht in Dokumenten, Beiheft zum Film 33 2703)

BUTTENDORF, Thomas, geb. 1951, Studium der Fächer Sport, Lernbehindertenpädagogik und Geistigbehindertenpädagogik an der Universität Heidelbert, der Pädagogischen Hochschule Heidelberg und an der California State University Los Angeles. 1. Staatsexamen für das Lehramt an Sonderschulen.
Veröffentlichungen: zusammen mit Rieder, H. und Höss, H.: Förderung der Motorik Geistigbehinderter, Berlin (in Vorbereitung); zusammen mit Rieder, H., u.a.: Sport, in: TEWS, H.-P. (Hrsg.): Freizeit und Behinderung, Stuttgart 1976

DECKER, Robert, geb. 1931, Studium des Faches Leibeserziehung an der Universität Nancy, Frankreich. Luxemburger Staatsexamen für das Lehramt an höheren Schulen. Von 1958—1967 Lehrtätigkeit als Sportlehrer am Knabenlyzeum, Esch-Alzette. Seit 1967 Professor am Pädagogischen Institut in Walferdingen, Luxemburg. Arbeitsschwerpunkte: Aus- und Fortbildung von Vor-, Grund- und Sonderschullehrern in Bewegungserziehung und Sport. Didaktik und Methodik der Leibeserziehung in Vor-, Grund- und Sonderschule. Vergleichende Arbeiten im Bereich der Leibeserziehung mit normalen und behinderten Kindern und Jugendlichen im internationalen Raum.
Vorsitzender der Schulsektion der Federation Internationale d'Education Physique (F.I.E.P.). Mitglied des Verwaltungsrates — Präsidium — des Luxemburger Sportbundes und Nationalen Olympischen Komitees. Vorsitzender des Luxemburger Volleyballverbandes. Beigeordneter Vorsitzender der Association Luxembourgeoise pour la pratique des activites physiques et sportives des personnes inadaptees — Sport für Sorgenkinder.
Veröffentlichungen (Auswahl): Durch Spiel zum Sport, Handbuch einer Spielerziehung der 6- bis 14jährigen für Lehrer und Übungsleiter, Service national de la Jeunesse, Luxemburg o.J. Le schema de la lecon d'education physique, etude comparee de la situation actuelle des pays europeens de langue francaise et allemande, in: L'Homme Sain (1969), 5 und in Gym-

nasion, Schorndorf (1969) 3 und 4. Praxis und Theorie der psychomotorischen Erziehung bei behinderten und normalen Kindern in Frankreich, in: Eggert/Kiphard (Hrsg.): Die Bedeutung der Motorik für die Entwicklung normaler und behinderter Kinder, Schorndorf ⁴1980, 68–97. Bewegungserziehung mit geistig behinderten Kindern, in: Kongreßbericht „Sport in unserer Welt – Chancen und Probleme", Berlin, 1973, 290–292. Sport in der Sonderpädagogik, in: sportunterricht (1976) 4, 110–114. Die psychomotorische Erziehung im Kindes- und Jugendalter, in: Hahn/Preising (Red.): Die menschliche Bewegung, Schorndorf, 1976, 139–157. Spiel und Sport als wichtige Sozialisationsfaktoren, in: Dieckert/Leist (Hrsg.) Auf der Suche nach Theorie-Praxis-Modellen im Sport, Schorndorf, 1976, 75–88. Die motorische Entwicklung des Kindes. Darstellung praktischer Arbeit, Möglichkeiten der Umsetzung, Aspekte der Integration verschiedener Institutionen, in: Hahn/Kalb/Peiffer (Red.): Kind und Bewegung, Schorndorf, 1978, 91–100. L'education physique et psychomotrice des enfants de 4 a 10 ans, in: Bulletin de la F I E P (1978) 4, 26–45. Der Schulsport in der Bundesrepublik im internationalen Vergleich, in: Krüger/Niedlich (Hrsg.): Ursachen der Schulsportmisere in Deutschland, London, 1979. Aims, contents, methodoloy, teachers training and organisation of school physical education in France, Belgium, Western Germany, Denmark, Norway and Sweden, a comparative study, in: Taipei 1980 FIEP International Congress, abstracts and proceedings, Taipei, R.O.C., August 19–27, 1980, 43–56. Die Bedeutung der motorischen Frühförderung bei Geistigbehinderten, in: Buttendorf/Höss/Rieder (Hrsg.): Förderung der Motorik Geistigbehinderter. Berlin 1981.

FISCHER, Dieter, geb. 1939, Lehrer an Grund- und Hauptschulen, Zusatzstudium der Sonderpädagogik, Aufbau und Leiter einer Schule für Geistigbehinderte, Führung von Modellgruppen mit Schwerstbehinderten, Studium der Pädagogik, Psychologie und Psychiatrie, wiss. Ass. bei Prof. Dr. Speck (München) von 1971–88, Leiter eines Seminars für Lehrer an Schulen für Geistigbehinderte (1977–80), Leiter der Sonderpädagogischen Zusatzausbildung für Erzieher (1975–81), seit 1980 Dozent an der Universität Würzburg (Prof. Dr. Thalhammer), Lehrstuhl Sonderpädagogik II, Mitarbeit an verschiedenen curr. Lehrplänen für Geistigbehinderte.
Veröffentlichungen: Herausgeber der Reihe „Neues Lernen mit Geistigbehinderten", Vogel-Verlag, Würzburg. „Eine methodische Grundlegung" (1978) davon selbst geschrieben: zusammen mit Frau Bauer „Wir lernen mit dem Overhead-Projektor" (1978), zusammen mit Frau Mehl u.a. „Wir lernen in der Küche" (1979), zusammen mit Herrn Breitinger „Intensivbehinderte lernen leben" (1981). Außerdem zahlreiche Beiträge in Fachzeitschriften und Sammelbänden zur Geistigbehinderten-Didaktik; besonderer Interessenschwerpunkt: Die Erziehung und Bildung geistig Schwerbehinderter.

IRMISCHER, Tilo, geb. 1947. Sportstudium an der DSHS Köln, Studium der Pädagogik und der Erziehungswissenschaften an der Universität Würzburg, der Sonderpädagogik an der PH-Ruhr, Dortmund. Diplom-Prüfung Sport, 1. Prüfung für das Lehramt an Grund- und Hauptschulen, 1. Prüfung für das Lehramt an Sonderschulen (Geistigbehindertenpädagogik, Erziehungsschwierigenpädagogik).
1972–75 Sportlehrer an einer Sonderschule für Geistigbehinderte in Eisingen bei Würzburg; 1975–77 Dipl.-Sportlehrer an den Fachschulen für Sozialpädagogik und Sonderpädagogik in

Menden; 1977—79 Dipl.-Sportlehrer an der PH Ruhr, Dortmund, Abt. Heilpädagogik; seit 1979 wissenschaftlicher Mitarbeiter an der Fachrichtung Sportwissenschaft der Universität Marburg — Mitarbeit im Modellversuch: Psychomotorik und Schulsonderturnen.
Veröffentlichungen: Motopädagogik/Sport. In: Pohl, R. (Hrsg.): Beispiele für die Unterrichtsdurchführung. Dortmund: Wulff 1979, Handbücher für die Unterrichtsplanung und Unterrichtsgestaltung. Bd. 16; S. 131—156 Motopädagogik bei geistig Behinderten. Schorndorf: Hofmann 1980; Motopädagogik und Sport in der Sonderschule für Geistigbehinderte. Dortmund: Wulff 1981, Handbücherei für die Unterrichtsplanung und Unterrichtsgestaltung. Bd. 8; Aspekte der psychomotorischen Förderung im Schulbereich. In: Girgensohn, J. (Hrsg.): Bewegungserziehung und Sport mit geistig Behinderten. Oberhausen: Plitt 1981; Bewegungsbeobachtung. In: Clauss, A. (Hrsg.): Förderung entwicklungsgefährdeter und behinderter Heranwachsender. Erlangen: Peri-med 1981; Das Konzept der „Erziehung durch Bewegung" im Sportunterricht der Lernstufe 1 bis 3 an der Sonderschule für Lernbehinderte. Motorik: Schorndorf 3 (1980) 3; S. 69—77 sowie weitere Beiträge in Zeitschriften.

JANTZEN, Wolfgang, geb. 1941, Studium der Fächer Leibeserziehung, Grundschuldidaktik, Pädagogik, Psychologie, Humanbiologie, Soziologie und Sonderpädagogik an den Universitäten Gießen und Marburg. 1. und 2. Staatsexamen für das Lehramt an Grund-, Haupt- und Realschulen, Staatsprüfung für das Lehramt an Sonderschulen, Diplom in Psychologie, Promotion in Erziehungswissenschaft. 1966—1971 Lehrer an einer Sonderschule für Lernbehinderte. 1971 bis 1974 Studienrat im Hochschuldienst in der Sonderschullehrerausbildung an der Philipps-Universität in Marburg. Seit 1974 Professor für Behindertenpädagogik an der Universität Bremen. Durchgängige praktische Tätigkeit im Bereich von Pädagogik und Therapie verschiedener Formen von Behinderung und psychischer Krankheit.
Veröffentlichungen: Sozialisation und Behinderung. Gießen 1974; Konstitutionsprobleme materialistischer Behindertenpädagogik, Lollar 1977; Behindertenpädagogik, Persönlichkeitstheorie, Therapie, Köln 1978; Grundriß einer allgemeinen Psychopathologie und Psychotherapie, Köln 1979; Geistig behinderte Menschen und gesellschaftliche Integration, Bern 1980; Menschliche Entwicklung, allgemeine Therapie und allgemeine Pädagogik, Solms/Oberbiel 1980 Soziologie der Sonderschule, Weinheim 1981. Zusätzlich zahlreiche Beiträge in Fachzeitschriften und Sammelwerken.

KAPUSTIN, Peter, geb. 1942 in Insterburg/Ostpreußen, Studium der Fächer Sport, Chemie, Biologie und Anthropologie an der Universität München. 1. und 2. Staatsexamen für das Lehramt an Gymnasien. 1968—1974 Studienrat, Oberstudienrat und wissenschaftlicher Mitarbeiter an der Bayerischen Sportakademie, an den Sportzentren der Universität Augsburg und der Technischen Universität München, 1974 Promotion Dr. rer. nat., 1974—1980 wissenschaftlicher Mitarbeiter und Abteilungsleiter am Lehrstuhl für Sportpädagogik der Technischen Universität München. Seit 1980 Inhaber des Lehrstuhls für Sportwissenschaft an der Universität Würzburg.
Seit 1975 Forschungsarbeiten (Sport an Sonderschulen und Sport als Therapie) und nebenamtlicher Sportunterricht an Sonderschulen.
Veröffentlichungen: Der zeitgemäße Sportverein (Hrsg. mit Hasibeder, J.), Linz ^{2}1979. Senioren und Sport (Red.), Bad Homburg 1980. Schülerprobleme und Problemschüler, in:

Zeitschrift Sportpädagogik 3/79, 6—9. Sport mit Problemkindern (mit Größing, St.) in: Kinderprobleme — Problemkinder (Asperger, H./Haider, F., Hrsg.), Salzburg 1979. Sportunterricht für geistigbehinderte Sonderschüler unter therapeutischen Aspekten, in: Zeitschrift Therapiewoche 30, 5236—5241 (1980). Zahlreiche Beiträge zur Sportpädagogik, Sportdidaktik, Sportbiologie und Trainingslehre in Buchveröffentlichungen und Zeitschriften.

KIPHARD, Ernst, geb. 1.12.1923, Studium der Fächer Sport, Englisch, Pädagogik, Psychologie in Köln. 1957 Diplomsportlehrer. Seit 1960 Leiter der Bewegungstherapie am Westfälischen Institut für Jugendpsychiatrie und Heilpädagogik in Gütersloh und Hamm. 1969 Gastprofessur an der University of Wisconsin Madison. Initiator und Mitbegründer des Aktionskreises Psychomotorik e.V. 1976 Promotion. 1978 Gastprofessur an der California State University Los Angeles. Ab 1980 Prof. für Prävention und Rehabilitation am Institut für Sportwissenschaften der Universität Frankfurt.
Veröffentlichungen: u.a. Bewegungs- und Koordinationsschwächen im Grundschulalter. Schorndorf ^{3}1977. Bewegungsdiagnostik bei Kindern. Gütersloh ^{2}1978. Psychomotorik als Prävention und Rehabilitation. ebd. 1979. Motopädagogik. Dortmund 1979.

SCHULKE-VANDRE, Jutta, geb. 5.12.1947, 2. Bildungsweg, Studium in den Fächern Arbeitslehre/Politik und Sportwissenschaft an der Universität Bremen. 1. und 2. Staatsexamen für das Lehramt an öffentlichen Schulen (Sek. I und II); Zusatzausbildung in Motopädagogik und Mototherapie in Dortmund; seit 1977 Lehrbeauftragte an der Universität Bremen in den Studiengängen Sportwissenschaft und Behindertenpädagogik; seit 1979 Angestellte in einem Therapiezentrum für verhaltensauffällige Kinder in Bremen. Januar 1981 Dissertation an der Universität Bremen eingereicht.
Veröffentlichungen: zusammen mit Polzin, M./Schneider, R./Weinberg, P.: Sportbezogene Vorschulerziehung. Theoretische Entwürfe und praktische Arbeit; in: Güldenpfennig u.a. Köln 1974; dies: Sozialisationsprozesse im Vorschulbereich, in: Ausschuß Deutscher Leibeserzieher (Kongreßbericht) 1974; dies: Sensumotorisches Lernen im Vorschulalter, in: Arbeitsgruppe Sport, Reinbek 1975; zusammen mit Polzin, M./Weinberg, P.: Beitragsmöglichkeiten des Sports zur Vorschulerziehung. Ansatz des sensumotorischen Lernens, in: Deutsche Sportjugend (Hrsg.) München 1975; Die Reformkonzeption zur Ausbildung in den Sportarten im Rahmen der Sportlehrerausbildung an der Universität Bremen, in: Weiberg, P. (Hrsg.) Köln 1976, zusammen mit der AG Porsche u.a. Konzipierung des Berufsbildes „Motopäde", Dortmund 1979. Zusätzlich div. Veröffentlichungen in Zeitschriften.

THALHAMMER, Manfred, geb. 1936 in Mittenwald. I. und II. Prüfung für das Lehramt an Volksschulen und Sonderschulen. Schuldienst an Volksschulen: drei Jahre, an Sonderschulen (für Geistig- und Körperbehinderte): fünf Jahre. Studium der Pädagogik, Psychopathologie des Kindes- und Jugendalters und Musikwissenschaft an den Universitäten München und Würzburg. Promotion 1971. Dozententätigkeit am Institut für Sonderpädagogik (vormals: Staatsinstitut für die Ausbildung der Lehrer an Sonderschulen) der Universität München

1970–1979. Kommissarische Lehrstuhlvertretung 1979/80, seit 1980 Inhaber des Lehrstuhls Sonderpädagogik II der Universität Würzburg.

Veröffentlichungen: „Geistige Behinderung" in: Speck/Thalhammer: Die Rehabilitation der Geistigbehinderten, 1974, 1977; „Informationsprobleme als belastende Bedingung für Interaktionsprozesse mit intelligenzbehinderten Kindern" 1976; „Fragmente zur Erziehungswirklichkeit schwer geistig- und körperbehinderter Kinder" 1980; „Umgang mit Geistigbehinderten" 1980 u.a.